L

LUYOUYEWU CAOZUOSHI

职业技能培训鉴定教材

旅游业务操作师

主　编　沈小君　吴　繁

编　者　李金武　吴　繁　沈小君

沙旭昆　曹景洲

审　稿　沈永华

中国劳动社会保障出版社

图书在版编目(CIP)数据

旅游业务操作师/沈小君主编. —北京：中国劳动社会保障出版社，2009
职业技能培训鉴定教材
ISBN 978-7-5045-8063-4

Ⅰ. 旅… Ⅱ. 沈… Ⅲ. 旅游服务-技术培训-教材 Ⅳ. F590.63

中国版本图书馆 CIP 数据核字(2009)第 172263 号

中国劳动社会保障出版社出版发行
（北京市惠新东街1号 邮政编码：100029）
出版人：张梦欣
*
北京市艺辉印刷有限公司印刷装订 新华书店经销
787毫米×960毫米 16开本 24.5印张 474千字
2009年9月第1版 2014年10月第5次印刷
定价：45.0元

读者服务部电话：010-64929211/64921644/84643933
发行部电话：010-64961894
出版社网址：http://www.class.com.cn

编审委员会

（以姓氏笔画为序）

序

旅游活动是随着人类社会进步而快速发展的基本活动之一。

改革开放以来，中国经济发展迅速，国民旅游消费日益增长，中国旅游出现了国内旅游、出境旅游和入境旅游并驾齐驱的发展态势，旅游业以其独特的行业优势和文化魅力傲视群业，一跃成为国民经济的三大支柱产业之一，旅游产业化在转型升级中实现了跨越式发展。

然而，随着国际国内旅游业竞争的日趋激烈，我国旅游业从业人员无论是在思想意识上还是在战略决策上；无论是在经营管理上还是在市场营销上；无论是在团队运作上还是在个体操作水平上都处在一个较低的水平，这种整体素质较低的状况，已成为我国旅游业发展的瓶颈。因此出台一套标准化的旅游业务操作程序，开展专业化培训，提高旅游业从业人员素质，增强旅行社的核心竞争力迫在眉睫。

正是在这种背景之下，我们精心策划并邀请众多业内专家，结合中国旅游市场的现状，共同编写了这本《旅游业务操作师》。

本书通过职业概述、旅行社国内计调操作、旅行社入出境业务、旅行社电子商务、旅行社外联销售、旅游相关法律法规等内容，系统地提供了旅游业务操作人员的任职条件与工作要求，是旅行社选聘、考评旅游业务操作人员任职资格和工作绩效的最佳参考资料，同时，也是旅行社对旅游业务操作人员开展岗前职业教育的必备读本。

作为落实国家人才兴国战略，推进我国旅游业务操作师职业培训与资格评价体系建立的实验性鉴定教材，本书在编写过程中，参阅了大量的国内外文献及相关学科的研究成果，汲取各家之长，内容力求与社会对旅游业务人才的实际需要接轨，与旅游业务操作师的资格评价接轨，与国内国际旅游业的发展趋势接轨。

本书得到中国国际旅行社总社、中国国际职业资格认证协会、中国人才研究会妇女人才专业委员会、北京国际旅游网、东亚星空国际文化传媒（北京）有限公司的支持和帮助，在此表示衷心的感谢！

鉴于旅游业务操作师岗位资格评价制度建设刚刚起步，许多问题还有待探讨，加上编写人员水平和实践的局限，书中不足之处在所难免，我们热忱地欢迎广大读者提出宝贵意见，以便不断修改完善。

沈小君

内容简介

本教材由人力资源和社会保障部教材办公室组织编写。教材围绕“以企业需求为导向，以职业能力为核心”的编写理念，力求突出技能培训特色，满足职业技能培训的需要。

本教材详细介绍了旅游业务操作师要求掌握的最新实用知识和技术。全书分为八个模块单元，主要内容包括：中国旅游业务操作师概述、国内旅游计调业务、国内旅游组团业务、出境旅游业务、入境旅游业务、旅行社电子商务与网络业务、旅行社产品外联与销售和旅游相关法律法规等。

本教材是旅游业务操作师职业技能培训与考核用书，也可供相关人员参加就业培训、岗位培训使用。

前 言

科技日新月异，我国产业结构调整与企业技术升级不断加快，新职业和新岗位也不断涌现，能不能拥有一批掌握精湛技艺的高技能人才和一支训练有素、具有较高素质的职工队伍，已成为决定企业、行业乃至地区是否具有核心竞争力和自主创新能力的重要因素。一些地区、行业、企业根据工作现场、工作过程中职业活动对劳动者职业能力的需求，纷纷提升人才培养规格与培养标准，从过去单一社会化鉴定模式向自主培训鉴定、企业业绩评价、职业能力考核等多元评价模式转变，从过去以培养传统技术技能型人才为主向培养技术技能型、知识技能型和复合技能型人才转变，职业培训与鉴定考核领域进一步拓展。为了适应新形势，更好地满足各地培训、鉴定部门及各行业、企业开展培训鉴定工作的需要，我们根据地方、行业和企业实际，组织编写了一批具有地方、行业特色，满足企业需求，或面向新职业、新岗位的职业技能培训鉴定教材。

新编写的教材具有以下主要特点：

在编写原则上，突出以职业能力为核心。教材编写贯穿“以企业需求为导向，以职业能力为核心”的理念，结合企业实际，反映岗位需求，突出新知识、新技术、新工艺、新方法，注重职业能力培养。凡是职业岗位工作中要求掌握的知识和技能，均作详细介绍。

在使用功能上，注重服务于培训和鉴定。根据职业发展的实际情况和培训需求，教材力求体现职业培训的规律，反映地方、行业和企业职业技能考核的基本要求，满足培训对象参加考试的需要。

在内容安排上，增强教材的可读性。为便于培训、鉴定部门在有限的时间内把最重要的知识和技能传授给培训对象，同时也便于培训对象迅速抓住重点，提高学习效率，在教材中精心设置了“学习目标”和“单元提示”等栏目，以提示应该达到的目标，需要掌握的重点、难点、鉴定点和有关的扩展知识。

编写教材有相当的难度，是一项探索性工作。由于时间仓促，不足之处在所难免，恳切希望各使用单位和个人对教材提出宝贵意见，以便修订时加以完善。

人力资源和社会保障部教材办公室

目 录

第1单元

中国旅游业务操作师概述

学习目标

1. 通过本单元的学习，初步了解中国旅游业务操作师的职业定义。

2. 中国旅游业务操作师在旅行社工作中所涉及的岗位，以及各个岗位的特点、工作范围和职业分类。熟悉旅游业的产生、我国旅游业的发展过程。

3. 掌握我国旅行社未来发展的趋势，旅行社组织结构，旅行社条例对旅行社成立、业务范围的规定。

单元提示

本单元介绍了中国旅游业务操作师的职业定义、工作范围及评价等级；世界及中国旅游业的发展简史、中国旅行社未来发展的趋势；旅行社的职能、旅行社的组织结构；现阶段旅行社条例对旅行社成立的条件、业务范围的规定。

第一节 职业概述

一、职业定义

中国旅游业务操作师是以维护和实现旅行社组织利益为工作目标，以旅行社管理、协调、操作业务和服务为核心职能，运用科学的方法及操作程序，开展职务行为的旅游业务操作人员。

二、工作范围

中国旅游业务操作师是集旅行社在旅游运营工作中的经营管理、国内计调、外联销售、出境计调于一体的专业化人才，是旅游经营工作一线的核心人物。它较单一的旅游业务工作人员具有无可比拟的系统性和权威性，是旅游行业极富竞争力和市场前景的技能型人才。

中国旅游业务操作师在旅行社行业中所能担任的职务包含国内旅游产品销售接待经理（计调经理）、国内旅游产品销售接待员（计调员）、入出境旅游产品销售接待经理（计调经理）、入出境旅游产品销售接待员（计调操作员）、对外采购联络业务经理（外联经理）、对外销售业务经理（销售经理）等岗位。

三、评价等级

本岗位共设两个等级。分别为中国国内旅游业务操作师、中国国际旅游业务操作师。

第二节 旅行社的产生与发展

一、旅行社的产生

旅行社的产生是经济、科技、社会分工发展的直接结果，同时也是旅行长期发展的必然产物。18 世纪中叶英国的工业革命对旅行的发展产生了重大的影响。其主要影响体现在以下四个方面：

在物质方面：随着英国的工业革命，生产力得到了迅速发展，社会财富急剧增加，致使当时的人们有了更多的剩余产品和闲暇资金，这为人们的旅行在物质上提供了资金方面的保障。

在精神方面：人们在物质方面得到了基本的满足以后，就开始关注精神生活方面的质量，在精神上寻求新奇、刺激，成了当时上层社会的一种时尚。这样就在人们的思想观念上为旅行做好了充分准备。

在科技方面：随着科学技术的进步，特别是交通工具迅猛的发展和广泛的使用，使人员大规模流动成为可能。

在社会结构方面：由于出现了机器化大生产，人们可以从繁重的劳动中解放出来，有了更多的闲暇时间。在自由支配的时间中，人们的旅行度假需求越发强烈。

正是在这种背景下，1808年出生在英国的托马斯·库克在1841年创造性地包租了一列火车，运载540人从英国的莱斯特到拉夫伯勒参加禁酒大会，全程11公里。每人收费1先令。这种组织形式广受当时大众的欢迎。1845年，托马斯·库克在莱斯特正式成立了"托马斯·库克"旅行社，开始专门从事旅行代理业务。他本人也就成了世界上第一位专职的旅行代理商。近代旅游业的诞生就以此作为标志。1865年，托马斯·库克父子又创办了"托马斯·库克"父子公司，面向大众，招徕更多的客户。推动了旅游的社会化进程，促进了世界旅游业的迅速发展。

此后，为适应人们不断增长的旅游需求，旅行社在世界各地迅速发展起来，到了20世纪初叶，旅行社得到了更大的发展。美国的运通公司、英国的托马斯·库克公司和比利时为主的铁路卧车公司，成为当时世界旅行社行业的三大巨头。今天全世界已形成由数万家旅行社组成的庞大的世界性旅游服务网络。据世界旅游组织估算，在每年世界旅游总人数中，国内旅游人次约占90%以上，其中旅行社在此发挥了非常重要的作用。

二、我国旅行社的发展

我国的旅行社最早产生于20世纪20年代。1923年，爱国人士陈光浦先生在上海商业储蓄银行设立旅行部，1927年该部独立并更名为中国旅行社，现为香港中国旅行社股份有限公司。新中国成立以后，1949年12月华侨服务社在厦门成立；1954年中国国际旅行社在北京成立；1974年，华侨服务社与中国旅行社合并为中国旅行社；1980年，中国青年旅行社总社在北京成立。这段时期，我国旅行社业出现了龙头垄断的局面。三家旅行社接待的来华旅游者占到全国有组织接待人数的80%，其余20%由其他政府机构组织接待。

随着改革开放步伐的加快，中国的旅游业进一步发展，为适应我国旅游业发展的新形势，国家旅游局于1984年将旅游外联下放，允许更多的企业经营国际旅游业务，对我国旅行社的发展起到了积极的促进作用。旅行社在全国范围内迅速发展起来。到1988年底，我国的旅行社猛增到1573家，由此彻底打破了我国三大旅行社垄断的局面。

1985年我国颁布了旅行社行业的第一部管理法规——《旅行社管理暂行条例》，同时还按业务范围将我国的旅行社划分为三类。

1988年，我国国内旅游已超过3亿人次，旅游支出达187亿元人民币。我国的国内旅游市场已粗具规模，并呈现出良好的发展势头。

1991 年，国际旅游入境人数和旅游外汇收入均超过历史最高水平。国家旅游局和国家民航局联合举办的 1992 年中国观光年对我国旅游业起到了积极的作用，同时，我国政府开始允许中国公民出国探亲和旅游，这是我国旅游业发展中的又一次重大突破。中国成为仅次于中国香港地区、日本和中国台湾地区的亚洲第四大旅游客源地。

从 1994 年开始，我国因私出境人数增加，对旅行社来说意味着旅游在我国有了更为广阔的市场，在我国出境旅游崛起的同时，我国的国内旅游保持了持续发展的势头，这无疑极大地提高了我国旅行社在国际合作中的地位和影响力，为我国旅行社的进一步发展提供了更为广阔的天地。截止到 1994 年底，我国共有各类旅行社 4 382 家。

在我国旅行社行业蓬勃发展的同时，也出现了许多问题，突出表现为市场秩序的混乱，就在我国旅行社行业发生剧烈变化的情况下，国务院于 1996 年 10 月颁布了《旅行社管理条例》对我国的旅行社又进行了重大的调整。同时将我国的旅行社按照业务范围划分为两类。

在此后的十几年中市场混乱状况得到了暂时的缓解，但并没有从根本上解决问题，旅行社不正当竞争、旅游者的旅游投诉等情况时有发生。

2009 年初为了规范中国旅游市场，国务院于 5 月 1 日正式实施新的《旅行社条例》。同时在业务范围上取消了国内社和国际社的界限。这是在我国旅游法规上的又一次重大突破。

按国家对旅行社管理制度的出台，可将我国旅行社的发展分为三个阶段：

第一阶段，1985 年颁布的《旅行社管理暂行条例》将我国的旅行社划分为以下三类：

一类社：外联接待权经营对外招徕并接待外国人来中国、华侨归国或港澳同胞及台湾同胞回内地旅游业务的旅行社。

二类社：不对外招徕，只经营接待第一类旅行社或其他涉外部门组织的外国人来中国、华侨归国或港澳同胞及台湾同胞回内地旅游业务的旅行社。

三类社：经营中国公民国内旅游业务的旅行社。

第二阶段，1996 年颁布的《旅行社管理条例》将我国的旅行社划分为国际、国内社两种类型：

我国的旅行社按照经营的业务范围划分为国际旅行社和国内旅行社两种类型。国际旅行社的经营范围包括入境旅游业务、出境旅游业务和国内旅游业务；国内旅行社的经营范围限于国内旅游业务。其中，国际旅行社须经国家旅游行政管理部门授权批准，方可经营出境旅游业务。

第三阶段，2009 年 5 月 1 日实施的《旅行社条例》在业务范围上取消了国内和国际社的界限。

三、我国旅行社未来发展趋势

1. 现存问题分析

我国旅行社业现存问题是多方面的，首先，我国旅行社现行分工体系是行业政策法规、传统经济体制和现行市场机制综合作用的结果，尽管这一体系会在某种程度上具有其存在的合理性，但就我国旅行社业发展的实践和趋势而言，其最大弊端是造成下述一系列问题的存在和不断恶化：

（1）大型旅行社没有实现规模经济，规模优势得不到发挥。从理论上讲，大型旅行社在经营中具有旅游产品开发、旅游服务采购、旅游市场拓展、旅游接待以及资金、信息、人才和抵御风险等多方面的优势，因此易于实现规模效益。然而，在我国旅行社行业中，大旅行社的规模效益并不明显，优势也远未得到充分发挥，这主要表现在以下几个方面：

1）我国旅游业近几年一直保持着较好的发展势头，市场持续扩大，旅游收入，尤其是国际旅游收入增长很快。而在此情况下，一些大型旅行社在竞争中面对众多新的商业机会，自身却处于保市场或无奈于市场份额下滑的困境之中，业务发展缓慢。

2）大旅行社未能在旅游市场中发挥应有的作用，即未能平抑市场的过度竞争，未能起到引导和稳定市场的作用，致使市场的混乱无序困扰了我国旅行社业务发展并造成了旅行社资源的浪费。大社自身也未能避免这种市场混乱所带来的负面效应。

3）在旅行社的内部管理方面，一个突出的现象是某些大社内部普遍实行部门承包或变相部门承包，强化部门权益，使得部分大型旅行社实际上成为一些业务上相对独立的小旅行社的集合体。在这种格局下，大旅行社自然发挥不了应有的优势，难以形成规模经济。

（2）中小型旅行社缺乏明确的市场定位，发展可谓举步维艰。就目前我国中小型旅行社的总体情况而言，其特点集中表现为有限的接待数量和低下的利润水平。

在接待数量方面，近年来我国许多小旅行社的年接待量不足 100 人次，处于发展无望却还能勉强支撑的境地。自 1995 年国家旅游局在旅行社行业实施旅行社质量保证金制度以来，很多小型旅行社不堪重负，纷纷退出行业。这种现象一方面反映了众多小型旅行社的经济实力和经营状况；另一方面也从一定程度上反映出业主对行业和自身未来发展的理性预期。

在利润率方面，自进入 20 世纪 90 年代以来，我国旅行社行业的平均利润率在逐年下降，1997 年只维持在 2%左右的水平。有限的接待量和低利润率之间存在一定的内在联系，这两个方面的并存说明了当前中小型旅行社经营的艰难局面。造成这种结果的原因当然是多方面的，而从旅行社自身因素来看，绝大多数中小型旅行社人、财、物力有限，而其经营活动却涉及从产品设计开发到旅游接待的各个环节。这种经营的多环节必然造成经营项目深度的不足。浅层次的产品开发直接影响其对旅游者的吸引力；促销的乏力使得很多国内游客对中小旅行社的服务缺乏了解，对利用中小旅行社能获得的价格实惠及其他便利半信半疑，最终使得国内旅游者对中小旅行社的利用率偏低，旅行社的市场范围狭小；缺乏诚信更是造成或强化了社会公众对中小旅行社的不良印象，减少了回头客和其他顾客来源。中小旅行社在这种恶性循环中求生存，必然举步维艰。

(3) 旅行社业恶性价格竞争盛行，市场秩序混乱。国家旅游主管部门1985年对旅行社类别的划分和对旅行社业务范围的规定，其初衷或许在于通过这种形式的分工，起到规范市场和保证产品质量的作用，而在我国旅行社业后来的发展过程中，由于一、二类社比例失调造成二类社业务量明显不足，致使许多二类社为谋求生存而违反国家规定超范围经营，直接在海外招揽客源。而部分一类社贪图蝇头小利，通过为二类旅行社代办签证通知赚取不义之财的做法，无疑对二类社超范围经营起到了推波助澜的作用，最终导致许多三类社也开始从事外联和国际旅游接待业务。这种现象的出现和普及，无疑也包含着旅行社实业界对我国以水平分工为基础、以各种特许经营权为特征的旅行社人为市场分工模式的否定。

1996年10月国务院颁布了《旅行社管理条例》，对我国旅行社管理制度进行了一系列重大的调整，但单就对旅行社类别进行的调整而言，水平分工的基础和特许经营的特征并未改变、其未来的运转结果很可能会重蹈历史的覆辙。如此一来，人为的市场分工模式未被、也难被业者所接受，行业中某种有效的自然分工体系又难以形成，加之为数不多的几个行业组织极为有限的约束力，及其在管理权威方面所遇到的各种问题，出现当前这种市场混乱的现象自然也是难免的。

旅行社市场混乱的一个突出表现是以削价竞争为主的旅行社之间的恶性价格竞争。削价竞争是行业市场机制不成熟、行业内缺乏有效的规范准则的集中反映。竞争的结果不会刺激产品质量的改进，而是导致质量被忽视，旅行社无力保证其服务质量，进而使旅行社卷入另一种形式的恶性循环。

我国当前旅行社产品重复雷同，尤其是海外促销能力薄弱，旅行社总体接待能力低下是我国旅行社行业长期存在的突出问题。有实力的旅行社一旦开发出新产品，众多中小型旅行社便一哄而上，竞相模仿或参与经营。在这些中小旅行社中，有一些旅行社既缺乏必要的硬件设备，又不具备保证接待质量的软件基础，这必然会降低旅行社的总体接待力量，也在很大程度上削弱了有实力的旅行社向深度开发和促销产品的积极性。

2. 未来发展趋势

2009年我国颁布的《旅行社条例》无疑为旅行社未来的发展指明了方向。即实现大型旅行社集团化，中型旅行社专业化和小型旅行社通过代理制形成网络化的目标模式。

(1) 大型旅行社集团化。在我国规模较大的旅行社可以形成一定数量人、财、物一体化的紧密型旅行社集团。从微观角度讲，有利于真正发挥其在采购、预订、营销、资金、人才等方面的优势，实现规模经营；从宏观角度讲，可以引导和稳定市场，克服旅行社市场因过度分散造成的问题。

大型旅行社在实现集团化之后，其基本业务包括三块：产品开发、市场开拓和旅游接待。销售业务（这里限指国内旅游和出境旅游）则主要由数量众多的中小型旅行社代理。这些举足轻重的旅行社集团把全部资源集中于三块相互联系的旅游业务中，势必会提高自身和整个行业产品开发和市场开拓的力度，提高总体接待质量，避免了不正当竞争，减少了资源的耗费。

（2）中型旅行社专业化。大型旅行社在整个市场内通过重新组合实现集团化之后，市场上一些中等规模的旅行社应相应调整其经营方向，避开其在经营标准化产品方面的比较劣势，实现专业化经营，以最大限度地满足特定细分市场旅游者的需求，对旅游产品进行深度开发，形成特色产品或特色服务。使旅游产品更加多样化，从而增强旅游产品的总体吸引力。中等规模旅行社的专业化发展是一种必然的选择。

（3）小型旅行社代理化。与大型旅行社集团化、中型旅行社专业化经营相适应，小型旅行社将成为大中旅行社的代理商。因为小型旅行社多数不具备大量的人员和资金，在开发新产品方面不具有优势。但是，它可以通过内部调整，在全国范围内实现网络化，成为旅行社面向旅游者的窗口。代理制是要求将绝大多数的小型旅行社改制为代理社，代理社不从事产品开发，也基本不拥有其他接待设施。其业务是专门从事旅游产品的代理销售，因为网络化的意义实际上等同于旅行社把销售触角伸向产生旅游需求的每个角落。小型旅行社如果能够实现向代理社的转变，就可以避免原先“小而全”的建制和业务上面面俱到而又面面不到位的矛盾，使其彻底摆脱举步维艰的局面。与此同时，代理社代理销售旅行社集团和专业社的产品，还可以让那些被代理的旅行社集中资源，专心致力于产品的开发、促销和旅游接待业务，进而达到通过这种专业化分工和更深层次的合作，实现旅行社业规模经营的目标。

第三节　旅行社的职能与组织结构

一、旅行社的职能

旅行社是为旅行者提供旅行服务的专门机构，但是在职能方面存在着一些差异。在一般情况下旅行社应该具有四种基本职能。

1. 组合职能

旅行社属于非生产企业，它为旅游者提供的是一种产品的组合，在某种意义上讲它是旅游的中介机构。它是把旅游所需的食、住、行、游、购、娱六个基本要素组合在一起并销售给旅游者的一种行为。旅行社本身并不生产。简单来讲，餐厅、酒店、旅游景点等都不是旅行社生产的，旅行社与这些单位是合作共事的关系，它们是旅游产品的组成部分。旅行社在这个链条中就好比是一串项链的线，其功能就是将各个环节串起来，组成旅游产品。在我国，旅行社大多以低于市场的销售价格向饭店、旅游交通和其他相关部门批量购买旅游者所需的各种服务项目，然后进行组装加工，并融入旅行社自身的服务内容，进而形成具有自己特色的旅游产品，而非组成旅游产品的零散部件。其他相关部门的服务只是构成旅游产品的元素，而非产品本身。就这种意义而言，旅行社具有组合职能。

2. 销售职能

旅游产品的无形性和生产与消费的同一性，使得旅游产品的销售比物质产品的销售更为复杂，同时也使得旅游产品的销售对销售渠道的依赖性变得更强。如果没有畅通的销售渠道，旅游者就会对旅行社销售的产品知之甚少，甚至一无所知，造成信息的不对称。所以，旅行社不仅要组合旅游产品，还要将这些产品通过销售渠道销售给旅游者。同时还要协助旅游者广泛搜集旅游相关的信息，办理各种烦琐的旅游手续。特别是当旅游者所需要的不仅是本国或本地区的旅游服务项目，而是一种跨国度、综合性旅游产品时。销售渠道不畅通就会在一定程度上抑制旅游者外出旅游的需求。生产的社会化分工，决定了需要有这样一种组织，它专门从事旅游产品的组装与加工，同时广泛收集信息，满足旅游者对旅游信息的需求，方便旅游者购买旅游产品。旅行社恰好适应了这种社会需求，承担起沟通买卖双方的任务，使旅游产品更顺利地进入消费领域。旅行社亦因此而成为旅游产品重要的销售渠道，并具有了销售职能。

3. 协调职能

旅游活动涉及食、住、行、游、购、娱等众多方面，旅行社要保障旅游活动的顺利进行，就离不开旅游业各部门和其他相关行业的合作与支持。旅行社与这些部门之间是相互依存、互利互惠的合作关系，对这些部门并没有指挥权，更不是上下级的关系。旅行社在旅游者旅游过程中从整体上宏观上协调着各方的利益从而保证旅游活动的各个环节的顺利衔接和落实。组织协调工作就成了旅行社的又一个基本职能。

4. 提供信息的职能

旅行社提供信息的职能主要体现在三个方面：一是针对旅游市场的情况，将旅游市场的发展趋势、供求关系、价格变化等信息及时准确地反馈给旅游行政管理部门，以便旅游行政管理部门对旅游市场进行监管和调控，并及时制定相关的政策法规来规范旅游市场，营造良好的旅游环境，保障旅游市场的健康快速发展。二是将旅游市场的动态进行汇总，针对已经取得的成绩和存在的不足进行及时的调整，以提高旅行社的经营管理水平，改善服务质量，便于旅行社自身的生存和发展。三是根据旅游市场和旅游者需求的变化，向旅游者及时、准确、全面地提供旅游目的地的各种信息，供旅游者参考选择，在旅游者获得更多的信息的同时无形中就激发了旅游者购买旅游产品的愿望。

二、我国旅行社组织结构

企业在组织结构的设计上一般分为直线制、直线职能制、事业部制、矩阵制四种。这四种组织结构各有优缺点，同时也是适用于不同规模的企业。在旅游企业中根据企业规模、经营范围、资金投入的不同采用前三种组织结构比较普遍。

1. 直线制

直线制是一种最简单的集权组织结构形式，又称军队式结构。其领导关系按照垂直系统建立，不设立专门的职能机构，自上而下形成垂直领导与被领导关系，如图 1—1 所示。

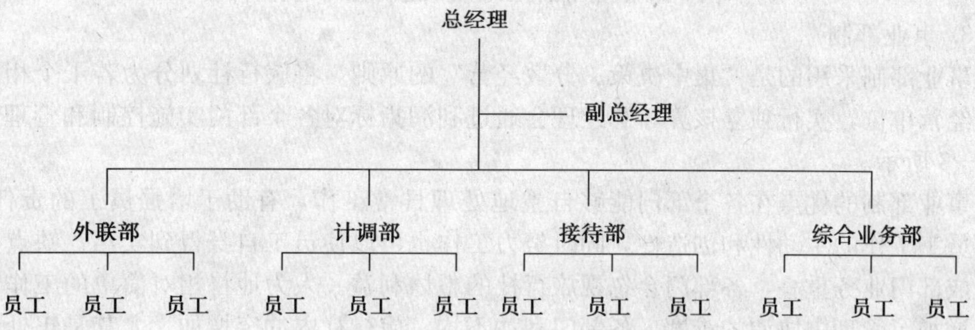

图 1—1　我国旅行社直线制组织结构图

这种组织结构的优点在于形式简单，指挥系统清晰，责权关系明确；横向联系少，内部协调容易；信息沟通迅速，解决问题及时；工作效率比较高。它的缺点在于缺乏专业化分工，经营旅游业务依赖于少数的几个人，这就要求旅行社的总经理是一个经营管理的全才，但是这一点很难做到。规模较小的或者是业务单一的旅行社适用于直线制组织结构。

2. 直线职能制

直线职能制是在直线制的基础之上设立相应的职能部门，如设置办公室、财务和人事培训等管理部门。采用总经理决策，职能部门参谋、指导、协助相结合的组织结构形式。职能部门对业务操作人员没有直接的指挥权，只有指导和监督的权利，如图 1—2 所示。

直线职能制组织结构是一种集权与分权相结合的组织结构形式。职能部门起到了指导与参谋的作用，它可以弥补总经理在专业知识和能力方面的不足。但是，职能部门过多旅行社的横向协调会变得复杂和困难，工作效率会降低。

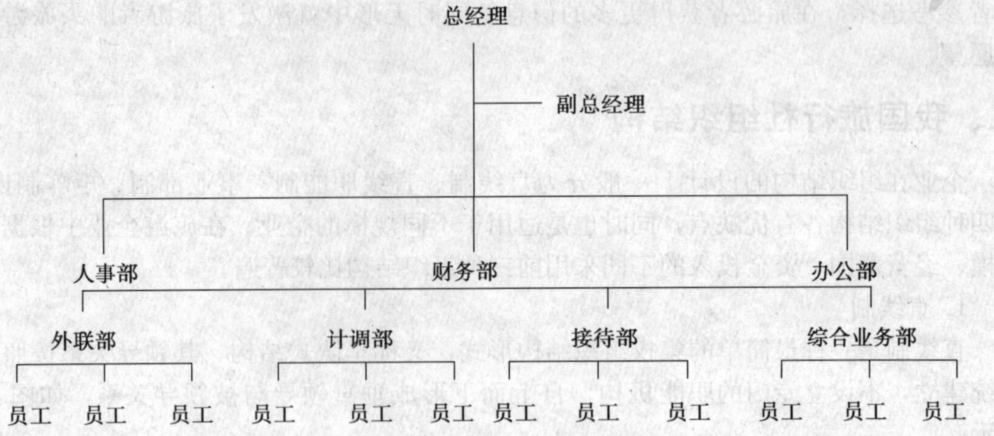

图 1—2　我国旅行社直线职能制组织结构图

3. 事业部制

事业部制采用的是“集中决策、分散经营”的原则。将旅行社划分为若干个相对独立的经营单位，实行独立核算，总经理会通过利润指标对各个部门实施控制和管理，如图 1—3 所示。

事业部制的优点在各个部门能够自主地处理日常工作，有助于增强员工的责任感、发挥员工工作的主动性和创造性，同时努力工作也可以使员工自身得到实惠。缺点是可能造成部门业务重叠，各部门会忽视旅行社的整体利益。人为地将相对简单的工作复杂化，增加了管理中协调的难度，各部门利益不均，旅行社内冲突增加。尤其是正处于起步阶段的旅行社，没有明确的目标市场，部门之间没有明显的业务界限，甚至存在直接的竞争关系。这种方式显然不利于旅行社内部资源的优化配置。

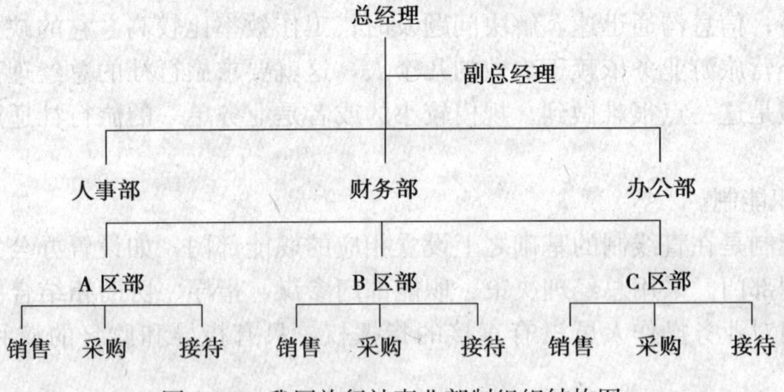

图 1—3　我国旅行社事业部制组织结构图

图 1—1、图 1—2 和图 1—3，均应是开放式的，目的在于旅行社的机构设置并不一定局限于所列出的部门，它是可以无限延伸的。

根据国家旅游局旅行社内部管理制度调研组调查的结果，我国旅行社业务经营部门的组织机构设置正在悄然变化。尤其是传统的外联、计调和接待的机构设计模式变化较大，而且这些变化多见于外联人数在5万人次以上的大旅行社，如国旅总社和上海国旅等。

4. 矩阵制

矩阵制是由职能部门系列和为完成某一临时任务而组建的项目小组系列组成的。它的最大特点是具有双道命令系统，在矩阵制中企业横向和纵向职能部门能较好地联系结合起来，它的缺点在于组织关系比较复杂。目前，在我国的旅行社业内采用这种组织结构的并不多。在这里不做展开介绍。

三、我国旅行社组织结构的变化

1. 外联部门的变化

旅行社的业务重心和利润指标的重点逐步由接待部门转移到外联部门。与此同时，外联部门本身也按照市场情况划分为数个专业外联部门，如日本部、欧美部和东南亚部等，并以此与接待部门遥相呼应。

2. 接待部门的变化

接待部门依然是旅行社的利润中心，与外联部对应设部，专事接待；有的旅行社接待部门因自身业务较少而加强地联业务，具有接待和地联两种职能；有的接待部门按照团体和散客设部。

3. 计调部门的变化

计调部的主要业务很多已经转移到外联部门，因此多数旅行社不再设专门的计调部。现有的计调部门主要负责统一调控、统一谈价，以争取批量优惠，并以此约束外联和导游的行为。另外许多大中型旅行社设立了票务部门，一来保证团队票务；二来对外营业，扩大服务范围。

4. 许多中小型旅行社都采取“一条龙”的部门设置方式，即各部门独立负责从产品设计、外联组团、对外采购和旅游接待和全过程，部门内部人员也是全能式的。一些历史相对悠久的旅行社拥有不同语种的业务人员，同时拥有一些相当固定的客户，因此它们采取按照市场设部的做法。这种方法使得本旅行社内部各部门间业务相对独立，互不交叉，从而有效避免了旅行社内部各部门间的直接竞争。

任何一种组织设计不可能是十全十美的，但只要它有利于业务的开展，并在实践中不断完善，同时也随情况变化做适当的调整和补充，就能够成为促进工作的一种原动力。关键是具体情况具体分析，不要盲目照搬。只要顺应规律，就能从中受益，加速事业发展。

四、旅行社的组织管理

组织的部门化是将为实现组织目标而要求完成的各项工作任务进行划分，并分配给组织各成员承担的过程。因为组织的各项工作任务不是一个人所能完成的，所以必然要求分配给组织各成员承担。但是，各成员分别承担的任务最后组合起来必须能够实现组织的目标。将组织因分化而形成的各项任务组合成一个整体的过程称为整合。旅行社组织管理的主要任务，就是借助职权关系和纵向、横向的沟通，把各部门联系在一起，亦即整合各部门的工作，确保组织目标的实现。

目前我国旅行社行业较为流行的组织管理模式，主要包括岗位责任制、目标责任制、承包责任制三种：

1. 岗位责任制

这是针对我国旅行社传统的经验管理与低效率“大锅饭”提出的一种组织管理模式。该模式的基本内容，可以概括为旅行社将上级主管部门下达的任务，分解落实到每个业务经营部门与岗位，部门与员工的工作与工资和奖金挂钩。

岗位责任制的最大优点是可以根据科学的方法确定各个部门和每个员工的工作数量与质量，岗位责任制实施的效果也主要取决于任务量化的科学程度。尽管岗位责任制的实施在不同程度上增强了旅行社内部各个岗位的责任感，但我国旅行社推行岗位责任制的总体效果并不理想。这主要是因为旅游需求的脆弱性和旅游产品的不可储存性，使得业务量和工作负荷难以确定，与此同时旅游服务的个性化又使得质量标准难以确定。

2. 目标责任制

目标责任制与岗位责任制相比具有明显的进步，这主要表现在部门成为利润中心而不再是单纯的责任中心，利润指标被分解落实到各个部门，而且与分配之间联系更为密切。企业部分经营管理权相应下放到部门，部门内部的失衡因此减少。

但是，目标责任制也造成许多新的问题：部门间关系紧张，特别是职能部门职工的积极性遭到打击；部门间条件的差异掩盖了部门间分配的不平等；对部门放权与控制成为企业突出的矛盾。

3. 承包责任制

承包责任制是在目标责任制基础上发展起来的旅行社组织管理模式。在承包责任制条件下，旅行社将业务经营特许权和牌子全部或部分租赁给一个或多个人员。承包者拥有极大的经营管理权，包括独立的财务管理权；同一旅行社中的不同承包者之间存在相互竞争关系；承包期限一般较短。承包责任制的上述特点致使承包责任制产生了许多问题，具体表现为承包者短期行为严重，大都存在严重的财务问题，而且助长了行业不正之风。承包责任制因此遭到许多业内人士的指责和非议。

第四节　旅行社经营

一、旅行社的设立

旅行社是指从事招徕、组织、接待旅游者等活动，为旅游者提供相关旅游服务，开展国内旅游业务、入境旅游业务或者出境旅游业务的企业法人。

为了加强对旅行社的管理，保障旅游者和旅行社的合法权益，维护旅游市场秩序，促进旅游业的健康发展，国务院于 2009 年 5 月 1 日实施新《旅行社条例》。新条例适用于中华人民共和国境内旅行社的设立及经营活动。包括香港特别行政区、澳门特别行政区和台湾地区的投资者在内地投资设立的旅行社。

国务院旅游行政主管部门负责全国旅行社的监督管理工作。县级以上地方人民政府管理旅游工作的部门按照职责负责本行政区域内旅行社的监督管理工作。县级以上各级人民政府工商、价格、商务、外汇等有关部门，应当按照职责分工，依法对旅行社进行监督管理。

旅行社在经营活动中应当遵循自愿、平等、公平、诚信的原则，提高服务质量，维护旅游者的合法权益。旅行社行业组织应当按照章程为旅行社提供服务，发挥协调和自律作用，引导旅行社合法、公平竞争和诚信经营。

二、旅行社设立的条件

申请设立旅行社，经营国内旅游业务和入境旅游业务的，应当具备下列条件：

- 有固定的经营场所。
- 有必要的营业设施。
- 有不少于 30 万元的注册资本。

申请设立旅行社，经营国内旅游业务和入境旅游业务的，应当向所在地省、自治区、直辖市旅游行政管理部门或者其委托的设区的市级旅游行政管理部门提出申请，并提交符合《旅行社条例》第六条规定的相关证明文件。受理申请的旅游行政管理部门应当自受理申请之日起 20 个工作日内作出许可或者不予许可的决定。予以许可的，向申请人颁发旅行社业务经营许可证，申请人持旅行社业务经营许可证向工商行政管理部门办理设立登记；不予许可的，书面通知申请人并说明理由。

旅行社取得经营许可满两年，且未因侵害旅游者合法权益受到行政机关罚款以上处罚的，可以申请经营出境旅游业务。申请经营出境旅游业务的，应当向国务院旅游行政主管部门或者其委托的省、自治区、直辖市旅游行政管理部门提出申请，受理申请的旅游行政管理部门应当自受理申请之日起 20 个工作日内作出许可或者不予许可的决定。

予以许可的，向申请人换发旅行社业务经营许可证，旅行社应当持换发的旅行社业务经营许可证到工商行政管理部门办理变更登记；不予许可的，书面通知申请人并说明理由。

旅行社设立分社的，应当持旅行社业务经营许可证副本向分社所在地的工商行政管理部门办理设立登记，并自设立登记之日起 3 个工作日内向分社所在地的旅游行政管理部门备案。旅行社分社的设立不受地域限制。分社的经营范围不得超出设立分社的旅行社的经营范围。

旅行社设立专门招徕旅游者、提供旅游咨询的服务网点（以下简称旅行社服务网点），应当依法向工商行政管理部门办理设立登记手续，并向所在地的旅游行政管理部门备案。旅行社服务网点应当接受旅行社的统一管理，不得从事招徕、咨询以外的活动。旅行社变更名称、经营场所、法定代表人等登记事项或者终止经营的，应当到工商行政管理部门办理相应的变更登记或者注销登记，并在登记办理完毕之日起 10 个工作日内，向原许可的旅游行政管理部门备案，换领或者交回旅行社业务经营许可证。

旅行社应当自取得旅行社业务经营许可证之日起 3 个工作日内，在国务院旅游行政主管部门指定的银行开设专门的质量保证金账户，存入质量保证金，或者向作出许可的旅游行政管理部门提交依法取得的担保额度不低于相应质量保证金数额的银行担保。

经营国内旅游业务和入境旅游业务的旅行社，应当存入质量保证金 20 万元；经营出境旅游业务的旅行社，应当增存质量保证金 120 万元。质量保证金的利息属于旅行社所有。

旅行社每设立一个经营国内旅游业务和入境旅游业务的分社，应当向其质量保证金账户增存 5 万元；每设立一个经营出境旅游业务的分社，应当向其质量保证金账户增存 30 万元。

有下列情形之一的，旅游行政管理部门可以使用旅行社的质量保证金：

第一，旅行社违反旅游合同约定，侵害旅游者合法权益，经旅游行政管理部门查证属实的。

第二，旅行社因解散、破产或者其他原因造成旅游者预交旅游费用损失的。

人民法院判决、裁定及其他生效法律文书认定旅行社损害旅游者合法权益，旅行社拒绝或者无力赔偿的，人民法院可以从旅行社的质量保证金账户上划拨赔偿款。

旅行社自交纳或者补足质量保证金之日起三年内未因侵害旅游者合法权益受到行政机关罚款以上处罚的，旅游行政管理部门应当将旅行社质量保证金的交存数额降低 50%，并向社会公告。旅行社可凭省、自治区、直辖市旅游行政管理部门出具的凭证减少其质量保证金。旅行社在旅游行政管理部门使用质量保证金赔偿旅游者的损失，或者依法减少质量保证金后，因侵害旅游者合法权益受到行政机关罚款以上处罚的，应当在收到旅游行政管理部门补交质量保证金的通知之日起 5 个工作日内补足质量保证金。

旅行社不再从事旅游业务的，凭旅游行政管理部门出具的凭证，向银行取回质量保证金。质量保证金存缴、使用的具体管理办法由国务院旅游行政主管部门和国务院财政部门会同有关部门另行制定。

三、旅行社的经营

1. 旅行社服务质量

旅行社向旅游者提供的旅游服务信息必须真实可靠，不得作虚假宣传。经营出境旅游业务的旅行社不得组织旅游者到国务院旅游行政主管部门公布的中国公民出境旅游目的地之外的国家和地区旅游。旅行社为旅游者安排或者介绍的旅游活动不得含有违反有关法律、法规规定的内容。

国家旅游局发布的《2008年全国旅游投诉情况通报》显示投诉旅行社的案件最高，占2008年全国旅游投诉总量9334件的57.29%。投诉的问题主要集中在旅行社擅自降低住宿、交通、餐饮等服务标准。针对频频出现的旅行社侵害旅游者合法权益的问题，新的旅行社条例明显加大了对旅行社违法经营行为的打击力度，为旅游者创造良好的旅游消费法制环境。

旅行社不得以低于旅游成本的报价招徕旅游者。未经旅游者同意，旅行社不得在旅游合同约定之外提供其他有偿服务

全国现有旅行社19 800多家。对于一些旅行社来说，它们考虑的不是靠服务在激烈的市场竞争中取胜，而是投机取巧，一味迎合市场低价心里，以此招揽游客参团，然后又通过压缩游览时间，改变行程，诱骗、强迫旅游者购物和新增有偿服务等方式，加收游客费用，以致游客不但旅游质量下降，费用还远远超过了最初的报价。

新的条例就此做出了明确规定，严禁旅行社低于成本报价。旅行社必须与旅游者订立书面旅游合同。旅游合同中约定的内容，至少应包括：旅行社统一安排的游览项目的具体内容及时间；旅游者自由活动的时间和次数；旅游者应当交纳的旅游费用及交纳方式、旅行社安排的购物次数、停留时间及购物场所的名称；需要旅游者另行付费的游览项目及价格等事项。合同订立后，旅行社非因不可抗力不得改变旅游合同安排的行程，旅行社未经旅游者同意不得在旅游合同约定之外提供其他有偿服务。否则，将分别处以10万元以上50万元以下、1万元以上5万元以下的罚款；情节严重的，吊销旅行社业务经营许可证。对于导游人员违规的情况视情节轻重给予相应的处罚，情节严重的可以吊销导游证或者领队证。

2. 旅游合同

旅行社为旅游者提供服务，应当与旅游者签订旅游合同并载明下列事项：

（1）旅行社的名称及其经营范围、地址、联系电话和旅行社业务经营许可证编号。

（2）旅行社经办人的姓名、联系电话。

（3）签约地点和日期。

（4）旅游行程的出发地、途经地和目的地。

（5）旅游行程中交通、住宿、餐饮服务安排及其标准。

（6）旅行社统一安排的游览项目的具体内容及时间。

（7）旅游者自由活动的时间和次数。

（8）旅游者应当交纳的旅游费用及交纳方式。

（9）旅行社安排的购物次数、停留时间及购物场所的名称。

（10）需要旅游者另行付费的游览项目及价格。

（11）解除或者变更合同的条件和提前通知的期限。

（12）违反合同的纠纷解决机制及应当承担的责任。

（13）旅游服务监督、投诉电话。

（14）双方协商一致的其他内容。

旅行社在与旅游者签订旅游合同时，应当对旅游合同的具体内容作出真实、准确、完整的说明。旅行社和旅游者签订的旅游合同约定不明确或者对格式条款的理解发生争议的，应当按照通常理解予以解释；对格式条款有两种以上解释的，应当作出有利于旅游者的解释；格式条款和非格式条款不一致的，应当采用非格式条款。旅行社违反旅游合同约定，造成旅游者合法权益受到损害的，应当采取必要的补救措施，并及时报告旅游行政管理部门。

3. 导游人员

目前，有许多旅行社在旅游业务操作上对于派遣导游人员随团问题没有一个统一的规范。有些旅行社为了降低运营成本，在组团操作中拒绝派遣导游人员随团活动。在聘用导游人员时既没有与导游人员签订劳动合同，又没有向导游人员支付相应的劳动报酬。甚至在旅游业务竞争激烈的背景下，旅行社为了招徕游客，采取了零成本或低于成本的报价。并且将这一部分风险转嫁给导游人员。要求导游人员买团、交人头费、强行带领游客购物等情况比较普遍。对此现象，新条例规定：

旅行社组织中国内地居民出境旅游的，应当为旅游团队安排领队全程陪同。旅行社为接待旅游者委派的导游人员或者为组织旅游者出境旅游委派的领队人员应当持有国家规定的导游证、领队证。旅行社聘用导游人员、领队人员应当依法签订劳动合同，并向其支付不低于当地最低工资标准的报酬。旅行社不得要求导游人员和领队人员接待不支付接待和服务费用或者支付的费用低于接待和服务成本的旅游团队，不得要求导游人员和领队人员承担接待旅游团队的相关费用。

旅行社及其委派的导游人员和领队人员不得有下列行为：

（1）拒绝履行旅游合同约定的义务。

（2）非因不可抗力改变旅游合同安排的行程。

(3) 欺骗、胁迫旅游者购物或者参加需要另行付费的游览项目。

4. 旅行社委托业务

在旅游业务操作过程中，由于中间商或零售商并不是自己生产旅游产品，而是销售批发商的旅游产品，招徕的旅游者也是委托批发商去接待。在这种情况下旅游者并不知情。还有一种情况就是组团社在招徕游客后，一般都会在旅游目的地委托一家或几家旅行社负责接待。游客并不知道组团社选择了哪家接待社。其实就是侵犯了游客的知情权。为了规范上述两种委托的情况，新条例做出了如下规定：

旅行社需要对旅游业务作出委托的，应当委托给具有相应资质的旅行社，征得旅游者的同意，并与接受委托的旅行社就接待旅游者的事宜签订委托合同，确定接待旅游者的各项服务安排及其标准，约定双方的权利、义务。

旅行社将旅游业务委托给其他旅行社的，应当向接受委托的旅行社支付不低于接待和服务成本的费用；接受委托的旅行社不得接待不支付或者不足额支付接待和服务费用的旅游团队。接受委托的旅行社违约，造成旅游者合法权益受到损害的，作出委托的旅行社应当承担相应的赔偿责任。作出委托的旅行社赔偿后，可以向接受委托的旅行社追偿。接受委托的旅行社故意或者因重大过失造成旅游者合法权益损害的，应当承担连带责任。

四、外商投资旅行社

随着我国对外政策的进一步宽松，越来越多的境外企业来到了中国。外商在中国投资设立旅行社也是必然趋势。目前，虽然允许外资旅行社在中国开展业务，但是在设立的具体要求上和业务经营范围方面还有一些限制性的规定。

外商投资旅行社包括中外合资经营旅行社、中外合作经营旅行社和外资旅行社。

设立外商投资旅行社，由投资者向国务院旅游行政主管部门提出申请，并提交符合新条例第六条规定条件的相关证明文件。国务院旅游行政主管部门应当自受理申请之日起 30 个工作日内审查完毕。同意设立的，出具外商投资旅行社业务许可审定意见书；不同意设立的，书面通知申请人并说明理由。

申请人持外商投资旅行社业务许可审定意见书、章程，合资、合作双方签订的合同向国务院商务主管部门提出设立外商投资企业的申请。国务院商务主管部门应当依照有关法律、法规的规定，作出批准或者不予批准的决定。予以批准的，颁发外商投资企业批准证书，并通知申请人向国务院旅游行政主管部门领取旅行社业务经营许可证，申请人持旅行社业务经营许可证和外商投资企业批准证书向工商行政管理部门办理设立登记；不予批准的，书面通知申请人并说明理由。

外商投资旅行社不得经营中国内地居民出国旅游业务以及赴香港特别行政区、澳门特别行政区和台湾地区旅游的业务。但是，国务院决定或者我国签署的自由贸易协定和内地与香港、澳门关于建立更紧密经贸关系的安排另有规定的除外。

第2单元

国内旅游计调业务

学习目标

1. 能够初步了解计调工作的内涵、计调岗位在旅行社的发展演变过程、计调人员的职责。

2. 熟悉计调人员应具备的素质。

3. 掌握地接社计调操作的标准程序、计价报价的流程、如何进行成本核算、导游员的管理方法。

4. 学会处理在工作中遇到的常见问题。

单元提示

本单元主要对计调的一些基础知识进行了描述，介绍了地接社计调操作程序的标准步骤；对地接计价报价进行了解析，同时介绍了报价的技巧、成本核算等问题；针对地接社导游员的管理以及计调人员在工作中容易发生的问题进行解析。

第一节　计调基础知识

一、计调部概述

1. 计调业务的内涵

旅行社计调部业务有广义与狭义之分。从广义上讲，计调部主要有两项工作，即参谋性工作和业务性工作。参谋性工作包括为旅行社业务决策提供信息、进行市场调查研究、统计分析、计划编制等。业务性工作包括协调联络各个协作单位、组织落实旅游接待事项、制作旅游行程、业务签约、监督检查等。从狭义上讲，计调部业务是指旅行社在接待业务工作中，为旅游团安排各种旅游活动所提供的间接性服务，包括安排食、住、行、游、购、娱等事宜，选择旅游合作伙伴和导游，编制和下发旅游接待计划等。

计调人员是指从事计划组织旅游接待、整体进行旅游业务调度工作的人员。计调人员是旅行社重要岗位的工作人员。计调工作是旅行社业务的重要组成部分。

2. 计调业务的发展过程

（1）形成阶段。旅行社发展初期，旅行社的业务主要是接待入境旅游，没有计调部，只有地联部。它的主要工作是负责政府部门招徕和招待外宾的工作。改革开放以后，入境旅游人数增多，地联部的工作也开始了细分。于是就从地联部独立出来一个部门专门负责旅游业务工作中的订房、订车、订餐、订票和一些委托代办服务。这就是最早的计调部门。

（2）发展阶段。随着我国旅行社接待业务量的日益增长和旅行社规模不断扩大，许多旅行社建立了专门的计调部门，并且明确了计调部门所从事的具体业务。计调业务对内为旅行社各部门提供接团的后勤服务；对外为旅行社与合作单位建立固定的合作关系，并代表旅行社与其签订合作协议。另外，计调部也是旅行社的信息中心，每天要把来自内外的大量信息进行整理、统计和传递。

（3）职能转变阶段。到了20世纪90年代，旅行社开始建立和完善管理体制。计调部门的职能也发生了转变，它从单一的业务性工作拓展到参与旅行社的决策层面。在旅行社经营管理中担负着计划管理、质量监督和业务操作的具体实施。

（4）人员多元化阶段。为了适应现代旅游的要求，许多中小旅行社设立的计调部门要负责编制计划、制作行程、团队操作；还要负责过去外联部门的部分业务，即广告宣传、招徕游客、业务谈判、市场分析等工作；还要参与旅行社的经营决策。计调人员要身兼数职。他们既要做业务，又要做计调，有时还要做导游，甚至还要做门市接待。所以，现代的计调部门工作人员要成为一人多职、一人多能的全面型人才。这对计调人员是一个巨大的挑战，如图 2—1 所示。而许多大型旅行社，尤其是国有旅行社通过变化组织结构、调整内部各个部门权限试图适应现代市场的要求。如在总经理下设计调中心，在计调中心下分为国际部和国内部。其中国内部的计调业务主要是根据旅游线路来设置的，一个计调人员管几条线路，负责接听电话、报价、签约、问询等，如图 2—2 所示。比较理想的计调部机构设置应该是由专人负责。

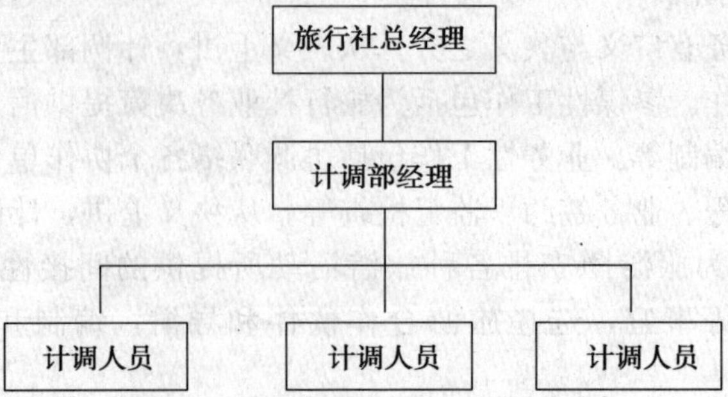

图 2—1　中小旅行社机构设置图

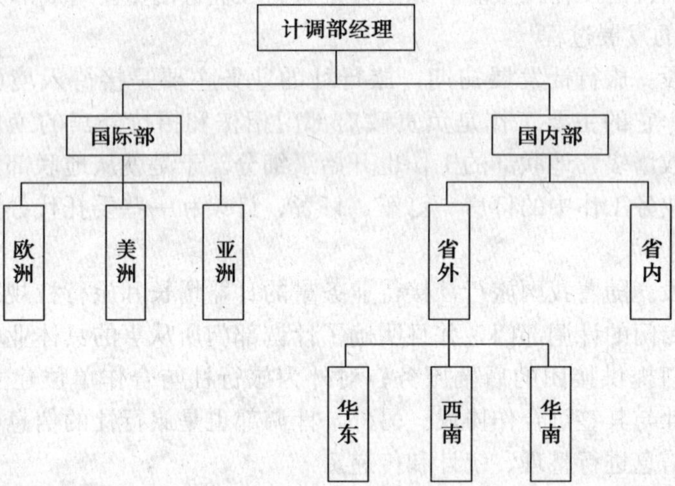

图 2—2　大型旅行社机构设置图

3. 计调人员的工作职能

计调人员的工作职能主要包括收集信息、编制计划、选择合作伙伴、业务签约、协调联络、监督服务质量、数据统计、创收八项职能。

（1）收集信息职能。随着信息化时代的到来，市场瞬息万变，计调人员每天要收集大量关于旅游方面的信息，要将这些信息进行收集、分类、分析、加工、整理。并将这些分析结果汇报给旅行社的决策层。同时要将自己旅行社的产品信息通过发布渠道让旅游者知晓。

通常可以将信息分为三类：一是别人不知道的信息，如果你知道了，就会在市场上占有先机，从而赢得市场，为旅行社创造更多的利润。但是，这种信息几乎不存在，因为在现在的社会背景下，这种信息很难找到，这种信息一旦被你发现，竞争对手很快就会找到。二是别人不能利用的信息，你能够利用。这种信息在一些规模较大、资金雄厚的大型旅行社较为适用。如赴台旅游，国家除了政策方面的限制，还有对旅行社资质的限制。这种信息一些经营国内旅游业务的中小旅行社即使知道了也只能望尘莫及，无法进行业务操作。三是别人没有注意的信息，而你注意到了。这种信息最值得计调人员注意，如2008年人们的目光都集中在奥运会的召开上，却很少有人注意到这一年结婚的人数在悄然增加。如果将这一信息合理应用，提前筹划并将产品重点放在新婚度假旅游上必将抢得市场先机。因此，计调人员收集信息的职能至关重要。

（2）编制计划职能。编制计划职能主要体现在两个方面。一是根据旅行社总体的经营目标、综合能力、接待能力编制计划，这种编制计划职能相当于管理职能。二是针对计调部门的具体业务编制操作计划，如旅游行程、导游派遣单等。

（3）选择合作伙伴职能。旅行社要与许多旅游企业建立采购关系。以接待业务为主的计调人员工作重点是采购酒店、餐厅、航空、铁路、车船公司、游览景点、娱乐场所等。在采购旅游服务过程中，一家旅行社不可能去干涉饭店的经营管理，不可能去调度航空公司飞机的飞行时间和线路，但却可以在采购业务过程中发挥选择职能，在众多的采购对象中选择最理想的合作伙伴，进行优化组合，构成最佳的服务系统，以保证旅行社最优的服务质量。以组团业务为主的计调人员工作重点是采购各地的接待社，将进行对比，合理选择。

（4）业务签约职能。一家旅行社在经营中要与许多旅游企业（如饭店、餐厅、车船队和其他旅行社等）及相关行业（如交通、园林、娱乐、保险等）发生经济关系，通常采取签订经济合同的形式来保持这种关系的稳定。

旅行社采购业务的签约职能是必不可少的，同时要求旅行社对外统一签约，以便从旅游供应商那里得到更好的优惠价格。旅行社赖以生存的重要途径，便是通过批量采购获得价格和交易条件的优惠。如果一家旅行社能集中内部所有的购买力，相对集中地投放到相关旅游企业，由此带来的效益要比分散投放到众多的相关旅游企业中大得多。

（5）协调联络职能。旅行社组织一个旅游团的旅行过程，本身就是一个比较复杂的历程。它的涉及面很广，碰到的问题很多，而在第一线的导游人员却没有足够的时间和充分的条件来处理旅途中遇到的棘手问题。这就需要旅行社在经营管理中有24小时不间断的值班联络中心来及时、准确、无误地转达。对于团队在旅途中发生车祸、在饭店被盗、游客在旅途中生病或死亡等重大事故，就需要向有关部门及保险公司联络通报，采取相应措施；发生航班或车、船时间的变更、取消，则需要马上与饭店、餐厅、车队联系并做出相应的安排，使采购的旅游服务保证供应。如果各站之间发生脱节，会给游客和旅行社造成损失，从而导致游客投诉事件的发生。

（6）监督服务质量职能。监督服务质量是旅行社计调人员的一项重要职能，主要体现在两个方面。一是以接待为主的旅行社监督各个协作单位的接待质量，如酒店、餐厅、旅游车辆等是否符合标准，发现问题及时纠正和解决，避免旅游者遭受损失，避免影响接待社的信誉；二是以组团为主的旅行社监督地方接待社的接待质量，是否履行旅游合同，这样才会避免旅游纠纷，保障旅游者的利益，同时也能树立组团社的品牌。

（7）数据统计职能。统计工作是旅行社实现经营目标和提高经济效益的重要保证。重点是对旅游业务进行逐月、逐季、逐年的定量科学分析，绘制成月、季、年的统计表。通过对这些信息的统计和分析，可以检查旅行社经营业务的实际情况，从而发现新问题并及时设法解决，同时还能了解客源的流向及流量，作为旅行社进行经营决策的依据。

（8）创收职能。计调部门对外洽谈业务时，根据旅游供给的变化，在协议价的基础上调整价格，尽量争取最优惠价格，从而降低旅行社的经营成本，增加企业利润。运用营销技巧招徕更多的客户，为旅行社创收，提高企业的经济效益。这是计调人员最重要的职能。

二、计调人员的岗位职责

1. 计调部经理的主要职责

在一些中小旅行社计调部直接隶属于旅行社总经理的领导之下，负责全社的业务流程及其操作，其岗位职责非常重要。计调部是旅行社工作的核心部门，计调工作直接影响和决定着公司的正常运转，为了提高工作效率，提高经济效益，计调部经理应本着尽心尽责、求实创新的态度，履行如下职责：

（1）负责对外接待、安排旅游团队、发报计划、公关协调、组织接团等。

（2）广泛收集和了解不断变化的旅游市场信息及同行相关动态，对其他旅行社推出的常规、特色旅游线路要认真分析，为更好地策划本社的旅游产品做出方案。

（3）不断修改、制订和完善各条旅游线路及其行程安排，不断推陈出新，制订出符合当前旅游市场需求、能满足游客要求的旅游线路及适当的旅游价位。

（4）在操作、协调、安排团队省内外旅游时，对有关交通、导游服务及住、食、购、娱等活动，要尽可能考虑周到，在确保团队接待质量的前提下，力争“低成本、高效益”。

（5）在每个旅游团行程结束后，有关导游、司机报账时，要严格把关，并与财务部门仔细核对每一项账目，确保准确无误。

（6）在每个带团导游出发前，应把带团的详细资料、注意事项，以及在此线路中可能出现的问题和解决建议作出全方位的考虑，并告知导游人员，尽可能做到防患于未然。

(7) 为提高本社的工作效率，计调部经理应监督计调人员，工作中要及时按日、月、季掌握各线路的成本及报价，同时要及时通知各部门，以确保对外报价的统一性、可靠性、可行性和准确性。

(8) 时刻与各业务部门保持联系，及时了解、掌握、分析反馈的信息，然后消化、吸收、落实。

(9) 每个团队操作，必须要求做到售前、售中、售后完美服务，即出团前的亲情服务，团队旅游过程中的质量跟踪监控，团队行程结束后的回访及建立档案。

(10) 必须时刻注意同行动态，特别是要注意剪贴各种媒体广告，建档保存并加以分析。

(11) 旅游资源的采录。在旅游淡季，计调部经理应该抽出时间到旅游景点及其线路进行踩点、踩线，只有了解第一手资料，才能设计出精美的线路，符合市场需求，走在市场前面，而不是闭门造车。

(12) 旅游产品的制作。计调部经理踩点、踩线回来，应该和计调人员一起做好旅游产品的粗加工制作工作。

(13) 同行报价的收集。计调部经理在推出本旅行社的线路及报价之前，有权带领其他计调人员一起，完成收集本地区其他旅行社的线路报价工作，做到知己知彼、百战百胜。

(14) 本社产品的报价。在上述产品的粗加工工作和同行报价收集工作的基础上，经过旅行社总经理的认可，与旅行社其他部门（如外联部等）共同协商，有权对外报出本社旅游产品的价格。

(15) 签订旅游合同。在每年的年底或年初，计调部经理要与交通部门（如航空公司、铁路部门、旅游车船单位等）、景区景点、饭店、旅游定点餐厅等相关部门签订旅游协议，以便定下来年的优惠协议价。

(16) 网站信息收集编辑。计调部经理在收集同行旅游线路报价的同时，注意观察和收集网络旅游信息，有权不断更新本旅行社网站的信息。

2. 计调人员的主要职责

计调人员的主要工作，是分发和落实各业务部门提交的预订计划、变更计划；协助导游中心监控接待计划的实施，处理预订计划在实施过程中遇到的问题；及时收集、掌握、管理、分析和传递各种信息资料，提高咨询服务质量，协助外联人员和宣传策划人员调整产品结构，核定产品成本，负责业务档案的整理、归纳工作，负责选择和评审工作；负责对饭店，购物、娱乐场所，餐厅，旅游运输公司的不合格服务提出处理意见并负责实施。具体职责如下：

(1) 负责对内接待、安排旅游团，对外计划、协调、发团等。

（2）广泛收集和了解不断变化的旅游市场信息及同行的相关信息。对其他旅行社推出的常规、特色旅游线路逐一分析，力推本社特色线路及旅游方案。

（3）修改、制定和完善本社各常规线路的行程及具体安排，及时提出符合客人要求的旅游线路及报价建议。

（4）计调人员在协调、安排市郊及周边地区旅游团旅游时，对有关交通服务、导游服务等方面，要协助本部门经理，尽量做到有备无患，在安排游客的食、住、玩等活动时，尽量考虑周到，在确保团队质量的前提下，力争"低成本、高效益"。

（5）为了提高工作效率，在工作中，按季节及时掌握各条线路的成本及报价，以确保对外报价的可靠性、可行性及准确性。

（6）加强同外联人员的联系，及时了解、掌握、分析反馈的信息，然后进行消化、吸收、落实，提出合适的线路和价位建议。

（7）按规定整理团队资料做好归档工作，包括旅游交易会的资料归档，以及日常业务中的传真件和地接社或组团社的宣传资料，以便今后设计线路时查找方便。

三、计调人员的素质要求

1. 计调部经理的素质要求

一些中小旅行社十分需要水平高的计调部经理总控服务质量。整合旅游资源、包装旅游产品、进行市场定位等都需要计调部来完成。在具体的团队操作过程中，一名称职的计调部经理，必须业务熟练，对团队旅行目的地的情况、接待单位的实力、票务运作等，都要胸有成竹。具体来说，计调部经理应具备五个方面的素质：

（1）具有责任心。计调部经理对上级要做到让总经理放心，认真完成总经理交办的各项工作，并在工作中主动发现问题，及时解决问题。对下属要做到严格要求。对客户要做到言出必行，诚实守信。

（2）具有工作计划。计调部经理办事要有调理，在工作中根据企业目标给自己设定一个目标和进度，并能够落实在每件事、每一天、每一月。同时还要未雨绸缪，做事情前做好充分的准备。

（3）具有谈判技巧。计调部经理在与合作单位谈判时，要了解谈判对象，学会水平沟通的技巧。在谈判中不能只凭借经验，要不断学习，认真总结，与合作单位建立长期、友好的合作关系。

（4）具有法律意识。计调部经理要学会运用法律、法规保护自己和自己所在的旅游企业，还要保护旅游者的合法权益不受侵害。同时专业的法律词汇会提高工作中的说服力。

（5）具有市场意识。计调部经理要有一定的经济知识，不仅要了解一些世界经济的发展趋势和中国经济的未来，而且要在旅游市场上学会分析判断旅游未来的变化。市场意识的超前性和敏感性及逆向思维能力是一个成功的计调部经理必须具备的素质。

2. 计调人员的素质要求

在旅行社的经营管理中，销售部、计调部、接待部构成了旅行社业务操作的三大体系。销售部、计调部、接待部与财务、人事等后勤部门组成了整体旅行社的工作体系。其中，计调人员的操作，是旅行社业务是否成功的关键要素之一。所以，计调人员应具备七个方面的素质：

(1) 熟悉业务流程。计调人员在宏观上应该熟悉整体旅行社的业务工作流程，包括产品的开发、采购、销售、接待。在微观上应该熟练掌握制作行程、询价和报价技巧、签订旅游合同、质量监督、信息反馈、费用结算、导游管理、售后服务等内容。

(2) 认真、敬业的精神。相当一部分计调人员并不是因为热爱旅游事业而从事这份工作，而是将这份工作作为自己谋生的一种手段。但是，“受人之托，忠人之事”。既然选择了这个职业，就要将其做好，在工作中认真负责，同时也是给自己一个交代。如果在工作中出现纰漏，不仅会给旅行社带来损失，而且会给自己带来麻烦。

(3) 营销知识。计调人员懂得一些营销知识，无疑对计调工作有很大的帮助。了解客户心理、抓住客户诉求点、掌握谈判技巧、熟悉专业词汇是计调工作成功的重要保障。

(4) 预算能力。计调人员必须懂得一些基本的财务制度，学会基本的成本计算方法，了解成本的基本构成。这样才能及时、准确地编制出一条最经济的、能把成本控制得最低的线路。

(5) 创新能力。计调人员头脑要灵活，懂得不断学习。在业务知识方面做好充分的准备，并且根据市场的不断变化调整经营和操作策略。这种能力又可以称为动态调整能力。在心理方面，应该能够承受一定的压力，在失败中总结教训，在成功中积累经验，不断对工作方法进行创新，跟上时代的发展，适应客户不断变化的需求。

(6) 写作能力。计调人员首先应该学会制作与旅游相关的各种表格，熟悉各种公文常用格式及公文构成的要素；其次要懂得书面体的表达方式和一些旅游专业词汇。这是对计调人员最基本的素质要求之一。

(7) 熟练使用办公软件。在网络时代，计算机的使用已经非常普遍。现代企业都在使用计算机办公，称为办公自动化。计调人员应该能够熟练使用计算机。如通过网络搜索信息，使用 E－mail、QQ、MSN 工具进行有效沟通，操作 Office（Excel、Word、PowerPoint）等办公软件制作各种表格，接发 Fax 等。

四、批发商与零售商

1. 旅游批发商

旅游批发商是指对旅游产品进行采购，并对其进行加工形成自己的旅游整体产品，然后转售给旅游零售商，且不直接服务于个人消费者的旅游企业。旅游批发商区别于旅游零售商的最主要标志是一端联结旅游生产商，如餐厅、景点、酒店等。另一端联结旅游零售商。旅游批发商位于旅游链条的中间环节。

旅游批发商特点是：

(1) 拥有大量的旅游产品。它拥有大量的国内、国际的旅游线路，且是自己生产出来的。

(2) 只将这些旅游产品大量出售给旅游零售商，基本不提供针对个人消费的零售业务。但是，为了扩大市场份额，赢得更多的利润，许多旅游批发商也同样做起了零售业务。在某种程度上，这无疑是对旅游零售商的一种冲击。

(3) 旅游批发商出售的旅游产品的价格会比旅游零售商的低。

(4) 旅游批发商为旅游零售商服务，如向旅游零售商提供旅游价格、旅游路线、产品信息等。

2. 旅游零售商

旅游零售商是指将旅游产品直接销售给最终消费者的中间商，是相对于旅游生产商和旅游批发商而言的，处于旅游链条的最终阶段。

零售商的基本任务是直接为最终消费者服务，在地点、时间与服务方面，方便消费者购买。它是联系旅游批发商与消费者的桥梁，它直接面对消费者，完成旅游产品最终实现价值的任务。旅游零售商对整个旅游市场的发展起着重大的作用。

旅游零售商的特点是：

(1) 自己不生产旅游产品，而是以销售旅游批发商的产品为主。

(2) 旅游零售商关注的是利差，而不是旅游产品的实际价格。

(3) 投入少，专业性强，采用薄利多销的销售手段。

(4) 竞争激烈。如为了适应顾客的随意性购买及旅游零售商之间的竞争，他们千方百计加强形象宣传。为了吸引并留住顾客，旅游零售商还不断强化自己的特色，对营业时间、服务项目、广告宣传、促销手段等进行综合战略策划，实施差异化营销。

3. 地方办事处

地方办事处是指地方接待社在本地区以外的区域招徕旅游者到本地区旅游的派出机构。地方办事处的设立是否合法，目前我国没有对这种经营方式做出相应的规定。然而，有业内人士认为，这种办事处实际上是在和当地旅行社争夺本地区的客源。它的优势在于：

(1) 能够向游客或旅游零售商提供更优惠的价格。

(2) 由于地方办事处来自于旅游目的地，旅游零售商及游客对其的信任度相对较高。

(3) 比当地旅行社更熟悉旅游目的地的情况。

(4) 能够批量生产，由于它拥有广泛的销售渠道，不必担心旅游产品销售不出去的情况。

第二节 计调操作流程

一、地接社计调工作的特点

旅行社计调部门隶属于旅行社，是旅行社下设众多部门之一。它是旅行社中的一个核心部门，是旅行社总经理的参谋部。它在旅行社的具体业务操作中起着至关重要的作用，它不仅能控制旅行社的运营成本，而且能监督旅游服务质量。其特点表现在：

1. 工作的具体性

计调人员担负着收集本地区的接待资料，向组团社旅行社预报情况，接受组团社业务委托，联系各个接待单位，编制接待计划，委派导游人员，进行旅游质量监督，售后服务，旅游费用的结算等具体的事务性工作。

2. 工作的复杂性

计调业务的种类繁杂，其中涉及采购、接待、票务、交通，以及安排旅游者食宿等工作；计调业务的程序繁杂，从接到组团社的报告到旅游团接待工作结束后的结算，无不与计调人员发生关系；计调业务涉及的关系繁杂，几乎与所有的旅游接待部门都有业务联系，协调处理这些关系贯穿于计调业务的全过程。

3. 工作的多变性

在旅游过程中，由于不确定的因素众多，导致计调业务具有多变性的特点。如旅游团人数的临时变更、旅游接待计划的临时变更、交通工具和住宿条件不能正常供给、不可抗力等不确定因素都会影响计调人员的具体操作，可谓“牵一发而动全身”。

4. 工作的灵活性

以上三个特点决定了计调工作的灵活性。具体体现在旅游线路的变更方面。如在旅游旺季因交通票证非常紧张，不得不改变旅游行程时计调人员可以通过临时变更旅游线路来履行旅游合同，以满足游客的需求。为了防止投诉的发生，计调人员制作行程时一般都会注明这一条款。

二、地接社计调部的操作方法

计调人员在工作中常用的操作方法有流水操作法和专人负责法。

1. 流水操作法

流水操作法，是指有几个业务员，每人负责一项工作。其流程是：接收接待计划由A业务员负责——订车、船票由B业务员负责——订房由C业务员负责——市内交通由

D业务员负责——派遣导游员由E业务员负责——安排游览活动由F业务员负责——订文艺节目由G业务员负责……

这种操作方法常被接待量较大的旅行社所采用。它的优点是每个人分工具体、责权明确，不太容易出现差错，即使在某个环节上发生差错，也容易及时发现。缺点是横向沟通复杂，要求操作人员必须有很强的团队合作意识，否则就会影响工作效率。

2. 专人负责法

专人负责法，是指将与旅行社的业务工作分成几块，让每个业务员负责一块，从客户或组团社发来接待计划起，一直到向本社计调部发来传真确认件为止，均由一个业务员负责到底。这种操作方法适用于接待业务量不大的小旅行社。

三、计调人员操作流程的要求

1. 操作流程要熟练

旅行社计调人员工作的核心就是要知道自己在这个岗位上应该做哪些工作。在旅行社中每一个岗位都有自己的工作范围和责任权限，计调人员每天都有大量的工作需要处理，如果不清楚自己在工作岗位上的工作流程，就会使工作缺少条理性和计划性。从而大大降低工作效率，工作起来不知从何入手，造成工作中的重要步骤和重要信息的缺失。严重的就会给旅行社造成经济损失，给旅游者带来麻烦，失去合作单位对自己的信任。可见，旅行社计调人员熟悉自己岗位的工作流程是十分重要的。

2. 灵活处理常见问题

计调人员在实际团队操作过程中会遇到各种各样的问题，有些是由可控因素造成的，有些是由不可控因素造成的。计调人员处理具体问题时要灵活多变。在不违反国家法律和相关政策的情况下，计调人员有权在自己的职权范围内处理团队在操作中遇到的各种问题。控制事态扩大，使各方的损失减少到最低限度。

3. 执行请示汇报制度

请示汇报制度已经成为各行各业普遍遵守的法则，旅行社计调人员也不例外。在实际工作中，计调人员对各种事件，包括有利的和不利的都要坚持请示汇报制度。即使计调人员处理完的事件，事后要向上级部门汇报，使上司清楚地掌握一线信息。这样对上级进行战略决策、及时调整经营策略起着至关重要的作用。

四、地接社计调部的操作流程

接团服务流程一般包括三个阶段：

准备阶段：包括编制接待计划，订房餐车票，寻找合适导游的人员，下发派遣书。

接待阶段：包括执行请示汇报制度，进行接团监督，落实接团各项事宜，处理突出事件。

总结阶段：包括导游报账、向上级汇报接团情况、销单、售后服务及总结。

地接社计调部工作人员主要与组团社、旅游各个接待单位、旅游者、导游打交道。地接社计调部工作人员的操作流程包括八个方面的内容，即准备工作、接打电话、制作行程、计价报价、签署协议、派遣导游、接团监督、售后服务。

1. 准备工作

（1）与交通部门合作

1）与航空、铁路、船舶、旅游车公司建立联系，可是在实际操作中尤其是旅游旺季时，汽车票、火车票、飞机票很难购买，造成旅游计划无法顺利实施，遭到游客投诉。所以，要与这些合作单位提前签订正式的合作意向书或经济合同书，明确双方的责任、权利，避免损失。

2）及时领取最新价格表和航班、列车运行表，随时与交通部门保持联系。

3）了解各种票务的最新规定，然后进行整理、打印、分类、备案。其中包括：提前预订票的时间限制，订票应交付定金（或订金）的百分比，改票、退票的损失比例。

4）与财务部门协商、设计和印制各种单据，包括机/车票报账单、机/车票定（或订）金报账单、机/车票变更/取消报账单。

5）根据接待计划实施订票、购票。

6）明确拿票手续和报账程序。

（2）与饭店部门合作

1）与宾馆、酒店、饭店进行业务洽谈，实地考察住宿的环境、设施及服务。然后商定协议价格，签订合作协议书或经济合同书。

2）了解有关订房的各种规定。具体包括：有无预订要求或提前预订房的时间；明确旺季、平季、淡季的月份划分及其具体价格；清楚客房单、双、三人间，大、中、小套间，豪华、总统套间等不同类型，在不同季节的价格；门市价（散客价）、旅行社合同价（团队价）和特殊优惠价，加床费、陪同床费等；各式早餐、正餐的价格等。

3）掌握饭店最新客房行情，争取更优惠的房价，要经常与饭店保持联络，及时主动地将客人反映的情况转达给饭店。

4）印制相关单据，其中包括住房预订单、变更住房预订单、取消住房预订单。

5）在团队操作时，把预订好的单据转交给接待部门或导游，以便做好接待工作。

6）明确与饭店的费用结算方式和结算周期。

（3）与餐饮部门合作

1）实地查看旅游定点餐厅的地点、环境、卫生设施、停车场地、便餐和风味餐菜单等。

2）与餐厅或饭店洽谈用餐价格等具体事项，并签订有关经济合同或协议书。

3）与财务部门协商印制或打印专用的餐饮费用结算单。其结算单的具体内容包括：

签约餐饮单位名称、电话、联系人的姓名，不同等级（标准、豪华）旅游者（团）的便餐、风味餐最低价格标准，用餐人数、司机、陪同人数、导游签字等。

4）根据接待计划或订餐单，将用餐地点、联系人姓名转告接待部门或导游，以便做好接待工作。

5）根据餐饮费用结算单与财务部门共同复核，并由财务部门定期统一向签约餐厅结账付款。

（4）与参观游览景点合作

1）与旅游单位进行洽谈，包括：旅游团门票优惠协议价格，大、小车进园的费用，费用结算的方式和期限。然后签订协议书或经济合同书。

2）与签约单位协商印制专用的参观游览结算单。结算单内容包括签约单位的名称、电话号码、联系人等，将带团前往某旅游参观点的进门方向，去某旅游参观点的行车线路、停车地点。

3）将有关签约单位的规定事宜整理列表，打印后分发给接待部并报审计、财务备案。

4）参观游览结算单上必须有单位的公章和导游的签字，否则无效。

（5）与旅游定点商店合作

1）与旅游定点商店签订协议书，洽谈合作事宜：明确对导游带旅游团（者）前来购物，给予导游和旅行社的业务提成；明确旅行社应尽的义务及经济收益上所占的比例。

2）制定内部分配政策和奖励措施。

3）将所签约的商店名称、导游带团购物手续、附属的有关规定打印后，分发给接待部。

4）与财务部和接待部协商后，设计、印制购物结算单，并明确使用方法。

（6）与娱乐行业合作

1）与娱乐单位就以下事宜合作洽谈，并签订协议书。旅行社可以通过电话预订文艺节目票，旅行社还可以要求娱乐单位为旅游者（团）进行包场演出。

2）将下列事宜整理、列表、打印后分发给接待部，并报审计、财务备案。

3）随时与娱乐单位保持联系，有新节目上演时，了解节目内容，索取节目简介并通报给接待部或导游人员。导游人员根据计划或订票单，实施订票并把订票情况如实转告给接待部或计调部工作人员。

4）财务部按协议统一结账或一次一报、一团一清。

（7）与保险公司合作

1）认真学习《旅行社投保旅行社责任险规定》和保险公司的有关规定。

2）与保险公司就旅行社游客的旅游保险事宜签订协议书。

3）整理打印协议书上的有关内容，分发给外联部门并通知其对外收取保险费。

4）将每一个投保的旅游团（者）接待通知（含名单）及时发传真给保险公司，并请保险公司及时回复传真确认，以此作为投保依据。

5）注意接收和保存保险公司的承保确认书。

6）根据投保的准确人数向保险公司交纳保险费。

7）当旅游途中发生意外事故或遇到自然灾害，必须及时向第一线的导游员了解情况，必要时去现场考察并以最快的速度通知保险公司。还应在三天之内向保险公司呈报书面材料，其中包括旅行社游客旅游保险事故通知书、旅行社游客保险索赔申请书。

8）索赔时，必须向保险公司提供有关方面的证明，其中包括医院的“死亡诊断证明”（经司法机关公证）、民航或铁路部门的“行李丢失证单”、饭店或餐厅保卫部门的“被盗证明信”等。

（8）做好应急预案。由于旅游的不确定性和高风险性等多重因素，计调人员在团队的具体操作中应该提前做好应急预案，出现问题时，能够及时找出备用方案，做到未雨绸缪，尽量预防各种危害事件的发生，以减少旅游者的损失。

2. 接打电话

（1）使用规范语言，保持良好的态度。地接社计调人员在工作中接听的电话一般来自于组团社、旅游各个接待单位、旅游者。无论是接听电话还是拨打电话时，都要使用规范化的语言，在电话交谈中要保持良好的心态和友好的态度，这是计调实战操作成功的基础。

在接听电话时，首先要在电话铃响起的2～3声接起，这样既让对方不会感到突然，又不会让对方感觉等待的时间太久；拿起电话时要自报家门，告知你是旅行社的哪一个部门和你是谁；交谈时语气要平和，态度要好；结束谈话时，要向对方表示良好的祝愿及再次与对方合作或通话的愿望。

在拨打电话时，首先要自报家门，告诉对方你是谁；然后确认对方是否是你要找的通话对象；交谈时语气要平和，态度要好；结束谈话时，要向对方表示良好的祝愿；如需再次通话与对方约定下次通话的时间。

（2）取得对方的理解和信任。在与对方通话中，谈话的重点内容要有记录，如果对方提出的要求做不到时或有困难时，要耐心解释，不要轻易承诺。承诺就要做到，否则就会给对方留下不好的印象。如果对方失去了对接待社计调人员的信任，今后计调人员再做多少工作也很难改变给对方留下的印象，从而给以后的工作带来麻烦。

（3）确认要求。在与对方电话中商榷的各个事项要逐项的确认。口头确认是必要的程序，在对方提出要求后，计调人员当时就要重复对方的要求，以免发生双方在意思表示中的语言分歧。或者在与对方结束通话前，对双方整体的谈话内容逐一确认，并得到对方的认可。书面文字确认是法律的依据，双方结束通话后，要求对方用传真、邮件、信函等方式进行确认，避免双方今后发生争议。

（4）做好证据保全。计调人员在实际业务操作中，没有按照标准业务操作程序去操作，只是进行了口头确认，结果出现了很多问题。为了避免麻烦，使自己在分歧争议中占有主动。一定要保存好证据。如在通话中进行谈话录音，现在很多其他服务行业都已采用了这种做法，并且告知对方“我们的通话将被录音”“对我们的工作进行评价”等。有些业务计调人员是在网络上完成的，如使用QQ、MSN等。这时就需要计调人员保存好与对方的聊天记录，以备不时之需。

3. 制作行程

计调人员制作一份行程从表面上看并不是一件难事，但是，如果制作一份规范的、有效的、实用的行程就不是那么简单了。所以，计调人员要了解制作行程的原则、标准行程的格式、行程的具体内容等。

（1）制作行程的原则

1）满足旅游者需求原则。旅行社产品的形态是多种多样的，旅行社计调人员制作行程时，首先要遵循的就是满足旅游者需求原则。这就要求计调人员对市场进行充分的调查研究，预测市场需求的趋势和需求的数量，分析旅游者的旅游动机。只有这样，才能针对不同目标市场旅游者的需求，设计出合理的行程，最大限度地满足旅游者的要求，提高产品的使用价值。计调人员设计行程时应该考虑以下几个因素：

①选择旅游者到未曾到过的、可以开阔眼界的地方。

②选择能够使旅游者从日常的紧张生活中求得短暂的解脱、提高情趣、舒畅身心的地方。

③选择有效利用时间而又不太劳累的地方。

④选择花费尽量少的费用、得到最大的实惠、物美价廉的地方。

2）经济原则。经济原则是指以同等数量的消耗，获得相对较高的效益，或以相对较低的消耗，获得同等的效益。旅行社产品同其他产品一样，也有各种成本支出，如交通费、住宿费、餐饮费等。这就要求计调人员设计行程时，加强成本控制，降低各种消耗。例如，通过充分发挥协作网络的作用，降低采购价格，这样既可以降低直观价格，便于产品销售，又能保证旅行社的最大利润。

3）旅游点结构合理的原则。计调人员在设计旅游线路时，应慎重选择构成旅游线路的各个旅游点，并对之进行科学的优化组合。具体地讲，在旅游行程的线路设计过程中应注意以下几点：

①尽量避免重复经过同一旅游点。在条件许可的情况下，一条旅游线路应竭力避免重复经过同一旅游点。因为根据满足效应递减规律，重复会影响一般旅游者的满足程度。

②点间距离适中。同一旅游线路各旅游点之间的距离不宜太远，以免在旅途中耗费

大量时间和金钱。

③择点适量。目前，短期廉价是大众旅游者的追求目标，旅游者的旅游时间一般在一周至两周之间。在时间一定的情况下，过多地安排旅游点，容易使旅游者紧张疲劳，达不到休息和娱乐的目的，也不利于旅游者深入细致地了解旅游目的地。同时，择点过多，对旅行社产品的销售也会产生不利的影响，致使旅游回头客减少。

④顺序科学。在交通安排合理的前提下，同一线路旅游点的游览顺序应由一般的旅游点逐步过渡到吸引力较大的旅游点，这样可以使旅游者感到高潮迭起。

⑤特色各异。一般说来，不应将性质相同、景色相近的旅游点编排在同一行程中，否则会影响旅游线路的吸引力。当然，专业考察旅游则另当别论。例如，在北京游览了颐和园，就尽量避免再安排北海、圆明园等，因为这些都是皇家园林，虽各有特色，但是园林的性质相同。又如，行程中安排了雍和宫，就尽量避免再安排潭柘寺、法源寺、白塔寺等，因为这些都是属于寺庙建筑。

4）交通安排合理的原则。选择交通工具时，应以迅速、舒适、安全、方便为基本标准。在具体安排上，长途一般应乘坐飞机；交通工具的选择应与旅程的主题相结合；同时要保证交通安排的衔接，减少候车（机、船）的时间。

5）服务设施确有保障的原则。在行程的设计中，旅游点的各种服务设施必须有保障，如交通、住宿、饮食等。这是旅行社向旅游者提供旅游服务的物质保证，缺少这种保证的旅游点一般不应考虑编入旅游行程。

6）内容丰富多彩的原则。旅游行程的设计一般应突出某个主题，并且要针对不同性质的旅游团确定不同的主题。同时，还应围绕主题安排丰富多彩的旅游项目，让旅游者通过各种活动，从不同的侧面了解旅游目的地的文化和生活，领略美好的景色，满足旅游者休息、娱乐和求知的欲望。在同一线路的旅游活动中，力求达到高潮，加深旅游者的印象，达到宣传自己、吸引游客的目的。旅游活动内容切忌重复，尤其在殿堂庙宇的安排上，更应仔细、慎重。因为我国这类古建筑不胜枚举，而它们对一般旅游者来说，往往大同小异。

（2）标准行程格式

目前，我国旅行社业内没有对行程的格式做出统一的标准。行程的制作都是根据自己旅行社的特点和计调人员的想象自行设计格式。或者在网络上拷贝其他旅行社的行程，有的略作修改，有的完全照搬。致使行程格式五花八门。不管怎样，旅游行程在格式设计上合理、实用、便于观看即可。下面介绍一种行程的格式规范：

1）纸张要求：标准办公用的 A4（210 毫米×297 毫米）纸。

2）版心要求：156 毫米×225 毫米，不含页码。

3）行程内容：每页 22 行，每行 28 个字。

4）页眉设计：要求有公司标志、公司名称、黑色反线。

5）正文字体：正文使用5号字或小4号字，标题使用3号字，使用宋体或黑体，内容字体可使用楷体或宋体。

6）页脚设计：要求标有公司地址、电话号码、邮编、传真号等。

注意事项：行程的设计在清楚、准确、全面的基础上要力求简洁。行程设计最好在一页A4纸上完成，这项工作可以通过调整页边距和字间距或者字体的大小来实现。如果有特殊说明的内容，可以另加附页。如果行程的内容实在太多，可以使用两张A4纸。

（3）行程制作的过程和方法

1）收集现有的行程。计调人员可以通过网络查询、旅行社现有的行程资料、同行旅行社的朋友来收集各种旅游行程资料。

2）找出优点和缺陷。收集完成后，找出这些行程的优点，并借鉴在自己所做的行程中，同时找出这些行程的不足之处，并在自己制作行程中尽量避免这些不足。

3）模拟制作。根据行程制作的要素，自己开始制作行程。

4）检查核实。制作完成后，检查行程的格式是否规范，要素是否全面，内容是否正确。

5）完善改进。在实际使用过程中发现问题及时改正，并存档以备后用。

（4）制作行程的要素

旅游行程大致可分为组团社与接待社之间的行程确认单，组团社交给旅游者的旅游行程计划，接待社发放给地接导游员的旅游行程表。这三种行程在具体内容上虽然有一定的差别，但是，在设计制作过程中的要素基本相同。旅游行程的内容包括旅游团基本情况和要求、旅游日程安排、旅客名单、特殊说明。以上内容构成了旅游行程的四要素。

1）旅游团基本情况和要求

①团名、团号、组团社名称等。

②旅游人数、工作人员人数等。

③团队类别（考察团、观光团等）。

④服务级别（豪华、标准、经济等）。

⑤自订和代订项目。

⑥用餐要求（素食、回民等）。

⑦地陪要求（语种、性别、水平、性格、年龄等）。

⑧全陪要求（姓名、联系方式等）。

⑨组团社负责人、各个接待社联系人等。

2）日程安排

①游览日期、时间、地点等。

②出发和抵达城市名称。

③交通工具种类、抵离时间、地点等。

④住宿情况（地点、等级、标准等）。

⑤自费项目、风味餐。

3）旅客名单

①姓名、性别、国籍、证件号码。

②分房要求（双人间、单人间等）。

③特殊身份。

4）特殊说明（备注、友情提示、温馨提示、注意事项、游客须知等）

①免责事由。

②餐饮标准。

③承诺事项。

④所赠送的物品或服务。

⑤特殊要求：衣物、行李、游览项目、文娱活动等。

4. 计价报价

计价与报价是计调人员最核心的操作程序。整个工作是否成功、是否有效很大程度上取决于计调人员的计价与报价。这就要求计调人员熟知计价报价的程序、成本核算、计算技巧等。本章第三节将详细介绍。

5. 签署协议

无论是与组团社还是旅游者在前期工作完成后，就进入了成交阶段。其中对双方约定的事项进行程序上的确认，是计调人员在操作上必不可少的程序。

（1）与对方协商付款方式及付款时间。

（2）与对方确定违约补偿办法。

（3）与组团社拟定协议书，协议书的基本内容包括旅游时间，付款方式及付款时间，交付金额，双方的权利、义务、违约责任等。与旅游者（直客）签订旅游合同。

（4）确认具体事项。在双方协商时注意考订文字，避免发生争议。与旅游者签订旅游合同时，应该提示旅游者合同中的敏感条款，并加以适当的解释和说明。

（5）核实签字。在双方没有任何异议的情况下，签字生效。计调人员一定要注意，如果任何一方没有签字，则该协议或旅游合同将视为无效。

6. 派遣地接导游员

（1）计调人员通过对导游的管理，根据旅游团队的特点正确地选择合适的导游员是顺利完成旅游接待计划的关键。计调人员一般提前 3 天将旅游接待计划交给导游，特殊语种或重点团队应提前派发。

（2）提示地接导游员领取带团所需要的各种门票单、行李单、游客意见表等。发给地接导游员旅行社社旗、旅游车标志、喇叭等上团必备用品。导游员如果需要借款，必须写下欠条。

(3) 向地接导游员交代带团注意事项。如团队重点客人、民俗禁忌；用餐标准、司陪住宿等内容。导游人员必须严格执行接待计划，不得随意增减计划内容。如遇组团行程或旅游者行程与地接社行程不符时，必须立即向计调人员汇报，不得擅自做主。

7. 接团监督

计调人员在实际操作过程中对接团的监督往往不太重视，认为旅游团队已经开始了旅游行程，不会出现大的问题，即使有问题，只要自己出面协调解决也不会造成严重的后果。为了防患于未然，与各方保持良好的关系，计调的监督作用非常重要。其监督工作主要体现在：

(1) 监督接团过程中各接待单位的落实情况

1) 监督交通工具的使用情况。特别要注意旅游车的设施设备是否齐全、车况如何。它常常对团队的接待质量和利润产生着决定性影响。

2) 监督餐饮部门落实用餐情况。特别是餐厅的卫生情况，提醒地接导游员订餐时，及时把旅游者（团）的宗教信仰和个别客人的特殊要求转告餐厅，避免出现不愉快和尴尬的局面。

3) 监督酒店宾馆的住宿情况。特别要重视住宿地点的环境、设施等。提醒住宿单位严格按照协议约定的标准向旅游者提供住宿。

(2) 监督地接导游员的工作情况

1) 监督地接导游员实施旅游接待计划的情况。

2) 监督地接导游的服务态度和服务水平，以及全陪、旅游者对地接导游员的意见评价。

(3) 计调人员监督的方法

1) 实地监督。在实施接待计划的同时，计调人员到达现场对各个部门及导游员进行监督。但是，在实际操作中，这一点在执行时会有困难。如果条件允许的情况下，可以采用此方法。

2) 通过电话监督。计调人员可以通过电话询问。如向地接导游员询问各个接待单位的接待情况，向各个接待单位询问导游的工作情况，向旅游者询问导游员的态度等。这在实际工作中比较常用。

8. 售后服务

(1) 售后服务的内涵。旅行社的售后服务是指在旅游者结束旅游之后，由旅行社向组团社或旅游者继续提供的一系列服务，意在加强与组团社或旅游者的联系，主动解决他们遇到的各种问题。其具体操作是由计调人员完成的。

售后服务对旅行社维系已有客源和开拓新的客源都至关重要。由于大多数的旅行社计调人员不重视售后服务，丢失了不少客源，丧失了很多机会。由于售后服务对旅行社今后的工作，尤其是在二次销售方面工作的重要性，成熟的旅行社都极为重视。并采取了多种多样的售后服务形式以争取再次与组团社合作，招徕每一位顾客。只有做好售后服务工作，才能巩固与扩大客源。只有客源充足，才能使旅行社在激烈的竞争中求得生存与发展。行销学的调查表明，如果客户对你的产品和服务表示满意，他的回头率是67%。

(2) 售后服务的内容

1）督促地接导游员让游客填写意见反馈单，反映真实的接团情况。

2）及时与组团社沟通接团情况，并表示下一次合作的愿望。

3）行程结束后，督促地接导游在规定的时间内到旅行社报账。

(3) 售后服务的作用

1）信息反馈。向组团社了解旅游者在旅游中的满意度；根据地接导游收集的游客意见反馈单可以得到旅游的基本信息。计调人员对这些信息进行整理、分类，并及时向旅行社主管经理汇报。

2）调整策略。计调人员根据组团社或旅游者反馈信息，可以及时、有针对性地调整经营策略，以适应旅游者需求不断变化的需要。

3）保持联系。计调人员与组团社或旅游者经常保持联系，可以促进彼此的了解，加深感情。

(4) 售后服务的方式

1）电话问候。旅游者结束旅游行程返回常驻地后，计调人员就应该致电旅游者表示问候。由于时间关系，有些旅行社计调人员通常只给一些重要常客打电话，这种做法可以达到一箭三雕的效果：首先，旅游者会觉得自己非常受尊重，使他们的虚荣心得到满足；其次，旅行社对旅游者的重视和关心使他们对旅行社心存感激；第三，旅行社可以从旅游者那里了解到此次旅游的目的是否达到，以及在旅游过程中服务接待部门的工作情况；第四，旅行社可以及时掌握旅途中发生的麻烦以及客人可能提出的投诉。这样就可以争取主动、早做工作、妥善处理问题。在实践操作中，旅游者往往不会主动给旅行社打电话提意见，对旅途中的一些不满大多采取消极的态度，抱着“吃亏上当就一次”的想法。而旅行社计调人员主动打电话，不仅可以平缓顾客的情绪，避免组团社和旅游者选择其他的旅行社。而且通过对问题的妥善处理，还可使接待社吸引更多的旅游者。

2）游客意见调查表。实践中，旅行社计调人员不可能给每一位旅游者打电话，却可以通过地接导游员向每位旅游者发放游客意见调查表。这种调查表可以让旅游者发表对此次旅游意见和建议，也可以使旅行社掌握第一手资料，以便安排好以后的旅游接待工作。旅行社要对每份调查表进行编码，以便分类、整理、改进日后工作。

3）电子邮件。旅游结束后，计调人员可以通过电子邮件与对方保持联系。只有经常与对方进行有效的沟通，才能获得更多的机会。撰写邮件时，切忌用一大堆广告词语或者一些模式化的语句，这样就会让对方感到不真诚，有推销自己之嫌，结果可能适得其反。使用电子邮件与对方沟通既方便，又突出了计调人员的工作特点，会使对方感到朴实亲切。

4）问候性明信片。针对直客，旅行社计调人员可以向旅游者寄送明信片。这种明信片应附有旅行社的社徽、地址、电话等内容，并由计调人员亲笔写上问候语或表示再次为其服务的良好愿望的语句。一旦游客接到明信片并与旅行社进行联络，旅行社便可利用这一机会向顾客推销新的旅游产品。

5）促销性明信片。旅行社计调人员在考察旅游胜地时向顾客寄送有关旅游胜地的明信片。这是旅行社同顾客保持经常接触的行之有效的联络手段。一位美国旅行社的领队每次到风景名胜地考察，都要购买250张印有该景点的明信片，通过当地邮局将这些明信片寄给经过挑选的顾客。这样做，既可向顾客介绍该地的风景名胜，引起顾客到那里一游的兴趣，又使顾客觉得，到那里一游是不会吃亏的，因为旅行社工作人员都到那里去“度假”了。一个瑞士旅游团到喀什、吐鲁番、西藏等地旅游时，领队每到一处总要先去购买明信片，不管旅途多疲劳，领队一次就写20～30张明信片，写这么多当然不仅是给亲朋好友，大部分明信片是写给老主顾的，向他们介绍（实则是推荐）这次丝绸之路加西藏之行。可见，这种办法是西方旅行社普遍采用的。

6）招待会。旅行社除使用电话、邮件等联络方式之外，还可同客户进行直接的面对面的接触。旅行社可举办旅游者招待会。这些活动不仅能密切旅行社同顾客的联系，还能提高旅行社的知名度，提高旅行社的威信。被邀请的旅游者或通过幻灯片与照片了解各国风景名胜、历史古迹和奇风异俗，或者座谈旅游中的感想，有些旅游者或许会通过会上相互间的推荐与介绍欣然订购下一次旅游。

在国外，一些专门经营散客业务的旅行社还举行招待会，为那些独来独往的游客提供互相认识与互相推荐旅游路线的机会。还有的旅行社甚至举办旅游者野餐会或狂欢节舞会，这些直接进行接触的做法使旅游者同旅行社的联系犹如一个家庭的联系那样自然。这无疑会给旅行社的销售带来更多的好处。

7）节日祝贺。节日或旅游者的生日是旅行社计调人员加强同客户联系的最佳时机，这就要求旅行社计调人员在接待旅游团时，注意积累旅游者的有关资料，建立客户档案，并届时向客人表示祝贺。这些祝贺常使客人在惊喜之余觉得旅行社同他的个人关系很亲近，从而愿意购买该旅行社的产品。

8）影印材料。接待社可以向组团社或旅游者寄送报纸和影印材料。这些资料中有关于旅游者最感兴趣的一个旅游胜地的报道，也有关于旅游的趣味性消息和文章，还有在游客出外旅游时家乡发生的一些重大文体新闻等。这些都有助于对方加深对自己旅行社的了解。

第三节　计价与报价

一、旅行社的价格策略

以接待业务为主的旅行社，工作的核心就是如何以适当的价格将旅行社的产品通过适当的渠道推向选定的细分市场，而销售过程的管理和售后服务对旅行社来说具有非常重要的意义。而对旅游产品价格的具体操作则是由旅行社计调人员来完成的。所以，计调人员要熟知旅行社产品的定价策略、定价依据等，这样才能准确快速地计算出产品价格并对外报价。

1. 旅行社产品的定价依据

旅行社产品的价格一般会受到三个因素的影响：旅游产品本身的成本决定最低价格，竞争对手同类产品的定价标准决定市场价格，旅游者购买能力和对产品价值的认识决定标准价格。

旅游产品成本是旅行社制定销售价格的直接根据，因为任何企业的经营都是以保本为前提的。旅行社产品的价格，主要由成本、利润和税金三部分组成。产品成本的高低直接决定旅行社产品售价的涨落。而旅行社产品的成本，在许多情况下，并非旅行社单方面所能控制的。它会受到许多因素的影响，如协作单位根据自身经营情况进行的价格调整和国内零售物价总指数的变动等。

由于旅行社产品的销售是一种预约性交易，即旅行社与旅游者达成交易在先，旅行社实际提供服务和旅游者实际消费产品在后，价格往往需提前1～3个月报出，入出境时间会更长甚至需要半年或一年报出。根据国际惯例，旅游价格一经报出，在执行年度要保持相对稳定，不宜频繁修改，这是维护旅行社声誉的必要条件。因此，旅行社制定产品售价以前，应注重研究价格的变化趋势及影响因素，尽量避免由于当地价格变化给旅行社带来损失。

2. 影响旅行社产品价格的因素

（1）供求关系。旅行社制定产品售价时，必须考虑售价与市场供需之间的内在联系，亦即供给量、需求量与价格之间的相互关系。具体表现在：

1）需求规律。在一定时期内，假如供给是一定的，如果需求增加，价格就会上升；如果需要减少，价格就会下降。

2）供给规律。在一定时期内，假如需求是一定的，如果供给增加，价格就会下降，如果供给减少，价格就会上升。

3）平衡规律。如果市场供求平衡，就存在一种均衡价格。此价格既满足需求者的需要，又适应供给者的需要。由于市场供求的相互作用，供需一旦达到平衡，产品价格就会趋于稳定，但这种均衡和稳定只是暂时的，很快又会产生新的不均衡和不稳定。

（2）需求弹性。一般说来，旅行社产品的需求弹性较大，因为旅游是一种高级消费方式，不同于生活必需品。这就要求旅行社在利用价格调节需求时，必须充分考虑到需求弹性的大小，尽量避免价格决策的失误。此外，旅行社产品价格的高低，对旅游者目的地的选择、停留时间和支出水平影响很大。因此，价格弹性系数也是旅行社制定合理的旅游地区差价、季节差价、质量差价和数量差价的重要依据。

（3）成本变动。受通货膨胀、供给状况、协作部门价格调整等因素的影响，旅行社产品的成本会发生相应的变化。这就必然会影响旅行社产品的售价。旅行社产品的销售属于预约性交易，从报价到成交付款和旅游开始的时间内都可能会受到成本价格变动的不利影响。这就要求旅行社在对外报价时，应充分考虑可能的成本变动因素，以免使自己陷入被动。

（4）产品特性。旅行社产品主要是一种无形的服务，其无形性决定了它具有不可储存的特性。这就要求旅行社的产品价格对供求变化应及时作出敏锐和灵活的反应，特别是在供过于求的情况下，应该在可能的情况下为争取客源迅速降价销售，以减少损失。与此同时，旅行社产品的综合性使旅行社的销售承诺涉及众多的服务预订，如果旅游者大量退订（这可能导致旅游团因人数不足而无法出团）而旅行社又不能将已经预订的服务及时销售出去，就会给旅行社造成声誉和经济上的损失，这就使旅行社产品的售价在最后时刻可能变得很低。

（5）国家政策。我国正处于市场经济发展时期，在特定的市场环境下政府会采用调控手段来控制市场产品价格。所以，在现阶段产品的价格不是完全自发形成的，有时甚至要使价格背离价值，以兼顾国家、集体、个人三方面的利益，旅游价格也不例外。目前，全球正在接受经济危机的考验，我国政府采取的应对政策是扩大内需，来刺激国内消费市场，尤其是农村消费市场。这样就从宏观上稳定了国内旅游市场的价格。

二、旅行社产品的定价方法

旅行社的产品主要是一种无形的服务。对于一般的服务产品来说，其成本的确定比有形产品更困难。旅游者购买旅游产品时，属于非专家购买，因此不能客观、准确地检查无形的服务。第一次购买某种旅游产品的顾客甚至不知道产品里面到底包含什么内容，再加上很多服务产品是按各类旅游者的不同要求，对服务内容做适当添减，使旅游者只能猜测服务产品的大概特色，然后同价格进行比较，但对结论却缺乏信心。这就解释了为什么服务产品价格上限与下限之间的定价区域，一般比有形产品的定价区域要宽，最低价格与最高价格的差距大。这种现象在管理咨询、医疗和美容服务等行业比比皆是。因此，顾客判断价格合理与否时，更多的是受服务产品中实体要素的影响，从而在心目中形成一个价值概念，并将这个价值概念与价格进行比较，判断是否物有所值。所以，企业定价时所考虑的主要是顾客对产品价值的认识，而不是产品的成本。

但是，旅行社产品作为服务产品的一个组成部分，却有与一般服务产品不同的特性。旅行社的产品具有较强的综合性，其中多数服务项目和服务内容都是从相关部门采购而来。所以，旅行社产品的直接成本远远高于前述管理咨询和美容等服务产品。这就使旅行社为产品定价时，首先选择的是成本导向的定价策略，确定旅行社产品的基本价格之后，应采取旅游者导向的价格策略，对已经确定的基本价格进行必要的修订，以便更好地适应市场需要。

1. 成本加成定价法制定产品的基本价格

成本加成是以成本为中心的常用定价方法。它是在产品单位成本的基础上增加一定比例来确定产品售价的方法。从理论上讲，旅行社产品的价格应包括直接成本和间接成本。但在旅行社实际业务运行中，计调人员一般将产品售价简单地表示为直接成本加利润。这里的利润是包含旅行社各种费用、税金和折旧在内的利润。它通常根据直接成本的一定比例来确定，这个比例可以是旅行社预期的利润率，也可以是旅行社经营管理人员的经验数据。但无论如何，这一比例的大小都受本地区旅行社行业平均利润率的影响。事实上，在目前我国的旅行社中，除去一些由于各种原因而在经营或产品方面具有垄断性的旅行社以外，绝大多数旅行社采取的都是行业平均利润率。因此，成本加成的公式可以表示为：

旅行社产品基本价格＝单位产品直接成本×（1＋平均利润率）

2. 旅行社产品的定价策略

旅行社除要根据不同的定价目标，选取不同的定价方法，确定产品的基本价格外，还应在不同的情况下，运用各种价格策略对基本价格进行调整，以使其更适应外部环境。常用的定价策略主要有如下几种：

（1）新产品定价策略。新产品的定价问题十分重要，它关系到新产品是否能及时打开市场、占领市场，并获得满意的利润。

1）取脂定价，又称为撇油定价。撇油，原意是指将牛奶上的那层奶油撇出，市场撇油定价，是指新产品投放市场时，主张在短时期内对产品采取高价投放市场的政策，获得高额利润的定价策略。撇油定价策略的优点是利润大，可及时回收成本投资。高价位也有利于树立高质量的产品形象，并给旅行社留有一定的降价空间，以吸引对价格敏感的旅游者。新产品刚上市时，需求弹性较小，旅游者对产品价格的反应不敏感，竞争对手也较少，因此可能在短时期内获得最大的利润。这一策略的缺点在于在产品尚未在消费者中建立起声誉之前，实行高价投放，不利于开拓市场；与此同时，如果高价投放销路很好，会迅速招致竞争者，致使竞争白热化，旅行社的高额利润自然也就会随着竞争加剧而趋低。因此，取脂定价策略一般只适用于新、特产品投放市场的初期，它适用于经营具有垄断性和需求缺乏弹性的产品。此种策略属于短期策略。旅行社如果想长期采取这一策略，就必须不断进行产品创新。

2）渗透定价。与撇油定价策略相反，渗透定价策略主张采取低价投放市场的政策，以便尽快扩大产品销售量，获得较大的市场份额，并排斥竞争者的加入，从而达到长期占有市场的目的。市场渗透定价策略的优点是有利于迅速渗透市场，打开销路，提高占有率，薄利多销，销售量增加，成本下降，从而获得长期收益；也利于排斥竞争对手的介入。缺点是旅行社的利润偏低，资金回收期长，价格变动余地小，不太可能再降低价格吸引更多的游客。这一策略适用于具有大批量接待能力、经营缺乏垄断性和需求富有弹性的产品。但这一策略必然导致旅行社经营利润率偏低。

3）适宜定价。撇油定价与渗透定价策略，是对新产品进行定价的两种极端情况。适宜定价，是指在上述两种极端定价之间，采取适宜的价格。这种策略确定的价格对旅行社和游客都比较公平合理。旅行社既可以在一定时期内收回成本，又可以使多数旅游者接受新产品的价格。

（2）心理定价策略。心理定价策略是为了刺激和迎合游客购买的心理特点，对产品价格进行一定的调整。从而招徕更多的旅游者。旅行社可以使用的心理定价策略主要包括尾数定价法、整数定价法、招徕定价法、系列定价法、吉祥定价法、视觉定价法六种。

1）尾数定价，又称为零头定价。尾数定价是相对于整数定价而言的。它是指旅行社在确定产品价格时，采用低于但又非常接近下一个整数的数字作为产品的销售价格。如使用 1 998 元而非 2 000 元。虽然两者之间只相差 2 元，但旅游者的感觉却大不相同。给游客一种货真价实和价格低廉的感觉。

2）整数定价，也称为声望定价。整数定价策略是指有声望的旅游企业采取的高价策略，一般知名的旅游企业经常使用这一定价策略来显示本企业产品的高品质形象。在旅游者心中信誉较好的旅行社或知名的旅行社采用这种定价策略的目的是招徕更多的旅游者，同时扩大本企业的影响力，向购买者彰显自己的旅游产品与一般旅行社的旅游产品不同。购买这种产品的旅游者常将此作为一种身份或社会地位的象征。

3）招徕定价，又称为特价定价。招徕定价是指旅行社用低价、减价等方法来吸引游客购买。这种策略主要是为迎合多数游客求廉价的心理，提供特价团、特价旅游线路等，以吸引游客。游客购买时旅行社可以推荐本企业的其他产品，扩大连带销售。

4）系列定价，又称为分级定价，是指旅行社将所有的产品分为豪华、标准、经济等，再对各个等级分别定价，形成一系列价格档次。系列定价可使旅游者按照自己的需求购买旅游产品，容易使旅游者对旅游产品的质量产生信任，同时提高旅行社计调人员的工作效率。

5）吉祥定价，是采取诸如666、888、999等具有吉祥意义的数字作为产品售价的策略。

6）视觉定价，又称为感官定价。视觉定价是指在一组旅游产品的价格对比中，使用一定的方法和技巧，使旅游者按照旅游经营者的意图取选择某一个旅游产品，见表2—1。

表2—1　　视觉定价

产品名称	A	B	C
出游时间	3天	5天	7天
价格	2 000元	2 200元	3 000元

在这组旅游产品中，如果时间允许旅游者很容易会选择B旅游产品。因为A、B旅游产品只相差200元，而B、C旅游产品相差800元。同样是多两天的行程价格差异如此之大，一般的旅游者不会选择A或C。

（3）折扣定价策略。旅行社为了扩大本社旅游产品销售量、加快企业资金周转，有的放矢地运用优惠价和差价，在产品的基础价格上给予游客或中间商某种折扣。这种折扣策略可不必改变产品的价格，有较强的灵活性。内容主要包括：

1）数量折扣，是指旅行社为鼓励中间商大量购买本社的旅游产品，根据购买的人数或金额而给予一定的折扣。数量折扣又可分为累计数量折扣和非累计数量折扣。累计数量折扣，是指在一定的时期内，可以是3个月也可以是半年、一年，按照购买的总数量或总金额给予折扣；非累计数量折扣，是指根据一次性购买的数量或金额给予折扣。这种策略可以鼓励客户（主要指组团社）多次购买本旅行社的产品。值得指出的是，这种折扣多数情况下并不是直接面对旅游者的，而是针对中间商而言。

2）现金折扣，也称为提前支付折扣，是指旅行社在赊销情况下，对那些提前付款的客户，给予一定比例的价格优惠。这种折扣可改善旅行社的现金流通，降低收回欠款的费用，减少坏账损失。这种方法也可以用在旅行社计调在采购旅游产品方面。但是，此方法也有其风险性。有的接待社为争取客户而赊销产品，后因组团社欠款不还而导致企业倒闭的情况，时有发生。因此，运用这种策略时应该格外慎重。

3）功能折扣，也称为交易折扣，指旅行社对提供某些宣传、推销等营销功能的中间商，给予一定的价格折扣。旅行社采取此种策略，可减少营销费用，从而省下成本费用，以折扣的形式转让给客户。这样可以鼓励中间商更好地为本旅行社宣传，帮助其推销自己的旅游产品。

4）季节折扣，又称为季节差价，是旅行社为吸引、鼓励旅游者或组团社在淡季购买本社产品而给予的价格优惠。此策略可使旅行社产品生产与销售保持相对稳定，减少淡季时设施与人员的闲置。

旅游产品定价是旅行社营销组合的要素之一，必须与营销组合的其他因素相配合。在此需要强调指出的是，旅行社无论采用怎样的定价方法和定价策略，其产品的最终销售价格必须达到价格理论对价格的基本要求，即价格必须反映产品的质量，价格要有连续性和稳定性，对不同的市场价格要有灵活性，要特别注意和竞争对手产品价格的比较，合理安排各项服务之间的比价关系，产品价格要服从国家政策的要求。

3. 旅行社产品的定价目标

旅行社产品的定价目标，是指旅行社为产品定价时，预先设定的通过价格手段所要达到的预期目的和标准。旅行社确定明确具体、现实可行的定价目标之后，才能进一步按照恰当的定价方法和策略去进行价格管理。

（1）维持生存目标。维持生存目标也称为生存导向目标。当旅行社面临竞争态势异常恶劣、客源大减、资金周转不灵、产品卖不出去等困难时，为避免破产倒闭，渡过经营危机，以保本价格甚至亏本价格出售产品，以争取客源维持营业，并努力争取研制新产品的时机，重新占领市场。这种定价目标往往只作为特定时期的过渡性目标，一旦旅行社出现转机，它将很快被其他定价目标所取代。

（2）当期利润最大化目标。当期利润目标也称为利润导向目标。这种目标通常是侧重于短期内得到最大利润。以此为目标的前提条件是：旅行社及其产品在市场上居领先地位，而其他竞争对手力量不强；旅行社产品在市场上供不应求。旅行社可采取扩大销售量和提高价格的策略来实现这一目标。但利润最大化并不意味着价格最高。这一目标可能会影响市场占有率，为竞争者提供机会。所以，旅行社采用这一目标应慎重，必须有长远的经营战略。

（3）预期收益目标。预期收益目标也称为收益导向目标。旅行社对投入的资金，一般都希望在一定时期内收回，并获得一定的利益。因此，往往以获得一定的销售利润为目标来进行产品定价，采取成本加成定价法。因此，难免会忽略市场需求、竞争状况等其他因素。所以，这一定价目标更适用于一些资产雄厚、竞争力强大的大型旅行社。这些旅行社价格决策受弱小竞争者的影响较小。

（4）扩大市场占有率目标。扩大市场占有率目标也称为销售导向目标。这是一种注重长期利益的定价目标。市场占有率也称为市场份额，是指企业产品的销售量在同类产品销售量中所占的百分比。市场占有率高，可以通过规格的高低和市场占有率来控制成本，并可以取得一定控制市场和价格的能力，从而提高产品竞争力。一般产品价格的高低与市场占有率成反比关系。所以，对于新创立或不满足自己所占市场份额的旅行社，一般可采取将产品定价低于主要竞争对手同类产品价格的方法，实行市场渗透，以取得更大的市场占有率。这是一种放弃眼前利益、获得长远利益的战略。

（5）应对竞争目标。应对竞争目标也称为竞争导向目标。在旅游市场竞争中，价格是最有效而又最敏感的竞争手段。旅行社可以有影响力的竞争对手的价格为基础，再根据自身条件为自己的产品定价。在竞争激烈的旅游产品市场中，若本旅行社实力较弱，一般价格应定低些。只有具备特别优越的条件（如资产雄厚、产品质量优异、服务水平很高等），才可能把价格定得高一些。

（6）树立或维持良好形象目标。树立或维持良好形象目标，也称为形象导向目标。旅行社形象，是旅行社通过长期市场营销等活动，而给予消费者的一种精神感知。旅行社良好的企业形象会存在于旅游者的心目中，给旅行社带来可观的利润。良好的形象与产品销售、市场占有率、竞争能力等密切相关，这些又会通过价格表现出来。所以，旅行社为建立或保持良好的企业形象，产品价格的制定就要符合企业形象的要求。这种定价目标有利于改变目前我国旅游市场上存在的恶性削价竞争局面，提高旅行社的产品销售和利润率，也会受到旅游者的欢迎。旅行社要提高产品的质量，提供优质、优价的服务，树立良好的企业形象。

三、旅行社产品的定价程序

价格是调节经济利益、传递经济信息、影响经济形象的重要因素。旅行社产品定价的程序主要包括如下几个步骤：

1. 收集信息

旅行社应充分收集有关产品供求信息、竞争对手信息、客户信息等方面的资料，并对这些资料加以分析、判断、处理，进而为合理定价提供依据。

2. 确定目标

确定定价目标，是旅行社产品定价首先要解决定价的指导思想。旅行社应根据自己企业的规模、经营状况等内部条件及收集的外部环境、市场状况的变化，来确定适合的定价目标。同时，选择定价目标时，要从全局考虑，有所侧重，综合决策。

3. 估算成本

成本是定价的最低限度，产品价格高于成本才会有赢利。旅行社应对产品进行估算，进行保本分析，注意成本变化，确定市场营销的最低价——保本价格。

4. 了解需求

了解市场需求，分析旅游者对价格的接受度，作为制定合适价格的参考。

5. 选定定价法

旅行社通过以上几个步骤的准备工作后，可根据自己的产品情况，选定最有利于实现定价目标的定价方法，最终确定产品售价。

6. 确定最后价格

价格制定后，还要考虑它是否符合国家相关的政策法令，是否符合消费者心理，根据环境的不同，运用合适的定价，让价格更具吸引力。随着时间的推移和市场竞争环境的变化，还要对定价不断加以修整，以实现定价目标，提高产品竞争力。

四、计调人员的内部计价

内部计价是计调人员的一项重要的基本功，同时也是旅行社计调部门一项非常重要的工作，要根据市场需求制定合理的价格，并及时对外报价，才能最大限度地占领市场份额。

1. 计调人员如何进行内部计价

(1) 成本构成及成本的计算。计调部的内部计价，主要是针对地接社和组团社来作价、计价的。一般旅行社的成本费用包括营业成本、营业费用、管理费用、财务费用。

标准成本：是按照标准的操作程序和计算比例计算出的成本，可以采用分解法、定额法、预算法来进行计算。

实际成本：实际成本＝直接成本＋间接成本；由于这两个成本有不确定的因素存在，所以计算出来的成本往往高于或低于标准成本。例如，实际计算中往往不含导游服务费、车价高低浮动、员工变更、广告投入等。

单元 2

直接成本：包括导游服务、食住行游购娱、各项附加费（如机建费、意外保险、景区贷款、房差、减免人数等）等。

间接成本：员工工资、保险、房屋租金、电话费、广告费（如平面、报纸、印刷品、网络、电视、推介会等）、税金、不可预见费等。

旅游产品费用计价表见表 2—2。

表 2—2　　旅游产品费用计价表

人数　　旅行社团号

各项费用及附加费明细								
城市	大交通	房价	餐费	景点	文娱	交通	附加费	小计
费用合计								
保险费								
签证费								
不可预见费								
成本价								

续表

各项费用及附加费明细								
城市	大交通	房价	餐费	景点	文娱	交通	附加费	小计
减免费用								
综合费								
总报价								
全团总费用								

（2）地接社的计价方式。地接社的计价，是指本旅行社作为地接社，为向组团社报价所采取的计价方式。例如，组团社在向地接社询价时发送一份预报传真。

北京××旅行社：

我社组织的 C－090412－3 团队一行 33＋2 人内宾，于 2009 年 4 月 12 日乘坐 CA1024 航班于 12 日下午 13 点抵达首都国际机场。需要贵社接待工作如下：（1）安排导游接站；（2）安排去天安门、故宫、颐和园、长城、十三陵游览；（3）预定 4 月 15 日下午返回上海的机票 35 张；（4）13、14 日两天住北京三环内挂牌三星级酒店，代订双人标准间 16.1＋1 间（16 间，一间加床，一间全陪房）。请贵社分项报价。正式计划及旅客名单后发。

祝颂

商祺！

上海××旅行社国内部江涛

2009 年 3 月 28 日

其计价方法为：

门票：故宫 60 元/人，颐和园 30 元/人，长城 45 元/人，十三陵 60 元/人

住宿：90 元/天

用餐：40 元/人·天（4 正 2 早）

交通：50 元/天

导服：10 元/人

小计：60＋30＋45＋60＋90×2＋40×2＋50×2＋10＝565 元/人

总计：565×33＝18 645 元

这是在理想状态下，或称为标准计算方法，用来计算出来的结果是直接成本。如果要计算出此团队的实际成本，则必须加上间接成本。这往往是计调人员忽略的事情。而间接成本计算复杂，而且要根据每个旅行社不同的情况具体问题具体分析，现只举一例

单元 2

略加说明。

间接成本的计算方法其中之一为：

例如，旅行社有10名员工，一线操作人员8名，每月员工平均工资1 500元，员工保险700元，每年房屋租金24万，本月通信费2 000元，本月投入广告费5 000元。没有计算税金和不可预见费。

旅行社该月的总间接成本＝1 500×10＋700×10＋20 000＋2 000＋5 000＝49 000元/月

旅行社一线操作人员该月每人的间接成本＝49 000÷8＝6 125元/人

也就是说，计调人员计算该团队成本时，应该考虑将该月的间接成本合理的分摊到每一个团队当中。这样才不会出现每个团队都是赢利的，由于存在非赢利的团队，年底结算时实际营业总收入可能有亏损的情况。

2. 地接社的利润核算及核算技巧

（1）利润的内涵。利润是旅行社在一定时期内经营活动的最终财务成果，是旅行社经营活动的效率和效益的最终体现。毛利是指在不考虑税金和费用的情况下，销售所购入的产品或自己生产的产品所产生的利润。

毛利＝营业收入－营业成本

也可以说是：　毛利＝营业收入－产品进价

毛利率＝（营业收入－营业成本）/营业收入×100%

纯利就是扣除所有成本费用和税费后的净利润。

（2）利润的计算。地接社计调人员核算利润时，比价通用的方法是成本加成法。但是，计算时一定要将每一项费用分别加成进行计算。在实际操作中，往往组团社会要求接待社分项报价，这样就增加了报价难度。但是还是有方法可循的。例如：

1）门票。故宫60元/人，颐和园30元/人，长城45元/人，十三陵60元/人，旅行社采购景点时会与这些单位有协议价格，例如，长城可以五免一，定陵42元/人。这样计算出来的结果应该是：

标准对外报价　长城门票＝45×33＝1 485元

实际成本价格　长城门票＝45×（33－6）＝1 215元

实际利差＝1 485－1 215＝270元

标准对外报价　定陵门票＝60×33＝1 980元

实际成本价格　定陵门票＝42×33＝1 386元

实际利差＝1 980－1 386＝594元

2）住宿。90元/天，这是标准成本价格，在实际操作中，如果旅行社的客人在该酒店的入住人数达到一定数量时，酒店还会给旅行社一定的优惠政策。

3）用餐。40元/人·天（4正2早）。

4）交通。50元/天，计算交通费用时，一般不采用每人每天多少费用的计算方法。

在实际工作中，是按照包车的形式向旅游车司机付费。计调人员计算时，如果团队人数少，则相对的人均成本就要高；如果人数多，人均成本就会相应降低。如：

标准对外报价　　50×2×33＝3 300 元

实际成本价格　　每天用车＝1 500 元，1 500×2＝3 000 元

实际利差　　3 300－3 000＝300 元

5）导服。10 元/人，10×33＝330 元，在实际工作中，导游员是拿不到这笔服务费的，它可能成为接待社的利润，也可能成为组团社砍价的对象。

小计：60＋30＋45＋60＋90×2＋40×2＋50×2＋10＝565 元/人

总计：565×33＝18 645 元

总利差：270＋594＋300＋330＝1 494 元

即使接待社按照成本价向组团社报价，也不会导致亏损（排除间接成本的因素）。

进行成本加成计算，利润的百分比是根据旅行社采购的情况和市场的综合情况等多重因素决定的，这里只是举例说明。

利润＝（90×10%＋40×20%＋50×20%）×33×2＝1 782 元

五、计调人员的对外报价

单元 2

1. 对外报价

根据以上的计算结果，接待社计调人员就可以向组团社对外报价。报价可以通过电话或传真或电子邮件的方式进行。因为组团社接到报价后，会将几家地接社的报价进行比较，最后定下由某一旅行社负责接待。老客户除外。

2. 地接社的报价技巧

按照上述地接社的计价结果报价，能否通过洽谈与组团社成交，关键是看计调人员的报价技巧。如果不能成交，计调人员前面所做的一切工作都属于无用功，这样既耽搁时间，又没有工作效率。所以报价技巧至关重要。

（1）了解本地区其他接待社的接待价格。知己知彼，百战不殆。在本地区同样的行程的接待价格中选择最高和最低的进行比较，从中选择一个平衡点。价格过高会导致组团社另找他家，价格过低会使接待社的利润受到影响。

（2）清楚地知道本旅行社的优势、劣势，洽谈中所存在的风险，以及可能出现的机会。运用 SOWT 分析法进行科学的分析。

（3）价格是一个敏感的话题，一般组团社与接待社之间都会用电话沟通洽谈旅游接待价格，然后再采用传真进行确认。

（4）了解市场行情，遇到组团社砍价非常正常，不要紧张，给自己说话留有余地。

上述计价公式只是一个标准状态，或者可以把它当成接待社的一相情愿。在接待社使用成本加成的计算方法报出价格。

应报价＝总价 18 645 元＋利润 1 782 元＝20 427 元

在目前的市场条件下报出这种价格无疑是在“自杀”。应该以务实为原则，可以考虑以标准成本进行报价。

实际报价＝总价 18 645 元

即使这样还能保证接待社有 1 494 元的利差。

六、计价与报价的注意事项

1. 报价的速度影响旅游产品的销售

在旅行社激烈竞争的今天，“时间就是利润”这句话已经成为企业的座右铭。所以计调人员在报价时速度一定要快。给组团社留下快速高效的印象。

2. 报价的准确度影响接待社的信誉

计调人员应该在接到传真预报时认真审查、核实，尤其是要确认人数，发生人数变更的情况应该重新核定价格，如有利润空间可以不改变价格。报价一出就不要轻易更改，否则会给组团社留下言而无信的印象，从而影响接待社的信誉。

3. 报价的合理性影响交易是否成功

计调人员应该按照市场规律办事，报价合理，并且能够有商量和回旋的余地。这样才能保证交易成功的概率。

4. 报价的细节影响接待社的利润

组团社往往会在一些操作细节上有所疏漏，这就给接待社留下了回旋的空间。上述案例中游览景点只写到长城，没有注明是哪一段长城，北京的八达岭、居庸关、水关长城段门票价格是不一样的。在住宿方面没有注明酒店是否含有早餐，计调人员应该关注此类问题。采取有效的方法，使组团社的这些疏漏成为自己的赢利点。

5. 报价的成交价格影响团队的质量

一分钱一分货，如果接待的价格过低，就会影响接待质量，严重的可以导致旅游者遭受经济损失，使旅行社遭到旅游者的投诉。

6. 导游员的人头费是怎样出现的

在现阶段，旅行社竞争日趋激烈，尽管旅游行政管理部门相继出台了很多政策，禁止旅行社以零团费、负团费、低于成本价进行经营，以规范市场。但是，在旅行社的实际操作中仍然很难执行，旅行社为了生存，只能铤而走险。低于成本价进行经营的旅行社靠什么维系自己的运营呢？于是就出现了一种现象，旅行社收取导游员的人头费。北京国际旅游网的总经理吴繁曾经说过：“现在很多旅行社不是在挣游客的钱，而是在挣导游的钱。”我们就上述示例而言，接待社即使以标准成本进行报价，也是不现实的。因为组团社关心的是市场的价格，根本不会考虑接待社的成本问题。高出市场价格组团社根本不会考虑。接待社实际报价为 18 645 元，组团社直接就报出 15 840 元或 480 元/

人。接待社即使减去 1 494 元的利差也是赔钱，况且还没有将间接成本计算在内。成交价格为 15 840 元或 480 元/人。如果不将利差考虑进去，接待社的实际亏损为：

接待社实际亏损＝15 840－18 645＝－2 805 元

接待社每人亏损＝－2 805÷33＝－85 元

接待社为了既能接下团队，又不亏损或少亏损，就将亏损的费用转嫁给导游员和旅游商店。如规定此团队必须进 5 个旅游购物商店，通过旅游者进店，商家返给旅行社的佣金来弥补亏损。如每名旅游者每进一个旅游商店，商家返给旅行社 5 元。

商店返佣＝5×5＝25 元/人

接待社每人亏损＝－85＋25＝－60 元/人

这 60 元就成为导游员的人头费，即使这样旅行社也是在保本经营。所以有的旅行社让导游员交的人头费会更高一些。这些负面现象的存在从一个侧面反映出目前旅游市场的混乱，随着贯彻新的《旅行社条例》力度的加大，一个规范的旅游市场将展现在国人面前。

第四节　旅行社导游员管理

旅行社计调人员对本社导游人员进行管理是一项日常的基础工作。了解本社导游人员的基本情况和个人特质，根据接待团队的不同和组团社对地接导游人员的要求，计调人员应该在掌握团队信息以后快速、准确地找到合适的人员进行具体接待工作。导游人员身处第一线，导游服务质量的优劣、处理问题的能力强弱直接与旅行社的经济效益、本地区的形象密切相关，所以对导游人员的管理工作十分重要。

一、旅行社条例对导游员的要求

无论是在组团社还是接待社，导游员是工作在接团最前线的旅行社工作人员。新的《旅行社条例》规定：

旅行社组织中国内地居民出境旅游的，应当为旅游团队安排领队全程陪同。

旅行社为接待旅游者委派的导游人员或者为组织旅游者出境旅游委派的领队人员，应当持有国家规定的导游证、领队证。

旅行社聘用导游人员、领队人员应当依法签订劳动合同，并向其支付不低于当地最低工资标准的报酬。

旅行社及其委派的导游人员和领队人员不得有下列行为：

1. 拒绝履行旅游合同约定的义务。

2. 非因不可抗力改变旅游合同安排的行程。

3. 欺骗、胁迫旅游者购物或者参加需要另行付费的游览项目。

旅行社不得要求导游人员和领队人员接待不支付接待和服务费用或者支付的费用低于接待和服务成本的旅游团队，不得要求导游人员和领队人员承担接待旅游团队的相关费用。

二、旅行社对导游员的管理

1. 建立导游员管理制度

对于接待量较大的旅行社，需要导游人员相对较多，有的旅行社在旅游旺季时甚至需要数十名乃至近百名地接导游员从事一线工作。而在旅游淡季时，旅行社只需要十几名甚至几名导游员就可以应对接待工作。这种特性决定了在旅行社内部必须建立一套针对导游员的管理制度。旺季时做到未雨绸缪，尽量多储备一些导游员，防止出现有团没人接的尴尬局面；在淡季时做到合理安排闲置的导游员，避免导游员流动性过大给旅行社带来经济损失。这就需要旅行社计调人员建立针对导游员的、较完善的管理体系。

2. 搜集导游员的信息制度

目前，持证导游员的数量呈现逐年上升趋势，以北京为例现在持证导游数量在 2 万人左右。绝对数量已经基本能够满足北京接待市场的需求，但是，一线工作人员数量却只有 6 000～7 000 人。而且这些导游员的个人素质、带团能力、讲解水平差距又很大。准确及时地收集导游员的信息，找到适合在本社工作的导游员是计调人员在导游管理中的首要工作。掌握本社导游员的信息。接待社一定要有在本社工作的导游员，搜集这些导游员各个方面的信息对其管理工作起着至关重要的作用。

3. 定期招募新导游员制度

新导游员是针对本社而言的。也就是说，不管是新取得导游证的新导游还是已经从业的老导游，只要是没有在本社工作过的导游员对本社来讲都属于新导游员。计调人员不要等本社需要导游员时再进行招募，这种“临时抱佛脚”的做法会给计调工作带来很大的麻烦。因为急需导游员就匆忙招募，对于临时招募来的导游员，计调人员不是很了解，就直接让其匆匆带团，这样就会让旅行社处于被动状态，甚至影响接待质量，造成旅游者的投诉，给旅行社带来经济损失。所以定期招募新的导游员是十分必要的。招募可以采用同业广告、网络招聘、校园招聘、朋友介绍等方式。

4. 建立导游员资料库制度

建立导游员资料库，首先要设计导游员备案登记表，对本社每一名导游员进行登记备案。其次要将这些表格进行分类，分类时可根据本社的实际情况按导游员带团时间长短、在本社从业性质（专兼职）、带团业绩、有无投诉情况等进行归类。

5. 定期沟通与培训制度

在旅游淡季时，为了提高导游员的带团技能、讲解能力，保证服务质量，计调人员应定期与导游员进行沟通，保持良好的关系。同时建立完整的培训制度。培训内容包括：

（1）学习本旅行社的规章制度。包括上团制度、报账制度、借款制度、使用旅行社用品规定等。

（2）交流带团技能。导游员对带团中出现的新问题及解决问题的方法进行交流，导游员之间的相互交流有助于提高集体的凝聚力。

（3）传授讲解技巧。聘请业内专业人员传授带团中的讲解技巧、讲解方法，提高导游员的业务水平。

6. 导游员政策保障制度

建立导游员上团的政策保障制度对旅行社非常关键，它是使导游员能够安心上团的基本保障，也是能够有效调动导游员上团的积极性。具体内容包括：

（1）签订劳动合同。劳动合同是劳动者与用人单位确立劳动关系、明确双方权利与义务的协议。它作为劳动关系的法律形式，具有控制人们在劳动过程中的行为、规范劳动活动、调整劳动关系的作用。因此，劳动合同一经签订，就具有法律效力。这是促使导游人员依法为游客提供优质导游服务的保证，是提高导游服务质量的重要措施，可增强导游人员的责任感，自觉为游客服务。

（2）全款上团。目前，旅行社让导游员垫付团款的事情非常普遍，而导游员下团后，旅行社又迟迟不能给导游员报账，致使导游员在工作中压力较大。对于在一定时期内服务质量好的导游、业绩突出的导游、没有投诉的导游，旅行社应制定一个详细的规则，可以对这些导游员不压团款规定报账期限，甚至旅行社可以先向导游员预支团款，以有效调动导游员上团的积极性。

（3）奖惩规定。旅游接待质量关系到旅行社的生存，旅行社要采取一定的措施对导游员的服务质量进行控制。对于接团质量一贯保持优良的导游员，旅行社要多为他们提供带团的机会，甚至给予一定的物质或精神方面的奖励；对于接待服务质量低劣的导游员，一定要加以批评指正，情况恶劣的，还可终止劳动合同。

三、导游员上团时计调应该做的工作

1. 导游员上团前计调人员应该做的工作

（1）向导游员介绍团队的基本情况。如哪里的团队、团队的性质、团队的等级、有无特殊要求等。

（2）提醒导游员带好上团必备物品。如接待计划、餐单单据、景点参观券、导游旗、旅行车标志、现金、喇叭、通信工具、各个协作单位的联系方式及负责人等。

2. 导游员上团中计调人员应该做的工作

（1）对导游员带团工作进行监督。计调人员不可能对每一个团队都做到现场监督导游员的工作，这种监督工作的信息主要来源于司机、接待单位、旅游者等。

(2) 出现问题及时处理。在旅游者游览时发生各种问题，导游员又处理不了时，计调人员应及时出面代表旅行社协调处理。

3. 导游员上团后计调人员应该做的工作

(1) 及时总结。导游员下团后，计调人员应督促导游员对带团情况进行总结，最好要求写出书面资料。不能写出书面资料的也应该口头向计调人员汇报带团中成功之处，以便为今后的工作留下宝贵的经验。同时要将带团中的不足之处及时汇报，从中吸取教训，以便在日后的工作中加以改进。

(2) 导游员报账。按照上团前的约定，提醒导游员在规定的时间到旅行社报账。并提醒导游员报账时带齐报账的各种单据。报账时要提醒导游员及时交还向旅行社借出的物品。导游员档案记录表见表 2—3。

表 2—3　　导游员档案记录表

基本情况							
姓名		性别		年龄		电话	

专业信息					
导游证编号		领证时间		语种	
何处挂靠		带团时间		擅长	
入职时间		证书等级		评价	
离职原因					

带团记录									
时间	团队名称	人数	客源地	费用	奖励	投诉	签单	报账	备注

工作评价	
奖励情况	
投诉处理	
其他说明	

第五节 案例解析

案例一 机票确认，责任重大

2008年2月，延吉某旅行社组团去海南旅游。根据合同规定，由海南地接社负责预订团队回程机票。计调人员订好机票后，将接待计划交给地接导游员进行操作，但是，导游员在带领游客走完行程，按照规定时间送机时却发现原定航班已经起飞。旅游者滞留在当地，造成经济损失。旅游者要求接待社进行经济赔偿。

解析：此次事件地接社计调人员有不可推卸的责任。在实际工作中如果是接待社负责预订机票，一定要在航班起飞前至少24小时前进行机票的确认工作。如果发现航班变化，应立即通知导游员，并及时安排好后续工作。但是，很多计调人员由于工作疏忽，认为机票已经订好就不会更改，就没有进行机票的确认工作。这是计调人员工作经验不足和没有按照标准工作程序进行操作造成的后果。如果计调人员事务繁多，可以在向导游员交代接团注意事项时，委托导游员进行机票确认的工作。

案例二 对外报价，应留余地

2008年3月，北京一家组团社计调人员王彤接到一位客户的咨询电话，称他是某公司负责人，该公司有120人准备去云南旅游5天，分成3批每批40人，请该旅行社给一个报价。该组团社计调人员王彤向云南一家地接社咨询价格为2 680元/人，每人加了150元的利润后，就马上向客户报价2 830元/人，客户认同此价格，准备第二天到旅行社签订旅游合同并交付全部团款。这时云南地接社计调人员周涛打来电话说报价有误，应该是2 880元/人。王彤马上与该客户联系，说明是云南地接社的工作失误这一情况。但是，不管怎样解释该客户始终认为北京这家旅行社和计调人员王彤没有信誉。于是决定放弃了在这家旅行社报团。王彤向本社经理汇报了情况，认为由于云南地接社的工作失误，使自己的一个大客户丢失，决定今后放弃与云南这家地接社的合作。

解析：地接社计调人员周涛、王彤在接到组团社的预报传真后，预报价格时，首先要注意细节，将直接成本、间接成本、实际成本按照计价表逐项进行预算。然后进行逐项核实，核实无误后，方可向组团社报价。价格一旦报出无特殊情况不得更改，否则会影响本社信誉，也会影响与组团社的合作关系。出现价格计算错误时，不要简单处理，应向主管汇报，采取补救措施。如向组团社做出补充说明，刚才预报的价格不包括某项内容。这样才能为以后的工作留有余地。组团社计调人员王彤接到接待社计调人员周涛的报价后，首先想到自己不是地接社的传话筒，应该按照标准的操作程序认真核实价格，不要急于向客户报价。即使向客户报价，也应该说明这是预报价格，如果对方可以接受，要与地接社进行传真确认，价格无误后，方可将最后价格告知客户。向客户报价时，不到万不得已时不要将各项价格的细目告知客户，如果出现问题能够给自己留有回旋的余地。

案例三　住宿变更，应有准备

2008 年 4 月，北京一家旅行社接待广东 27 人旅游。按照合同约定，北京旅行社计调人员赵鹏通过电话约定为其安排四环路以内的三星级酒店。团队到达当天，地接导游员来领游客在酒店办理入住手续。游客入住后，发现酒店部分设施正在装修，影响他们的出入和休息，向导游员提出更换酒店。导游员请示计调人员赵鹏，赵鹏没有备用方案，拒绝调换。后遭到客人的投诉。

解析：赵鹏预订酒店时，操作程序上存在不妥之处。旅行社计调人员预订酒店时，首先，应该对酒店进行实地考察，与酒店签订合作协议。赵鹏只是通过电话预订，没有进行传真确认，也没有与酒店签署合作协议，这将会给以后的工作带来隐患。其次，如果没有时间对酒店进行实地考察，也应该具体询问酒店的星级、位置、环境、面积、噪声、设施、服务等情况，并在传真确认书上请对方负责人签字。最后，由于在团队操作中具有很大的不确定因素，计调人员赵鹏应该制定一套完整的备用方案。万一酒店出现问题能够及时解决。

案例四　计划变更，留下证据

2008 年 5 月，南京某旅行社计调人员孙悦委派导游员王斌接待辽宁团队到南京旅游。王斌在接待过程中，由于南京总统府正在装修，暂时不对外开放。导游员在征得游客同意后，将行程中的总统府改为畅游秦淮河，并向每个客人收取了 40 元的费用。可是游客回到辽宁后向组团社投诉，称地接社导游员王斌擅自改变行程，要求赔偿损失。

解析：南京旅行社计调人员孙悦在此次事件中没有尽到自己的责任。第一，计调人员在制作旅游行程时就应该考虑到游客在游览中有可能发生的情况，并对这些问题在处理方面做好相应的准备。第二，在行程中注明遇到不可抗力的情况、旅行社的免责情况。南京总统府正在装修，属于政府行为，是旅行社不可控因素造成的。第三，孙悦应该叮嘱导游员王斌在调整行程时，不仅要征得游客同意，重要的是要请全陪及游客签字确认。这样就可以避免投诉事件的发生。不可否认的是有个别的组团社为了拖欠接待社的团款，有意发动游客对接待社进行投诉。为了防止这类事情的出现，计调人员应该保存好相关证据，这样才能在事件的争议中争取主动。

案例五　游客受伤，处理及时

2008 年 6 月，北京某旅行社计调人员张晓操作并接待浙江某地一旅游团队。在游览的第二天晚上，一名游客在酒店洗澡时手被玻璃划伤。酒店工作人员和导游员一同将游客送往医院救治。张晓知道此事以后，立即前往酒店代表旅行社看望受伤的客人。同时要求客人和导游员分别写下事情经过。最后与酒店协商，妥善处理了此事。

解析：此案例的旅游者在外出旅游时，出现了安全问题，旅行社计调人员应及时出面解决此事。第一，计调人员在团队旅游时应该履行监督职能，主动向导游员了解团队的状况。第二，叮嘱导游员如果在带团中遇到问题应立即向旅行社计调人员报告。第三，计调人员张晓得到游客受伤的消息后及时出面，表示了旅行社对游客的重视和关心。第四，要求导游员和受伤的游客写下事情经过有助于分清责任，为今后解决问题留下了依据。第五，在这一事件中，游客洗澡时被玻璃划伤，由于现场没有见证人，很难分清是酒店的设施存在缺陷，还是游客自身的原因导致的，这就为今后的赔偿问题造成障碍。计调人员张晓在拿到相关证据后出面与酒店协商此事，对游客进行赔偿的做法值得其他计调人员学习。

案例六　分项报价，注意细节

2008 年 7 月，云南某旅行社计调人员接到山东某旅行社的电话，称有 28 名旅游者将赴云南旅游，请云南旅行社将行程和分项报价做出。云南旅行社计调人员郝梅接到电话后立即开始工作，按照山东旅行社在电话中的要求设计了行程，并将旅游景点、餐饮标准和住宿费用分别报给了对方。

解析：组团社要求接待社分项报价是现在比较普遍的做法，但是，计调人员郝梅的做法有不妥之处。第一，郝梅只是凭山东旅行社的电话就开始了操作，没有向对方索要预报传真。第二，即使没有传真，也应该向对方旅行社问清基本情况，如多少大人、多少小孩，在饮食、住宿、游览时有无特殊要求；大交通由谁负责；城市交通有何标准等。这样才能准确地计算出成本并做出及时的报价。第三，郝梅分项报价时不够全面，这样会让组团社觉得接待社不够专业或有意隐瞒某些细节的真相，使组团社对接待社的工作产生怀疑。分析报价包括车、房、餐、票、游五个方面；必要时还应加入自费景点价格、饭店位置、旅游设施、餐饮几菜几汤、荤素、酒水等细节问题。最后以传真的方式向组团社预报价格，这样既可以给对方留下接待社计调人员操作专业的印象，又可以为自己今后在团队操作中留下资料。

案例七　结算团款，坚决果断

2008 年 8 月，北京某旅行社接到河南某旅行社的传真，将组织河南 40 人到京旅游。条件是先预付 80％的团款，如果旅游顺利，游客无投诉，在旅游结束后的十五日内将剩余的 20％团款汇到北京接待社的账户上。北京旅行社计调人员张辉对此事情非常为难，经向旅行社领导请示决定拒绝河南旅行社提出的这项要求。

解析：结算团款是一项艰巨的任务，之所以这样说是因为在实际操作中，有些集团采购旅游产品的客户，采取预先交付组团社部分团款的做法，待旅游结束后，没有出现任何问题再交付另外的余款。而由于市场竞争激烈，组团社为了不丢失客户就答应了此项要求。而游客游览结束后有些单位往往以各种借口少付团款，造成组团社的经济损失。针对接待社而言，组团社也采取了这种方法，只交付给接待社部分团款。接待社也怕失去客户就自己预先为游客垫付团款进行操作。而这种做法存在很大的风险，一旦旅游结束接待社想要回剩余的团款那是难上加难。在旅行社业内这类事件层出不穷，计调人员张辉遇到这类问题及时向旅行社领导请示是正确的。此外由于地接社为了生存，答应组团社的要求后，一定要与组团社签订正式委托合同，并在合同中规定违约责任，违约金额适当加大，这样可以约束组团社，让其有所顾忌。即使出现组团社拖欠团款的情况，接待社也可以有证据付诸法律，要求赔偿。

案例八　用人不当，导游违规

2008 年 9 月，北京某旅行社计调人员刘丽组织一个新加坡重要的旅游团过程中，安排一名非常有经验的导游上团。可是接团的前两天，刘丽的表妹林英找到刘丽，说自己刚刚拿下导游证，想带团挣钱，请其帮忙。刘丽犹豫再三，觉得林英是一个新手，对带团还不熟悉。可是挨不住亲戚的面子，最后决定还是换下了有经验的导游，让表妹林英带新加坡的团队。结果林英不熟悉带团流程，在吃饭的时间方面、住宿的质量方面都没有协调好，而且对景点不熟悉，在讲解方面也有很大的问题，有些景点甚至不讲解。游客非常不满意，林英遭到客人的投诉。使旅行社遭受经济损失。

解析：安排导游员上团是计调人员的一项重要职责。在接待量较大的旅行社一名计调人员可能掌握着十几名甚至几十名导游员。计调人员刘丽应该根据接待团队不同的特点，合理安排合适的导游员上团。上述案例中的这种现象不在少数。旅行社计调人员应该公平公正，从全局考虑，不能因为个人感情视旅行社的利益而不顾。选择导游员时，应该根据导游员的能力、经验、业绩、讲解水平等，而不是与自己的关系的远近，要想成为一名优秀的计调人员就必须做到这点。

案例九　私做黑团，计调大忌

2008 年 10 月正值旅游旺季，北京某旅行社计调人员姜山在上海的一个朋友打电话称自己单位有 12 人想到北京旅游，请姜山为其安排。姜山就利用工作之便没有经过自己所在的旅行社，而是私自带这个团队到京旅游。姜山直接向旅游者收取的团款，也没有与旅游者签订旅游合同。事后旅行社发现了此事，对姜山作出了开除的处理。

解析：计调人员工作复杂，非常辛苦。有些计调人员工作一段时间后就觉得自己有了一定的工作经验，积累了一些客户。再看看自己的收入与自己的能力不成比例，于是心理产生了不平衡。就出现了上述案例中姜山的做法。其实这是目光短浅的行为。第一，旅行社计调人员应该感谢旅行社为自己提供了一个岗位，没有这个就会没有计调人员的经验和客户资源。第二，旅行社是支付计调人员工资的，即使感觉收入与付出不成比例也可以向旅行社领导当面提出，协调不成可以离职。第三，计调人员的职业道德是第一重要的，如果失去了旅行社的信任，即使将来到了其他工作单位也会出现姜山的情况。第四，旅行社要重视对职工的职业道德方面的教育，合理改善薪酬分配体制，留住有能力的员工。第五，工作人员应该注重个人的职业素养和对企业的忠诚度，首先学会做人，然后再去做事，最后才能做好生意。

第3单元

国内旅游组团业务

学习目标

1. 掌握国内组团计调的定义和具体的工作流程。
2. 通过国内景点线路的解析，掌握国内各地旅游特色及基本的行程设计理念。
3. 了解国家旅游局2009年最新推出的12条中国旅游线路规划。

单元提示

本单元介绍了国内组团计调操作流程；以线路解析的形式介绍了中国国内的经典旅游线路；通过对线路的解析，系统地掌握国内各地旅游特色及基本线路安排；简单介绍了国家旅游局最新推出的12条中国旅游线路概况。

第一节　组团程序

一、组团社计调

旅行社计调部门隶属于旅行社，是旅行社下设众多部门之一。它是旅行社中的一个核心部门，是旅行社总经理的参谋部。它在旅行社的具体业务操作中起着至关重要的作用，它不仅能控制旅行社的运营成本，而且能监督旅游服务质量。地接社计调人员主要是与旅游各个接待单位和组团社打交道，而组团社计调人员与地接社计调人员的不同点在于组团社计调人员主要是与客户、接待社打交道。

二、组团社计调部的操作流程

组团服务流程一般包括三个阶段：

- 准备阶段：包括设计旅游产品、选择宣传手段、招徕客户、与接待社建立联系。
- 接待阶段：执行请示汇报制度、进行发团操作、落实发团事项、处理突出事件。
- 总结阶段：向上级汇报发团情况、售后服务及总结。

组团社计调部工作人员的操作流程包括六个方面内容，即准备工作、操作阶段、计价报价、成交签约、发团监督、售后服务。

1. 准备工作

巴斯德曾经说过，机会属于有准备的头脑。组团社计调人员应该在组团工作前做好三个方面的准备。第一，组团动机的准备。组团动机有很多种，大多数计调人员认为，组团的目的就是为了争取利润，为旅行社创收。当然这是最终目的，要达到这个目的必须有具体的动机，如树立品牌效应、与客户交朋友、提高自己的知名度等。第二，营销观念的准备。多数人认为营销就是卖东西，就是销售自己的旅游产品。但存在这种观念的计调人员在向客户推销自己旅行社产品时往往不是一帆风顺的，因为计调人员销售的不仅是产品，还包括服务和知识。第三，才能的准备。计调人员推销旅行社产品时良好的推销技巧和自己的知识才能是计调工作成功的保证。

（1）销售产品前应熟悉本旅行社的产品及推广手段。计调人员首先要熟悉本旅行社的产品，其次要熟悉自己负责推广的产品。最后要熟悉产品推广的手段，如通过网络宣传、杂志、报纸、同业推荐等。

（2）销售产品前应明确计调人员向客户推销什么。过去的营销理念中推销的是产品自身价值，而现代的营销中更注重推销产品的增值服务和产品背后的价值。

（3）销售产品前应了解客户心理。旅行社计调人员应该将产品与服务和市场需求（客户需求）联系起来。客户需要是最基本的，因为客户需求是有条件的，而欲望是无限的，临界线就是购买能力。能买就是看能力，愿意买就是看效用。计调人员应该清醒地认识到这一点。

(4) 销售产品前应树立自信。这里指的自信主要体现在两个方面。一是要对自己旅行社的旅游产品有信心，否则无法做好销售工作。二是要对自己的销售能力有信心，在做好充分的准备工作后，相信自己的工作能力是计调人员成功的基本保证。

2. 操作阶段

(1) 计调人员接打电话时要认真负责，同时要认真记录与客户谈话的要点。

(2) 操作时目标与步骤要分阶段进行。

1) 请来电客户留下联系方式，对于拒绝留下联系方式的客户，计调人员要给客户留下工作人员专业的印象。

2) 重复确认客户需求，为了减少和避免工作中或谈话中的失误，计调人员应该重复确认客户提出的要求。

3) 在可能的情况下，与客户确认与下次联系的时间和方式。

4) 了解客户知道本旅行社产品的渠道，掌握第一手信息资料，为旅行社在经营决策方面提供参考信息。

(3) 使用标准化专业化语言。因为大多数客户属于非专家购买，这时计调人员就要行使专家权，与客户交谈，取得客户对计调人员的信任。

3. 计价与报价

(1) 组团计调人员在这个操作环节上主要工作是与客户协商旅游行程所包含的内容、洽谈旅游价格、最后成交等。

(2) 计调人员在计价中要注意组团社的成本核算（参照本书第二章第三节）。对外报价时，一般采用成本加成法。成本加成是指在计算出成本后加上一定的利润比例，然后向客户报价。

(3) 计调人员在报价中的技巧

1) 假设。计调人员应假设询问者就是你的客户，只有这样，才能增强计调人员报价时的信心，提高谈判的成功率。还要在谈话中学会主动思考问题，针对客户需求报出价合理的客户能够接受的价格。

2) 排除障碍。计调人员应该主动介绍本旅行社的产品与其他旅行社产品的差异，将不利因素或危机转化为成功因素，将产品的某些缺陷看成是本旅行社产品的特色，提高客户对产品的兴趣。

3) 价格不能决定一切。计调人员应该清醒地认识到营销本身不是卖东西，而是帮助客户解决问题。在洽谈时脱离价格本身，针对客户需求帮助客户解决问题时，价格就已经不是决定性因素了。

4) 概率的计算。计调人员要做好谈判失败的准备。在实际工作中，不要因为失败而导致情绪失控，应该清醒地认识到洽谈失败是正常的，成功是必然的。在失败中吸取教训，在成功中获得经验。不断总结，就能逐步提高谈判的成功概率。

4. 成交签约

（1）与客户约定付款方式和金额。

（2）与客户约定签订合同的时间和地点。

（3）提醒客户签约时的注意事项，提醒客户签约时应准备的资料和物品，如身份证等。

（4）向客户说明所签合同的种类，以及签订合同时的注意事项，并在敏感的条款上加以重点说明和提示。

（5）签约完成后应认真审核，然后再确认，避免出现纰漏。

5. 发团监督

（1）监督地接社的接待情况。组团计调人员在团队发出后应该履行监督职责。监督地接社的接待质量，具体监督方法可以通过组团社派出的全陪或客人的信息反馈，发现问题及时纠正，消除各种隐患。

（2）监督全陪的工作情况。组团计调人员在团队发出后应该要求全陪定期向组团社汇报团队的情况，同时还要向接待社了解全陪在工作中是否认真履行自己的职责。

（3）监督客人的游览情况。组团计调人员在团队发出后应该向全陪、接待社了解客人游览的情况，在第一时间发现问题，并及时与接待社协商加以解决，保证团队顺利游览。对游客违规要收集证据，为以后处理问题留下依据。

6. 售后服务

（1）在团队顺利结束行程返回后，组团计调人员应进行客户满意度调查。掌握准确的信息，为今后工作的改进提供依据。

（2）与客户维持良好的关系。在行程结束之后，计调人员要与客户维持良好的关系，努力使之成为自己的朋友，为今后的二次销售工作打下坚实的基础。（方法可参照第二章第二节）

（3）如果发生投诉事件，计调人员首先要调查情况，了解事实真相，分清谁是责任方；其次要积极主动地在自己的职权范围之内解决问题，将事态控制在最小的范围之内；最后要最大限度地维护客户利益。实践证明，如果计调人员能够妥善处理投诉，客户的回头率在67%左右。

第二节　国内旅游常规经典线路

一、云南线

1. 昆明—大理—丽江双飞六日游（举例）

日期	参考线路安排	用餐	住宿
D1	北京首都机场乘机至昆明巫家坝机场（3小时左右），鲜花接团，入住酒店调整休息，自由活动（具体时间以航班抵达昆明时间起开始计算）	不含餐	昆明
D2	07：00叫早，07：30早餐，08：00乘车出发前往古丝绸南路的重镇——大理（5.5小时左右），抵达大理后游览大理古城（60分钟左右），参观白族民居——严家大院（含三道茶表演30分钟左右），途中安排中餐，午餐后乘车赴丽江（3.5小时左右），沿途欣赏高原风光，游览丽江古城、四方街（40分钟左右），自由活动，因不含晚餐，自行安排活动时间，客人可根据个人爱好自费参加丽水金沙表演（190元/人）	早 中	丽江
D3	06：30叫早，07：00早餐，07：30乘车前往大玉龙景区：乘坐云杉坪索道观赏玉龙雪山，观赏雪山白水河、甘海子沿线风光（共180分钟左右，不含排队乘索道时间）；景区内安排中餐，下午赠送观赏由张艺谋执导的大型实景演出《印象丽江——雪山篇》（90分钟左右），游览《千里走单骑》的拍摄地——束河古镇（40分钟左右），玉水寨（60分钟左右），晚餐品尝纳西特色风味餐——纳西喜宴	早 中 晚	丽江
D4	06：30叫早，07：00早餐，07：30丽江乘车赴大理（3.5小时左右），途中可自费参加游览观音峡景区80元/人，赠送游览电影《五朵金花》的拍摄地——蝴蝶泉（50分钟左右），金庸名著《天龙八部》的拍摄基地——天龙八部影视城（50分钟左右），乘车赴楚雄（2.5小时左右），入住酒店	早 中 晚	楚雄
D5	06：30叫早，07：00早餐，07：30楚雄乘车赴石林（车程3小时左右），游览石林（120分钟左右），游览完毕后用中餐，中餐后参观七彩云南（120分钟左右）；乘车返回市区（30分钟左右），参观云南省地矿局（景兰珠宝40分钟左右），精油馆体验（赛博兴40分钟左右），参观完毕后享用晚餐，入住酒店。客人可根据个人喜好自费欣赏吉鑫宴舞（238元/人）、云南印象（170元/人）	早 中 晚	昆明
D6	07：30叫早，08：00早餐，08：30乘车前往云南特色鲜花市场（佳盟花市60分钟左右），这里繁花似锦，各种不同类型的花朵充斥整个花市；自由活动（活动时间为游览完鲜花市场至航班起飞前），根据航班时间送机返回北京，结束愉快旅程。如果游客为晚航班或时间允许，可自费游览世博园，每人120元门票＋20元车费；民族村，每人70元门票＋30元车费	早	无

2. 昆明—大理—丽江—版纳四飞八日游（举例）

日期	参考线路安排	用餐	住宿
D1	北京首都机场乘机至昆明巫家坝机场（3小时左右），鲜花接团，入住酒店调整休息，自由活动（具体时间以航班抵达昆明时间起开始计算）	不含餐	昆明

续表

日期	参考线路安排	用餐	住宿
D2	07：00叫早，07：30早餐，08：00乘车出发前往古丝绸南路的重镇——大理（5.5小时左右），抵达大理后游览大理古城（60分钟左右），参观白族民居——严家大院（含三道茶表演30分钟左右），途中安排中餐，午餐后乘车赴丽江（3.5小时左右），沿途欣赏高原风光，游览丽江古城、四方街（40分钟左右），自由活动，因不含晚餐，自行安排活动时间，客人可根据个人爱好自费参加丽水金沙表演（190元/人）	早 中	丽江
D3	06：30叫早，07：00早餐，07：30乘车前往大玉龙景区：乘坐云杉坪索道观赏玉龙雪山，观赏雪山白水河、甘海子沿线风光（共180分钟左右，不含排队乘索道时间）；景区内安排中餐，下午赠送观赏由张艺谋执导的大型实景演出《印象丽江——雪山篇》（90分钟左右），游览《千里走单骑》的拍摄地——束河古镇（40分钟左右）、玉水寨（60分钟左右），晚餐品尝纳西特色风味餐——纳西喜宴	早 中 晚	丽江
D4	06：30叫早，07：00早餐，07：30由丽江乘车赴大理（3.5小时左右），途中可自费参加游览观音峡景区80元/人，赠送游览电影《五朵金花》的拍摄地——蝴蝶泉（50分钟左右），金庸名著《天龙八部》的拍摄基地——天龙八部影视城（50分钟左右），乘车赴楚雄（2.5小时左右），入住酒店	早 中 晚	楚雄
D5	06：30叫早，07：00早餐，07：30楚雄乘车赴石林（车程3小时左右），游览石林（120分钟左右），游览完毕后用中餐，中餐后参观七彩云南（120分钟左右）；乘车返回市区（30分钟左右），参观云南省地矿局（景兰珠宝40分钟左右），精油馆体验（赛博兴40分钟左右），参观完毕后享用晚餐，自由活动，根据航班时间乘机飞往景洪嘎洒机场，接机后入住酒店休息	早 中 晚	版纳
D6	早餐后乘车至野象谷景区（路程40公里，游览时间3小时左右，不含索道，单程40元，往返60元），游览蝴蝶园、百鸟园、树上旅馆、原始森林公园，观大象表演，下午返市区参观“瑞亨达”珠宝店（60分钟左右），晚上可以自费参加勐巴拉纳西歌舞表演（160元&280元/人）、澜沧江湄公河篝火晚会（160元&280元/人）	早 中 晚	版纳
D7	早餐后游览原始森林公园（路程8公里，游览时间3小时，可自愿乘坐电瓶车每人30元），游览孔雀湖、九龙瀑布、爱伲山寨，参观怡然咖啡厂，了解西双版纳有名的小粒咖啡及其加工生产过程，里面还有西双版纳其他土特产品，喝上一杯浓浓的小粒咖啡，让你缓解一天的疲劳，可自费参加澜沧江漂流（180元/人），晚餐后由版纳返回昆明	早 中 晚	昆明
D8	07：30叫早，08：00早餐，08：30乘车前往云南特色鲜花市场（佳盟花市30分钟左右），这里繁花似锦，各种不同类型的花朵充斥整个花市；自由活动（活动时间为游览完鲜花市场至航班起飞前），根据航班时间送机返回北京，结束愉快旅程（如果游客为晚航班或时间允许，可自费游览世博园，每人120元门票＋20元车费；民族村，每人70元门票＋30元车费）	早	无

单元 3

二、山西线

平遥古城—乔家大院—五台山—悬空寺—云冈石窟双卧五日游（举例）

日期	参考线路安排	用餐	住宿
D1	北京—太原 晚北京乘火车（空调硬卧）赴山西省省会——太原（车程约580公里，运行时间10小时左右）	无	火车
D2	太原—祁县—平遥—太原 早抵达太原（早餐自理）乘车赴世界文化遗产中国四大古城之一——平遥古城（约120公里，1.5小时左右）（提示：平遥古城不含门票，进古城没有门票，如果要登城墙、看县衙、游日升昌票号等收费小景点，则要买通票半价优惠80元）（电瓶车自理30元/人）（参观2.5小时左右），游览中国古代“华尔街”——明清一条街，探古城民宅、观古城建筑、品古城韵味，穿越历史，走近明清的那一抹繁华。午餐后赴祁县（约60公里，1小时左右）游览《乔家大院》的拍摄地——乔家大院（半价优惠20元）（参观1小时左右）返太原（约60公里，1小时左右）途中参观晋农特产中心（参观40分钟左右），晚餐自理，自费品尝山西特色小吃，后入住酒店	中	太原
D3	太原—五台山 早餐后乘车赴中国四大佛教名山之首——五台山（半价优惠84元）（含五台山环保费50元）（约240公里，4小时左右），途中参观东湖醋园（参观40分钟左右），了解山西古老的陈醋酿造过程，品尝五年、十年陈酿的保健老陈醋。午抵达午餐后，参观五台山最大的十方寺院——十方堂（参观30分钟左右），游览五台山章嘉活佛的道场——广化寺（参观30分钟左右）开始朝拜：五台山的标志和象征大白塔所在地——塔院寺。（参观30分钟左右），参观五台山最大的文殊菩萨像——殊像寺（参观30分钟左右），晚餐品尝全素宴后入住酒店	早 中 晚	五台山
D4	五台山—浑源—大同—北京 早餐后聆听五台山的祈福钟声，烧一炷平安香，许下今年最美好的祝福；朝拜许愿最灵的寺庙——五爷庙（万佛阁）（参观40分钟），赴浑源（约180公里，3小时左右）午餐后外观恒山第一景——悬空寺（外观30分钟左右）（若游览门票自理半价优惠30元），赴大同（约70公里，2小时左右）游览中国三大石窟之一——云冈石窟（门票自理半价优惠30元）（参观1小时左右）（晚餐自理）。晚20：59乘2604次火车返回北京站（车程约420公里，运行时间7小时左右），回程火车如乘K606次（空调硬卧）抵达北京西站，客人需当地现付差价40元/张	早 中	火车
D5	北京 早04：32抵达北京站。结束此次旅程	无	无

三、海滨线

青岛—烟台—蓬莱—威海双卧六日游（举例）

日期	参考线路安排	用餐	住宿
D1	下午乘坐由北京火车站始发的火车，前往青岛	无	火车
D2	早抵青岛后专人青岛接站（专车送至酒店稍事休息）。乘车游览青岛老城区的标志、青岛啤酒的标签——栈桥，乘坐游船（游览时间1小时左右），在海上观赏青岛前海的几大美景，后游览绿树荫荫、涛声阵阵、无数浪漫爱情的见证地、无数异域风情的别墅的坐落地——八大关，外观哥特式的花石楼，沙滩上自由地呼吸、嬉戏。参观珍珠博物馆	中	青岛
D3	乘车赴崂山（车程1小时左右），游览投资2亿元修建的东海路雕塑一条街，途中经青岛市新城市的象征——五四广场，乘车远观蹲在海里的石老人（他一直在苦苦地等待他的美丽的女儿的归来）。后入我国最著名的全真道教名山，有我国“上名山第一”“海上仙山”之称的崂山风景区（游览时间2小时），车观老公岛、鲍鱼岛、崂山最大的象形石——青蛙石。在八水河景区停车登山游览，赏龙潭瀑布之美，感受崂山的奇秀。后乘车赴太清宫景区（自费15元，这里古木参天，仙境悠悠）。走累了，疲惫了，就坐下来品一品崂山道士为您准备的提神茶，让您解除旅途疲惫。后赴土特产店为亲朋好友挑选中意的土特产，乘旅游车赴美丽的海滨城市烟台	早 中	烟台
D4	早餐后乘车赴有“人间仙境”之称、（车程1.5小时）秦始皇寻找长生不老药的蓬莱，游览蓬莱环保生态区——八仙过海风景区（游览时间1.5小时）（这里是传说中八仙各显其能，渡海的地方），参观八仙渡、八仙过海口、仙源、会仙阁、望瀛楼、地矿陈列馆，参观海洋研究所。参观亚洲最大的海洋极地动物大世界（门票120元/人费用自理）、亚洲最大的热带雨林，观赏北极熊、白鲸、海豚、海狮等各种极地动物，包括海豚、海狮表演，海底世界，水下剧场，国内最大的海龟馆、鲨鱼馆等。赠送日光浴、沙滩浴，游览有千米黄金海岸之称的金沙滩海滨公园	早 中	烟台
D5	早餐后乘车赴威海（车程1.5小时），游览我国近代第一支海军北洋水师诞生地、世界上最适合人类居住的500个城市之一的威海市。游览有“不沉的战舰”之称的定远舰（游览时间1.5小时），追忆当年黄海大战的悲壮场面，聆听现在我国海军嘹亮的号角。然后游览中国北方最大的韩国服装城，挑选称心的衣饰，海产超市自由购物，赴烟台，海滨观光，晚上由烟台火车站乘坐22：50始发的K286次空调硬卧或乘坐由威海火车站乘坐20：12始发的2518次空调硬卧返回北京	早 中	火车
D6	中午11：40（威海回）或14：40（烟台回）到达北京，结束愉快旅行	无	无

四、川藏线

1. 成都—九寨沟—黄龙双飞五日游（举例）

日期	参考线路安排	用餐	住宿
D1	首都机场乘机（飞行时间2小时30分钟）前往有“东方伊甸园”之称的成都，两个多小时抵达双流国际机场，乘车前往宾馆入住。感受西南第一都的迷人魅力。观赏蜀都夜景。温馨提示：如果时间较充裕，可自行逛逛成都的春熙路、天府广场等文化较集中的地方，晚上就近可享受到极致的四川美食	晚	成都
D2	成都出发，经环线绵阳科技城，领略杜鹃山风光和白马藏族风情（车程8小时左右）。温馨提示：海拔较高，请不要剧烈运动及饮酒。最低海拔1 407米	早中晚	九寨沟
D3	全天游览“童话世界”九寨沟（Y字形景区，游览时间8～9小时），换乘景区环保旅游车参观盆景滩、芦苇海、卧龙海、树正群海及瀑布、火花海、五彩池、长海、诺日朗瀑布、镜海、珍珠滩瀑布、犀牛海、箭竹海等景点，穿行于梦幻世界。温馨提示：晚餐后不可错过观赏九寨沟五绝之一的藏羌风情锅庄晚会，欣赏精心编排，民族风情特色浓郁而独特的节目（费用自理）。如果可能可选择品尝独具风味的九寨烤全羊（费用自理）。当日最高海拔3 260米（沟内自助餐50元/人自理）	早晚	九寨沟
D4	早餐后，沿途可观赏到藏族、羌族风情，翻越长江黄河的分水岭——弓杠岭（3 618米），进入岷江大峡谷，途中参观地质矿产陈列馆，免费品尝各种风味的高山牦牛肉。远眺中华第一金碑——川主寺红军长征纪念碑，游览黄龙风景区（游览时间3小时，黄龙上下行索道费用自理）。参观迎宾彩池、金沙铺地、明镜倒映、争艳彩池、洗身洞等景点。温馨提示：海拔较高，请不要剧烈运动及饮酒。最低海拔3 280米	早中晚	川主寺
D5	九寨沟早出发返成都（8小时），沿途可观赏到藏羌风情、高原山地风光，屹然耸立山顶的古羌碉等历史遗迹，下午回到成都，晚乘机返京，结束愉快的游程	早中	无

单元 3

2. 拉萨—布达拉宫—羊八井—纳木错单飞单卧八日游（举例）

日期	参考线路安排	用餐	住宿
D1	晚北京西站乘T27次（21：30）火车硬卧赴阳光之城——拉萨	无	火车上
D2	火车上，领略青藏高原的魅力	无	火车上
D3	早火车行驶经过世界冻土工程博物馆，沿途穿越可可西里、通天河与沱沱河、雁石坪，翻越唐古拉山，经过羌塘大草原，欣赏藏羚羊的曼妙身姿。晚8：00抵达拉萨，敬献洁白的哈达，入住宾馆，适应高原性气候	无	拉萨
D4	拉萨（布达拉宫、大昭寺、八角街） 参观全世界海拔最高、闻名中外的宫殿——布达拉宫（100元，游览时间1小时）；布达拉宫一直是历代达赖喇嘛驻赐地和西藏政教权力中心；前往游览西藏人民的“朝圣中心”大昭寺（85元，游览1小时），它是藏族教徒心目中的金色圣殿；客人可到围绕大昭寺的八角街购物（拉萨最具特色的八角街手工艺品市场购物）（备注：如果由于政策原因不能参观，旅行社只退回门票，不作任何赔偿，行程的先后顺序有所调整）	早中晚	拉萨

续表

日期	参考线路安排	用餐	住宿
D5	拉萨—纳木错—拉萨（柏油马路，往返500公里，海拔3 800～4 800米，最高5 190米） 乘车前往圣湖纳木错（80元，游览时间1小时），纳木错是西藏圣湖中最美的，每年来此朝圣者络绎不绝，扎西半岛上的崖画会给游客带来莫大的惊喜，岛上还有历代大宝法王留下的圣迹——岩石上的手掌印、大明咒语等，所以，来此岛的游客会得到菩萨的保佑，获得无尽的福祉。下午返回拉萨，途中可参观中国最大的热发电站——羊八井地热发电站，特别安排羊八井地热高原温泉浴（自付温泉费98元/人，40分钟），洗去一身的疲惫，体验雪山高原的另类感受（备注：如果纳木错大雪封山或冰雪天气突变，则改为当天返拉萨，增游西藏博物馆，费用不增加也不减少）	早 中 晚	拉萨
D6	拉萨—巴松错—林芝（520公里/7小时、盘山柏油马路、海拔2 500米） 乘车沿着川藏公路前往称为西藏江南的林芝。沿途欣赏美丽的藏东田园风光——拉萨河风光、尼洋河风光，翻越雄伟的米拉山（海拔5 020米，为拉萨河及尼洋河的发源地），乘旅游车赴西藏宁玛派圣湖——巴松错湖（100元，游览时间1小时）参观（若要乘船游湖，则费用自理），湖内有座小岛，岛上有一座古庙“错松庙”，湖心岛上还有一棵千年奇树——桃抱松，此树一树二质，据说每一片叶上都有神迹，更令巴松错蒙上一层神秘色彩。拍摄形状如珍珠蚌的雪山。还可参观尼洋河上的“中流砥柱”巨石，下午抵达西藏江南——林芝首府八一镇	早 中 晚	林芝
D7	林芝—拉萨（400公里/7小时、盘山柏油马路、海拔2 500米） 早上游览古柏林（15元，游览时间30分钟），林中的树龄为2 500年的千年巨柏，是西藏重点保护的活化石，让人叹为观止，午餐可自费享用独家安排的藏猪、藏鸡、尼洋河雪水养育的棒棒鱼。乘车返拉萨，途经尼洋河河畔，沿途游览邦杰塘草原，经过阿沛新村、太昭古城（近观，不入内），并在过吊桥（20分钟）的惊险刺激中感悟生命	早 午 晚	拉萨
D8	早餐后自由活动，根据航班时间乘机返京，结束愉快旅程	早	无

五、草原线

呼和浩特—希拉穆仁草原—库布齐沙漠双卧四日游（举例）

日期	参考线路安排	用餐	住宿
D1	北京晚乘空调硬卧火车赴呼和浩特	无	火车
D2	早呼和浩特接团，赴希拉穆仁大草原（90公里车程1.5小时），沿途观赏阴山山脉风光，感受革命老区及莜面之乡——武川，抵草原后热情好客的蒙古族人敬献下马酒，入住草原度假村，稍作休息后，吃午餐，品尝地道的蒙古族特色餐——蒙古风味手扒肉，下午骑马漫游草原（自费50元/小时），访问牧民家庭，登蒙古族祭神圣地——敖包山，欣赏蒙古族“男儿三技艺”中的赛马表演，参加蒙古式摔跤，晚餐举行蒙古族欢迎远方客人的最高礼节——银碗哈达献歌敬酒仪式。餐后根据实际情况观赏具有浓郁民族风情的蒙古族歌舞表演，参加草原之夜篝火晚会，观赏美丽的星空	中 晚	蒙古包
D3	观赏美丽壮观的草原日出，风味早餐后，返回呼和浩特赴鹿城包头（全程255公里，约3.5小时），午餐后过黄河，赴浩瀚无边的库布齐沙漠（60公里，约1小时），参观游览库布齐沙漠，观大漠风光，自费参加沙漠活动：骑骆驼（65元/小时）、滑沙15元/次等，倾听响沙之声，感受自然界的奇妙。下午返回呼和浩特，参观蒙古民族工艺品生产线，晚餐自理，晚乘1116次（21：36）火车返回北京	早 中	火车
D4	早（8：30）抵达北京，结束愉快旅程	无	无

单元 3

六、广西线

1. 桂林—漓江—阳朔双飞四日游（举例）

日期	参考线路安排	用餐	住宿
D1	北京—桂林 飞机抵达“山水甲天下”——桂林，乘船尽览桂林市十大名山（约1.5小时）。城徽——象鼻山地处市中心的漓江与桃花江汇流处，酷似一头在江边饮水的大象，栩栩如生，引人入胜，被称为桂林山水的象征；远观桂林市内最高峰——叠彩山；伏波山，其山濒临漓江，孤峰雄峙，有“伏波胜境”之誉；观赏老人山、塔山、穿山等胜景。往咖啡馆稍坐小息，品尝现磨咖啡的味道，体会休闲之都的感觉。晚餐后客人可自费观赏拉斯维加斯式超大型山水情景演出——梦幻漓江（曾随江泽民访美演出）。游客可选自费项目参考：刘三姐大观园白天60元/晚上90元（约60分钟），两江四湖159/165元（约90分钟），梦幻漓江160元/190元/人（约90分钟）	晚	桂林

续表

日期	参考线路安排	用餐	住宿
D2	桂林—漓江—阳朔 早餐后，乘车赴码头，乘豪华空调船游览“百里画卷”——漓江（船游4～5小时）：杨堤烟雨、童子拜观音、九马画山、黄布倒影、兴坪佳境等，领略风景怡人的大自然秀丽景观，静静体味“船在水上行，人在画中游”的美妙感觉；阳朔下船后轻松漫步地球村——阳朔西街，感受异域风情；下午时间充裕可选择自费游览：最具岩溶地貌特征的世界溶洞奇观——银子岩（约90分钟）或陶渊明笔下的人间天堂——世外桃源（约70分钟）；晚餐后可自费观赏张艺谋导演的大型山水实景歌舞表演——印象刘三姐（约80分钟）。游客可选自费项目参考：银子岩90元/人（约90分钟），图腾古道70元/人（约60分钟），印象刘三姐C票200元/人（约70分钟），世外桃源70元/人（约60分钟），大榕树及月亮山46元/人（约30分钟）	早 中 晚	阳朔
D3	桂林一地 早餐后，游览被誉为“南方小故宫”的龙脉福地、广西早期的文化与经济中心——王城·独秀峰景区（约90分钟），参观三元及第坊、千年古穴——太平岩、恭拜甲子星宿保护神像，欣赏傩舞表演、探访名句“桂林山水甲天下”之出处地，观摩独秀峰上的摩崖石刻。可自愿步行游览新桂林集优美的风景园林和丰厚的历史文化于一体的城市中央公园——榕、杉湖景区：日月双塔（外景）、湖心岛建筑、系舟亭观景、诗文碑刻等胜景。游客可选自费项目：刘三姐大观园白天60元/晚上90元（约60分钟），两江四湖159/165元（约90分钟），梦幻漓江160元/190元/人（约90分钟）	早 中 晚	桂林
D4	桂林—北京 早餐后，选购桂林土特产（如桂林三宝、罗汉果等），馈赠亲友，乘机返京。结束愉快的山水之旅，回到温馨的家	早	无

2. 桂林—漓江—阳朔—南宁—北海银滩—涠洲岛双飞六日游（举例）

日期	参考线路安排	用餐	住宿
D1	北京—南宁/北海参考航班（CA1335/07：40 HU7157/12：00 ZH9592/13：40 CZ6284/21：00）（飞3个小时），北京首都机场飞往我国最大的少数民族地区——广西首府绿城南宁（若搭乘早班机或中班机可直接前往滨海小城——北海），入住酒店，餐自理，晚餐可自费前往外沙海鲜岛品尝美味海鲜（约100元/人）	无	北海

续表

日期	参考线路安排	用餐	住宿
D2	北海—涠洲岛（涠洲岛正班船为 8：30 开船，加班船为 11：00 开船，快船船行约 1.5 小时） 早餐后，北海银滩国际码头乘船至中国最年轻的火山岛——涠洲岛，眼观八景之一的“龟豕拱碧”；参观建于清朝同治年间的法国歌特式天主教堂，火山口公园，地质公园标志性广场，滴水丹屏，可参加海底潜水活动（费用自理 160 元/人、约 40 分钟）（海底有中国保护最好的海底珊瑚群之一），海滩拾贝，蓬莱观海；车览涠洲天然港口——南万港，观涠洲古民居群，15：30 或加班 17：00 乘船返北海 游客可选自费项目参考：大江埠 138 元/人（约 1.5 小时），海洋之窗 118 元/人（约 40 分钟），环岛游 268 元/人（约 2 个小时），海底世界 118 元/人（约 40 分钟），北海红树林 60 元/人（约 30 分钟）	早 中 晚	北海
D3	北海—南宁（245 公里；BUS 约 3.5 小时） 早餐后，游览有东方夏威夷美称、号称“天下第一滩”的北海银滩（约 2 个小时），它以“滩长平、沙细白、水温净、浪柔软、无鲨鱼”著称。银滩上尽情地戏水、玩沙、畅游大海。参观北海的标志性建筑——“南珠魂”城雕（10 分钟）参观北海市容、珍珠基地及展览馆、海洋之窗（自费 118 元/人）、海滩公园、土特产公司等。乘车返回南宁，客人可自行前往中山路美食街品尝酸嘢、甜品、烧烤等特色风味 游客可选自费项目：大江埠 138 元/人（约 1.5 小时），海洋之窗 118 元/人（约 40 分钟），环岛游 268 元/人（约 2 个小时），海底世界 118 元/人（约 40 分钟），北海红树林 60 元/人（约 30 分钟）	早 中	南宁
D4	南宁—桂林（T8722 次 08：18 发车，12：54 到达，里程 431 公里，高速路 4.36 小时） 早餐后，乘坐城际列车 T8722（火车上中餐自理）抵达桂林；乘船尽览桂林市十大名山（约 1.5 小时）：城徽——象鼻山地处市中心的漓江与桃花江汇流处，它酷似一头在江边饮水的大象，栩栩如生，引人入胜，被称为桂林山水的象征；远观桂林市内最高峰——叠彩山；伏波山，其山濒临漓江，孤峰雄峙，有“伏波胜境”之誉；观赏老人山、塔山、穿山等胜景。晚餐后客人可自费观赏拉斯维加斯式超大型山水情景演出——梦幻漓江（曾随江泽民访美演出）。游客可选自费项目参考：刘三姐大观园白天 60 元/晚上 90 元（约 60 分钟），两江四湖 159/165 元（约 90 分钟），梦幻漓江 160 元/190 元/人（约 90 分钟）	早 晚	桂林
D5	桂林—漓江—阳朔（漓江航线全程约 100 公里，开船时间一般为早上 08：30/09：00/09：30/10：00） 早餐后，乘车赴码头，乘豪华空调船游览“百里画卷”——漓江（船游 4～5 小时）：杨堤烟雨、童子拜观音、九马画山、黄布倒影、兴坪佳境等，领略风景怡人的大自然秀丽景观，静静体味“船在水上行，人在画中游”的美妙感觉；阳朔下船后轻松漫步地球村——阳朔西街，感受异域风情；下午时间充裕可选择自费游览世界溶洞奇观——银子岩（约 90 分钟）或陶渊明笔下的人间天堂——世外桃源（约 70 分钟）；晚餐后可自费观赏张艺谋导演的大型山水实景歌舞表演——印象刘三姐（约 80 分钟）。游客可选自费项目参考：银子岩 90 元/人（约 90 分钟），图腾古道 70 元/人（约 60 分钟），印象刘三姐 C 票 200 元/人（约 70 分钟），世外桃源 70 元/人（约 60 分钟），大榕树及月亮山 46 元/人（约 30 分钟）	早 中 晚	阳朔

单元 3

续表

日期	参考线路安排	用餐	住宿
D6	桂林一北京 参考航班（CZ6295/15：50 CZ3287/17：30 CA1226/20：50） 早餐后，游览被誉为“南方小故宫”的龙脉福地——王城·独秀峰景区（约90分钟），参观三元及第坊、千年古穴——太平岩，恭拜甲子星宿保护神像，欣赏傩舞表演，探访名句“桂林山水甲天下”之出处地，观摩独秀峰上的摩崖石刻。可自愿步行游览新桂林集优美的风景园林和丰厚的历史文化于一体的城市中央公园——榕、杉湖景区：日月双塔（外景）、湖心岛建筑、系舟亭观景、诗文碑刻等胜景。乘机返京，结束愉快的山水之旅，回到温馨的家	早 中	无

七、华东线

1. 华东五市—乌镇水乡双飞五日游（举例）

日期	参考线路安排	用餐	住宿
D1	北京首都机场乘飞机抵南京，游阅江楼（AAAA级景区）（游览约40～60分钟）——江南四大名楼，登阅江楼观万里长江、雄伟的长江大桥等，外观金陵第一湖——玄武湖外景（不进五洲公园），车游明故宫遗址，世界第一城墙——明城墙，夫子庙商业街自由活动时间约为1～2.5小时（自费品尝小吃），观秦淮风光、文德桥、乌衣巷，晚自费游览大明王府国家级景区——瞻园（门票自理60元/人）	晚	南京
D2	车赴无锡（车程约2.5小时），游神州第一大佛——灵山大佛，含三期——梵宫，自愿自理150元/人，自愿参加、现付导游，不去的游客在景区附近自由活动，约2～2.5小时。摸佛手，求福寿，欣赏“九龙灌浴·花开吉祥”，抱佛脚，站在世界上最高的佛脚上，和佛祖零距离接触，沾佛祖灵气，参观无锡帅元紫砂馆（约50～80分钟），车赴苏州（车程约1.5小时），游览AAAA级景区木渎（游览约40～60分钟），严家花园（江南私家园林的杰出代表）、虹饮山房（江南皇家园林、古戏台、圣旨馆等）。参观苏州太湖珍珠馆或华东珍珠博览购物中心（约50～80分钟），晚可自费苏州夜景（门票自理100元/人）	早 中 晚	苏州
D3	游览苏州四大名园之一狮子林（游览约40～60分钟）：观清乾隆皇帝游园时题写的“真趣亭”、国内尚存最大的古代假山群，湖石假山玲珑众多，出神入化，形似狮子起舞，被誉为“假山王国”，车赴水乡游览“中国最美的村镇”——乌镇（AAAA级景区），自愿自理100元/人，自愿参加、现付导游，不去的游客在景区附近自由活动，约2小时（游览约1～2小时）：体验江南水乡风情，游览林家铺子、百床馆、茅盾故居等主要景点，途中经桐乡品菊中心，品当地特产杭白菊（约50～80分钟）；车往杭州（车程约2.5小时），车游钱塘江滨江大道，远观六和塔外景，参观“中国丝绸博物馆”杭州丝绸时装表演（约60～90分钟），晚游览杭州规模最大的主题公园——宋城（门票自理180元/人），观“给我一天还你千年”——清明上河图真实再现歌舞表演	早 中	杭州

续表

日期	参考线路安排	用餐	住宿
D4	船游西湖（游览约40～60分钟）——观三潭印月、阮墩环碧、湖心亭、孤山烟雨、雷峰塔影……西湖南线游——花港观鱼（西湖十景之一，含红鱼池、孔雀园、御碑亭等），杭州问茶楼食品行问茶（约50～80分钟），车赴上海，途中远观杭州湾跨海大桥：世界建桥史上的一项伟大创举和建设奇迹，“一桥飞架南北，天堑变通途”；晚上可自费游览上海夜景（门票自理200元/人，含登东方明珠塔或者金茂大厦、船游黄浦江及超公里费）	早中晚	上海
D5	车游浦东新区，世界第一拱——南浦大桥，车游东方明珠塔/金茂大厦外景，游览万国建筑博览群——外滩，光顾城隍庙小吃城（餐自理）（自由活动时间约为1～2小时），南京路自由活动时间约2～4小时，参观德国弗瑞蒙希尔曼超硬钢材中国推广中心（约50～80分钟）；A1线乘空调火车硬卧返回北京，参考车次T110次硬卧（22：04－11：23）、T104次硬卧（21：58－11：17）（旺季不保证车次，如改成临客/其他车次/软卧，现付差价，如改软卧补180元/人）；A2线乘机赴北京，结束愉快行程	早	无

2. 黄山—千岛湖—杭州双卧七日游（举例）

日期	参考线路安排	用餐	住宿
D1	上午11：45北京站乘K45次空调硬卧赴黄山市	无	车上
D2	早07：33抵黄山站，游览素有“明朝民居建筑活专著”之称的潜口民宅——明园和清园（免费赠送）（游览约1小时），体会“五百年前古徽州”的风韵，乘车赴黄山风景区（游览约8小时），至黄山南大门汤口，换景区交通车至慈光阁步行或缆车上山（费用自理80元/人），游览玉屏楼，近观迎客松，可远眺天都峰、百步云梯、一线天、鳌鱼峰、天海，登黄山第二高峰（光明顶），观赏飞来石、排云亭等	中	山上
D3	早起观日出（若天气许可），游北海景区、曙光亭、梦笔生花、始信峰景区，白鹅岭步行或乘云谷缆车下山（费用可自理），欣赏如诗如画的徽州茶文化表演，品黄山毛峰或免费参观皖南野生动物园，乘车往屯溪（车程1小时），可自行游玩“活动中的清明上河图”屯溪宋代老街，观光市容结束，回味无尽的旅程。晚餐安排在徽商故里大酒店，可免费观赏黄梅戏歌舞表演	中晚	屯溪
D4	早餐后车赴淳安码头（车程约2.5小时），乘船游千岛湖风光及中心3～4岛（真趣园、奇石岛、五龙岛、龙山岛、鸟岛、锁岛等，根据游船安排游3～4个），车赴杭州（车程约2小时）	早中	杭州
D5	早餐后船游西湖（游览约40～60分钟），欣赏苏堤、孤山、三潭映月等众多美景，让人心旷神怡。游览西湖南线西湖十景之一花港观鱼，游红鱼池、孔雀园、御碑亭、牡丹园。远观雷峰塔重现，参观江南女子丝绸时装表演，赏万亩茶园，杭州问茶楼食品行问茶（约50～80分钟），欣赏“中国丝绸博物馆”杭州丝绸时装表演（约60～90分钟），车赴江南最美的水乡——乌镇（游览约1小时），参观财神湾、逢源双桥、百床馆、蓝印花布染坊、三白酒作坊、茅盾故居、林家铺子、东栅老街、高公生槽坊、古戏台、立志书院等。车赴上海，途中经桐乡品菊中心，品当地特产杭白菊（约50～80分钟），晚上可自费游览上海夜景（门票自理200元/人，含登东方明珠塔或者金茂大厦、船游黄浦江及超公里费）	早中	上海

续表

日期	参考线路安排	用餐	住宿
D6	车游外滩（上海象征、黄浦江风光、万国建筑博览等）、南京路观光购物（中华第一商业街），城隍庙观光购物，浦东新区，远观中华第一高楼——金茂大厦（88层420米），远观上海新标志——东方明珠塔（高468米）、滨江广场、浦江隧道等，R1乘T110/T104次硬卧返京；R2客人自行乘机场巴士赴机场，晚自行乘21：30左右的航班返京，结束愉快行程	早	车上
D7	早抵北京，结束旅程	无	无

八、武厦线

福州—武夷山—天游峰—厦门—鼓浪屿双飞五日游（举例）

日期	参考线路安排	用餐	住宿
D1	北京首都机场乘早班机飞福州，游林则徐出生地后乘火车（硬座），赴有“世界自然与文化双遗产”之称的武夷山	中	武夷山
D2	早餐后游天游峰（3小时）、位于九曲溪的六曲畔，它昂然突起、凌云摩霄、高拔群峰之上，登顶凭栏远望、九曲环碧，云窝、茶洞、接笋峰、小一线天、隐屏峰，下午可乘坐古朴的竹筏，畅游武夷山风光最奇特、最集中的九曲溪（2小时）（自理100元/人），沿途坐在竹筏之上尽情欣赏九曲两岸奇景，还可看到至今已有3 400多年的传奇景点——悬棺，后游览始建于唐天宝年间最古老的武夷宫（0.5小时）、三清殿、仿宋古街，品武夷岩茶，晚餐后可自费观赏《武夷印象》大型歌舞剧表演（100元）	早 中 晚	武夷山
D3	早餐后，游一线天（1.5小时）、风洞、神仙楼阁、螺丝洞、虎啸岩（2小时）、虎啸庵、驻真洞、不浪舟、天成禅院、定命桥、集云关、半人云，午餐后自由活动，后乘武夷山火车或邵武（武夷山至邵武汽车约1.5小时）火车（硬卧）赴厦门	早 中	火车
D4	早抵厦门，早餐后游鼓浪屿（2.5小时）、日光岩（1小时）（自理60元/人）、百鸟园、万国建筑，游鼓浪屿优秀女儿、著名人民医学家林巧稚大夫纪念馆——毓园（0.5小时），马约翰雕塑、港仔后沙滩、海上金门游（2小时）（观一旦、二旦、三旦岛屿），自理106元普通船、126元豪华船，龙头路商业街购物，远眺郑成功塑像、香火旺盛的南普陀寺（1小时）	早 中 晚	厦门
D5	早餐后，游集美学村、鳌园（1小时）、陈嘉庚故居、嘉庚墓，后乘下午飞机返京	早 中	无

九、东北线

1. 吉林—松花湖—长白山天池双卧五日游（举例）

日期	参考线路安排	用餐	住宿
D1	北京—吉林 北京站乘 T271 次空调特快火车 19：10 赴吉林市。开始愉快的东北之行	无	火车
D2	吉林—松花湖—红旗村 早 06：12 抵吉林市，游览吉林市的城标——摇橹人，乘车（约 40 分钟）赴国家 AAAA 级风景区——松花湖（含门票 20 元，自愿乘船 40 元/人，游览 1 小时）。午餐品尝庆岭活鱼风味餐，乘车（约 4 小时）赴热情好客、歌舞飞扬的中国朝鲜族第一村——红旗村，了解朝鲜族文化。可欣赏朝鲜族歌舞（自愿：门票及晚餐共 100 元/人，游览 1 小时），参观红旗朝鲜族民俗村商店（不超过 1 小时）。入住朝鲜族大炕	中	朝鲜大炕
D3	红旗村—长白山—敦化 早餐后，乘车（约 1.5 小时）赴东北第一峰——长白山北门（含门票 100 元，山内游览 3～4 小时），乘景区环保车（含门票 68 元，约 25 分钟）赴中转服务站，乘倒站车（自愿 80 元/人，约 20 分钟），游览世界上海拔最高的火山口湖——长白山天池，尽情欣赏天池美景，上山途中可观赏到欧亚大陆从温带到极地四个垂直景观带，观落差 68 米的高山瀑布——长白飞瀑，观露天温泉群——聚龙泉。可游览由火山爆发，地壳变动形成的一条大裂谷——峡谷浮石林及冰水泉（自愿：门票及服务费共 80 元/人，游览 1 小时）。乘车赴千年古都——敦化（约 3 小时），途中参观梅花鹿养鹿基地——松江鹿场（不超过 1 小时）。晚餐自愿品尝东北特色狗肉火锅或烤肉风味餐（40 元/人）	早 中	敦化
D4	敦化—吉林—北京 早餐后，乘车（约 20 分钟）前往六顶山，游览亚洲最大的尼众道场——正觉寺（自愿：门票及服务费共 60 元/人，游览 2 小时），参加正觉寺赐福法会，也可以为你的家人求财、求福。或上午自由活动（时间：早餐后至 14：30 集合），午餐自理。14：30 左右集合，乘车（约 3 小时）返回吉林，游览滨江雕塑主题公园，赴吉林百年商号“鑫瑞祥”土特产商行（不超过 1 小时），乘火车 T272 次 21：42 返回北京，结束愉快的旅程	早	火车
D5	北京 上午 09：40 抵达北京，回到温馨的家		

2. 长春—吉林—朝鲜第一村—长白山—镜泊湖—五大连池动车八日游（举例）

日期	参考线路安排	用餐	住宿
D1	北京站乘动车赴长春。开始愉快的东北之行。抵达后，入住酒店	无	长春
D2	早餐后，参观末代皇帝爱新觉罗·溥仪充当伪满洲国皇帝时的宫廷旧址——伪满皇宫博物院（含 80 元，游览 2 小时），乘车（约 2 小时）游览吉林市的城标——摇橹人，乘车（约 40 分钟）赴国家 AAAA 级风景区——松花湖（含门票 20 元，自愿乘船 40 元/人，游览 1 小时）。乘车赴千年古都——敦化（约 3 小时），晚餐后入住酒店	早 中 晚	敦化

单元 3

续表

日期	参考线路安排	用餐	住宿
D3	早餐后，乘车（约3小时）赴东北第一峰长白山北门（含门票100元，山内游览3～4小时），换乘环保观光车（含门票68元，约25分钟）赴中转服务站，换乘倒站车（自愿80元/人，约20分钟）。游览世界上海拔最高的火山口湖——长白山天池，沿途欣赏长白山生态系统完整的垂直景观带、烟波浩渺的原始森林；观小天池、绿渊潭。观赏世界上落差最大的火山口瀑布——长白飞瀑，观露天温泉群——聚龙泉。游览位于岳桦林景观带内神秘的——绿渊潭，晚餐后入住酒店	早中晚	长白山
D4	早餐后，乘车（约0.5小时）参观巍巍磅礴、一纵千米的峡谷浮石林（含门票30元，游览1小时），千年红松王景区（含门票20元，游览1小时），在良材巨木遮天蔽日的原始森林，清新的空气沁人心脾，沉浸在这巨大的天然氧吧里，享受着原始、自然、绿色、原始森林带来的健康气息。乘车（约1小时）赴热情好客、歌舞飞扬的中国朝鲜族第一村——红旗村（含门票20元，游览1小时），参观朝鲜族百姓人家，了解朝鲜族文化。可欣赏朝鲜族歌舞（自愿80元/人，游览1小时）。晚餐后入住酒店	早中晚	敦化
D5	早餐后，乘车（约2小时）赴全国第一、世界第二的高山堰塞湖——镜泊湖（含门票80元），乘船游湖（自愿80元/人，游览1小时）观彩虹桥、毛公山、白石砬子、湖心岛、元首楼、龟山、老黑山、鹿苑岛等景观。赠送游览国内第一座东方药师七佛的道场——药师古刹，游览全国著名三大瀑布之一——吊水楼瀑布，乘电瓶车（含门票20元/2次）欣赏望瀑亭、黑龙潭、黑石壁等奇观异景观，返敦化，乘2038次23：18赴哈尔滨	早中晚	火车
D6	早07：44抵达，乘车（约5小时）赴世界地质公园——五大连池，五大连池堪称“山秀、石怪、水幽、泉奇”，14座锥体火山耸立在五池碧水周围，山环水抱，交相辉映。游览黑龙山景区（含门票80元，游览3小时）观火山口，岩浆溢出口，火口森林以及各种天然火山熔岩象形石等；二池、三池、堰塞湖风光，火山杨、接骨木等火山植物，在1 500米长的栈道上近距离触摸一望无际的火山熔岩——石海，石海景象举世罕见，远看像大海汹涌的波涛，近视则怪石嶙峋，千态万姿，形态生动奇特，如熊，如虎，如蛇，如绳，如巨蟒，蔚为奇观。晚餐后入住酒店	早中晚	五大连池
D7	早餐后，游览火山溶洞观光区（含门票60元，游览1小时）——冰洞、雪洞。富有神奇色彩的“火山冰洞”，实乃天下一绝，盛夏酷暑时节，当您步入洞中，一个冰封霜染的银色世界展示在眼前，立感寒气袭人，暑气顿消，仿佛置身于水府冰宫，乘车（约5小时）返回哈尔滨。入住酒店	早午晚	哈尔滨
D8	早餐后，游览远东地区最大的东正教堂——圣·索菲亚教堂广场，游览融合欧洲建筑特色充满异国情调的百年老街——中央大街。乘动车D26次（15：38—23：33）返回北京，结束愉快的东北之旅。回到温馨的家	早	无

十、海南线

1. 海口—兴隆—三亚双飞五日游（海口往返）（举例）

日期	参考线路安排	用餐	住宿
D1	北京乘机飞海口，抵达海口美兰机场，专车接机。沿途车览椰城美景，安排入住酒店		海口
D2	早餐后，游览五公祠（约30分钟），车览红色娘子军塑像，万泉河竹筏漂流（约40分钟），激情水战，还可欣赏两岸秀丽独特的风光。观博鳌亚洲论坛会址外景；乘船登玉带滩（另行付费景点，门票价格73元/人）（约60分钟）。游览兴隆天涯雨林博物馆（约50分钟）。赠送温泉鱼疗。晚上到沙滩捉蟹。晚上可欣赏另行付费的艺人表演（费用为150元/人）（约120分钟）	早中晚	兴隆
D3	早餐后，游览猴岛（另行付费景点，门票价格123元/人）（约100分钟）。游览槟榔园（另行付费景点，门票价格150元/人）（约100分钟）。在素有“东方夏威夷”美誉的亚龙湾海滩漫步（约40分钟）领略“天下第一湾”的神采。游览大（小）东海风景区（约30分钟）、可参加另行付费的各种海上活动（费用为潜水380元/人起）（约150分钟）。晚餐可于大东海畔品尝另行付费的海南海鲜风味餐（费用为180元/人），听潮起潮落，感受涛声依旧	早中晚	三亚
D4	早餐后，赠送乘豪华游船（出海观光＋海上拉网＋海上垂钓）（约120分钟），乘坐游船出海观凤凰岛（2008奥运国内火炬传递首发站、火凤凰雕塑及热带岛屿风光），亲身感受在南中国海上垂钓乐趣，体验渔家风情。车览世界小姐大赛总决赛主会场——三亚美丽之冠，途经椰梦长廊情侣之路。游览国家4A级景区天涯海角（约100分钟）——领略南海风光、有情人终成眷属的浪漫开端，天荒地老不变的激情之地	早中晚	三亚
D5	早餐后，前往蔚蓝的大海中一座苍翠岛屿、放逐心灵的世外桃源、人称情人岛的蜈支洲岛（约120分钟），眺山海奇观，觅心灵归隐；体验丰富多彩的海上和沙滩运动，释放旷野激情；岛上绮丽的自然风光，给前来观光和度假的旅游者带来原始、静谧、浪漫和动感时尚的休闲体验。免费游览文笔峰（约40分钟），乘车返海口。根据航班时间安排送机	早中	无

2. 三亚—蜈支洲—南山双飞五日游（三亚往返）（举例）

日期	参考线路安排	用餐	住宿
D1	北京乘机飞三亚，机场出口处专车、专导接团，观鹿城美景		三亚
D2	早餐后，游览游览大（小）东海风景区（约30分钟），可参加另行付费的各种海上活动（费用为潜水380元/人起）（约150分钟）。车览红色娘子军塑像，观万泉河秀美风光。前往集江、河、湖、海等自然景观于一体的世界奇观——博鳌水城，观博鳌亚洲论坛会址外景；乘船登玉带滩（另行付费景点，门票价格73元/人）（约60分钟）。游览兴隆天涯雨林博物馆（约50分钟）。晚上可欣赏另行付费的红艺人表演（费用为150元/人）（120分钟）	早中晚	兴隆

续表

日期	参考线路安排	用餐	住宿
D3	早餐后，游览猴岛（另行付费景点，门票价格 123 元/人）（约 100 分钟），游览槟榔园（另行付费景点，门票价格 150 元/人）（约 100 分钟）。游览风光独特的蜈支洲岛（约 120 分钟），眺山海奇观，觅心灵归隐；体验丰富多彩的海上和沙滩运动，释放旷野激情；岛上绮丽的自然风光，给前来观光和度假的旅游者带来原始、静谧、浪漫和动感时尚的休闲体验。前往被誉为东方“夏威夷”的亚龙湾海滩漫步（约 40 分钟）	早 中	三亚
D4	早餐后，车览世界小姐选美主会场——美丽之冠，途经椰梦长廊情侣之路；参观集中外园林、佛教文化于一体的福泽之地——南山文化旅游区（约 150 分钟）（电瓶车自理），观 108 米南山海上观音圣像风采。前往 4A 级景区——天涯海角（约 100 分钟），观“天涯”“海角”“南天一柱”等石刻全景，感悟人生无常；晚餐可于大东海畔品尝另行付费的海南海鲜风味餐（费用为 180 元/人）	早 中 晚	三亚
D5	早餐后，自由活动，根据航班时间安排送机，结束愉快的旅行	早	无

第三节　十二条国家旅游线路

本节主要介绍国家旅游局首推的十二条特色旅游线路。

一、中国“丝绸之路”线

丝绸之路的起源：汉武帝时，招募使者出使西域，准备联络被匈奴从河西赶到西域的大月氏人，共同夹击匈奴。渴望为国建功立业的张骞毅然应募。

丝绸之路的经过：公元前 138 年，张骞带着百余名随从从长安西行，在途中被匈奴人捉住，扣留了 11 年。他不辱使命，设法逃脱，辗转到达大月氏。那时大月氏西迁已久，无意再与匈奴打仗。张骞返回长安，向汉武帝报告了西域的见闻，以及他们想和汉朝往来的愿望。公元前 119 年，汉武帝派张骞第二次出使西域。张骞率领使团，带着上万头牛羊和大量丝绸，访问西域的许多国家。西域各国也派使节回访长安。汉朝和西域的交往从此日趋频繁。自从张骞通西域以后，中国和中亚、欧洲的商业往来迅速增加。通过这条贯穿亚欧的大道，中国的丝、绸、绫、缎、绢等丝织品源源不断地输向中亚、欧洲，因此，希腊人、罗马人称中国为“赛里斯”国，称中国人为“赛里斯”人。“赛里斯”即“丝绸”之意。

19 世纪末，德国地质学家李希霍芬将张骞开辟的这条东西大道誉为“丝绸之路”。德国人胡特森在多年研究的基础上，撰写成专著《丝路》。从此，丝绸之路这一称谓得到世界承认。丝绸之路是亚欧大陆的交通动脉，是中国、印度、希腊三种文化交汇的桥梁。丝绸是古代中国沿商路输出的代表性商品，而作为交换的主要回头商品，也被用做丝路的别称，如“皮毛之路”“玉石之路”“珠宝之路”“香料之路”等。

中国“丝绸之路”线以丝路文化为核心，跨越河南、陕西、甘肃、宁夏、青海、新疆六省区，是一路典型的国内旅游线路，在海内外形成了较大的市场影响。

此线横贯中国中西重要旅游城市经过的六省区，是历史文化最悠久的地区。文物古迹甚多，山河壮丽，民族众多，是富有文化内涵的名牌旅游路线，有王牌旅游线路之称。

1. 河南省

河南简称豫，省会郑州，面积16.7万平方公里，位于黄河中下游，地势西高东低，分为豫东平原、南阳盆地及豫西、豫北、豫南山地五部分。我们平常所说的“中原”即是以河南为中心的区域。河南是丝绸之路的起点，是中国人口最多的省份。中国历史上的八大古都，河南省就有四个。河南是中华民族的摇篮、中原文化发祥地。有众多文化遗址、名人故里。

中原是中华文明的发源地，伟大的黄河孕育了中华五千年的灿烂文明，因此来河南可作古文化旅游，如“寻根之旅”“黄河之旅”“古都之旅”“石窟之旅”等。

(1) 开封

1) 龙亭：龙亭不是亭，而是建筑在一座高达13米的巨大青砖台基之上的殿堂，从地面到大殿有72级台阶，台阶中间是雕有云龙图案的石阶。大殿是木结构、重檐歇山式的建筑。龙亭前有一条笔直的大道，道旁有潘湖和杨湖，再往南，仍是一条笔直的大道，两旁店铺林立，这条大道历史上是一条宽阔的御道，现在这条大道已仿照《清明上河图》的模式改建为“宋都御街”，长约400米，两旁的店铺全部是仿宋建筑，主要出售土特产品、工艺美术品和书画。

2) 相国寺：位于开封市自由路西段，寺内建有碑楼、二殿（天王殿)、正殿（大雄宝殿)、八宝琉璃殿、藏经殿。寺前院东侧还建有钟楼，钟楼内的巨钟高约4米，重逾万斤，铸于清乾隆三十三年（1768年)。据说，每当清秋霜天时击撞此钟，其声传得最远，故“相国霜钟”闻名遐迩，成为开封八景之一。

(2) 洛阳

1) 龙门石窟：位于洛阳城南12公里，石窟始开凿于北魏孝文帝时期（公元494年)，至隋唐又有大量的营造。石窟密布在长达1公里的两岸的崖壁上，东西两山现存的窟龛共2 000多个，佛塔40余座，碑刻题记3 600多块，造像十万多尊，它和敦煌莫高窟、大同云冈石窟，合称为我国三大石窟艺术宝库。2000年11月30日，龙门石窟列入《世界遗产名录》。

2) 白马寺：位于洛阳城东20公里处，建于东汉永平十一年（68年)，是佛教传入中国后由官府营建的第一座佛教寺院，尊其为佛教的“祖庭”和“释源”。寺内珍贵文物众多，每年岁末（12 月 31 日）在此举行仪式撞钟祈福，为洛阳八景之一。

3）杜康仙庄：位于洛阳东南 50 公里的杜康村，杜康仙庄有 16 个酒文化自然景观和 22 个酒文化人文景观，山门是琉璃瓦的朱红门楼，进入庄内有杜康祠、爬山碑廊、雕栏池、樱花园和七贤台。

4）关林：位于洛阳市南郊 8 公里处的关林镇，镇因关林而得名。关林是埋葬三国时期蜀将关羽首级的地方，始建于明万历二十四年（1596 年），是一处宫殿式建筑群，主要建筑均在中轴线上，依次为舞楼、大门、仪门、甬道、拜殿、大殿、二殿、三殿、石坊、八角亭，最后为关冢，传说关羽的首级就埋葬在此冢内。

（3）郑州

1）黄河游览区：位于郑州西北部，以岳山为中心，景点分布在四周，有大禹像、毛主席视察黄河像、极木阁、汉霸王城、古鸿沟等。

2）城隍庙：位于郑州市商城路，占地 10 亩，是河南规模最大群体最完整的古代建筑群，具有很高的艺术价值。每年的农历三月十八在这里要举行盛大的庙会活动。

3）轩辕故里：轩辕即黄帝，被尊为中华民族的祖先。轩辕故里位于郑州市南部约 40 公里处，现在是海内外广大炎黄子孙寻根祭祖的圣地。

4）少林寺：始建于北魏太和十九年（495 年），占地 3 万余平方米，由山门、千佛殿、方丈室、达摩亭、白衣殿、地藏殿、大雄宝殿、天王殿、初祖庵和达摩面壁洞等主要建筑组成。千佛殿内供毗卢佛铜像，因此亦叫毗卢殿，殿内砖地上还保存着 20 多个直径约 4．5 厘米的洼坑，是昔日寺僧练拳习武时的脚坑遗迹。在少林寺西约 300 米处的山脚下有一塔林，这是唐以来少林寺历代住持僧的葬地，共 250 余座，是我国最大的塔林。

5）嵩岳寺塔：位于嵩山南麓太室山下的嵩岳寺内，始建于北魏正光元年（520 年），至今已有 1 400 多年，是我国现存最古老的砖砌佛塔，塔高 40 米，共分 15 层，平面呈十二角形，塔身呈抛物线状，塔的东、南、西、北四面设入口，可自下而上直达顶部。

6）嵩阳书院：始建于汉代，是我国最早的私立高等学府，为北宋四大书院之一，院内有两株我国迄今为止发现的最古老的柏树，汉武帝封其为“大将军”和“二将军”。

（4）信阳（以鸡公山为例）

鸡公山坐落在豫鄂两省交界的大别山西端的信阳市境内，距信阳市 38 公里，与庐山、莫干山、北戴河齐名的中国四大避暑胜地之一。景区面积 27 平方公里，平均海拔 700 多米，山上林木繁茂，奇峰怪石林立，飞瀑流泉遍布，景色宜人。

（5）焦作（以云台山为例）

云台山位于修武县以北，1987 年被列为河南省级风景名胜区之首。有各具特色的八个景区，包括三秀峰等 36 峰、24 泉、10 大洞天和 5 个飞瀑。温盘峪则被誉为“盆景峡谷”。人文景观有汉献帝陵墓及避暑台。

2. 陕西省

陕西省是中华民族的发祥地之一，因古为秦地，故简称“秦”；秦亡后，项羽三分秦地，所以又称“三秦”。“秦中自古帝王州”，远古时期黄帝、炎帝就曾在陕西活动过。自周开始又有秦、西汉、西晋、前赵、前秦、后秦、西魏、北周、隋、唐等13个王朝在陕西建都，时间长达1180年。此外，还有刘玄、赤眉、黄巢、李自成4个农民起义军在此建立政权（计11年），赫连夏在定边、长安建都24年。陕西省是中国历史上建都时间最长的省份。

陕西省是我国文物古迹荟萃之地，有古长安城的遗迹、号称世界第八大奇迹的秦始皇兵马俑、壮观雄伟的大小72座帝陵。文物的密度、数量、等级均居中国首位。陕西不仅文物古迹众多，而且自然风光绮丽：有灵秀险峻的西岳华山和临潼骊山，有激流澎湃的黄河壶口瀑布，还有以保护大熊猫等珍稀动物为主的生态旅游区。

陕北高原不仅是中国革命的根据地，而且是陕西民俗风情的发源地：高亢的秦腔、激昂的锣鼓、精湛的剪纸和极富生活气息的农民画等，无不以其厚重的文化底蕴和独特的黄土风情吸引了越来越多关注的目光。

（1）秦始皇兵马俑

秦始皇兵马俑博物馆位于西安临潼县秦始皇陵东1.5公里处，是秦始皇陵的从葬坑，被誉为“世界第八大奇迹”，1987年由联合国教科文组织列入“世界人类文化遗产”目录。

秦始皇兵马俑是1973年3月29日，为了响应上级号召“打井抗旱”而无意中被发现的，这一发现震惊中外，兵马俑的风采吸引了世人的目光，现已接待许多国家的元首和成千上万的中外游客。法国前总理希拉克曾经游览过世界上许多著名的胜地和景点，当他踏着兵马俑坑的阶梯下到发掘工地时，不由地赞叹说：“世界上有七大奇迹，现在秦俑坑的发现可以说是第八大奇迹”。时任新加坡总理的李光耀参观时伸出大拇指说：“这是世界的奇迹，民族的骄傲。”凡来中国旅游的海外游客都有这样的体会：“到中国而没来西安，等于没到中国；到西安而没到兵马俑，等于没到西安。”由此可见兵马俑在世界旅游市场的独特地位。

（2）壶口瀑布

壶口瀑布是黄河中游流经晋陕大峡谷时形成的一个天然瀑布。西濒陕西省宜川县，东临山西省吉县，距山西吉县城西南约25公里，距陕西省宜川县城40公里。瀑布宽达30米，深约50米，最大瀑面3万平方米。是中国仅次于贵州省黄果树瀑布的第二大瀑布。滚滚黄河水至此，500余米宽的洪流骤然被两岸所束缚，上宽下窄，在50米的落差中翻腾倾涌，声势如同从巨大无比的壶中倾出，故名“壶口瀑布”。中国古籍《书·禹贡》曰：“盖河漩涡，如一壶然。”两大著名奇景“旱地行船”和“水里冒烟”更是罕见。亚洲飞人柯受良和吉县飞人朱朝晖先后驾驶汽车和摩托车成功飞越黄河壶口瀑布景区。黄河壶口瀑布位于山西省吉县和陕西省宜川县之间，在山西吉县城西南 25 公里黄河之中。壶口瀑布景区面积约 100 平方公里，为山西省和陕西省共有著名风景名胜区。

3. 宁夏回族自治区

宁夏是回族聚居区，全区有 1 800 多座清真寺，有深厚的穆斯林文化气息。在其不大的版图上，有着多样的地貌：山脉、高原、平原、丘陵、沙漠、河谷一应俱全，有连绵起伏的贺兰山、黄土高原上“绿色明珠”之称的六盘山、驰名中外的沙坡头、风景如画的老龙潭、滚滚而流的九曲黄河，还有被称为生态旅游“黄金宝地”的沙湖等，一起构成了宁夏丰富的自然景观。有与龙门石窟、云冈石窟相媲美的须弥山石窟，有“游牧民族艺术画廊”之称的贺兰山岩画，有“东方金字塔”之称的西夏王陵、古老恢弘的南关清真大寺、中国最大的喇嘛式建筑群青铜峡 108 塔，有“中国长城博物馆”之称的历代长城遗迹等，无一不让宁夏这块古老的土地更加神采奕奕。诱人的自然风光、丰富的历史遗迹、浓郁的塞上风情及独特的穆斯林民俗使宁夏成为中国最富魅力的地方之一。

（1）贺兰山岩画

贺兰山岩画属于全国重点文物保护单位，是中国游牧民族的艺术画廊。贺兰山在古代是匈奴、鲜卑、突厥、回鹘、吐蕃、党项等北方少数民族驻牧游猎、生息繁衍的地方。他们把生产生活的场景，凿刻在贺兰山的岩石上，表现对美好生活的向往与追求，再现了他们当时的审美观、社会习俗和生活情趣。在南北长 200 多公里的贺兰山腹地，就有 20 多处遗存岩画。其中最具有代表性的是贺兰口岩画。岩画分布在贺兰山全长 250 余公里、从北到南的十多个山口中。画面总数约在万幅以上。

（2）西夏王陵

西夏王陵位于宁夏回族自治区银川市西约 30 公里的贺兰山东麓。是西夏王朝的皇家陵寝，在方圆 53 平方公里的陵区内，分布着九座帝陵，253 座陪葬墓，是中国现存规模最大、地面遗址最完整的帝王陵园之一。1988 年被国务院公布为全国重点文物保护单位、国家重点风景名胜区。被世人誉为“神秘的奇迹”“东方金字塔”。

4. 甘肃省

甘肃省历史悠久，山川壮丽，是驰名世界的古“丝绸之路”的重要通道，名胜古迹和历史文物众多。中国的旅游标志“马超龙雀”就是在这里出土的。如兰州五泉山、白塔山、雁滩、敦煌莫高窟、鸣沙山、月牙泉、安西榆林窟、天水麦积山石窟、炳灵寺石窟、长城的嘉峪关、拉卜楞寺、武威西夏碑、道教发源地之一的崆峒山、兴隆山、漳县的贵青山、渭源的连峰山等；红军长征三大主力胜利会师的会宁城和中国神舟载人飞船发射基地酒泉卫星发射中心享誉天下。

（1）敦煌莫高窟

敦煌莫高窟是甘肃省敦煌市境内的莫高窟、西千佛洞的总称，是我国著名的四大石窟之一，也是世界上现存规模最宏大、保存最完好的佛教艺术宝库。

敦煌莫高窟位于敦煌市东南 25 公里处，开凿在鸣沙山东麓断崖上。南北长 1 600 多米，上下排列五层，高低错落有致，鳞次栉比，形如蜂房鸽舍，壮观异常。它是我国现存规模最大，内容最丰富的古典文化艺术宝库，也是举世闻名的佛教艺术中心。

（2）嘉峪关

长城文化遗产“万里长城——嘉峪关”在 1987 年被联合国教科文组织列入《世界文化遗产地名录》，1961 年被国务院公布为第一批全国重点文物保护单位。嘉峪关是明代万里长城的西端起点，也是明代万里长城沿线保存最为完好、规模最为壮观的古代军事城堡，有“天下第一雄关”的美誉。“万里长城——嘉峪关”初建于明洪武五年（公元 1372 年），由内城、外城、罗城、瓮城、城壕和南北两翼长城组成。嘉峪关长城由西长城、东长城和北长城三部分组成，全长约 60 公里。

（3）酒泉卫星发射中心

酒泉卫星发射中心又称为“东风航天城”，是中国科学卫星、技术试验卫星和运载火箭的发射试验基地之一，是中国创建最早、规模最大的综合型导弹、卫星发射中心，也是中国目前唯一的载人航天发射场。

在世界的 23 个发射场中，中国酒泉卫星发射中心与苏联拜科努尔发射场、美国肯尼迪航天中心齐名，能够发射载人航天器。

1999 年 11 月 20 日，“神舟”号试验飞船从这里发射升空，拉开了中国载人航天工程的幕布。此后，“神舟二号飞船”“神舟三号飞船”“神舟四号飞船”“神舟五号飞船”“神舟六号飞船”“神舟七号飞船”相继从这里成功发射。

5. 新疆维吾尔自治区

新疆兼有奇特的自然景观，突出的文物古迹和绚丽多彩的民族风情，而且三者紧密结合。新疆多高山，海拔 7 500 米的雪峰冰川有 8 座，是探险、科学考察的最佳选择。吐鲁番盆地底部为中国内陆最低处，海拔－154 米。天山天池为著名高山湖泊，而艾丁湖为中国最低湖泊，其他如火焰山、“魔鬼城”与将军崖的雅丹地貌，都可谓自然奇观。在这样的自然条件下，人类创造了沙漠绿洲、坎儿井等奇迹，古寺、洞窟等上百处，年代多早于中原地区。还有高昌故城、交河故城、楼兰、尼雅等古国遗址及香妃墓等。喀纳斯的美景和传说吸引着无数的好奇者。新疆是中国民族成分最多的地区之一，维吾尔等民族能歌善舞，呈现着鲜明的民族特色。

（1）乌鲁木齐。乌鲁木齐是蒙语优美的牧场的意思。东南有天山环抱，森林连绵，博格达峰高耸入云。西北紧邻准噶尔盆地。有红山、水磨沟、南山牧场、天池等景区。

（2）喀什。喀什是维吾尔语玉石集中地的意思。位于新疆南部，是丝绸之路上著名的旅站和重镇，是南疆第一大城市，具有浓郁的新疆特色和维吾尔民族特色。有不到喀什就等于没到新疆的说法。有香妃墓、艾提尕尔清真寺、大巴札（维吾尔语意为集市。

是亚洲最大的集市）等。

（3）吐鲁番市。吐鲁番维吾尔语有都会之意。位于新疆东部吐鲁番盆地中心，是丝绸之路北道上的重镇，有“火洲”之称。这里有海拔最低的艾丁湖，有著名的火焰山、葡萄沟、坎儿井以及交河故城、高昌故城。

（4）喀纳斯湖。喀纳斯湖是坐落在阿尔泰深山密林中的高山湖泊，喀纳斯蒙古语为“峡谷中的湖”。喀纳斯湖水最深188.4米，面积46万平方公里。四周雪峰耸峙，绿波墨林，湖光山色，美不胜收。这里是中国唯一的南西伯利亚区系动植物分布区，有众多珍贵动植物。区内森林草原相间，河流湖泊众多，自然景观艳丽，具有极高的观光、自然保护、科学考察及历史文化价值。

（5）楼兰古城遗址。楼兰古城遗址位于罗布泊西部，是西域的枢纽，在古代丝绸之路上占有极为重要的地位。内地的茶叶丝绸、西域的宝马、葡萄、珠宝最早都是通过楼兰进行交易的。楼兰王国从公元前176年建国，到公元630年消亡，有800多年历史。这个王国逐渐在世界上消失了，究竟为什么会消亡，至今仍然是个谜。1900年古城遗址被发现，现已成为探险考古的理想去处。

6. 青海省

青海高原湖泊、沼泽较多，各有风韵，又是诸多鸟兽的栖息地，如藏羚羊、黄羊、野驴、棕头鸥、斑头雁、天鹅等不时出没，青海湖鸟岛堪称鸟的天堂；雪山和冰川景色壮丽，古丝绸之路与唐蕃古道经过青海，留下许多遗迹和传说。柴达木盆地有许多盐池，白茫茫一片都是盐碱的世界，还会发现宝石般的盐晶；高原牧场绿草如茵，牛羊成群；阿尼玛卿峰、昆仑山冰封雪锁，可以开展登山旅游，是科考、探险、观光的好项目。青海盛行藏传佛教，湟中是黄教创始人宗喀巴的诞生地。著名的塔尔寺规模宏伟，建筑辉煌，形成独特的宗教艺术，唐卡驰名中外。青海少数民族聚居，有浓郁的民族特色和风情，旅游时可考察和体验各少数民族的传统和习俗。

（1）西宁。西宁是青海省的省会，四面环山，三川汇聚，扼青藏高原的东方门户，西宁是一座高原古城，旅游资源丰富，有清真大寺、塔尔寺、五峰山等。

（2）塔尔寺。塔尔寺与西藏的甘丹、哲蚌、色拉、扎什伦布和甘南的拉卜楞寺并称为我国佛教格鲁派六大寺。是格鲁派创始人宗喀巴诞生的地方。由于寺院规模宏大完整，交通方便，已成为人们游览参观藏传佛教寺院最集中的地方和青海省最主要的旅游胜地。壁画、堆绣、酥油花为塔尔寺的艺术三绝。寺内有各种精美佛教造像和珍贵艺术品。

（3）文成公主庙。文成公主庙坐落在玉树古镇以南，是一座独立的藏式平顶建筑，庙门旁有一块不大的石碑。用古藏文简略地记载修筑文成公主庙的缘由和大体时间。庙宇坐北向南，依山临水，风景宜人。在庙堂正上方的岩壁下有9尊巨幅浮雕佛像。佛像由两只雪狮驮着，呈莲花宝座状。莲花座正中，是一尊高约7.3米的主佛像，即文成公主像。在主佛像的两侧，各有 4 尊约 4 米的侍者佛像立在小莲花座上。浮雕佛像，布局合理，构图新颖；人物造型大方，体态丰满，容貌秀美，形神兼备，立体感很强。

（4）青海湖。青海湖古代称“西海”，蒙语“库库诺尔”，藏语“错温波”，意即“青色的海”“蓝色的海洋”。位于青海省境内。现有面积 4 400 平方公里，是我国最大的咸水湖。四周雪山高耸，绿草如茵。湖中盛产肉嫩鲜美的湟鱼，是我国西北地区最大的天然鱼库。青海湖最诱人的景色是鸟岛奇观，其面积仅 0.8 平方公里，每年五六月份，大量来自我国南方和东南亚等地的斑头雁、棕头鸥、鱼鸥、鸬鹚和黑颈鹤等 10 多种候鸟云集于此，最多可达 10 万只以上，天空中密密麻麻的飞鸟，鸟声鼎沸，地上到处是五颜六色的鸟蛋，形成青海湖一大奇观。

建议：丝绸之路线行程如乘大巴旅游比乘其他交通工具更精彩，可沿途与当地各民族进行交流。

二、中国“香格里拉”线

中国“香格里拉”线以滇藏民族文化和特色景观为内涵，形成从昆明经大理、丽江至迪庆的核心线路，并辐射至四川甘孜及西藏等地，是中国目前热点的旅游线路之一，在海内外市场颇受欢迎。

单元 3

云南地处祖国西南边陲，与缅甸、老挝、越南接壤。是 51 个少数民族的聚居地。云南境内有雄伟壮丽的山川地貌，山林、峰、洞、江河、湖、瀑等景色非常壮观、奇丽。有古老人类遗址、恐龙化石，有 51 个少数民族绚丽多彩的民俗风情，还有路南石林、西双版纳、三江并流、昆明滇池、玉龙雪山、泸沽湖、昆明、大理、丽江等众多的国家重点风景名胜和历史文化名城。

云南是人类的发祥地之一，距今 170 万年前的元谋猿人。揭开了人类历史的序幕，并将祖国历史往前推了 120 万年。如石寨山文化遗址，剑川文化遗址，“滇”王国文化古迹等。云南有 5 座国家级历史文化名城，即昆明、大理、丽江、建水、巍山，有全国重点文物保护单位 24 家。

1. 昆明

昆明以古代昆明族作为地名，沿用至今。是国家首批历史文化名城。有“万紫千红花不谢，冬暖夏凉四时春”的美誉，有春城之称。市内有滇池、西山、筇竹寺、安宁温泉、石林世博园等。石林被称为天下第一奇观，阿诗玛与阿黑爱情的传说从这里流传到全世界。

2. 西双版纳

西双版纳地处滇南，指以景洪为中心的傣族自治州。包括景洪、勐海、勐腊三县，是傣族、汉族、哈尼族的聚居地。是我国重要的热带风光原始森林自然保护区，也是我国动植物科学考察的珍贵基地，又是旅游者猎奇览胜的好地方，其动物种类和数量居全国之冠。名胜古迹有景洪曼飞龙塔、勐海景真八角亭、勐腊葫芦岛热带植物园等。

3. 大理

大理位于云南西部，有“东方瑞士”的美称。大理“下关风、上关花、苍山雪、洱海月”四景各具特色。大理三塔、蝴蝶泉闻名中外，大理古城简称榆城，建于明洪武十五年（1382年），是全国首批历史文化名城，大理古城东临洱海，西枕苍山，城楼雄伟，风光优美。大理城基本保持明清时代风貌，古朴、幽静。城内流淌着清澈的溪水，到处可见古朴的白族传统居民，这里的居民不论贫富，都有在庭院内养花种草的习惯。因此有“家家流水、户户养花”之说。

4. 丽江古城

丽江古城位于云南西北部，又称为大研镇。建于南宋，是以纳西族为主的历史古城镇。木结构的瓦房，古香古色，“家家流水、户户垂柳”，富于小桥、流水、人家的美学韵味，丽江有“东方威尼斯”“高原姑苏”的美称，已列入“世界文化名录”。

5. 香格里拉

香格里拉是迪庆藏族自治州首府，英语为世外桃源之意，迪庆藏语之意为：“朋友，你来了！”距香格里拉县城东南有长江第一湾，有虎跳峡，落差达213米。峡谷之深居世界前列。从德钦县城北上，便是梅里雪山，当地6 000米以上的雪山有13座，称为太子十三峰。主峰卡格博峰，海拔6 740米，称为云南第一峰，是至今仍无人登顶的处女峰。1902年已有四支登山队接连四次攀登，都以失败告终。

从香格里拉回来可以去泸沽湖，当地摩梭人称为“谢纳米”。是“母海”的意思，这里的摩梭人还保留着母系氏族公社的特点。所以也称为“女儿国”。此行程结束后可进入四川省盐源县，再到西昌卫星发射场参观并返回。

三、中国“长江三峡”线

中国“长江三峡”线以峡谷景观、高峡平湖风光大坝景观、历史文化、地域文化为主要吸引物，是中国对外推广的经典线路。

1. 长江

长江发源于中国青藏高原的唐古拉山主峰——格拉丹冬雪峰西南侧冰川。格拉丹冬是藏语“高高尖尖的山峰”之意。大量的冰雪融化形成长江正源——沱沱河。长江自沱沱河开始经青海、西藏、云南、四川、重庆、湖北、湖南、江西、安徽、江苏、上海等11省、市、自治区，注入东海，全长6 300公里，流域面积180万平方公里，是一条名副其实的“长河”，为世界第三大河。

2. 长江三峡

长江三峡是长江中最壮丽的一段。它西起重庆奉节白帝城，东止湖北宜昌南津关，全长193公里，由瞿塘峡、巫峡、西陵峡组成。瞿塘峡长8公里，两壁对耸狭窄，最窄处不足百米，最宽处150米。以雄伟险峻著称。巫峡以巫山得名，长45公里，是三峡中最整齐的峡谷。巫峡以幽深秀丽著称。西陵峡全长76公里，其特点是峡中有峡，滩内含滩，江流回环曲折，以险著称。

三峡线旅游大多数由重庆登船，所以三峡旅游线的第一站是重庆。

（1）重庆市，简称渝。历史上叫恭州。11世纪是巴国首府。地处长江与嘉陵江汇合处。有“山城”“雾都”之称。抗战期间作为陪都，留下很多名人的足迹。有南、北温泉圣地、缙云山风景区。有红岩村、曾家岩、桂园、渣滓洞等。

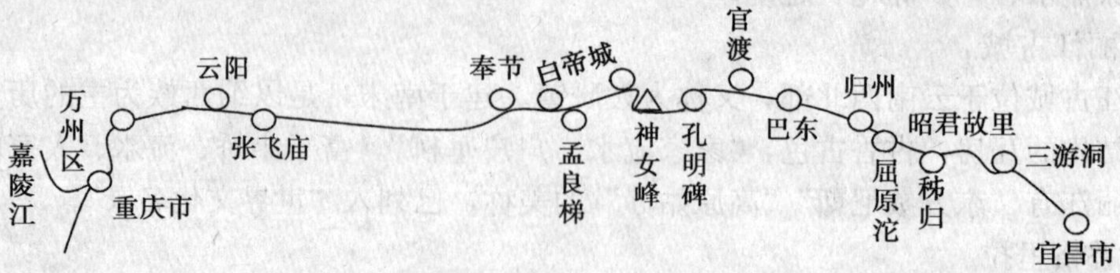

（2）万州区，意为“万川咸汇”之地。有天子城遗址、汉墓群、甘宁墓、剑齿象和大熊猫化石出土遗址、太白岩等。

（3）云阳，是“云安”“阳口”两个地名首字合并而得名，张桓侯张飞庙在云阳城外，并有张飞“头在云阳、身在阆中”之说。

（4）奉节，取“奉皇节度”而得名。瞿塘即在县境内，有白帝城、永安宫、八阵图遗址、诸葛亮点将台等。

（5）巫山县，有著名的巫峡十二峰，为峡中名胜，其中神女峰最奇，宛如少女，亭亭玉立，凝视着过往游客。小三峡在巫山县大宁河，有龙门峡、铁棺峡、滴翠峡，全长50公里。高崖上有战国巴人悬棺。

（6）兴山县，宝坪村是王昭君的家乡。这里有昭君井、昭君台。用昭君井水沏一杯昭君村产的白鹤茶，清香可口，沁人心脾。

（7）秭归县，这里是爱国诗人屈原的故里，相传屈原幼年与姊女婴偕同照影之处，镶有“楚三闾大夫屈原故乡乐平里”。

四、中国“青藏铁路”线

中国“青藏铁路”线是以青藏铁路为依托形成的通往雪域高原的旅游线路，东起青海西宁，西至西藏拉萨，并延伸至西藏其他地区。

1. 西宁

此线的起点是西宁，西宁是青海省首府。在青海省东北部的湟水谷地。西宁有2 000多年的历史，秦汉时称“湟中地”，市区海拔高2 275米。市区名胜古迹有关东清真大寺、北山寺等。市区西南有著名的塔尔寺。藏语称“衮木”，意为十万佛像。是藏

单元 3

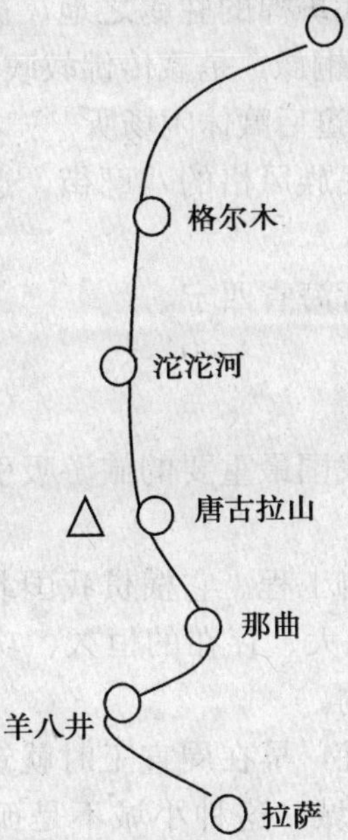

传佛教格鲁派六大寺院之一。西宁正西是青海湖、日月山等名胜。

2. 格尔木

在柴达木盆地南缘，格尔木河畔有“盐湖城”之称，又有“昆仑山下的一颗明珠”的美誉。“格尔木”是蒙古语“河流密集的地方”之意，是古代所指的“羌地”。这里有万丈盐桥、可可西里湖、昆仑山口等旅游胜地。

3. 那曲

“那”是黑色，“曲”是河流。那曲河是怒江上游。这里盛产冬虫夏草。有重点文物保护单位孝登寺。

4. 拉萨

拉萨是一座历史悠久的文化古城。古称卧马塘、清朝喇萨。意为圣地、佛地。有诸多的佛教寺院，最著名的有布达拉宫、大昭寺、小昭寺、哲蚌寺、色拉寺、罗布林卡等。

魅力青藏特色游：

D1. 西宁乘火车→拉萨，入住酒店要休息，适应高原环境。

D2. 参观举世闻名的布达拉宫。这里是7世纪松赞干布迎娶唐文成公主而专门修建的藏族行宫，是世界上海拔最高，保持最完好的古代宫堡式建筑群。

D3. 餐后乘车经西藏第三大圣湖——羊卓雍错，远观卡若拉冰川，红河谷故事发生地——江孜镇。来到“西藏粮仓”海拔3 800米的后藏首府——日喀则。傍晚的后藏格外神秘……

D4. 早上随着钟磬之声迈入历代班禅的驻锡之地，被誉为“吉祥须弥寺”的扎什伦布寺。寺内有世界上最高的镀金强巴铜像，是藏传佛教政教活动中心；游客可前往班禅行宫，瞻仰十世班禅大师灵塔。随后逛逛后藏休闲场所——林卡。下午休息，自由活动。

D5. 返回拉萨，漫步在有浓郁民族风格的八廓街，选购钟爱的藏族特色纪念品。下午可参观罗布林卡、达赖的夏宫。

D6. 上午乘快速列车卧铺返回青海省西宁。

五、中国“万里长城”线

长城是中华文化的象征，也是我国最重要的旅游吸引物之一，东起山海关，西至嘉峪关，跨越东西多个省区市。

长城是我国古代一项雄伟的防御工程。它横贯我国北方，东西相距达一万余里。因此被称为“万里长城”。长城的长和大、存在的恒久、功能的显赫、影响的深远，是世界上任何其他文化遗留所无可比拟的。

由于北方少数民族不时南下骚扰，早在周宣王时就筑城御敌。《诗经》“城彼朔方”中的“城”，就是为了防御而建的小城，这种小城不是孤立的，而是联系的城堡，并配有烽火台，传递军情。在楚国，修建了“方城”，比公元前 551 年出生的孔子还早百年。秦始皇统一全国后，把北方长城连接成一线，成为万里长城。秦以后历代大都加固增修长城，尤其明代时的工程更坚固浩大。现在保存比较完整的就是明长城。

在北京地区有一条很有影响的黄金旅游线路，行内称之为“北承北”，也就是北京一承德一北戴河。该线路包括北京八达岭长城、居庸关长城、司马台长城、古北口长城、山海关长城、老龙头长城入海处、潘家口长城（水下长城）等。是全国旅游线路中在最短时间内看到长城最多、形式最多样的经典线路。可谓北方精彩的旅游线路，尤其夏天更是一条避暑的旅游线路。其行程是：北京一古北口一承德一宽城一迁西一迁安市一卢龙一山海关。全程七天即可，北京三天、承德两天、秦皇岛两天。全程旅游大巴，既经济又方便，沿途景点一览无余。全线可考察八九处长城景区。

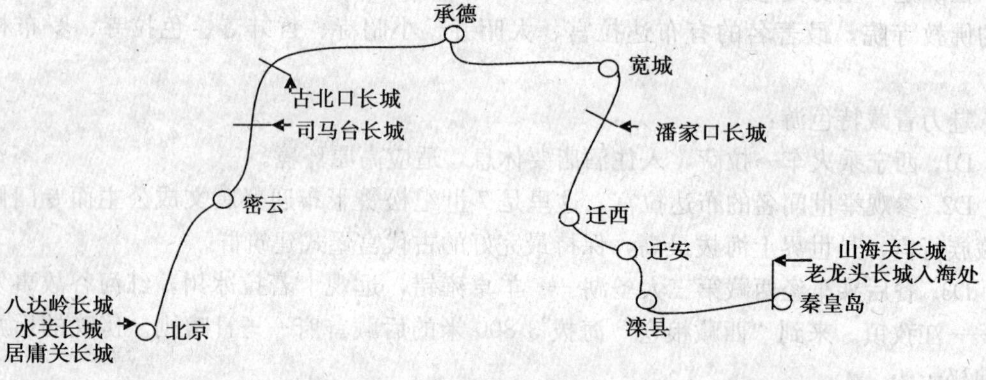

六、中国“京杭大运河”线

中国“京杭大运河”线以京杭大运河历史遗存为内涵，北起北京通州，南至杭州，跨越北京、天津、河北、山东、江苏、浙江六省市，是我国东部贯穿南北的文化旅游线。京杭大运河全长1 794公里，历史上曾直通北京市中心的什刹海，随着水位下降，后来只能到达北京的通州，第二十九届奥运会的圣火在通州运河上进行了传递。今天作为一条黄金旅游线路，可重温许多历史情节。

从北京到天津这段运河叫北运河。天津历史上是运河的重要码头，永乐皇帝未登基前为燕王，常乘船往返于北京、南京之间，天津就有他的御用码头。永乐皇帝登基后把他的专用码头所在地改名为天津。天当天子讲，津当渡口讲，意思是天子的码头。这就是天津名字的来历。要看运河文化，从北京到天津就可以领略许多。

线路（以北运河为例）：运河广场仍有当时大码头，历史遗迹，燃灯塔就是当年运河的航标灯。永丰闸、杨闸都是运河的设施。从北京通州运河广场出发，沿运河到达天津，天津“北仓”就是古运河的粮仓，可到文化街天后宫了解当年繁忙的运河景象及生活运河沿岸的民俗民风。顺运河南行到达杨柳青，这里因著名的杨柳青年画，而被誉为“家家能点染，户户会丹青”，是北方的著名艺术之乡。沿运河南行到达德州市北郊，这里也曾是运河的重要码头。当年苏禄国王巴哈刺乘运河船只北上访问大明王朝首都——北京，受到永乐皇帝朱棣的接见并宴请。他在乘船返回时不幸途中生病，朱棣派御医为他治疗，结果无效，病逝在德州，他的坟墓今天还可以看到，为他守墓的二儿子温哈拉、三儿子安都鲁与当地女子通婚，其后代有温姓、安姓，都是回族。见证了各国人民之间的友好往来。康熙、乾隆多次南巡，也都经过这里。此线路从北京到德州只需四五天。线路可延伸到泰山或更远。

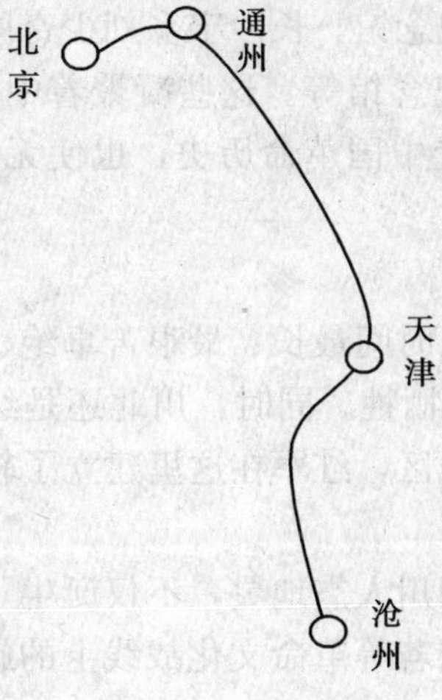

单元 3

七、中国“红军长征”线

中国“红军长征”线是目前我国红色旅游中最受欢迎的旅游线，该线从江西瑞金出发，经江西、湖南、贵州、四川、陕西，直达延安，是我国贯穿东西、连接南北、重点在西部的旅游线。

中国红军长征时期主要路线为：瑞金→遵义→胶平渡→安顺场→泸定桥→雪山草地→毛儿盖→静宁→吴起镇→会宁。

（1）江西

中国“红军长征”线以革命摇篮瑞金为起点，长征是为了保存自己，在运动中消灭敌人，北上抗日，江西既有人民军队的诞生地南昌，又有毛主席创立的革命根据地井冈山。江西还有著名的避暑胜地庐山。革命先辈方志敏也是江西人。红军有一部分革命力量留在江西，这支力量后来就改编为新四军，新四军军部就是在江西建立的。国民党反动派残酷迫害革命力量把革命志士关押在上饶的集中营里。

今天的人们可以亲眼目睹当时革命者所遭受的非人待遇，被关押的恶劣的环境。70多年前兴国一个县就有八万人参加了中国工农红军并参加长征，中国人民解放军总政治部主任肖华上将就是在这里加入红军队伍的。贺子珍同志就是兴国的女红军，并参加了长征。

（2）湖南省

湖南是红色旅游大省。在这块红土地上，拥有革命老区 40 多个、各类红色旅游资源 210 处，其中有遗迹保存、可供开发的红色旅游资源 82 处，全国爱国主义教育示范基地 10 个、省级爱国主义教育基地 59 个。

湖南拥有一大批全国乃至全世界知名的红色旅游景区（点）。如湘潭韶山毛泽东故居、长沙第一师范青年毛泽东纪念馆、长沙宁乡刘少奇同志纪念馆、清水塘中共湘区委员会旧址、湘西湘鄂川黔苏区纪念馆等。这些凝聚着中国共产党光辉事迹的旅游景点，让海外游客真正“零距离”感受中国革命历史，也使无数国内游客深受爱国主义教育，成为永恒的红色经典。

（3）四川省

四川是长征经过地区最广、时间最长、最艰苦卓绝、最可歌可泣的省份，十几万巴蜀儿女参加红军，9 万余人壮烈牺牲。同时，川北还是红四方面军创建的全国第二大革命根据地——川陕苏区的中心地区，红军在这里建立了较为完善的苏维埃政权体系，制定了土地法大纲。

自古就有天府之国美誉的四川人杰地灵，不仅诞生了朱德、邓小平、陈毅等老一辈无产阶级革命家，也孕育了郭沫若等革命文化战线上的旗手，培育了刘伯坚、江竹筠等一大批为革命英勇献身的英烈。

四川历史悠久，文化璀璨，红色文化与雄奇秀美的自然景观、独特的巴蜀文化和绚丽的民族风情有机结合，交相辉映。全省红色旅游将形成“长征丰碑、伟大故里、川陕苏区”三大红色旅游板块、六个红色旅游区、八条精品红色旅游线和三十六个红色旅游经典景区的发展格局。

八、中国“松花江一鸭绿江”线

中国“松花江一鸭绿江”线以东北三省林海雪原、白山黑水、民族文化、边疆风情为内涵，以冰雪旅游、文化旅游、生态旅游、边疆旅游为核心，以大江界河贯穿东北三省。

此线应从丹东市开始经本溪县进入吉林省集安市→长白风景区→延吉市朝鲜族民俗村落，经图们到黑龙江镜泊湖→牡丹江→哈尔滨。

1. 丹东市

丹东位于辽宁省东南部的鸭绿江畔，黄海岸边，与朝鲜民主主义共和国新义州市隔江相望，1988 年，经国务院批准成为沿海开放城市。下辖东港市、凤城市、宽甸满族自治县及振兴、元宝、振安三个城区和一个国家级边境经济合作区。2006 年，被列入辽宁沿海“五点一线”重点发展区域。

丹东依山、临江、面海，景色优美，气候宜人，夏无酷暑，冬无严寒，年平均气温 9℃，素有“北国江南”之美誉，是东北地区最温暖湿润的地方，也是最适合人类居住的城市之一。

丹东生态环境在辽宁省“一枝独秀”，水质优良，林木茂盛、资源丰富，人均占有水量是全国人均水平的 1.5 倍，森林覆盖率达 66%，已发现矿藏资源达 64 种，是中国著名的“硼都”。丹东地热资源丰富，现有地热天然露点 17 处，是东北著名的温泉疗养胜地。

2. 本溪

本溪位于辽宁省中部，是中国优秀旅游城市，是目前全国唯一一座以整个城市命名的国家地质公园。

本溪素有“神奇山水，枫叶之都”的美誉。拥有奇洞、名山、秀水、热泉、枫叶、森林、漂流等丰富的旅游资源 208 处，现已开发 56 处。森林覆盖率达 73%，是绿色天然氧吧，森林储集量位居辽宁省第一。良好的植被和优美的生态环境造就了本溪绚烂多姿的季象景观。每当秋季来临，万山红遍，层林尽染，百里中华枫叶之路多姿多彩。届时举办的中国本溪国际枫叶节吸引了大量中外游客。

3. 新宾满族自治县

努尔哈赤当年起兵时在新宾满族自治县招募了大量的“新兵”，故称“新兵堡”，民国时改为“新宾”，阿拉城遗址是 1616 年努尔哈登基称“可汗”的地方，这里高山峻岭，山清水秀，风景优美，是国家重点文物保护区，在这里可以品尝到满族风味的民族食品。

4. 集安市

集安市有称为中国的“金字塔”的洞沟古墓群，有公元 414 年的“好太王碑”，碑高 6.39 米，四面刻有汉字隶书碑文 1 775 个字，镌刻精湛，笔画遒劲工整，是研究高句丽历史的宝贵资料，也是中国书法宝库中的珍品。2004 年 7 月被列入世界文化遗产名录。“将军坟”是一座雄伟的高句丽王陵，称为“金字塔”，旧县志将其定为高句丽第一代王朱蒙的陵墓，有阶梯可达墓顶，重达几十吨的巨石不知当年是如何运到这里的，至今仍是个“谜”。

5. 长白朝鲜族自治县

长白朝鲜族自治县是努尔哈赤的肇兴地，为保护其发祥地过去被划为禁区，不得涉入。这里有闻名世界的长白山自然保护区，有人参、梅花鹿、紫貂等，偶尔可以见到东北虎的足迹，白头山主峰是长白山天池，深达 300 多米，是中国最大的火山口湖，湖水清澈碧透，群峰倒映水中，岚影波光，风景清幽，近来又有天池水怪之谜，吸引无数游人向往。长白山瀑布落差 68 米，是松花江的第三源头，周围有无数温泉，水温最高达 82℃。到这里旅游吃住在朝鲜族民俗专业户里，可以尽享民居与美餐的快乐。

6. 镜泊湖

镜泊湖东为老爷岭，西为张广才岭，中间为牡丹江河谷盆地，主要山峰有太古顶子、老黑山、西大顶子、光秃山，境内有我国最大的高山堰塞湖——镜泊湖，水深 62 米，长 45 公里，面积 90 平方公里，湖中盛产红尾鲤鱼。有高 20 米、宽 40 米的吊水楼瀑布，是盛夏避暑的胜地。唐代的渤海国都城在这里持续了 160 多年。

7. 哈尔滨

哈尔滨原名阿勒锦，元代转音哈儿宾，清代叫哈拉宾，为女真语荣誉、声望之意。1898 年改称哈尔滨。夏天这里是音乐之城，每年七月在这里举办全国三大音乐节之一的“哈尔滨之夏”音乐会，冬天这里是冰雪的世界，每年元月五日为“哈尔滨冰雪节”，举办冰灯游园会，兆麟公园里的冰雕作品千姿百态、玲珑剔透，令人驻足。离哈尔滨不远的二龙山滑雪场和亚布力滑雪场是开展冰雪运动的良好赛场。这里还有俄罗斯风格的街道和建筑，如著名的索菲亚教堂和俄罗斯风情街，避暑之地太阳岛就在松花江的对岸，市区还有正宗的俄式餐馆，“大列巴”——俄式大面包、欧式香肠——哈尔滨红肠都很有名。

九、中国“黄河文明”线

中国“黄河文明”线以黄河文明为纽带，自西向东连接青海、甘肃、宁夏、陕西、内蒙古、山西、河南、山东八省区，重点是陕西、河南、山西、山东等中原黄河文化旅游区。此线路东西走向很长，从内蒙古自治区包头市开始到山东省东营市为最佳路线。

李白“黄河之水天上来”的夸张艺术是有道理的：黄河从发源地青海省曲麻莱县近5 000米的海拔高度到黄海之滨的垦利，入海途中经过了98个县市，孕育出亿万炎黄子孙和五千年的灿烂文化，不愧为伟大的母亲河。发源地曲麻莱藏语为“高原之舟”的意思，指的是牦牛。

1. 包头

包头蒙古族语为“包克图”，意为有鹿的地方。所以也称为“鹿城”，这里既有黄河，又有中国历史上最古老的一段长城，包头市的市徽就是一只昂首欲奔的雄鹿，这只阳刚的雄鹿真的奔腾起来了，现在的包头已成为钢铁之城。1959年包钢一号炉出铁，周恩来总理曾亲临包钢剪彩。

包头有著名的五当召，蒙语“五当”是柳树，“召”为庙宇。建于清代，汉语名为广觉寺。是内蒙古现存唯一完整的喇嘛寺庙。占地三百余亩，有房舍二千五百余间。这里是宗教传授天文、地理、数学的场所。这里的古长城是赵武灵王为抵御匈奴而修建了130多公里的夯土长城。

2. 偏关

偏关位于山西省，黄土高原北端，黄河在此入晋。偏关居雁门关、宁武关、偏头关之尾，春秋战国偏关称“临胡”，后改称“林湖”，属燕国统辖。偏关县内有历代长城180公里，有营堡29处，台墩226处，遗址尚存完好，历历在目。偏关县东南16公里处，有个叫“石洞洼”的洞穴，洞上刻有“溪洞清幽”四字，进洞30多米，有“清龙池”，全洞长5华里，如入童话世界，是滔滔黄河之滨的一颗明珠，黄河与长城在这里相交。也是内蒙古、陕西、山西临界点，故称鸡鸣三省。

3. 韩城

韩城有四千多年历史，夏商时期称为“龙门”，隋改称“韩城”。这里是伟大的史学家、文学家、思想家司马迁的故乡，明清两朝的进士就有92人。这里古建筑多达146处，如全国著名的魏长城遗址、司马迁祠、文庙学宫、圆觉寺旧址、普照寺等。

4. 潼关

千百年来潼关是兵家必争之地，是有名的古战场，至少有40多次重要战争发生在这里，安禄山、黄巢、李自成都在这里打过大仗。“关门扼九州、飞马不能逾”就是形容其地势险要。潼关县城东的禁沟两岸长30华里，是一条军事要道，黄巢由此攻占潼关，夯筑方型土台12个，是防御性军事堡垒，古称十二连城。潼关则是版筑土墙外包青砖、顺山势筑有垛口。

5. 灵宝县

河南、陕西、山西三角区有一个“鸡叫听三省”的地方——灵宝县，史称秦晋咽喉、中原西门，是个人杰地灵、物华天宝之地。史书记载，黄帝采首山之铜，铸三鼎于

单元 3

荆山之阴，鼎成，崩焉，衣冠葬于此，故叫黄帝陵。传说夸父追日，渴死于此，倒下后化为夸父山，他的手杖化为一片桃林；女娲氏炼石补天，死后葬于县境内黄河滩，名曰“风陵堆”。东周时老子见国势已衰，西渡而去。一日，函谷关令尹喜，见东方紫气腾腾，以为必有真人到此。不久，果见老子骑青牛而至，遂留老子在此写下了中国最早的哲学著作——五千言的《道德经》，典故“紫气东来”即源于此。孟尝君逃至函谷关时值半夜，关法规定鸡鸣方可出关。一门客学鸡鸣，遂引群鸡齐鸣唱，关开而孟尝君出逃而归，这就是成语“鸡鸣狗盗”的来由。

6. 三门峡

三门峡的名字来源于一个古老而神奇的传说。相传大禹治水时，用神斧将阻挡大河的高山劈成了人门、鬼门、神门三道峡谷，滔滔大河得以东流而去，三门峡也因此而得名。1957年万里黄河第一坝——三门峡水利枢纽工程的竣工，崛起了一座新兴的工业旅游城市——三门峡市。

三门峡是华夏文化最重要的发祥地和发展地之一。早在五六十万年以前，勤劳、善良的三门峡人就在这块土地上刀耕火种、繁衍生息，在五六千年前，三门峡就有了较大的氏族部落。

三门峡物华天宝，地上地下资源非常丰富，“黄（黄金）、白（铝矾土）、黑（煤炭）、水（黄河）、果、牧、烟、游”八大资源优势在全省乃至全国都占有重要地位。三门峡黄金储量、产量均居全国第二，灵宝寺河山优质苹果、大王乡优质大枣驰名中外，渑池牛心柿饼、仰韶大杏曾是古代贡品，卢氏的木耳、猴头、核桃、板栗、猕猴桃等山野特产更是全世界推崇的绿色土特产品。卢氏山区是闻名全国的“天然中药库”。

7. 孟津

孟津是中国最古老的县份之一，孟国之渡口孟津也，“八百诸侯会孟津”的历史典故发生于此。自周武王盟诸侯于孟津后，史学家将这里称为“盟津”，将邙山更名“会盟山”，将夷齐兄弟劝谏之处命名“叩马村”，至今这些遗址尚存，仍可驻足黄河，凭吊古人。光武祠，位于陵园西侧，为光武帝的祭祀祠院，面积2万平方米，由阙门、碑廊、二十八宿馆、光武殿等组成，构成一鳞次栉比的汉代建筑群落。光武帝陵为国内少有的陵墓园林，同其他地方皇帝陵寝相比，独具四绝：其一，帝王选陵，特殊一例。历代皇帝选择陵墓葬地，皆是背山面河，以开阔通变之地形，象征其襟怀博大，驾驭万物之志。唯光武帝陵系“枕河蹬山”，一反常规。其二，一园千柏，国内仅有。陵内尚存隋唐植柏1 458株，千章古柏，取植一园，拔地通天，蓊然肃穆。其三，柏体杏质，乔木佳品。陵园古柏为国内少有乔木树种，其木色金黄，质坚性柔，柏体杏香，剖面色美，俗称“杏柏”。其四，汉陵晓烟，奇妙景观。阳春三春，清明前后，逢天朗气清、晨曦初现之时，古柏枝隙间紫烟弥漫，笼罩陵园，状若轻烟，飘似浮云，烟凝云聚，滚腾滴坠，置身园中，如登凌霄，似游仙界。陵内古柏因年代久远，还形成了“苦恋

（楝）柏”“鸟鸣柏”“汉皇仰卧主”等奇特景象。“伏羲时龙马出于孟河，伏羲氏以画八卦造书契”，叫一画开天，历代奉伏羲为“人文之祖”“人根之祖”。

8. 开封

九曲黄河孕育了华夏文明，七朝古都开封就是黄河之滨的璀璨明珠。开封只是个中等城市，却为世界所瞩目。春秋时期，郑庄公在此修筑储粮仓城，定名为“启封”，取“启拓封疆”之义，后避汉景帝刘启之讳改名为开封。战国时期的魏，五代时期的后梁、后晋、后汉、后周，北宋和金均定都于此，素有“七朝都会”之称。尤其是北宋时期，从陈桥兵变到南宋偏安，历经九帝168年，“人口逾百万，货物集南北”，是当时全国的政治、经济、文化中心，也是国际性大都会，有“琪树明霞五凤楼，夷门自古帝王州”“汴京富丽天下无”的美誉。

开封现存著名古建筑有城墙、龙亭、相国寺、禹王台、白衣阁、铁塔、延庆观，开封犹太人胜迹有二百人左右，他们在这里创建了犹太会堂，也称“清真寺”，但与伊斯兰教清真寺不是同样的概念，黄河多次泛滥，开封数次淹没，开封是一座垂直的城市，城下有城，是最能体现黄河文明兴衰变化的古城。

9. 鄄城［鄄（绢）］

黄河飞流直下，一泻千里进入鄄城，在素有“豆腐腰”之称的鄄城蜿蜒曲折达105华里，五帝时代的第四位帝王“尧”的陵墓至今犹存，“尧王虚葬八百墓，唯有真身在谷林”。谷林在县城西南15里处。并有“帝尧陶唐氏墓”碑。生于鄄、阿之间的杰出军事家孙膑，率齐军围魏救赵，智败庞涓，他指挥的著名战役桂陵之战、马陵之战名扬天下，世传其兵法。

10. 东营

黄河含沙量为世界大河之冠，“黄水一石，泥沙八斗”，黄河每年的输沙量高达16亿吨，有12亿吨淤积在入海口，把沧海变为桑田。1938年，蒋介石下令扒开河南花园口大堤夺淮入海，在东营境内行水67年，先后决口，改道44次，当地流传一句话：“小口子年年有，大口子三、六、九。”可见水灾之频繁。治理黄河要有坚固的防洪工程和人防大军，关键在伏秋大讯时降伏龙尾，让黄河的泥沙每年为山东添选近30平方公里的良田，如今已变成“黄河金三角”，成为著名的“百鱼之乡，对虾故乡”。被誉为“金滩地”鲁北豆乡，每年可生产3 500万斤的大豆，仅养虾池就8 000亩。这里有中国早期佛教佛像，广饶县的皆幺寺建于北魏（公元527年），有一浮雕弥勒石佛。在如今的黄河三角洲，还有湿地保护区，各种候鸟（包括天鹅、丹顶鹤等）都在这里落脚繁息。

十、中国“长江中下游”线

中国“长江中下游”线属中国东部地区相当富裕发达，交通非常便利，名胜旅游区很多，有美丽的天堂般的城市苏州、杭州。有经济最发达的上海市，有“黄山归来不看山”的黄山风景胜地。南京、苏州、无锡、上海、杭州、黄山、千岛湖等已成为中国旅游最成熟的线路。南京是历史悠久的古都，宋、齐、梁、陈、太平天国都曾立都于此，六朝古都、十里秦淮吸引着文人墨客，伟大的革命先驱孙中山先生安葬在这里，南京有周恩来的办事处，中国自己建造的“争气桥”——南京长江大桥鼓舞着中国人民的志气。

上海这座年轻的现代化城市从外滩到浦东开发区展示了一百年来的腾飞，从冒险家乐园到东方明珠的艰难历程，历历在目，世博会的即将召开又将使上海更上一层楼。雄伟的黄山、悠久的老街，安徽处处民族文化的深深底蕴。苏州、杭州不仅风景秀美，而且经济已在全国的前列，苏州工业园区是高科技的体现，杭州的宋城、横店是古老文化绽放的新花。

黄山风景区位于安徽省南部黄山市。主峰莲花峰，海拔 1 864 米。泰山之雄伟，华山之险峻，衡山之烟云，庐山之瀑，雁荡山之巧石，峨眉山之清凉，黄山无不兼而有之。明代旅行家、地理学家徐霞客两游黄山，赞叹说：“登黄山天下无山，观止矣！”又留下“五岳归来不看山，黄山归来不看岳”的美誉。更有“天下第一奇山”之称。可以说无峰不石，无石不松，无松不奇，并以奇松、怪石、云海、温泉四绝著称于世。其二湖、三瀑、十六泉、二十四溪相映争辉。春、夏、秋、冬四季景色各异。黄山还兼有“天然动物园和天下植物园”的美称，有植物近 1 500 种，动物 500 多种。黄山气候宜人，是得天独厚的避暑胜地，是国家级风景名胜区和疗养避暑胜地。

“一山飞峙大江边，跃上葱茏四百旋，冷眼向洋看世界，热风吹雨撒江天”。在当前世界经济危机的时候，读毛主席这首诗让人深深体会到“风景这边独好”，让人们更热爱自己的祖国。

十一、中国“京西沪桂广”线

中国“京西沪桂广”线是一条最成功的常规旅游线路，从南到北、从东到西，基本感受到祖国不同区域的民风、地理、气候的差异。从 20 世纪 80 年代中大量台湾同胞回祖国探亲开始，这条线到今天经久不衰，北京、西安是古都，但一个年代远，另一个年代近，看到了不同历史时期的不同文化形式。一个广州、一个北京，一南一北体现了不同气候环境下，人们生活习惯、建筑类型、生产方式的各具特色，甚至可以感到人们思维习惯的不同。上海是一个年轻的大城市，相比而言也看到朝气与速度。这也正符合中国的文化精髓：五行、五方、五色之说，这一条线对于不同区域、种族、身份、年龄的游客都从不同角度了解中国，并打上深深的烙印。

(1) 广州

广州是广东省省会，全省政治、经济和文化中心。广州位于广东省中南部、珠江三角洲北缘。广州濒临南海，邻近香港特别行政区和澳门特别行政区，是中国通往世界的南大门。广州属丘陵地带，地势东北高，西南低，北部和东北部是山区，中部是丘陵、台地，南部是珠江三角洲冲积平原。中国的第三大河——珠江从广州市区穿流而过。广州于2010年举办亚洲体育盛事——第16届亚洲运动会。

1）白云山风景名胜区。位于广州市北部，距市区约17公里，是九连山脉的南延部分，素有“南越第一山”之称。白云山全山面积28平方公里，其最高峰摩星岭海拔382米，是广州市的最高峰。据说每到秋季，常有白云冉冉升起，使山上变成白茫茫的一片，犹如面纱笼罩，因而得名。自古以来，白云山一直是广州的风景胜地。

2）黄埔军校旧址纪念馆。1924年，在国共两党首度携手合作、国民革命风起云涌之际，世纪伟人孙中山先生高瞻远瞩，在广州亲手创办了一文一武两所学堂——国立广东大学（今天的中山大学）和黄埔军校。建校时的正式名称为“中国国民党陆军军官学校”，因其校址设在广州东南的黄埔岛，史称黄埔军校。建立黄埔军校的目的是为国民革命军训练军官，成为北伐的主要军力。

（2）桂林

桂林市地处南岭山系的西南部，平均海拔150米，属典型的“喀斯特”岩溶地貌，遍布全市的石灰岩经亿万年的风化浸蚀，形成了千峰环立、一水抱城、洞奇石美的独特景观，被世人美誉为“桂林山水甲天下”。其中最具有代表性的景点有象鼻山、伏波山、南溪山、尧山、独秀峰、七星岩、芦笛岩、甑皮岩、冠岩、明代王城、榕湖、杉湖等。而漓江山水最精彩的一段则在阳朔境内，桂林其他县区也有数不胜数的美景等着游人前去浏览，龙脊梯田、兴安灵渠、资江漂流都会带来更多的惊喜。

桂林是一座文化古城。两千多年的历史使它具有丰厚的文化底蕴。秦始皇统一中国后，设置桂林郡，开凿灵渠，沟通湘江和漓江。桂林从此便成为南通海域、北达中原的重镇。宋代以后，它一直是广西政治、经济、文化的中心，号称“西南会府”，直到新中国建立，在漫长的岁月里，桂林的奇山秀水吸引着无数的文人墨客，使他们写下了许多脍炙人口的诗篇和文章，刻下了两千余件石刻和壁书，另外，历史还在这里留下了许多古迹遗址。这些独特的人文景观，使桂林得到了“游山如读史，看山如观画”的赞美。

十二、中国“海滨度假”线

中国“滨海度假”线以空中航线、海上航线连贯我国东部沿海度假城市旅游目的地，从北向南包括大连、烟台、威海、青岛、日照、连云港、福州、泉州、厦门、深圳、珠海、海口、三亚、北海等，突出中国滨海度假旅游品牌，引导居民休闲度假。

（1）大连

大连是中国著名的避暑胜地和旅游热点城市，依山傍海，气候宜人，环境优美，适于居住，夏无酷暑，冬无严寒，年平均气温为10℃，年降雨量700毫米左右，无霜期6

个月。大连是中国首批“优秀旅游城市”，不仅有丰富的中国近代人文历史旅游资源，而且有许多风景奇秀的自然旅游资源。南部沿海风景区、旅顺口风景区、金石滩风景区和冰峪风景区是大连四大名胜风景区。每年一度的大连国际服装节、烟花爆竹迎春会、赏槐会、国际马拉松赛等大型活动，融经济、文化、旅游为一体，享誉海内外，给城市发展带来了无限商机和活力。

100年前，一批对法国文化情有独钟的俄国工程师揣着巴黎的城建图样来到这里，希望在这块远东的土地上再造一个“东方巴黎”。由此形成了大连的一大特色——以广场为中心，街道向四面八方辐射。大连的广场特别多，不大的一块地方，只要有四面辐射的街道，就称为广场。全城有80多个广场。大连不仅广场最多，广场文化也同样丰富多彩，绿地、白鸽、雕塑、喷泉等自不用说，还有全国独一无二的女骑警和圆舞曲。

（2）青岛

青岛是奥运会帆船比赛的场地，城市美丽、气候宜人，八大关、栈桥游人必去，崂山是道教圣境，邱处机曾修道于此。崂山矿泉、青岛啤酒、张裕葡萄酒是最佳的佐餐饮品。

八大关景区为开放式景区，八大关景区为德国占领时期所建设规划，并联合欧洲二十几个国家的皇族贵人一起建有风格各异的欧式古建筑群，引种欧洲各种树木，以作为他们的休闲疗养用的皇族园林。配以宁静宽阔的道路，阳春盛夏，花红似火；秋冬季节，霜染枫红，是国内知名的度假胜地。

栈桥公园为开放式景点，是百年青岛的标志，也是青岛最好的观景点之一，栈桥为当年德国占领时期所建的商用码头，历经百年海水冲刷腐蚀而不坏，其建设结构和工艺至今仍叹为观止，新中国成立后成为青岛最主要的游览景观，并在大海一端建造了中式古典的两层塔式建筑——“回澜阁”。

（3）烟台

烟台的名称源于烟台山。明洪武三十一年（公元1398年），为防倭寇侵扰，当地军民于临海北山上设狼烟墩台，也称“烽火台”。发现敌情后，昼则升烟，夜则举火，为报警信号，故简称烟台。烟台山由此得名，烟台市也因此而得名。

烟台旅游资源丰富。这里依山傍海，自然资源独特，有多处国家级森林公园及国家级候鸟自然保护区。这里历史悠久，人文历史资源丰富，新石器时代的白石村遗址，有近代开埠最早的烟台山领事馆基地遗址、人间仙境——蓬莱阁、海上仙山长岛、莱州云峰山魏碑刻石等名胜古迹。优美的自然风光和人文景观，每年吸引了大批中外游客前来观光旅游。

第4单元

出境旅游业务

学习目标

1. 计调（OP）基本概念。
2. 领队（tour conductor）基本概念。
3. 建立客户信息档案库。
4. 业务操作流程。
5. 世界现代旅游业的发展。
6. 中国国际旅游业现状及其特征。
7. 国际旅游经典线路与主要景点。

单元提示

本单元介绍了OP的基本概念、出境旅游业务操作（OP）基础；出境旅游业务操作（OP）规程、相关的法律法规依据，旅游合同书、护照及相关手续，签证及相关手续；世界旅游业格局与发展态势、中国国际旅游的历史进程、世界旅游组织与中国旅游组织；出境旅游经典线路。

第一节　出境旅游业务操作 OP 基础

一、业务基础

1. 关于 OP 的基本概念

OP 是英文"operator"的简称，而出境 OP 计调就是通过各种旅游途径，将游客送抵旅游目的地国家或地区的旅游业务的操作者。依据操作区域和服务项目的区别又可分为不同的种类。

2. 出境计调业务 OP 的操作准备

（1）语言准备。出境 OP 由于受第三国语言的限制，为了更好地达到语言上的沟通和操作上的便利，OP 人员必须熟练掌握旅游目的地国家的语言。

（2）法规法律的准备。由于目的地国家的法律法规与我国有不同之处，掌握和了解该国的法律法规是出境 OP 必备的技能之一。

（3）宗教与风俗习惯准备。世界上很多著名国家及旅游城市之所以吸引游人前往，很大原因是由于其民族风格、风俗习惯及宗教信仰的独特魅力，留在历史长河中的谜团和名胜古迹充满神秘的诱惑。比如泰国的人妖、印度的佛教、埃及的金字塔、南非的好望角、中东的耶路撒冷、欧洲的古堡与风情等。作为出境 OP，熟悉旅游目的地国家的习惯与风俗，对于制定线路、策划产品、介绍线路等将会带来意想不到的效果。

（4）交通连线的准备。说到交通，对出境 OP 来说，泛泛称呼航线为"交"，城市间距离为"通"。利用航线、选择航班、取舍航线成为出境 OP 策划线路的首要技能。利用得好，经济实惠利润高，有市场竞争力；利用得不好，则会造成成本高利润低，在市场竞争中也会处于被动和劣势。

（5）汇率的准备。汇率就是人民币与美元或其他国家（或地区）主要流通货币之间不断变化而产生的比率。汇率变化导致的差额有时是巨大的。

例如，出境 OP 组一个团去境外旅游。在组团时，与对方确定的接待费用为 10 000 元/人，而出行当天，接待国币种升值了 2%，则组团成本明显加大，接待费用变为 10 200元/人，人均多支出 200 元，此时应采取延缓支出以求平衡。当接待国的币种汇率下降了，或人民币升值了，此时应该赶快汇款，这样可以控制支出费用，起到节约成本、扩大利润的目的。反之，出境 OP 接待境外旅游团时也要利用好对己方有益的利率变化。因此，操作出境团或入境团的 OP 平常就应该多关注利率的变化，尤其是接待国或客源国的政策与经济乃至突发事件，这是很重要的。

（6）公共假期的准备。国外的法定假期与旅游季节与我国有所不同，出境 OP 平时应关注时事、新闻，如欧洲国家经常会有罢工行为导致旅游无法接待的情况，OP 在策划线路和制定出团计划时考虑到此方面的因素就不会陷入被动。

（7）信息的准备。随着我国经济的发展、国际地位的提高，很多国家和地区与我国建立开放口岸合作关系，采取许多举措鼓励国人前往他国旅游促进当地旅游业与经济的发展。国人出国旅游往往会通过第三国（地区）中转，比如前往中国香港特别行政区、泰国中转航线。这种信息变化对于一个敏锐的出境 OP 来说是一种机遇，如果及时捕捉用于线路策划上，多有获益。尤其在“机加酒”航空套餐活动中更加明显。在国内我们见到的多是一些针对港澳台或者东南亚航空公司“机加酒”产品，而在中国香港特别行政区则不同。由于香港多年来一直是全球经济贸易中心，很多国家和地区在香港均设有航线及营业处、代理机构，多关注香港以及游客所想去的地区和国家，搜索一下他国的航线，OP 就会有更多收获。

（8）签证出境的准备。签证出境是出境 OP 必须掌握的技能。各国的签证期与手续、方式及收费标准不同，因此作为出境 OP 必须熟练掌握我国以及旅游目的地国家的签证要求和程序。比如去泰国，实行落地签，即游客不需在国内签证、审批，只要持有效护照购买机票，下飞机后在泰国机场航站填表、盖章入签即可。但 OP 勿忘提醒游客，要给泰国航站人员一些小费（随意），否则有可能会延长团队的入境时间。又比如，从 2007 年开始，我国游客去英国旅游实行指纹签证，顺利办理签证后，游客下次再前往旅游，将会简化不少程序。

（9）审核资料的准备。出境 OP 在工作中应该养成平稳的心态。审核游客的资料要严肃认真，马虎不得。护照或者证件有效期必须在半年以上，要有明确的目的地和动机，护照上的填写内容一定不能有涂改；担保书要有依据，中英文对照内容不能潦草随意，一旦粗心造成退签，不但会给旅行社带来不便和损失，还有可能由于 OP 计调的失误导致游客终身无法出国旅游，因此计调在审核时要认真负责，按部就班地规范审核。

（10）正确掌握出入境卡填表的方法。了解并正确填写出入境卡是每个出境 OP 的基本工作准备。主要掌握常用中英文词汇。

以上 10 项 OP 准备工作，对从事出入境 OP 的工作十分重要。

3. 相关证件

（1）护照。护照是一个国家的主管机关发给本国公民出国或在国外居留的一种证明其身份的证件。护照一般分为普通护照和外交部护照，但是，有些国家也颁发团体护照（旅游团、体育代表队、文艺团体及各种专业团体等）。每一个要出国的中国公民，都必须拥有一本合法有效的中国护照。中国护照首页上的正式行文是：“中华人民共和国外交部请各国军政机关对持证人予以通行的便利和必要的协助。”

1）中华人民共和国护照有效期。中华人民共和国护照的有效期一般为 10 年，16 岁以下中国公民的护照有效期为5年。

2）办理护照的机关。办理护照的机关是在本人户籍所在地的公安局出入境管理处。

3）合法性与有效性。合法性是指护照是在国家指定的主管机关办理的而非伪造的。有效性是指不过期的，没有涂改的，属于本人的，有签证印章的（签注）的护照。

4）重要提示

·护照为本人重要身份证件，持证人要妥为保存、使用，不得涂改、转让、故意损毁。任何组织和个人不得非法扣押。

·护照的签发、换发、补发和加注由公安部委托的公安机关出入境管理机构，中国驻外使馆、领馆或外交部委托的其他驻外机构办理。

·本人的护照遗失或被盗，在国内应立即向当地户籍所在地的公安机关出入境管理机构报告，在国外应立即向当地或附近的中国驻外使馆、领馆或外交部委托的其他驻外机构报告。

·短期出国的公民在国外发生护照遗失、被盗等情形，应向驻外使馆、领馆或外交部委托的其他驻外机构申请中华人民共和国旅行证。

（2）签证。签证是一个主权国家国内或驻国外主管机关在本国或外国公民所持的护照或其他旅行证件上的签注、盖印，表明允许其出入本国国境或者经过国境的手续，也可以说是颁发给他们的一项签注式的证明。

1）签证的作用。签证是一个主权国家为维护本国主权、尊严、安全和利益而采取的一项措施。签证是一个主权国家实施出入本国国境管理的一项重要手段。一个国家的公民如果希望到其他国家旅行、定居、商贸、留学等，除必须拥有本人的有效护照或旅行证件外，另一个必备的条件，就是必须获得前往国家的签证。否则，是不可能成行的。

2）签证的种类。签证一般按出入境性质分为出境签证、入境签证、出入境签证、入出境去签证、再入境签证和过境签证六种类别。有的国家（地区）根据申请签证者的入境事由，把颁发的签证分为外交签证、公务签证、移民签证、非移民签证、礼遇签证、旅游观光签证、工作签证、留学签证、商务签证以及家属签证等。

目前，世界上大多数国家的签证分为外交签证、公务（官员）签证和普通签证。我国现行的签证有外交签证、礼遇签证、公务签证和普通签证四种。

3）移民签证和非移民签证。依据申请人的入境目的，签证可分为移民签证和非移民签证。获得移民签证的，是指申请人取得了前往国的永久居留权，在居住一定时期后，可成为该国的合法公民。而非移民签证则可分为商务、劳务、留学、旅游、医疗等几个种类。

4）反签证。是指由邀请方为来访人员在前往国的出境管理部门办好签证批准证明，在连同申请人的护照、申请表格等材料呈递该国驻华使领馆。驻华使领馆凭批准材料，在申请人护照上签证，无须请示国内相关部门。一般来说，获得反签就意味着入境已获得批准，护照送交前往国驻华使馆后也不用等太长的时间。目前实行反签的国家大多是亚洲国家，如日本、韩国、印度尼西亚、马来西亚、新加坡等。

5）口岸签证。是指在前往国的入境口岸办理签证（又称落地签证）。一般来说，办理口岸签证，需要邀请人预先在本国向出入境管理部门提出申请，批准后，将批准证明副本寄给出访人员。后者凭该证明出境，抵达前往国口岸时获得签证。

目前，对外国公民发放口岸签证的国家主要是西亚、东南亚、中东及大洋洲的部分国家。

6）另纸签证。另纸签证也是签证的一种形式，一般签证多是在护照内页上加盖签章或粘贴标签。而另纸签证是在护照以外单独签注在一张专用纸上，它和签注在护照上的签证具有同样作用，但必须和护照同时使用。

7）互免签证。互免签证是随着国际关系和各国旅游事业的不断发展，为便利各国公民之间的友好往来而发展起来的，是根据两国间外交签署的协议，双方公民持有效的本国护照可自由出入对方的国境，而不必办理签证。互免签证有全部互免和部分互免之分。

8）过境签证。当一国公民在国际间旅行，除直接到达目的地外，往往要途经一两个国家才能最终进入目的地国境。这时不仅需要取得前往国家的入境许可，而且还必须取得途经国家的入境许可，这就称为过境签证。关于过境签证的规定，各国不尽相同。不少国家规定，凡取道该国进入第三国的外国人，不论停留时间长短，一律需要办理签证。按照国际惯例，如无特殊限制，一国公民只要持有有效护照和前往国入境签证或联程机票，途经国家均应发给过境签证。

9）什么是ADS签证。ADS（approved destination status）签证的中文解释是“被批准的旅游目的地国家”。加注ADS签证后仅限于在被批准的旅游目的地国家一地旅游，此签证在目的地国家境内不可转签，不可延期。持有这种签证的人必须团进团出。

持中国因私护照的申请者通过一家由中华人民共和国国家旅游管理部门（中国国家旅游局）认可的旅行社申请签证，被认可的旅行社可为参团旅行者申请签证。

10）中国公民申办外国旅游签证的程序。中国公民申办外国签证，无论是委托旅行社代办，还是自己办理，一般都需要经过下面几个程序：

- 递交有效的中国护照。
- 缴验与申请事由相适应的各种文件。
- 填写外国签证申请表格，同时缴付本人照片。
- 同前往国驻华大使馆或领事馆官员会见（有些国家不需要）。

·大使馆或者领事馆，将填妥的各种签证申请表格和必需的证明材料，呈报本国内务部门（审查批准。有少数国家的使领馆有权直接发给签证，但仍须转报国内备案）。

·前往国家的主管部门进行必要的审查后，将审批意见通知驻华使领馆。

·申请者向有关国家的驻华使领馆缴纳签证费用，也有些国家根据互免签证费协议，不收费。

·外国使领馆对送交申请签证的护照一般有以下要求：送交外国驻华使领馆的护照有效期必须在6个月以上；持照人必须在护照上签名。

（3）使领馆

1）大使。是由一国派驻在他国的最高一级的外交代表，全称为特命全权大使。

2）使馆。特指外交使节在所驻国家的办公机关，外交使节是大使的称大使馆，是公使的称公使馆。一般设在一国首都。

3）领事。是指由一国政府派驻外国某一城市或地区的外交官员，主要任务是保护本国及其侨民在该领事区内的法律权利和经济利益，管理侨民事务等。

4）领事馆。指一国政府派驻在他国某城市或某地区的领事代表机关。

领队人员要特别注意，在国外如发生特殊的意外情况，一定要取得使领馆的帮助。这一点非常重要。

4. 边防通行证件及相关手续

在中国的出境旅游范围内，除了到外国的内地旅游之外，还有一个地方就是外国的边境地区，即在位于两国的边境或者两国的交界地区旅游。比如中朝、中越、中缅、中俄、中尼等地区，再比如最早的深圳与香港，珠海的拱北与澳门，就需要有一种区别于护照的证件，往返于边境之间。为了方便边境旅游，中国政府实行了边防通行证制度，这就是我们过去常说的边防通行证，简称“通行证”。随着旅游目的地国或地区的不断开放，护照的作用越来越大，但边防通行证制度至今仍在一些边贸或边界区使用。通常是根据带团队需要，由组团社开具证明，到本人户口所在地的公安局开具证明，办理手续；贴上一张一寸免冠照片，到了边境地区与本人的身份证一起在边境地区使用。这样同样可进出外国的领土范围，从而完成边境旅游或边贸商务活动。

5. 中华人民共和国往来港澳通行证

（1）办理机构。居住在中国内地的居民往来港澳地区，须持有“往来港澳通行证”。证件的办理机关，是本人户籍所在地的公安部委托的公安机关出入境管理机构办理。

（2）签注种类。内地居民前往港澳地区，须申请办理签注（自2008年9月1日起，赴澳门需另办签证），赴港澳签注种类如下：

1）探亲（香港）3个月一次，3个月多次；（澳门）3个月一次，3个月多次。

2）商务（香港）3个月一次，3个月多次；1年多次；（澳门）3个月一次，3个月多次；1年多次。

3）团队旅游（香港）3个月一次，3个月两次，1年一次，1年两次；（澳门）3个月一次，3个月两次，1年一次，1年两次。

4）个人旅游（香港）3个月一次，3个月两次，1年一次，1年两次；（澳门）3个月一次，3个月两次，1年一次，1年两次。

5）其他（香港）3个月一次，3个月两次，1年一次，1年两次；（澳门）3个月一次，3个月两次，1年一次，1年两次。

6）逗留（香港）多次有效，出境有效期根据香港进入许可的期限签发。（澳门）多次有效，出境有效期根据澳门有关部门批准的期限签发。

7）根据2009年4月初公布的最新消息，深圳居民可在2009年4月1日开始办理一年内多次往返港澳的通行证件，从2009年5月1日开始，外省市的人员可以在深圳办理港澳通行证。此举极大方便了外地的旅游者，无疑是对抗击国际金融危机的有力支持。为港澳旅游业的不景气带来生机。

（3）重要提示

·此证件仅限于往来香港、澳门有效。

·此证件仅限签注期内使用。

·此证件不得转借，不得损毁、涂改、转让、冒用。

·此证件遗失，应立即向发证机关报告。

6. 大陆地区居民赴台湾旅游的法规与运作程序

（1）大陆居民往来台湾地区旅游的法律规定。国家旅游局、公安部和国务院台湾事务办公室2006年4月16日联合发布了《大陆居民赴台湾地区旅游管理办法》（以下简称《管理办法》），即第26号令。在《管理办法》的第二条中明确规定："大陆居民赴台湾地区旅游（以下简称赴台湾游），须由指定经营大陆居民赴台旅游业务的旅行社（简称组团社）组织，以团队形式往返。参游人员在台湾期间须集体活动。"这就是说：第一，不是任何一家旅行社都可以组织赴台旅游的，必须经国家旅游局会同有关部门，从已经批准的特许经营出境旅游业务的旅行社范围内指定。除被指定的组团社外，任何单位和个人不得经营大陆居民赴台旅游业务。第二，赴台旅游必须以团队方式旅游，以团队方式往返，旅游活动是以集体的方式进行。

在第十条中明确规定："大陆居民须持有有效'大陆居民往来台湾通行证'及旅游签证（签注字头为L，以下简称签注）赴台旅游。"这就是说，大陆居民赴台旅游必须持有有效的通行证，无证是不能进入台湾地区进行旅游的。

在第十一、十二、十三、十四条中规定："大陆居民赴台旅游须向指定的组团社报名，并向其户口所在地公安机关出入境管理部门申请办理通行证及签注。"所以，申请办理通行证与签注应在自己的户口所在地完成。"赴台旅游团须凭'大陆居民赴台湾地区旅游团名单表’，从大陆对外开放的口岸整团出入境”。这就是说，现在赴台湾旅游出入境是要看名单表的，而且必须是团进团出。“旅游团出境前已确定分团入境大陆的，组团社应事先向有关出入境边防检查总站或省级旅游行政主管部门备案。旅游团成员因紧急情况不能随团入境大陆的……组团社应及时向有关出入境边防检查总站或省级公安边防部门报告”。很显然，一旦团队人员有变化，必须立即报告。“参游人员应按期返回，不得非法滞留。当发生参游人员非法滞留时，组团社须及时向公安机关及旅游行政主管部门报告，并协助做好有关滞留者的遣返和审查工作”。如果发生以上情况领队和组团社，必须及时将情况报告旅游行政部管理部门和公安机关。作为领队人员，必须尽力阻止和极力规劝。

提示：违反规定的旅行社，旅游行政主管部门将根据《旅行社条例》予以处罚。对组团单位和参游人员违反国家其他有关法律、法规的，由有关部门依法予以处理。

（2）大陆组团社与接待社（台湾）必须签订合同。《管理办法》的第六条明确规定，“组团社在开展组织大陆居民赴台旅游业务前，须与接待社签订合同，建立合作关系”。

（3）配额制管理。配额制管理是旅游行政管理机关对旅游业务的一种政策性规定，第五条作了明确规定：“大陆居民赴台旅游实行配额管理”。也就是说每一个组团社的组团名额，是由国家旅游局会同有关部门确认后，下达给组团社的，也就是现在的赴台游是有计划、有步骤、有控量地进行，组团社是特批的，赴台游业务是具有垄断性，而不是完全开放的市场竞争性的运作方式。

（4）选派专职赴台领队人员（简称台领）。《管理办法》特别规定：“组团社须为每个团队选派领队。领队经培训、考核合格后，由地方旅游局向国家旅游局申领赴台领队证。组团社须要求接待社全程陪同”。

（5）被禁止的旅游活动项目。“组团社要求接待社不得引导和组织参游人员参与涉及赌博、色情、毒品等内容的活动”。

（6）北京首批赴台组团资格旅行社名单。主要包括中国国际旅行社总社、中国旅行社总社、中国青年旅行社、港中旅国际、中国康辉旅行社、神舟国旅、中国妇女旅行社、海峡旅行社、北京台湾会馆旅行社、中信旅行社、中国民间国际旅游公司。

（7）赴台湾旅游领队人员的基本条件

1）爱祖国，遵纪守法，掌握相关政策。

2）已于经指定经营赴台旅游业务的旅行社（组团社）签订了正式劳动合同。

3）已取得导游证。

（8）赴台旅游领队人员的主要职责

1）遵守《管理办法》的相关规定，维护大陆赴台旅游者（简称旅游者）的合法权益。

2）协同接待社实施旅游行程计划，协助处理旅游行程中的突发事件及其他事宜。

3）对旅游过程中，可能危及旅游者人身、财物等方面的安全问题，应及时向旅游者做出明确告知或提出劝导，并采取有效措施防止事故的发生；如遇到特殊问题，应及时向组团社报告，对游客不文明的言行举止，应予以提醒和劝阻。

4）不得诱导和组织旅游者参与涉及色情、赌博和有损两岸关系的活动，也不得为旅游者参与上述活动提供便利条件。

5）不得与接待社、导游及为旅游者提供商品或者服务的其他经营者串通欺骗、胁迫旅游者消费，不得向接待社、导游及其他为旅游者提供商品或服务的经营者索要回扣、提成或者收受其财物。违反了上述的规定，参照《出国领队人员管理办法》办理。

（9）国际航空。我们的旅游团在国际旅游活动中，选用最多的交通工具就是民用航空器。作为经营国际旅游业务的操作师，必须了解和掌握相关的航空知识，熟悉航空运输规则，特别是其中具有法律效力的航空规定，才能在经营中不出错误，或者是少出错误。尽管现在已经开始实行了电子机票，但是基本的理论与规则依然有效力，电子票只是换了一个方式，取消了纸制机票而已。

1）特殊情况下的服务与费用

①由于机务维护、航班调配、商务、机组等原因，造成航班在始发地延误或取消，承运人应当向旅客提供餐食、住宿等服务。

②由于天气、突发事件、空中交通管制、安检以及旅客等非承运人原因，造成航班在始发地延误或取消，承运人应协助旅客安排餐食和住宿，费用可由旅客自理。

2）《统一国际航空运输某些规则的公约》中的有关概念

①公约。是指根据合同规定适用于该项运输的1929年10月12日在华沙签订的《统一国际航空运输某些规则的公约》和《修改1929年10月12日在华沙签订的统一国际航空运输某些规则的公约的协定书》。

②承运人。是指包括填开客票的航空承运人和承运或者约定承运该客票上所载明旅客及其行李的所有航空承运人。

③承运人规定。是指承运人为对旅客及其行李的运输进行管理、依法制定而公布的并于填开客票之日起有效的规定，包括有效的适用票价。什么是“授权代理人”？是指被承运人指定并代表该承运人，为其航班并经授权后为其他航空承运人的航班销售航空旅客运输的旅客销售代理人。

④旅客。是指除机组成员以外经承运人同意在航空器上载运或者已经载运的任何人。

⑤客票。是指由承运人或者承运人填开的被称为“客票及行李票”的凭证，包括运输合同条件、声明、乘机联和旅客联。

⑥连读客票。是指填开的客票与另一本客票连在一起，共同构成一个单一运输合同的客票。

⑦旅客联。是指客票中标明“旅客联”的部分，并始终由旅客持有。

⑧乘机联。是指客票中标明“运输有效”的部分，表示该乘机联适用于指定的两个地点之间的运输。

⑨日。是指日历日，包括每周的七日。但给旅客发通知时，通知发出日不计算在内；确定客票有效期限时，客票填开日和航班飞行开始日，均不计算在内。

⑩行李。是指旅客在旅行中为了穿着、使用、舒适或者便利而携带的必要或者适量的物品和其他个人财务。除另有规定外，包括旅客的托运行李和非托运行李。

⑪托运行李。是指已经填开行李票并由旅客交承运人负责照管的行李。

⑫非托运行李。是指除旅客托运行李以外的由旅客自行照管的行李。

⑬行李牌识别联。是指由承运人专为识别托运行李发给旅客的凭据。

⑭约定经停地点。是指出发地和目的地以外，在客票或者承运人的班期时刻表内列明作为旅客旅行路线上预定经停的地点。

⑮中途分程。是指经承运人事先同意，旅客在出发地和目的地之间旅行时由旅客有意安排在某个地点的旅程间断。

3）客票。客票不得涂改，涂改后的客票无效。

①因下列原因之一，造成旅客未能在客票有效期内旅行的，承运人应当按规定延长旅客的客票有效期：

承运人取消旅客已订妥座位的航班。

承运人未在航班经停地点降停，而该经停地点是旅客的出发地点、目的地点或者中途分程地点。

承运人未合理地按照班期时刻进行航班飞行。

承运人造成旅客错失衔接航班。

承运人替换了不同的座位等级。

承运人未提供事先已确定的座位。

②旅客订座时，由于承运人未提供该航班座位，使持有正常票价的旅客不能在客票有效期内旅行，承运人应当按规定延长该旅客的客票有效期。

③旅客在旅途中患病，不能如期完成预定旅行时，承运人应当按规定延长该旅客及其陪同人员的客票有效期。

旅客在旅途中死亡，承运人应当按规定延长该旅客陪同人员的客票有效期。

④客票全部、部分遗失或残损以及旅客出示的客票未包括所有未使用的乘机联和旅客联，出票承运人或其授权代理人可在旅客提供该航班的有效客票确已填开的满意证明后，在不违反原客票价格限制条件的前提下，为该旅客填开新客票以代替原客票或部分

客票。

4）票价和费用

①票价只适用于从出发地机场至目的地机场的航空运输，不包括机场与机场或者机场与市区之间的地面运输。

②适用票价是承运人公布的票价、无公布标价的为承运人规定的组织票价。适用票价是客票第一张乘机联上的航班运输开始之日有效的票价。

③政府或者其他有关当局或者机场经营人，因向旅客提供服务设施按规定征收的税款或者收取的费用，均不包括在适用票价之内。该项税款或者费用，应当由旅客支付。

④旅客应当使用承运人可以接受的货币支付票价和费用。支付的货币不是公布票价的货币时，应当按承运人规定的兑换率换算后支付。

5）关于机票订座

①旅客应当按照承运人规定的手续订座，并在承运人规定的购票时限内交付票款。在承运人或者其授权代理人为旅客填开客票，并将该订座列入客票有关乘机联后，方能认为座位已经定妥和有效。旅客未在承运人规定的购票时限内交付票款，承运人有权取消该旅客所订座位。

②旅客持未订妥座位的全部或者部分乘机联客票要求订座，或者持有已订妥座位的全部或者部分乘机联的客票要求更改订座的，无权要求优先订座。

对非自愿改变航程的旅客，承运人应当在情况许可时，给予优先订座。

③旅客未按照承运人规定使用已订妥的座位，也未通知承运人的，承运人可以取消旅客所有已经订妥的续程和回程座位，并可向未使用已订妥座位的旅客收取服务费。

旅客更改或者取消订座，应当在承运人规定的时限内提出。票价附有条件，旅客更改或者取消订座，应当符合该条件的规定。

6）关于乘机

①旅客应当在航班始发前充足的时间内到达承运人的乘机登记处，以便办妥所有政府规定的手续和乘机手续。

旅客未及时到达承运人的乘机登记处、未出示适当的凭证、未做好旅行准备，承运人可取消该旅客预订的座位，而不延误航班。

对因旅客违反本条规定所造成的损失，承运人不承担责任。

②旅客未出示根据承运人规定填开的并包括所乘航班的乘机联和所有其他未使用的乘机联和旅客联的有效客票，旅客出示残缺客票、出示非承运人或者其授权代理人更改的客票，承运人有权拒绝其乘机。

7）关于行李

①用于狩猎和体育运动的枪支和弹药，可凭枪支运输许可证或者国务院体育行政部

门的批准证明作为托运行李运输，但不得作为非托运行李带入客舱。枪支必须卸下子弹和扣上保险并妥善包装。弹药的运输应当按危险物品运输的有关规定办理。

②属于古董或者旅游纪念品的剑、刀及类似物品，只能作为托运行李运输并符合有关规定。

③因旅客行李内装物品造成旅客本人伤害和其行李损失的，承运人不承担责任。因旅客行李内装物品对他人造成伤害或对他人物品和承运人财产造成损失的，该旅客应当赔偿承运人的损失和由此支付的费用。

④承运人为了运输安全，可以按规定程序对旅客行李进行检查；必须时可由有关部门进行检查。对拒绝接受行李检查的，承运人有权拒绝运输该旅客的行李。

⑤逾重行李是指超过计重或者计件免费行李额的部分。

逾重行李应当按照规定交纳逾重行李费，并由承运人填开逾重行李票后运输。

逾重行李费率和计算方法，按承运人规定办理。

⑥承运人依据其规定向旅客提供行李声明价值服务。旅客可对其超过承运人赔偿责任限额的托运行李办理声明价值，并支付声明价值附加费。承运人可以规定每位旅客托运行李声明价值的最高限额。

⑦托运行李的部分运输由不提供行李声明价值服务的其他承运人承担，承运人有权拒绝提供托运行李的声明价值服务。

旅客携带的小动物，不予办理声明价值服务。

旅客行李的声明价值超过承运人规定限额的，承运人可拒绝收运。

8）托运行李应当符合下列要求

①旅客托运行李，必须凭有效的“客票及行李票”。

②旅客应当在承运人指定的地点和时间内办理行李托运手续。

③承运人将旅客托运行李和非托运行李的重量和件数填入“客票及行李票”的有关部分后，即视为已填开行李票。承运人应当对每件托运行李拴挂行李牌，并将行李牌识别联交给旅客，作为旅客认领行李的依据。

④托运行李重量和体积不得超过承运人规定，超过规定的托运行李应当事先经承运人同意。

⑤旅客的托运行李应当与旅客同机运输。确实不能同机运输的，承运人应当向旅客说明，在确保安全的情况下安排在后续航班上运输。

9）班期时刻和航班取消及变更

①承运人应当采取一切必要的措施，按照公布在旅行之日有效的航班时刻，合理地运送旅客及其行李，并按“客票及行李票”上的合同条件办理。

除非损失是由承运人的故意或者明知可能造成损失而轻率地作为或者不作为所造成的，否则承运人对班期时刻表或者其他公布的航班时刻中的差错或者遗漏不承担责任。

对其受雇人、代理人或者承运人的代表就始发或者到达时间、日期或者任何航班飞行所作的解释也不承担责任。

②有下列情况之一的，承运人可以不经事先通知，取消、中断、变更、延期或者推迟航班飞行：

· 为了遵守中华人民共和国或者运输过程中有关国家的法律及其他有关规定。

· 为了保证飞行安全。

· 承运人无法控制或者不能预见的其他原因。

③承运人未按照运输合同提供运输或者旅客自愿改变其旅行计划，承运人可以按本章和承运人的有关规定为旅客未使用的客票办理退款。

④承运人有权向客票上载明姓名的旅客本人办理退款。

客票上载明的旅客不是客票的付款人，并在客票上载明退票限制条件的，承运人应当按照载明的退票限制条件将票款退给付款人或者其指定人。

申请退票人不是客票上载明姓名的旅客的身份证明和退票授权书。

⑤在客票有效期期满后，申请退票又超过承运人规定时限的，承运人可以拒绝办理退款。提供给承运人或者政府工作人员作为离境证明的客票，承运人不予退款。旅客获得该国停留许可或者改乘其他承运人航班和其他交通工具离境的，承运人应当取得满意的证明后，为旅客办理退款。

⑥旅客要求退票应当在原购票地点或者经承运人同意的其他地点，由原填开客票的承运人或者其授权代理人办理。

旅客要求退票，必须符合原购票地点和退票地点国家的法律及其他有关规定。承运人可以按原收取票款的货币退款，也可按承运人规定的其他货币退款。

⑦旅客遗失客票要求退票，应当在承运人规定的时限内，在该遗失客票未被他人冒用和冒退前提出，并应当提供承运人认为满意的证明、填写遗失客票退款申请书、声明同意赔偿由此给承运人造成的损失，经承运人同意后方可办理。

10）航空器上的行为

①旅客不得在航空器上使用便携式收音机、电子游戏机和包括无线电操纵的玩具及对讲机在内的发射装置。除了便携式录放机、助听器和心脏起搏器以外，未经承运人允许，旅客不得在航空器上使用任何其他电子设备。

②旅客应当出具有关国家的法律、规定所要求的所有出入境、健康和其他证件，承运人对违反法律、规定或者证件不符合要求的旅客，可以拒绝承运。

③旅客未遵守有关国家的法律、规定或者未出具所要求的证件而使承运人承担垫付罚金和负担支出时，旅客应当偿还承运人已付的款额。

④旅客被拒绝过境和入境，承运人应当按政府的命令将旅客运回其出发地点或者其他地点，旅客应当支付适用的票价。用于运送至拒绝入境地点或者遣返地点的客票，承

运人不予办理退款。

⑤海关和其他政府官员需要检查旅客的行李，旅客应当到场。旅客不到场遭受的任何损失，承运人不承担责任。

11）国际机票。出境旅游的国际机票一般为回程票或是联程票，正常的机票有效期为一年。但值得特别注意的是旅游团的机票是团体票，优惠票、折扣票，因此，它没有一年的有效期，而且不能签转，不能退票。

①航班公司缩写代码及航班号。常用的航班公司缩写有：日本航空公司—JL；法国航空公司—AF；英国航空公司—BA；泛美航空公司—PA。航班号用航空公司的两个英文字母和三个阿拉伯数字来表示，例如：CA981，“CA”代表中国国际航空公司，“981”的“9”表示是国际航班，“8”表示中美航线，“1”表示飞往美国的第一个航班。

②航班起止点。依照国际惯例，在国际航空运输中，通常采用世界各大城市和机场英文缩写的前三个字母为该城市的代号，表示航班或航线的起止点。例如从北京—巴黎，即 PEK—PAR。

③等级客舱与餐饮供应。在国际航空运输中，通常用英文字母表示客舱等级，例如：

F＝头等舱

C＝公务舱

Y＝普通舱

K＝经济舱

在国际航空运输中，通常用符号表示餐饮供应，例如刀叉图案，是表示在该航段飞行期间供应正餐，如果是杯碟图案则表示该航段在飞行期间供应早餐或点心。

④燃油附加费。中国的民用航空在走向市场经济后，2006 年开始增收燃油附加费，在国内航线上的收费，一般的情况下，航程在 800 公里以下的增收燃油附加费 50 元人民币，800 公里以上的为 80 元。燃油附加费和机场建设费均含在机票中。

⑤机场建设费。按照国际惯例，任何国家的机场都会有税收。中国机场自改革开放后收取机场建设费，实际上就是机场税。每个地方的机场都设专门的柜台，用机票去买，柜台开具收据，没有买建设费的不准上飞机；如不慎将票据丢失，还要去补，非常麻烦。现已改为将建设费包含在机票的价格内，乘坐国际航线的班机为人民币 90 元，乘坐国内航线的班机为人民币 50 元。

12）旅行游览车

①出境旅游除了在极个别的时间与地点选择用轨道交通以外，绝大部分均采用游览车的方式，因为它特别方便和快捷，是每家旅行社首选的、最主要的交通工具。如果是水上旅游的轮渡或者是游轮，则另当别论。

②游览车是旅游团的主要交通工具。游客的绝大部分时间是在游览车上度过的。在

某种意义上说，没有游览车就等于没有旅游。游览车承载着全团游客，关系到游客生命的安危。虽然说驾驶车辆的不是导游人员，但是，带领这支团队的，向司机人员发出开车指示，指出行车方向的是导游人员。因此，行车安全的把握，绝非是司机一人的事情。因此，在落实计划、安排项目、下达出发时间等各方面，都要留有余地，不要赶行程，游客的安全重于泰山。

③在欧洲，司机的驾车时间是有严格规定的，超时驾驶属于违法行为。

④要提示相关旅游目的地国家的接待社，一定要选派信誉好的、专业运营的汽车公司。

⑤注意车的质量，过于老旧的车辆是有危险的。

⑥严格把关，杜绝疲劳驾驶、严禁酒后驾车。

二、相关旅游法规

1. 合法申办出境旅游组团社

（1）这里所说的出境组团社，是指经国务院旅游行政管理部门批准，依法取得出境旅游经营资格的旅行社。是经过合法注册的旅行社。而不是非法经营单位。

（2）依照2009年5月1日开始实施的最新版的《旅行社条例》（以下简称《条例》），其中的第13条明确规定，“经营国内旅游业务和入境旅游业务的旅行社，应当存入质量保证金20万元；经营出境旅游业的旅行社，应当增存质量保证金120万元”。第14条明确规定，“旅行社每设立一个经营国内旅游业务和入境旅游业务的分社，应当向质量保证金账户增存5万元；每设立一个经营出境旅游业务的分社，应当向其质量保证金账户增存30万元”。

（3）申请经营出境旅游业务的，应当向国务院旅游行政主管部门或者其委托的省、自治区、直辖市旅游行政管理部门提出申请，受理申请的旅游行政管理部门应当自受理申请之日起20个工作日内做出许可或者不予许可的决定。予以许可的，向申请人换发旅行社业务经营许可证，旅行社应当持换发的旅行社业务经营许可证到工商行政管理部门办理变更登记；不予许可的，书面通知申请人并说明理由。

2. 关于出境旅游的法规与规则

（1）对导游人员的行为规定。《条例》第33条明确规定：“旅行社及其委派的导游人员和领队人员不得有下列行为：拒绝履行旅游合同约定的义务；非因不可抗力改变旅游合同安排的行程；欺骗、胁迫旅游者购物或者参加需要另行付费的游览项目。”

（2）明确安全警示。《条例》第39条明确规定，旅行社对可能危及旅行者人身、财产安全的事项，应当向旅游者作出真实的说明和明确的警示，并采取防止危害发生的必要措施。

单元 4

发生危及旅行者人身安全的情形的，旅行社及其委派的导游人员、领队人员应当采取必要的处置措施并及时报告旅游行政部门；在境外发生的，要及时报告中华人民共和国驻该国使领馆、相关驻外机构、当地警方。

3. 相关的法律责任

（1）对非法滞留者的处理规定。《条例》第 40 条明确规定，旅游者在境外滞留不归的，旅行社委派的领队人员应当及时向旅行社和中华人民共和国驻该国使领馆、相关驻外机构报告。旅行社接到报告后应当及时向旅游行政管理部门和公安机关报告，并协助提供非法滞留者的信息。

旅行社接待入境如有发生旅游者非法滞留我国境内的，应当及时向旅游行政管理部门、公安机关和外事部门报告，并协助提供非法滞留者的信息。

（2）对超范围经营的处罚。《条例》第 46 条明确规定：“违反本条例的规定，有下列情形之一的，由旅游行政管理部门或者工商行政管理部门责令改正，没收违法所得，违法所得 10 万元以上的，并处违法所得 1 倍以上 5 倍以下的罚款；违法所得不足 10 万元或者没有违法所得的，并处 10 万元以上 50 万元以下的罚款：

· 未取得相应旅行社业务经营许可，经营国内旅游业务、入境旅游业务、出境旅游业务的。

· 分社的经营范围超出设立分社的旅行社的管理范围的。

· 旅行社服务网点从事招徕、咨询以外的活动的。”

（3）对安排违禁活动的处罚。《条例》第 52 条明确规定：“违反本条例的规定，旅行社为旅游者安排或者介绍的旅游活动含有违反有关法律、法规规定的内容的，由旅游行政管理部门责令改正，没收违法所得，并处 2 万元以上 10 万元以下的罚款；情节严重的，吊销旅行社业务经营许可证。”

（4）对未签署旅游合同的处罚。《条例》第 55 条明确规定：“违反本条例的规定，旅行社有下列情形之一的，由旅游行政管理部门责令改正，处 2 万元以上 10 万元以下的罚款；情节严重的，责令停业整顿 1 个月至 3 个月；未与旅游者签订旅游合同；与旅游者签订的旅游合同未载明本条例第 28 条规定的事项；未取得旅游者同意，将旅游业务委托给其他旅行社；将旅游业务委托给不具有相应资质的旅行社；未与接受委托的旅行社就接待旅游者的事宜签订委托合同。”

（5）对不派遣领队行为的处罚。《条例》第 56 条明确规定：“违反本条例的规定，旅行社组织中国内地居民出境旅游，不为旅游团队安排领队全程陪同的，由旅游行政管理部门责令改正，处 1 万元以上 5 万元以下的罚款；拒不改正的，责令停业整顿 1 个月至 3 个月。”

（6）对未持有领队证行为的处罚。《条例》第 57 条明确规定：“违反本条例的规定，旅行社委派的导游人员和领队人员未持有国家规定的导游证或者领队证的，由旅游行政管理部门责令改正，对旅行社处 2 万元以上 10 万元以下的罚款。”

（7）对违反旅游合同行为的处罚。《条例》第 59 条明确规定，违反本条例的规定，有下列情形之一的，对旅行社，由旅游行政管理部门或者工商行政管理部门责令改正，处 10 万元以上 50 万元以下的罚款，对导游人员、领队人员，由旅游行政管理部门责令改正，处 1 万元以上 5 万元以下的罚款，情节严重的，吊销旅行社业务经营许可证、导游证或者领队证：

·拒不履行旅游合同约定的义务的。

·非因不可抗力改变旅游合同安排的行程的。

·欺骗、胁迫旅游者购物或者参加需要另行付费的游览项目的。

（8）对特殊情况未采取措施的处罚。《条例》第 63 条明确规定，违反本条例的规定，旅行社及其委派的导游人员、领队人员有下列情节之一的，由旅游行政管理部门责令改正，对旅行社处 2 万元以上 10 万元以下的罚款，对导游人员、领队人员处 4 000 元以上 2 万元以下的罚款；情节严重的，责令旅行社停业整顿 1 个月至 3 个月，或者吊销旅行社业务经营许可证、导游证、领队证：

·发生危及旅游者人身安全的情形，未采取必要的处置措施并及时报告的。

·旅行社组织出境旅游的旅游者非法滞留境外，旅行社未及时报告并协助提供非法滞留者信息的。

·旅行社接待入境旅游的旅游者非法滞留境内，旅行社未及时报告并协助提供非法滞留者信息的。

4. 建立出境旅游服务质量管理体系

组团社应建立出境旅游服务质量管理体系，建立健全出境旅游服务质量检查机构和监督机制，依据国家旅游局的有关规定及服务标准，对出境旅游服务进行监督检查。

（1）旅游行政管理部门依据本标准检查组团社出境旅游服务质量，受理旅游者对出境旅游服务质量的投诉。

服务质量的监督，通过“旅游服务质量评价表”及其他方式认真听取旅游者的合理建议和意见，对收集到的旅游者反馈信息进行统计分析，了解旅游者对组团社出境旅游服务的满意度。

（2）服务质量的改进。根据旅游者的满意度对存在的质量问题进行分析，确定出现质量问题的原因。针对出现质量问题的原因采取有效措施，防止类似问题再次发生，达到出境旅游服务质量的持续改进。

（3）出境组团社应根据其承诺或约定以及旅游线路或经评审的旅游者要求，与有关交通运输，移民机关，接团社等有关部门或单位落实团队计划的各项安排，确保准确无误。

(4) 在落实团队计划过程中发现任何不适用的旅游者物品资料，应及时通知旅游者更换。

组团社应有境外接待社落实计划的确认信息，并保留其书面记录。

5. 签署旅游合同

对于有国际旅游业务操作来说，以下两项合同是至关重要的，必须认真地研究、理解和掌握。现在的合同均为国家旅游局统一制作的标准合同文本。

(1) 出境旅行社之间的业务合作经营合同。

(2) 出境旅行社与出境旅游者之间的旅游合同。

三、旅游安全机制及保险知识

1. 有关旅行社投保的责任险

(1) 旅行社责任险具有强制性。在《旅行社投保旅行社责任保险规定》(以下简称《规定》)这项具有法律效力的第二条中明确规定“旅行社从事旅游业经营活动，必须投保旅行社责任保险”。《规定》是在2001年9月1日发布的，它是为了保障旅游者和旅行社的合法权益，促进旅游业的健康发展，根据《旅行社管理条例》和《中华人民共和国保险法》的有关规定，特别制定的一个具有法律效力的法规文件，任何申办注册旅行社的个人或企业必须投保责任险，这是带有强制性的规定，否则，是不允许经营旅游业务的。凡是在中华人民共和国境内的旅行社，投保旅行社责任保险时，应当遵守《规定》，一律概莫能外。

(2) 保险公司必须承担的责任。我们所说的旅行社责任保险，是指旅行社根据保险合同的约定，向保险公司支付保险费，保险公司对旅行社在从事旅游业务经营活动中，致使旅游者人身、财产遭受损害应由旅行社承担的责任，承担赔偿保险金责任的行为。这就明确了只要旅行社向保险公司投了保，保险公司就必须对旅行社经营活动中出现的损害负责任。这就是谁投保，谁受益。

(3) 旅行社责任保险的投保范围。旅行社应当对旅行社依法承担的下列责任投保旅行社责任保险：

1) 旅游者人身伤亡赔偿责任。

2) 旅游者因治疗支出的交通，医药费赔偿责任。

3) 旅游者死亡处理和遗体遣返费用赔偿责任。

4) 对旅游者必要的施救费用，包括必要时近亲属探望需支出的合理的交通、食宿费用，随行未成年人的送返费用，旅行社人员和医护人员前往处理的交通、食宿费用，行程延迟需支出的合理费用等赔偿责任。

5) 旅游者行李物品的丢失、损坏或被盗所引起的赔偿责任。

6) 由于旅行社责任争议引起的诉讼费用。

7）旅行社与保险公司约定的其他赔偿责任。

（4）不属于旅行社责任险承担的责任

1）旅游者参加旅行社组织的旅游活动，应保证自身身体条件能够完成旅游活动。旅游者在旅游行程中，由于自身疾病引起的各种损失和损害，旅行社不承担赔偿责任。

2）旅游者参加旅行社组织的旅游活动，应当服从导游或领队的安排，在行程中注意保护自身和随行未成年人的安全，妥善保管所携带的行李物品。由于旅游者个人过错导致的人身伤亡和财产损失，以及由此导致需要支出的各种费用，旅行社不承担赔偿责任。

3）旅游者在自行终止旅行社安排的旅游行程后，或在不参加双方约定的活动的时间内，发生的人身、财产损害，旅行社不承担赔偿责任。

2. 保险期限和保险金额

（1）保险期。旅行社责任保险的保险期限为一年。

（2）保险金额

1）国内旅游每人责任赔偿限额人民币 8 万元，入境旅游、出境旅游每人责任赔偿限额人民币 16 万元。

2）国内旅行社每次事故和每年累计责任赔偿限额人民币 200 万元，国际旅行社每次事故和每年累计责任赔偿限额人民币 400 万元。

3）附加事宜。旅行社组织高风险旅游项目可另行与保险公司协商投保附加保险事宜。

3. 投保和索赔

（1）旅行社投保旅行社责任保险，必须向在境内经营责任保险的保险公司投保。

（2）旅行社应当按照《中华人民共和国保险法》规定的保险合同内容，与承保保险公司签订书面合同。

（3）旅行社投保旅行社责任保险采取按年度投保的方式，按照《规定》第十条的规定，向保险公司办理本年度的投保手续。

（4）旅行社对保险公司请求赔偿或者给付保险金的权力，自保险事故发生之日起二年不行使而丧失。

（5）旅行社投保旅行社责任保险的保险费，不得在销售价格中单独立项。

（6）在保险期限内发生保险责任范围内的事故时，旅行社应及时取得事故发生地公安、医疗、承保保险公司或其分支公司等单位的有效凭证，向承保保险公司办理理赔事宜。

4. 监督管理

（1）县级以上人民政府旅游行政管理部门按照《旅行社条例》等有关规定，对旅行社投保旅行社责任保险的情况进行监督检查，并将旅行社责任保险投保和理赔情况纳入旅行社年检范围。

（2）旅行社应当妥善保管旅行社责任保险投保和理赔的相关资料，接受旅游行政管理部门的检查；在理赔案件发生后，应及时将理赔情况报当地旅游行政管理部门备案。

（3）旅行社应当选择保险业务信誉良好，服务网络面广，无不良经营记录的保险公司投保。

5. 关于相应的处罚

（1）旅行社违反《规定》未投保旅行社责任保险的，由旅游行政管理部门责令限期改正；逾期不改正的，责令停业整顿15～30天，并处人民币5 000元以上2万元以下的罚款；情节严重的，可以吊销其旅行社业务经营许可证。

（2）旅行社投保旅行社责任保险的责任范围，小于规定要求的，或者投保旅行社责任保险的金额低于《规定》的基本标准的，由旅游行政管理部门责令限期改正，给予警告；逾期不改正的，可处以人民币5 000元以上1万元以下的罚款。

（3）旅行社违反《规定》，拒不接受旅游行政管理部门的管理和监督检查的，由旅游行政管理部门责令限期改正，给予警告；逾期不改正的，责令停业整顿3～15天，并处人民币3 000元以上1万元以下的罚款。

6. 关于旅游者个人意外险

旅游者参加旅行社组织的团队旅游时，可以根据实际需要，从有保险代理人资格的旅行社或直接从保险公司自愿购买旅游者个人保险。旅行社在与旅游者订立旅游合同时，应当推荐旅游者购买相应的旅游者个人保险。

四、出境旅游业务基本步骤

1. 出境旅游业务服务总要求

（1）要求。出境旅游业务操作OP人员应在受控条件下提供出境旅游服务，以确保服务过程准确无误。

（2）应按以下要求接受上道工序工作移交并进行检验复核，以确认无误；确保其工作人员符合规定的资质：

1）要求和具备实现出境旅游服务所必需的能力，以证实自身的服务过程的质量保障能力和履约能力。

2）确立有效的服务监督方法并组织实施。

3）为有关供需要求提供作业指导书。

4）提供适当的培训或其他措施，以使员工符合规定的资格要求和具备必须的能力。

2. 工作程序七步骤

出境 OP 人员在操作时应遵循以下七个步骤，就会将操作过程变得简单而又规范。

（1）审核资料。出团计划制定完毕后，通过各种渠道收纳到的客人资料在前台做好销售统计后会转到计调处，因此审核资料是 OP 人员非常重要的工作。要注意证件的时效性、证照是否相符、出游动机、担保人情况，并加以提示说明。

（2）查看要求。游客在报名出游时，可能会有一些特殊或个人的要求。OP 人员在审核参团资料及与销售人员沟通时，要掌握客人的特殊要求，审查是否在可以满足的范围内，对其产生的影响和后果等也要做充分评估，不能盲目答应，避免给日后带来不必要的麻烦。

（3）选择航班。出境团基本都是选择飞机作为交通工具，因此 OP 人员在选择航班时，要做价格、性能及航班时间的综合比较。包括区间交通工具的选择都要考虑到游程的时间和舒适度。交通工具选择合理，团队运作顺利，自然皆大欢喜。

（4）解析成本。解析成本要求 OP 人员具备较高的职业技能。其实，解析境外旅游成本并不困难，和国内旅游线路的成本解析是大同小异的，不要因为地域的区别就主观上感觉困难。OP 人员要学会查看地图，善用网络检索自己需要的信息，将繁杂变简单。

（5）实施操作。操作只需按照出境计调的操作流程进行就可以了。需要提醒的是，所有的操作单都要做备份，细小的更正也要重新落实，否则因疏忽带来的损失将不可估量。

（6）全程跟踪。出境团的团队跟踪是必要的。出境团队和国内团队问题不同，国内团队沟通得当很容易化解，而出境团队一旦出了问题可能就不是小事情了，组团社远水救不了近火，全要依靠与接待方的沟通和协作。因此在团队行进过程中进行跟踪监控是必要的。

（7）结账归档。出境接待有地域和汇率的变化，出境 OP 人员在回馈信息与质量监督上一定要多留神、多询问，遇到问题要及时解决，要按照约定方式进行款项的结清和团队资料的整理归档。

五、出境旅游领队的科学管理

1. 领队的概念

（1）领队。在出境旅游业务中，所谓出境旅游领队人员，简称“领队”，是指依照《中国公民出国旅游管理办法》（以下简称《办法》）规定取得出境旅游领队证，接受具有出境旅游业务经营权的国际旅游社的委派，从事出境旅游领队业务的人员。

（2）领队业务。是指为出境旅游团提供旅途全程陪同和有关服务，作为组团社的代表，协同境外接待旅行社完成旅游计划安排以及协调处理旅游过程中相关事务等活动。

2. 领队人员具备的条件

（1）有完全民事行为能力的中华人民共和国公民。

（2）热爱祖国，遵纪守法。

（3）可切实负起领队责任的旅行社人员。

（4）掌握旅游目的地国家或地区的有关情况。

3. 领队素质要求

（1）领队应具备一定的英语或目的地国家、地区语言的能力。

（2）领队上岗前应具备一定的导游经验。

（3）领队应切实履行领队职责，严格遵守外事纪律，并具有一定的应急处理能力。

4. 领队人员应当履行的职责

（1）遵守《办法》中的有关规定，维护旅游者的合法权益。

（2）协同接待社实施旅游行程计划，协助处理旅游行程中的突发事件、纠纷及其他问题。

（3）为旅游者提供旅游行程服务。

（4）自觉维护国家利益和民族尊严，并提醒旅游者抵制任何有损国家利益和民族尊严的言行。

5. 领队服务要求

（1）领队服务应符合《导游服务质量》。

（2）领队应按合同的约定完成旅游行程计划。

（3）领队接受计调人员移交的出境旅游团队资料时应认真核对查验。

（4）领队应向口岸的边检、移民机关出示提交的旅游证件和通关资料。

（5）向口岸的边检移民机关提交必要的团队资料。

（6）领队应积极为旅游团队办妥乘机和行李托运的有关手续，并引导团队登机。

飞行途中，领队应协助机组人员向旅游者提供必要的帮助和服务。

（7）领队应按照组团社与旅游者所签的旅游合同约定的内容和标准为旅游者提供接待服务，并督促接待社及其导游员按约定履行旅游合同。

（8）在旅游活动中，领队应积极协助当地导游，为旅游者提供必要的帮助和服务。

（9）特殊情况的处理。

6. 关于领队证件

（1）领队证由国家旅游局统一样式并制作，由组团社所在地的省级或者经授权的地方市级以上旅游行政管理部门发放。

（2）领队证不得伪造、涂改、出借或转让。

（3）领队证有效期为三年。凡需要在领队证有效期届满后继续从事领队业务的，应当在届满前半年由组团社向旅游行政管理部门申请登记换发领队证。

（4）领队人员遗失领队证的，应当及时报告旅游行政管理部门，并声明作废，然后申请补发；领队证损坏的，应及时申请换发。

（5）被取消领队人员资格的人员，不得再次申请领队登记。

（6）领队人员从事领队业务，必须经组团社正式委派。

（7）领队人员从事领队业务时，必须佩戴领队证。

（8）未取得领队证的人员，不得从事出境旅游领队业务。

7. 领队的作用

中国的领队是在1996年开始起步的，在1997年7月实施的《中国公民自费出国旅游管理暂行办法》中明确规定："团队的旅游活动须在领队的带领下进行。""领队"一词首次在国家旅游行业法规中出现。领队是出国旅游团队的灵魂，团队的核心人物，在境外，既要代表组团社，又要保护好客人的合法权益，既要维护祖国的尊严，又要尊重旅游目的地国的法律及风俗习惯。既要对整个行程负责，又要对客人的安全负责。因此，领队的作用非常重要。

8. 建立科学的领队管理制度

（1）与受聘领队人员签订正式的劳动合同。不与带团的领队人员签订劳动合同是一种违法的行为，OP人员对于这一点须高度重视，即便是临时借用的领队人员，也要与之签订临时劳动合同，按照《劳动法》规定，为领队人员上"五险一金"，上团给补助，劳务给报酬。

（2）搭建联系网络。首先制作领队名录，内容包括姓名、性别、年龄、语种、身份证号、导游证号、领队证号、手机号、备用联系电话、住址、亲属联系人等。OP人员需要有一个行之有效的联络平台，保证接团、带团等工作无误。

（3）建立领队人员业务档案。对于曾经在社里出过团的领队人员，无论是专职的，还是兼职的，无论是长期的，还是临时的，哪怕仅带过一个团，几个散客，都要记录在案，给予建档立案。如此，才能有利于对领队人员进行追踪式的管理。追踪式的管理是有效的管理方式。

（4）管理领队、导游证件。负责送审、年审、换证、调进、调出、更新、换版、凡旅游行政管理部门所规定的各项与导游相关的文件、政策，以及相关的活动安排，都须及时地传达给领队人员，使有关导游的情况下情上传，上情下达。

（5）实行合同管理。是使导游人员依法为旅游者提供领地服务的保证，是提高领队服务质量的重要措施，促使领队人员增强责任感，更加自觉地为游客服务。

(6) 在岗培训与考核。对领队人员的培训是全方位的，主要的内容有思想政治教育、法律法规教育、职业道德的培训、服务意识的培训、服务技能的培训、语言能力的培训、专业知识的培训、应变能力的培训等。考核的主要内容有全年的工作量，业务能力、旅游者投诉与表扬情况、学习与进修等。

9. 领队服务流程及工作规范

除了应该了解领队人员的基本程序以外，还必须掌握领队在国外应该做到的几个方面的基本服务，出入境的工作程序十分重要，要求重点掌握，准备工作要细心，在国外进行各种服务的时候，要考虑周全，要多站在保护游客旅游合法权益的立场上考虑问题，妥善地解决问题。同时也要注意保护自己所代表的旅行社的权益。领队的服务工作流程如下所述。

(1) 出国前业务准备

真正的业务准备，是在领队人员从 OP 人员手中接到团队旅游行程计划的时候开始。

1) 核对资料

①认真核对护照上的中英文姓名、有无大使馆的签证印章、签字、签证的有效日期的字迹是否清晰。

②护照的正文页与出境卡项目是否一致，出境卡上是否盖章，是否与前往的国家相符。

③将护照与名单核对，并将名单上所有项目逐一核对，特别是出境的实际人数一定要与团队名单表相一致。

④将护照与机票核对，重点是中英文姓名及前往的国家是否正确。机票上的英文及汉语拼音是否正确，应该保留的机票联是否无误。

⑤将机票与行程核对，包括国内段及国际段行程、日期、航班、间隔时间等。

2) 物质准备内容

①全团护照。

②全团机票。

③团体名单。

④旅游团计划行程。

⑤自费项目表。

⑥客人分房名单。

⑦航班时刻表。

⑧组团社及国外地接社联络电话。

⑨驻外使馆及相关的重要电话。

⑩客人佩戴的胸牌、行李标签。

⑪旅行社的社旗、社牌。

⑫客人意见反馈表、领队日志。

⑬团费备用金。

⑭旅游目的地国的入出境卡、海关申报单。

3）领队自带物品

①个人名片及重要通讯录。

②随身日用品。

③洗漱用品。

④计算器。

⑤闹钟。

⑥签字笔。

⑦剪刀。

⑧常用药（感冒药、肠胃药、消炎药、晕车药、镇痛剂等）。

⑨领队用包（实用安全）。

4）说明会

这里特指出境旅游说明会，说明会可由业务人员主持，经理出席，领队人员列席并做补充发言，也可以由领队人员主持，特别是重点介绍目的地国的注意事项，以及相关注意的问题，特殊的禁忌，以及风俗习惯等。其主要内容下：

①致辞。

②领队自我介绍。

③对客人的要求。

④行程说明。

⑤通知集合时间和地点。

⑥提醒客人带好相关物品。

⑦外币携带与兑换。

5）说明会上落实以下事项

①房间分配。

②收取支付小费。

③单项服务。

④特殊要求。

⑤特殊餐饮。

（2）办理国内出境手续

1）领队人员要比规定全团客人到达的时间提前 20 分钟到达出发地。

2）以社旗示意集中客人、集合客人并认真清点人数。

3）向客人讲清办理出境的相关程序及相关的手续。

4）告知有海关申报物品的客人请走红色通道。

5）向客人宣布出海关后进入办理登机手续大厅内的集中地点，由领队人员统一办理团队登机手续，防止客人走失。

（3）办理登机手续

1）领队人员主动收齐护照，将护照与机票一起交与柜台办理登机卡和行李托运手续。

2）招呼客人将行李排成一纵行准备托运。行李的件数一定要准确，千万要保存好行李牌，以便在飞机到达后为旅游团提取行李。丢失行李牌是一件十分麻烦的事情。

3）分发登机牌座位号的时候，可以适当照顾一家人或亲朋好友，照顾不了的，须向客人解释一下，有的班机不对号入座，发牌后客人可以自行调整。

4）带领客人按顺序排队进行安检。

5）在自己过安检的同时照顾客人过安检关，到最后一名客人过关后再离开安检处。

6）注意观察客人有无遗忘物品在安检处，同时告知客人应该到几号候机厅候机。

（4）如何过边检

1）领队人员一定要提醒客人填写出境登记卡，必要时给予帮助，并请客人按顺序排好队准备通过边检。

2）须卫生检疫的，要出示黄皮书，或购买药品。

3）通过边检时，一般是按照名单表的前后顺序排队，有时也可以分散过关，一定要按照工作人员的要求去做，注意不要越过一米黄线。

4）将名单表交与边检官员检查，边检留一份，另一份加盖边检章后交领队收存，以便回国入境时以此核查。

5）最好自己先过关，过关后站在里侧注视客人通关，观察客人是否有需要解决的问题。直到最后一名客人通关后为止。

6）友情提示。最主要的不仅不能迟到而且要早到，首先阅视航班进出港电动显示牌。在办理登机手续的时候一定要细心、谨慎。

（5）旅途中的服务

旅途中的服务，包括了在乘飞机，坐汽车，搭乘火车过程中的种种服务，这里主要讲乘飞机或坐汽车过程中的服务。

1）在飞机上

①引导团员尽快对号入座。

②帮忙安置其随身携带的行李。

③注意清点人数，以确保全团人员已经上飞机。

④协助空中服务人员提醒客人系好安全带，以确保旅途安全。

⑤及时向空中服务人员反映客人提出的问题并积极协助解决。

⑥安排并协助客人认真填写入境登记表。

2）在游览车里

①请注意欧洲的游览车司机不能超过其法定的（10小时）驾车时间。

②欧盟国家已取消了边境边防线。

③在长途旅途中要适当安排休息。

④要求客人随时保持车内卫生。

⑤请晕车的客人前排就座。

⑥提前准备好垃圾袋和呕吐袋。

⑦协助国外导游人员的讲解工作。

⑧行李架上的物品一定要放好。

⑨行李箱一定要上好锁，以确保箱内的行李安全。

⑩高速路上不要在车内站立。

⑪适当组织一些娱乐活动，以活跃气氛，缓解疲劳。

⑫如在路途上通过国界，有的国家要求检查证件，领队应主动将团员证件收齐，团员在原座位上不动，国外移民单位的人员上车检查时，一般只核对人数，不再查验行李。

3）友情提示

旅途中的服务，包括在乘飞机，坐汽车，搭乘火车过程中的各种服务，服务过程中一定要切记以人为本、安全第一，要确保人、物的安全。

（6）办理国外入境手续

到达旅游目的地后，办理的有关入境手续，通常称为“过三关”，即卫生检疫关、证照查验关、海关。因此要求客人将规定的卡片备齐，证件备好。

1）过移民局关（边检关）。带团走出机舱后随即前往移民关卡（边检关），客人手持护照可分散过关，领队人员可随即先行过关，以方便照顾客人，在里侧等候客人，观察客人过关时有无问题，每一客人过关后，立即收回其护照（社里要求）由领队人员统一保管。

2）在行李厅。招呼客人保管好随身携带物品，找好行李小推车，带头并协助客人到行李传送带上提取行李，备好行李牌，点好行李件数，带领客人们走出行李厅前往海关处通关。

3）过海关。必要时到海关报告团体性质、人数、行李件数，如果需要检查时，领队可请求其抽验几件，并请物主立即开箱接受检验，同时提醒客人不要擅自离队，国外机场复杂，加之语言上的障碍，迷失后不易找寻。

当所有的人通关后，领队点好人数并带领团员走出大厅与当地的导游人员会面，至此，入境手续完成。

(7) 抵达后落实接待事宜

1) 交接团队。领队带团到达旅游接站地后，应主动同当地接待社的导游人员接洽，并把团员的一些基本情况，向当地的导游人员做一个简要的介绍，这既便于当地导游人员了解情况，方便工作，又是标志组团社的领队人员与接待社导游人员合作服务的开始。领队要清点行李，核准件数，协助导游一起将客人带往目的地（酒店餐厅或是旅游景点）。

2) 商定行程。将客人安排好后，领队要尽快与导游人员商量计划行程，最主要的是领队人员要把组团社的意图、需要特别提及的问题说出来，游览项目的前后顺序可以调整，因为计划要根据当地的具体情况而定，这是很正常的。但是项目不可以减少，除非是客人自愿放弃，但是，要注意的是一定要有客人的签字为凭证。以保证旅游计划行程的项目全部实施为原则，确保游客的旅游合法权益。领队人员要与当地旅行社的导游人员对两份计划中的内容进行仔细的核对，如有较大出入，要及时调整，如有争议而得不到解决的可与当地的接待社联系，必要是还要同国内组团社进行联系。

3) 协调关系。领队人员在国外带团期间，要与当地的导游人员、司机人员以及随团人员搞好关系，将旅游活动安排好，这样才能达到好的旅游接待效果。如果有的司机故意刁难客人，领队要向导游反映；导游有问题，领队人员在劝说无效的情况下可直接向地接社的经理人员反映；必要时还可以直接向国内组团社反映情况。

领队人员对于任何问题的处理都要及时，并做到正确无误。

4) 友情提示。抵达目的地后，注意关照客人，点清人数，讲清楚通过移民局的注意事项，防止客人走失。防止财物被盗。如有陌生人前来搭讪，要有自我防范意识。

(8) 境外游览服务

1) 领队人员如同在国内工作的全陪导游人员一样，在游览的过程中，应该走在旅游团的后面，配合走在最前面的地陪导游人员照顾好客人。走在后面，首要的问题是注意有没有掉队的客人，有没有中间离队的客人；第二个问题是客人有没有什么需要解决的问题；第三个要注意的问题是人数，人数一定要齐；第四个问题是安全问题，注意有没有陌生人或可疑之人尾随旅游团队。要具有安全防范意识，注意防偷、防盗、防抢、防暴、防跌打损伤。

2) 征求意见。凡是当地导游推荐的自费项目，领队人员一定要首先征求客人的意见，不可以随意地增加或强迫。如有损害客人利益的行为，领队一定要予以制止并进行规劝。必要时可直接向其所属的旅行社反映。

3）每到一个新的地方，领队人员一定要提醒客人应该注意的问题，让客人提前知晓，及时做好心理准备，每一次的提示不宜过多，应简明扼要，容易记住即可。

4）掌控时间。旅游团各个环节的活动是一个在流动中的过程，例如乘机、乘车、换乘、进餐、游览、娱乐、购物、自由活动等，要提醒导游人员把握好时间，要提醒客人积极配合，做到既不缺失一个项目，也不耽误一个项目，不要因为时间安排得过紧而显得匆忙，也不要因为时间安排得过松而显得是在浪费时间。掌控好时间是导游服务的一门艺术。

5）清点人数。清点人数要注意经常清点，随时清点，这是领队人员一项重要服务，因为地方导游人员在忙着讲解和领路。点人数的时候注意用眼睛来点，不要用手指对着人的脸部点。保证人数不缺的前提是防止客人走失，要想防止客人走失须注意几个地点：①人多拥挤的地方。②交叉路口。③转弯抹角处。④自由活动的地点。除此之外，还需注意上车前、上车后，要及时的清点。

6）旅游安全。安全问题最为重要，在整个游览的过程中，领队人员一定要注意有没有陌生人或可疑之人尾随旅游团队。要具有安全防范意识，注意防偷、防盗、防抢、防暴、防跌打损伤。

旅游团无论是乘车、乘船，还是搭乘其他的交通工具一定要确保游客的人身安全，尤其是长途用车，领队要提醒司机导游注意检查车辆，还要注意调节车内的空调，照顾晕车的客人，上下车船、车站、码头、一定提醒客人走好，千万要注意安全，旅游活动，安全为上。

7）友情提示。身在异国他乡，人地两生，其环境比较复杂，领队人员应该全身心地投入到陪同工作中去，对客人精心照料，对团队精心带领。

(9) 境外就餐服务

1）订餐确认。领队人员要将团队客人进餐的时间、人数、菜肴、价位同导游人员确认好，并提醒导游掌控好时间进度，吃饭时间既不必过早，也不宜太晚。

2）用餐服务。因为众口难调，所以领队人员，要耐心解释团餐为普通标准餐，希望客人吃饱，但很难做到人人满意。领队人员要尽量开导客人。如果餐厅中发生团队拥挤或者排队现象，领队人员要及时调整客人情绪，或采取一定的措施，保证客人用好餐。

对素食者，穆斯林的用餐给予适当的照顾。客人在吃饭当中发生的问题，要通过当地的导游人员向餐厅反映，必要时可以直接向餐厅提出。

3）防止遗忘。吃饭是一个过程，少则半个小时，多则一个小时，客人们连吃带聊自然都很高兴，当出发的时间一到，大家很自然的反应是走向游览车，有的客人就会忘记了自己放在餐厅里的东西，因此领队人员在离开餐厅的时候，要提醒客人不要遗忘自己随身携带的物品，同时要亲自到客人用餐的餐厅巡视一遍，防止客人有遗忘的物品在餐厅里。

4）友情提示。领队人员须提醒地方导游，一定要安排好客人的用餐，因为游客在旅游活动中运动量很大，很容易饥饿，到了吃饭时间会要求尽快吃上饭，所有的导游人员都应满足客人的这种要求。

（10）境外娱乐服务

1）娱乐活动。娱乐活动有两种，一种是团队中的计划项目或自费项目，另一种是晚间的个人娱乐消遣。第一种要特别注意安全，例如跳伞、摩托艇、潜海、过山车等各种带有强刺激性的游艺活动。第二种是关于晚间的自由活动，要提醒客人结伴而行，遵纪守法，回到酒店以后一定要向领队人员报告。对国外的色情场所一定要慎之又慎。领队人员有责任对一些不适宜中国公民的活动，提前向客人们发出安全警示。

2）友情提示。娱乐活动一般为游客的自费项目，以自由活动为主。领队人员最主要是要提前讲清应该注意的一切事项，友善而又诚恳地向客人发出安全警示。

（11）境外购物服务

出国旅游的客人，一般会在国外买一些带有当地特色的旅游纪念品回来，哪些当地的特产在什么地方买，客人在买的时候应该注意什么问题，领队人员要回答客人的提问，并要给予适当的指导。

1）指导购物

①要注意商品的品质和价位。

②要注意提醒客人向购物商场索要相关的品质保证书和票据。

③购物属个人行为，买与不买要自己做主。

2）购物安排。安排旅游购物要灵活掌握，虽然怎样安排是当地导游的事，但是领队有建议权和监督权，要协同地方导游安排好购物时间，控制好购物次数，摆对好购物与旅游的关系，掌握以旅游为主，以购物为辅的原则。导游推荐购物商品时，领队给予适当配合，不要大力鼓吹，讲话要留有余地。

（12）境外住店服务

1）办理住房登记。尽快办理住房登记，就要十分熟悉客人的名单和住房情况，注意分房准确，该叮嘱的事情在分发钥匙时就讲清楚，还要介绍饭店的主要设施，例如电梯、餐厅、邮政处等。特别应该提示该店的注意事项。

2）宣布房间号码。发放房间钥匙之前，要向客人们宣布领队与导游所住的房间号码，以便客人们有事能与领队人员及时联系，但对于周围可疑的陌生人应有所警惕，宣布计划安排，例如叫早时间、早餐的时间和地点，出发集合的时间和地点。

3）巡视团员房间。当客人们进住房间后，领队应亲自查房，在忙得脱不开身时，要打电话到客人房间询问房间情况，例如电源、电视机、遥控器、台灯、地灯、抽水马桶等是否有什么问题。

4）关注行李进房。行李是客人随身携带的物品，属于个人财物，要特别注意保管，以免出现丢失、破损或是饭店行李员将行李送错房间的情况。如有差错，要及时解决，一时解决不了的，要向饭店的大堂副理反映。

5）友情提示。由于客人旅途疲劳，都希望能早一点进入房间休息，所以领队人员在办理住房手续时动作要快。同时注意安抚客人的情绪，可安顿客人在酒店大堂稍事休息。毕竟分房发钥匙需要有一个时间过程。

（13）办理国外离境手续

1）登机手续。在国外办理登机手续，从集中托运行李，收取护照，到领取登机牌，直到派队过关，这一环节通常是在当地导游人员的协助下完成的。

2）过海关。通关前，领队应告知客人团队所搭乘飞机的航班号、登机门、登机时间、要求他们一定要在约定的时间内赶到登机门。通关时，行李及随身携带的物品要过传送带，与在国内相同。如果海关人员要求开箱检查时，客人应给予积极的配合，领队人员则要给予客人必要的帮助，不能视而不见，过关后，要及时提醒客人不要忘记拿好自己的物品。

3）过移民局（边检）。领队人员要带领团员过好这一关，一定要让客人事先准备好护照、出境卡、机票和登机牌。可以集中排队过关，也可以分散过关，持团提签证或落地签证的客人一定要按名单顺序过关。

4）安检。安检是指进入候机厅准备上飞机之前的安全检查，要提醒客人把自己身上带有金属的小物品掏出来，只身通过仪器检查。

5）友情提示。在国外办理离境手续的时候，首先要想到依靠当地的地陪导游，不懂的地方一定要及时询问，以免误事。在机场大厅注意多听、多看、关照客人，防止有的客人因不慎走错路而迷失方向。

（14）办理回国入境手续

1）过边检关。下飞机回国后的第一关就是安检关，在名单上的客人一定要按名单上的顺序排队，依次到边检审验护照，领队人员须将名单表交边检人员审验盖章。要求填写健康声明书的，就要认真填写。

2）到达行李厅。领队人员要提示客人本团航班的行李在几号行李传送台领取，并认真负责地协助客人领取到他们的托运行李。准备过海关。

3）过海关。提醒客人遵守中国海关的规定，不带海关违禁物品、管制品入境，不带未经检疫过的水果入境。出了海关，全部旅游行程即告结束。

4）友情提示。入境抵达机场后，领队人员须防止回家心切的情绪，勿急、勿躁。在所有的客人提领到托运的行李后，再与客人们分手告别，旅游的全部行程方告结束。

单元 4

(15) 游程结束

1) 上交意见反馈表。领队人员须将出境旅游团游客问卷表，即游客意见反馈表整理出来，上交到国内组团社，以便及时反馈游客的意见信息。

2) 整理领队日志。领队日志相当于全部游程的重要记录，它能反映当地导游、地接社、游览地的接待情况，领队人员应如实填写。

3) 财务报账。及时报账是领队人员的良好习惯，账目一定要清楚，各类票据要齐全，除了报销账目之外，还应及时归还所借组团社的带团物品。

4) 友情提示。作为领队人员，要将所有的接团材料进行整理，处理与该团相关的一切事宜，及时到旅行社结清账目，归还所借物品。

10. 领队人员如何应对突发事变

领队人员在国外可能会遇到各种各样的问题，这正是考验领队能力和素质的时候。

(1) 中国护照丢失。

1) 开具遗失证明。失主要立即向当地导游人员报告，由当地导游陪同失主前往当地的接待社，由地接社协助开具遗失证明信。

2) 到警察局报案。失主个人或是在领队的陪同下前往当地的警察机构挂失，并取得报案证明。当地导游在不影响工作的情况下，也可以陪同失主前往警察机构挂失。

3) 到中国使领馆领取旅行证。失主可持警察机构开具的报案证明办理一个一次性的中华人民共和国旅行证，以证明其身份。

4) 回国补办新护照。失主回国后，持身份证、旅行证以及中国驻外使领馆的证明信申请补发新护照。

(2) 机票丢失。客人如果不小心丢失了机票，作为领队人员要马上告知地方导游人员，立即向航空公司挂失，并请求地方导游人员协助解决。如果该票是在国内购买的，领队就要及时与国内的组团社联系，请求社里的工作人员与国内航空公司联络，尽快解决问题。如果在临上飞机的当天客人丢失机票，领队人员就要同地方导游一起到机场后首先解决这个问题。

(3) 航班延误。如果发生航班延误，领队首先要安抚好客人的情绪，安排好客人的休息。如果涉及后面的行程，领队要及时通知该地的接待社，请其尽快通知下一站，以免影响后续的计划行程。必要的时候要进行确认。

(4) 行李破损或丢失。如果在到达某地的时候发现客人托运的行李有损伤或丢失，请注意不要出行李厅，要在厅内的行李查寻处立即进行行李损坏或丢失的登记工作，这样做势必会影响客人们出站的时间，作为领队，一方面要尽快通知在厅外等候的地陪导游员，如果解决不了，可请求其进站帮忙解决；还可以把团队托付给某一客人，请其帮忙先将团队带出去并由其转告地陪导游行李厅内发生的情况，以求达到尽快解决问题的目的。如果一时解决不了问题，应将行李查询处的电话号码留下，以便在离开机场后一边陪团，一边与机场保持联络。

（5）客人迷失。当客人走失以后，领队人员要立即寻找，要紧紧依靠当地的导游人员，因为领队不熟悉当地的具体情况。领队一定要记住旅游车的停靠地点、车牌号码、行走路线，以及当地导游的联系电话，如果一天活动结束后走失的游客仍未归队，要及时告知国内组团社，必要时（如果深夜零点还未归队）领队应通报中国驻该国使领馆。平时带队的时候就应经常告知所有的客人，如有人需要离队自由活动，一定要请假。

（6）意外伤亡。如客人不慎摔伤，或因交通事故造成了伤亡，或食物中毒，领队人员一定要积极抢救伤病员，保留好证据或保留好现场，保留医生诊断证明，以便回国后办理保险公司的理赔。与此同时领队要及时向国内组团社报告。

（7）财物被盗。

1）尽快报案。如果确定是财物被盗，领队一定要尽快督促并积极协助当地导游报案，要保护好现场，为了不引起客人不必要的紧张，可以暂时将消息保密，适当的时候告知全团客人注意保管好自己的个人财物，注意防盗。

2）当好翻译。如警察局来人调查，领队要同当地导游一起做好翻译工作。要注意保留好警察开具的被盗物品证明，以便回国后办理保险理赔。

3）及时报告。要及时向当地社报告，向国内组团社报告，必要时应通报中国驻该国使领馆。

（8）规避风险。如果在国外遇到示威游行、罢工、民众集会，领队人员一定要镇静，并立即告知所有的团员都要远离，不要向人家询问，不要妄加评论，更不能去参与，要学会保护好自己，规避风险。

第二节　出境旅游业务操作OP规程

一、出境旅游产品设计与计调销售

出境旅游产品的设计，主要是根据客源地旅游者对出境旅游线路和地区的需求，并针对他们的要求与愿望，结合旅游目的地国家或地区的旅游资源的分布，以及当地接待社的产品设计，综合制作出符合旅游市场的旅游产品。

1. 出境旅游产品设计要求

出境旅游产品设计应遵循旅游行政管理机关所发布的规范要求。

（1）具有安全保障。

（2）符合国家法律法规，部门规章，国家或行业标准的要求。

(3) 正常情况下能确保全面履约，发生意外情况时有应急对策。

(4) 满足不同消费档次，不同品位的市场需求；可供旅游者选择。

(5) 对旅游者有吸引力。

2. 计调销售业务规范

(1) 营业销售人员应遵守旅游职业道德的岗位规定；佩戴服务标识，服饰整洁。

(2) 熟悉所推销的旅游产品和业务操作程序。

(3) 向旅游者提出有效的旅游产品资料，并为其选择的旅游产品提供咨询。

(4) 对旅游者提出的参团要求进行评价与审查，以确保所接纳的旅游者要求均在组团社服务提供能力范围之内。

(5) 向旅游者/客户说明所报价格的限制条件，如报价的有效时段或人数限制等；计价收费手续完备，账款清楚。

3. 成团后的服务程序

(1) 营业销售人员在销售成交后，应告知旅游者填写出境旅游有关申请表格的须知和出境旅游兑换外汇有关须知。

(2) 认真审查旅游者提交的资料物品，对不适用或不符合要求的及时向旅游者退换。

(3) 妥善保管旅游者在报名时提交的各种资料物品，交接时手续清楚。

(4) 与旅游者签订出境旅游服务合同。

(5) 收取旅游费用后开具发票。

(6) 提醒旅游者有关注意事项，并向旅游者推荐旅游意外保险。

(7) 将经评审的旅游者要求和所做的承诺及时准确地传递到有关工序。

二、及时调整合作伙伴

1. 及时有效地调整接待社

(1) 注意正确地选择境外接待社，对于那些操作不规范、不具备客源优势的接待社要进行及时的调整或替换。

(2) 在目的地国家/地区旅游部门指定或推荐的范围内，选择境外接团旅行社并进行评审，信誉和业绩优良者优先选用，以确保组团社所销售的旅游产品质量的稳定性。

(3) 与旅游目的地国家/地区的接待社联合，进行服务质量的监督和改进。

2. 建立紧急预案机制与应急处理程序

(1) 出境组团社应建立健全应急处理程序和制度。

(2) 旅游者在旅游过程出现的特殊情况，如事故伤亡、行程受阻、财物丢失或被抢被盗、疾病救护等，领队应积极作出有效的处理，以维护旅游者的合法权益。必要时，向我国驻当地使领馆请求帮助。

三、处理旅游投诉

1. 认真受理

组团社对旅游者的投诉应认真受理、登记记录，依法作出处理。

2. 建立报告制度

组团社应设专职人员负责处理旅游者投诉。对于重大旅游投诉。组团社主要管理人员应亲自出面处理，并向所在地旅游行政部门报告。

3. 建立档案管理制度

经营出境旅游的组团社，应建立健全投诉档案管理制度。

四、建立客户信息档案库

1. 建立出境旅游者信息档案。

2. 建立旅游目的地国/地区的接待社档案。

3. 建立国内合作业务经营者（同行）档案。

五、业务操作流程

1. 行前说明会

（1）出团前组团社应召开出团行前说明会。

（2）在会上应向旅行者说明出境的有关注意事项，以及外汇兑换事项与手续等。

（3）向旅游者发放出境旅游行程表，团队标识和旅游服务质量评价表。

（4）讲解相关的法律法规知识以及旅游目的地国家的风俗习惯。

（5）向旅游者翔实说明各种由于不可抗力/不可控制因素导致组团社不能完全履行约定的情况，以取得旅游者谅解。

2. 对出境旅游行程表所列内容的规定

（1）旅游线路时间景点。

（2）交通工具的安排。

（3）食宿标准/档次。

（4）购物娱乐安排以及自费项目。

（5）组团社和接团社的联系人和联系方式。

（6）遇到紧急情况的应急联络方式。

3. 制作成团通知书

成团通知书是经过一系列的程序运作之后确定下来的最终结果，是向客人发出的正式出团通知。对于通知书的要求：第一，文字要简练、清楚、明白。第二，内容要准确。第三，书写的抬头要有礼貌性的用语，结尾一定要有旅游者的签字回执。为此有以下提及注意的事项。

(1) 准确的旅行团编号。

(2) 出发的确切时间、地点 。

(3) 领队的姓名及手机号码。

(4) 与领队人员联系的方式。

(5) 客人未能按时抵达集合地点的处理意见。

(6) 飞机的航班号和起飞的时间。

(7) 回程的时间及地点。

(8) 所需带物品。

下面，以中国政府新近推出的大陆同胞赴台旅游为内容，选用中国旅行社总社有限公司制作的成团通知书为例。

出团通知书

尊敬的客人：

欢迎您参加中旅总社组织的赴台湾旅行团！

您所在的旅行团（团号：C90316TAHX029T 领队为：×××先生 手机号：00000000000）请您做好出发准备，具体要求如下：

一、日程安排：

出发时间：2009 年 03 月 16 日

早上：6 点整在北京首都机场 T3 号航站楼国际出发厅 6 号门里侧集合。到后请马上与领队联系、签到。由领队统一办理登机手续，过时不候。于北京时间 8 点 30 分乘 CA185 航班前往台湾桃园机场。

返程时间：2009 年 3 月 22 日

北京时间 12 点 50 分，乘 CA186 航班从桃园机场返回北京，于北京时间 16 点 10 分抵达，结束愉快的旅行。

二、请务必带上赴台通行证。

三、请您根据当地气候带服装及常备药品。目前天气为春、夏季。

准备一件外套放在车上，因车上空调较凉。

四、请带足防晒用品，雨伞。

五、请您一定按此通知及注意事项（附后）准时参团。

六、备注：

出租汽车预约电话：×××××××××

七、境外司机导游小费人民币每人×××元（请统一交给领队）。

如团员未按要求而发生问题者，责任自负！

出团通知书确认回执

我已收到出团通知书及此团的确认行程并已认真阅读，对团队行程、集合时间、要求及注意事项均已清楚及了解。

团号：C90316TAHX029T

特此确认！

客人签字：

20××年××月××日

4．开好说明会

开好说明会非常重要，这是OP人员首次与全团的人员见面的第一次会议，也是旅游活动的一部分。这是旅游活动开始的前奏，尽管我们的旅游团队还没有出境，但是，游客应该进入状态了。说明会的主持人可以是OP，也可以是领队人员；可以在旅行社里面开，也可以到旅游者所要求的地方开，给游客以方便。说明会应予以注意以下细节。

（1）在社里开说明会，应该注意环境幽雅、洁净。

（2）签到与点名。

（3）备齐所发送的资料与物品。

（4）欢迎语。

（5）主持人讲话要口齿清楚，内容有层次。

（6）突出重点。

（7）尽量不讲重复的话。

（8）到游客要求的场所去开说明会，注意客气与礼貌。

（9）勿喧宾夺主。

（10）给客人留出提问题的时间。

（11）拿不准的问题，不要急于回答。

（12）要特别强调的是出发当天一定要准时，杜绝迟到。

（13）要注意有结束语。

下面以中国旅行社总社有限公司召开的说明会实例为样板。

说明会
——赴台湾旅游注意事项

为了使您的台湾之旅轻松而愉快，我们把一些在台湾期间应注意的事情列举如下：

一、出入境

1. 报到

请团员按“出团通知”的要求，准时到达集合地点。机场内人多拥挤，请注意保管财物。

(1) 行李

1) 手提行李每人限携带一件，托运行李重量以不超过20公斤为准。随身携带手提行李重量不得超过7公斤，长宽高不超过23厘米×36厘米×56厘米，总尺寸不超过115厘米。

2) 贵重物品不能放在托运行李内（各种证件、现金及贵重物品），酒类物品、洗漱用品及化妆品、水果刀、小剪子及指甲刀不能随身携带，必须托运。

3) 请在行李牌上清楚填写中英文姓名、电话。托运行李交运航空公司后，请您务必保管好自己的行李托运小票，并请核对小票上的航班及目的地是否与您当日所乘坐的航班及所前往城市一致。

(2) 出境

1) 海关。如您携带需要再带回境的单价超过人民币5 000元的摄像机、照相机、笔记本电脑等物品，应填写2份申报单，海关检核签章后将其中一份申报单退还旅客凭此办理有关物品复带进境手续。

2) 携带外币。根据国家规定：每人可携带美元5 000元，人民币20 000元。如超额携带，一经查出，责任自负。

(3) 台湾入境

1) 台湾入境。每位旅客可免税携带烈性酒一瓶及香水少量（且必须托运），香烟200支。

下列物品禁止带入台湾：所有国际性的违禁品；新鲜蔬菜、水果、腌制之鱼、肉类等。

2) 入台证。台湾入台旅游证件一个团队只有一个签证号，必须随团统一办理入出境手续，不能单独行动，或同其他旅游团队入出境，否则将会被拒绝入出境。

二、食宿

1. 住宿

(1) 旅行社为您安排的是观光级酒店，相当于大陆四星级酒店。

(2) 酒店内的自来水为生水，请煮开饮用，有的酒店也有饮水机在楼道提供饮用水。

(3) 妥善保管个人财物，贵重物品可放于前台或房间内的保险箱内。

(4) 台湾电压为110伏，插座为双扁插孔式，部分旅馆有220伏设备。请酌情自备转换插头或变压器备用。

单元 4

(5) 台湾酒店一般都提供洗漱用品，拖鞋（非一次性）等，为了环保，有些酒店没有摆放洗漱用品，如需要可与酒店服务人员联系，均免费提供。建议大家最好自行准备。

(6) 部分酒店冰箱饮料为电脑自动计费，饮料一经取出即无法放回原位，若无需要，请不要把饮料从冰箱固定位置取出。

(7) 如果酒店电视节目有收费电视放映，按下遥控器上“有料”按钮，酒店会自动计费。无心观看，请不要随意选择一般电视节目以外的频道。

(8) 团队观光活动结束后，自由活动时，请结伴而行，不要单独行动，更不要去偏僻的地方。离开饭店外出时，房间钥匙请交还前台，请携带饭店名片以备迷路时使用。

(9) 关于温泉。入住温泉旅馆可免费享用旅馆内的温泉浴场。体验温泉时，需穿游泳衣。进入温泉浴场后，应先在淋浴处将身体冲洗干净，然后再进入温泉池泡温泉。在温泉池内搓澡和拧毛巾被认为是极其不礼貌的行为，请一定避免。老人及儿童不宜长时间洗浴，并需有亲友陪同，酒后、心脏病患者及身体虚弱者禁止入浴，否则后果自负。

(10) 退房时将私人电话费、饮料费和房间钥匙交到前台结账。

2. 饮食

(1) 台湾饮食比较清淡，此次经历也是对风俗的一个了解。

(2) 团队用餐一律不含酒水费用。

(3) 可以根据个人口味带些榨菜、辣酱等。

三、游览

1. 根据行车路程安排，行程中景点先后顺序有可能调整。

2. 请牢记旅行中集合时间及地点，旅游车的牌照号码。如果在当地走失，请拨打当地导游手机求救。

3. 道路行驶方向与大陆一致，街上摩托车很多，横穿马路时一定走人行横道，注意留意信号灯。

4. 在整个行程中不得脱团、离团。

四、购物

1. 以团体观光为主，购物时请尽快决定是否购买，以免影响旅程安排。

2. 购物时，所购商品需另加商品5%的消费税。在大型综合性购物商场，购买新台币3 000元以上的可退税商品时，可前往退税柜台当场办理退税手续。也可到机场办理退税事宜。详细退税方法请咨询当地导游。

3. 购买电器商品时，请注意电压、制式、说明书等问题，是否在大陆可以使用。

4. 在台湾消费一般都使用新台币（NT），部分大型商场也可以使用信用卡（双币卡）。

五、其他

1. 天气

台湾属于热带与亚热带气候，夏长冬短，最好带好雨具，去阿里山要备一件夹衣。月平均温度表如下：

单位：摄氏度

地区	1月	2月	3月	4月	5月	6月	7月	8月	9月	10月	11月	12月
台北	10～17	12～20	18～25	23～28	25～32	25～36	25～36	25～36	25～35	22～30	18～27	15～23
台中	15～23	15～23	19～26	23～28	25～32	25～34	25～34	25～34	25～34	22～29	20～25	18～23
高雄	17～23	17～23	19～25	23～30	25～33	26～36	25～37	25～37	25～36	25～32	21～28	19～24

2. 货币

（1）根据国家规定，您最多可兑换 5 000 美元/人，14 岁以下儿童减半。

（2）人民币在台湾可直接到指定的 13 家银行办理换新台币业务（银行名称可咨询当地导游），汇率以银行当天公布汇率为准。

单元 4

（3）台湾的纸币面值为 1 000 元、500 元、200 元、100 元，硬币分为 50 元、20 元、10 元、5 元、1 元。1 元人民币折合 4.2 元左右新台币。在机场、银行都可以换到新台币。换汇后请保存好换汇水单。

3. 药物

请自备少量常用药品。

4. 通讯

全球通及联通 CDMA 手机在大陆办理国际漫游手续后，是可以在台湾使用的，与大陆通话可使用电话卡或酒店房间内的电话。

（1）人在台湾打回电话到大陆（北京座机）

002＋86＋10＋电话号码

（2）人在台湾打回电话到大陆（北京手机）

022＋86＋手机号码

（3）人在大陆打电话到台湾（台北）

00＋886＋2＋台北座机电话

5. 时差

没有时差。

6. 提示

为了您在本次旅游途中的安全，我们特别请您遵守下列事项，这是我们应尽告知的责任，也是为了保障您的权益。

(1) 搭乘飞机时，请随时扣紧安全带，以免气流影响安全。

(2) 贵重物品请托放至饭店的保险箱，如需随身携带切勿离手，小心扒手在身旁。

(3) 住宿饭店时请随时将房门扣上安全锁，勿在灯上晾衣物，勿在床上吸烟。听到报警器响，请由紧急出口迅速离开。

(4) 搭乘快艇请扶紧把手并坐稳，勿任意移动。晕船或晕车的客人请提前半小时服用晕船药。

(5) 团体需一起活动，不能擅自离团。

(6) 夜间如需外出，请告知领队或团友，并结伴出行，应特别注意安全。

(7) 切勿在公共场合露财，购物时也勿当众清数钞票。

(8) 遵守领队所宣布的观光区、餐厅、饭店、游乐设施等各种场所的注意事项。

(9) 请妥善保管通行证、机票及个人贵重物品，请勿放于巴士、旅馆、房间以及大行李中，并谨防扒手及陌生人搭讪。

(10) 在台湾有些东西是不能作为礼物相赠的。禁用毛巾赠人、禁以扇子赠人、禁以刀剪赠人、禁以甜果赠人、禁以粽子赠人、禁以鸭子赠人、禁以雨伞赠人。

(11) 台湾将洗手间叫“化妆室”。

(12) 台湾的计量单位为1斤16两。

7. 制作赴台团队成员名册

以下为台湾地区接待社制作的团体名单，原本为繁体字，考虑到大陆写简体字的习惯，我们改成了简体字。

大陆地区人民许可赴台观光团体名册

许可日期：2009/02/13　入境有效期：2009/03/12　出境有效期：自入境之次日至起十五日止。

代申请旅行社：明利　　　　　　国号：098002812

行程：　　　　　　　　　　　　省市级旅行工会名称：

旅行计划：2009年3月15日起至2009年3月22日止，计8天7夜

主要机关登记：

附记：

1. 未随团入（出）境者，请大陆领队于备注栏注明。

2. 大陆领队于入境台湾地区查验时，须将未随入境团员之入境许可证交给查验人员。

3. 大陆观光团团体来台人数不足5人者，禁止组团入境；自国外转来台湾地区团体

人数不足5人者，禁止整体入境。

序号	旅行登记号码（取前七位）	姓名	性别	出生日期（公元）	职业	居住地	备注
1	9760156	赵××	男	1981—03—20（已领多次证）	领队	北京市朝阳区	
2	9860140	李××	女	1950—04—02	教师	北京市海淀区	退休

六、建立一支合格的领队人员队伍

1. 组团社要负责做好申请领队证人员的资格审查和业务培训。业务培训的内容包括思想道德教育、涉外纪律教育、旅游政策法规、旅游目的地国家的基本情况，领队人员的义务与责任等。

2. 对已经领取领队证的人员，组团社要继续加强思想教育和业务培训，建立严格的工作制度和管理制度，并认真执行相关规定。

第三节 国际旅游目的地国家和地区

一、世界旅游业格局与发展态势

1. 世界旅游业的发展

（1）世界旅游业的崛起。20世纪50年代以来，特别是第二次世界大战结束以后，具有普及化和大众化特征的现代旅游业开始迅速发展，1945年之后，世界各国普遍进入了一个经济稳定和持续发展的增长期，国际环境相对稳定，加之科学技术的高速发展，以及技术革命的产生，使人们的收入和生活水平有极大提高。先进与发达国家带薪假期的逐渐延长、人们生活和消费观念的改变、交通运输方式的极大进步，使人们的旅游需求日益高涨；经济条件的日益优化，使世界现代旅游业得到了蓬勃发展。从1950年开始，世界旅游业以每年6.5%的速度增长，1950年，世界国际旅游的接待人数约为2 500万人次，国际旅游的收入为21亿美元，1984年，国际旅游的接待人数达3亿人次，国际旅游的收入达1 000亿美元；到了2000年，世界国际旅游的接待人数增长了6.99亿人次，国际旅游的收入达到了4 768亿美元。世界现代旅游呈现出持续、快速增长的态势。第二次世界大战后世界旅游迅速发展的原因是多方面的，但归结起来，不外乎有两大决定因素：一个是相对持续的和平环境；另一个是现代科学技术革命的成功。前者是后者的先决保证条件，后者是现代旅游迅速发展的根本原因。具体的直接原因有如下几个方面：

1）第二次世界大战后经济的发展。从经济条件看，由于世界经济普遍恢复和持续发展，各阶层人民的经济收入普遍增加，生活得到大幅度的改善。世界市场经济国家国民收入按人均计 1960 年为 520 美元，1979 年增到 2 690 美元，20 年内增长了 4.17 倍。随着经济条件的改善，人们除了对物质生活提出更高的要求外，对精神文化生活的要求也有了急剧的变化。由于城市经济发展所引起的城市环境条件的恶化和由于世界经济发展使脑力劳动者队伍越来越大，以及由于生产技术条件的不断改善，劳动者在工作上所感到的不是体力的过度疲劳，而是由于环境影响造成的精神疲劳。在闲暇时间消除这种疲劳的最好办法莫过于离开城市外出旅游，以寻求新鲜空气和幽静环境。大量城市劳动者离开城市外出旅游，使旅游活动具有广泛的群众基础，这是导致以非物质生产为特征的世界性旅游业出现空前繁荣景象的主要原因。

2）个人收入的增加。社会经济在不断发展提高，个人收入也在逐步增加，除了必要的生活开支和储蓄外，也有可能将一部分收入用于旅游。例如，在美国，估计有 560 万人具有大学毕业的文化程度，他们每年收入两万美元以上，这种超过平均水平的收入使得他们可以和他们的家庭一起周期性地外出旅游，他们所受的教育增加了他们对所居住世界的兴趣，刺激他们想亲眼看看这个世界的欲望。又如日本，每户平均储蓄已达到 750 万日元，一些耐用消费品的购买已趋向饱和，人们更愿意把钱花在海外旅游上。从我国的情况看，改革开放以来，我国城乡居民收入水平有了显著提高，2005 年城镇居民人均可支配收入为 10 493 元，剔除职工生活费用价格上涨因素，与 1978 年相比，翻了两番，平均每年递增 6.7%，虽然对大多数中国人来说，目前还不敢奢望出国旅游，但国内旅游热却在悄然举起。

3）闲暇时间增多。这方面的表现在西方社会在尤为明显。在西方，大多数企业和政府机关实行每周五个工作日，有的实行每周四个工作日，加上每年的例行休假和节假日，闲暇时间在增多。以美国为例，65%的美国人，每年至少有一次假日旅游，很多人还要做多次较短的假日和周末旅游，美国每年外出旅游者约 4 000 万人，约占总人口的 1/3。闲暇时间的增多与科学技术发展促使生产效率大大提高有关。由于生产单个产品的社会必要劳动时间大大减少，从而增加了社会闲暇时间。据统计，1840 年，美英等国的工人每周劳动 70 小时，现在则劳动 35 小时，另外，家务劳动时间也因家庭用品的现代化而大大缩减。20 世纪 40 年代，每个美国家庭主妇一日三餐要花 360 分钟，现在只要 90 分钟；45%的日本主妇在 30 分钟内能做出一席丰盛的晚餐。闲暇时间的增多使人们能够充分安排自己丰富多彩的业余生活。闲暇时间是社会经济的产物，经济发展必然导致劳动时间缩短和闲暇时间的增多，为人们外出旅游在时间上创造了有利条件。

4）运输条件的改善。从运输条件看，随着科学技术的进步，现代化交通运输工具不断出现，使追求和开拓国际和洲际远距离旅游空间运输成为可能，使旅游活动的空间在全人类和全世界范围内迅速发展起来，这是使旅游活动跻身群众性的基本物质条件。

5）政府对旅游业的扶持。目前，许多经济发达国家，像英国、法国、西班牙、奥地利和瑞士等国家都把旅游业提到国民经济中的重要位置上，有的国家和地区把旅游业看成是收入和就业的最重要途径。例如，世界旅游王国西班牙，光是旅游从业人员就占全国总人口的1/7，从旅游业得到的收入就占外汇总收入的1/3以上。世界许多国家为了创汇，在刺激旅游发展上，采取了许多优惠政策。例如，1989年日本政府为了吸引海外旅日游客，将所有食品、运费、观光消费和旅游的住房费的税率由原来的10%降为3%～6%，从而使旅游者在吃、住、行、购等方面大为受益。还有很多国家通过对航空公司进行政府补贴，用国家资金新建和扩建机场及国家投资兴办旅游事业等方式刺激旅游业的发展。韩国早在20世纪60年代中期就把旅游业作为“战略产业”。我国在1986年初把旅游业正式纳入国民经济和社会发展计划，确立了旅游业在我国国民经济中的产业地位。1988年又成立了国家旅游事业委员会，以便加强对旅游工作的领导和协调。

(2) 世界旅游业的形成。20世纪80年代以来，旅游业受到越来越多的国家和地区政府的高度重视，显示出了朝阳产业的勃勃生机。现代旅游业具有加快货币流通、平衡国际收支、调整产业和结构的功能，旅游业被人们称为“无烟工业”，被誉为“无形的贸易”，为社会经济的发展带来了诸多好处。特别是在各国际资源、环境与经济矛盾不断激化的背景下，旅游业的社会经济效益日渐突出，越来越多的国家和地区，已经认识到旅游业的良好效益、活力、前景，从而竞相发展旅游业，有的国家已经把旅游业作为本国的支柱产业。在今天，已经有170多个国家和地区把旅游业为一个独立的产业。各国的政府不断地改善基础条件和旅游设施，不断地提高自己本国的接待能力、简化海关通行和签证的手续、加强与世界组织性旅游组织的联系，采取各种有力的政策和措施，促进旅游业的发展，特别是国际旅游业的发展，世界的旅游业正在以朝阳产业的态势蓬勃发展。

(3) 世界旅游业的现状。进入20世纪90年代，世界旅游业持续快速的增长，迄今为止已经成为全世界最大的产业。尽管世界旅游业，也像其他产业一样，受到了一些事件的影响和打击，比如，1997年的亚洲金融风暴、印尼的巴厘岛爆炸案、美国的“9·11”事件，但在今天由美国的金融危机引起的席卷全球的国际金融危机，致使众多的产业出现相应的波动甚至是衰退时，世界的旅游业一直呈现增长的态势；即使在世界经济相对萧条的时期，旅游业也能悄然度过困境，继续保持蓬勃发展的势头。从1950—1980年，在这30年期间，世界国际旅游的人数增长了11倍多，国际旅游的收入增长了44倍之多，旅游收入的年增长率，是同期国民经济生产总值增长率的两倍。1992年，世界的旅游收入超过了石油、汽车工业，成为世界上的第一大产业。2005年，世界国际旅游的接待人数增长为8.07亿人次，国际旅游收入增加到6 827亿美元。

2. 世界旅游区域的分布

由于世界各地的地理位置、海拔高度的不同，形成了各不相同、各具特色的自然旅游景观。同时，又因为受到历史的演变、民族的迁徙、居民生活的习俗文化艺术等因素的影响，形成了极富地域特色的人文景观。可以说，景观资源的优势因各国各地区的旅游发展特征和发展规模的不同而各不相同。世界旅游组织根据区域的旅游发展水平和旅游集中的程度，将世界的旅游市场划分为七大旅游区。

（1）欧洲旅游地区。欧洲旅游地区包括北欧旅游地区（挪威、瑞典、芬兰、冰岛及丹麦五国及其属地）、原苏联东欧旅游地区（原苏联、匈牙利、捷克、斯洛伐克、波兰、保加利亚、罗马尼亚和德国）、西欧旅游地区（除上述国家外的所有欧洲国家）。从东部的白令海峡向西一直延伸到大西洋沿岸，是沿纬线方向延伸距离最长的旅游大区。纬度位置较高，东、南、西三面多山地、高原，内部是平原和低地，以温带森林和亚热带常绿硬叶林、灌丛为主要自然景观。按照柯达尔对世界文化区的划分，本大区属西方文化区。绝大多数居民为欧罗巴人种（白种人），说印欧语系的日耳曼语、拉丁语和斯拉夫语，信仰天主教和基督教。本大区是资本主义经济的发祥地，人文旅游资源异常丰富，是世界旅游业最发达的地区，有“旅游王国”之称的西班牙、欧洲文明古国希腊和意大利、“世界公园”的瑞士、旅游业发展较早的英国和法国等都在本区。地中海沿岸是世界开发最早、最发达的海滨旅游地。

（2）美洲旅游地区。美洲旅游地区包括北美旅游地区（美国和加拿大）、中美旅游地区（中美洲及西印度群岛的所有国家）、南美旅游地区（南美洲所有国家）。

单元 4

美洲旅游地区跨南北两半球，从北冰洋沿岸向南一直延伸到德雷克海峡，南北跨距15 000公里左右，是世界沿经线方向延伸距离最长的旅游大区。地形上可分为南北纵列的三大单元，西部科迪勒拉山系纵贯南北，东部由高原、山地和大洋中的弧形群岛所组成，中部则是大平原和陆间海。气候类型齐全，自然景观多种多样。本大区系西方文化区，民族构成复杂，既有原住民——印第安人和因纽特人（即爱斯基摩人），又有后来移入的白种人、黑种人和各种族相互通婚后的混血种人，反映了移民大陆的特点，说日耳曼语和拉丁语，信仰天主教和基督教。美洲是仅次于欧洲的世界旅游业发达区，既有资本主义大国现代科技文化，又有印第安人创造的古代文明，这里是世界著名的古玛雅文化、印加文化的发源地。加勒比海沿岸是世界上继地中海之后新兴的海滨旅游地。

（3）东部亚洲、大洋洲旅游地区。东部亚洲、大洋洲旅游地区（简称东亚大旅游地区）包括东亚旅游地区（中国、日本、韩国、朝鲜和蒙古）、东南亚旅游地区（中南半岛和马来群岛的所有国家）、大洋洲旅游地区（大洋洲的所有国家）。这一区域是一个地跨南北两半球，沿经线延伸的旅游区域。本地区最突出的特点表现在这里是世界上旅游业增长速度最快的旅游地区，随着世界经济重心的东移，亚澳（澳大利亚）陆间海（包括我国沿海）将成为继地中海、加勒比海之后，新崛起的世界著名海滨旅游地。在地理环境、文化景观等方面，内部有三个旅游地区差异较大。

东亚旅游地区位于亚洲大陆东岸，以温带、亚热带季风气候为主，以温带、亚热带森林景观占优势。属于东亚文化区，是世界上人口最多的文化区，主要讲汉语、日本语和朝鲜语。宗教以佛教影响较大，此外，中国的儒家思想和文字对日本、朝鲜影响颇大。中国的黄河流域是世界古文明发祥地之一。

东南亚旅游地区在自然地理上位于亚洲和大洋洲、太平洋和印度洋的十字路口，以热带季风气候和热带雨林气候为主，以热带森林景观占优势。属东南亚文化区，绝大多数居民为黄种人。中南半岛居民多属汉藏语系，信仰佛教，马来半岛及马来群岛居民多属马来—波利尼西亚语系，除菲律宾居民多信仰天主教外，大多信仰伊斯兰教。华侨有1 600多万，对东南亚的开发作出了巨大贡献。

大洋洲旅游地区由澳大利亚大陆和广布在太平洋上的美拉尼西亚、密克罗尼西亚、玻利尼西亚三大群岛组成，岛屿极多且分布零散，总计有2万多个岛屿，人口密度小，平均每平方公里3人。这里是联系各大洲的海空航线和海底电缆的经过之地，在旅游交通与通信上具有重要意义。大洋洲多火山岛和珊瑚岛，以热带、亚热带海岛风光和“活化石博物馆”（古老奇特的动植物）而著称于世，属西方文化区。澳大利亚和新西兰的居民绝大部分是欧洲移民及其后裔，通用英语，其他国家和地区的居民以当地人为主体，属巴布亚语和马来—波利尼西亚语系，全洲约有80%的人口信仰基督教。

（4）南亚旅游地区。南亚旅游地区包括南亚所有的国家。喜马拉雅山脉位居本大区北部，使南亚成为一个相对独立、特征明显的旅游区域。地形上分为北部山地、中部印度河—恒河平原和南部德干高原三大部分，典型的热带季风气候及热带季风林景观。属印度文化区，是世界上人口最多最稠密的地区之一，平均每平方公里210人，居民兼有三大人种的血缘，而以白种人和黑种人的混合型为主。语言分属印欧和达罗毗荼两大语系，本大区是婆罗门教和佛教的发源地，婆罗门教后演化为印度教。印度河—恒河流域是世界古文明发祥地之一。

（5）西亚旅游地区。西亚旅游地区包括除埃及以外的中东地区所有国家和阿富汗。它是联系三大洲、沟通两大洋的世界海陆空交通要冲，有“三洲五海之地”的美称，古代由中国通往西方的“丝绸之路”横贯西亚。地形以高原为主，气候炎热、干燥，属于荒漠、半荒漠景观，是世界石油宝库。属伊斯兰文化区，民族构成较复杂，阿拉伯人占多数，居民的宗教信仰也相当复杂，这里是伊斯兰教、基督教和犹太教等世界性宗教的发源地，目前以伊斯兰教徒人数最多，主要使用阿拉伯语，少数使用闪米特语。幼发拉底河与底格里斯河流域是世界古文明中心之一，当地人民在文学、数学、天文、历法、医学等许多方面对人类作出了重大贡献。

（6）非洲旅游地区。非洲旅游地区包括非洲所有的国家。它是以高原为主的热带干燥大陆，自然景观以赤道为中轴南北对称分布，此外，东非大裂谷也是非洲自然地理上的一大特色。非洲有世界上面积最大、最典型的热带稀树草原和热带荒漠、半荒漠，热带雨林范围也不小，多天然动物园，使非洲有“世界自然资源博览会”之称。属非洲文化区，居民的种族构成复杂，兼有世界上黑、白、黄三大人种的成分，其中大多数属于黑种人—尼格罗人种，为世界黑种人的故乡。语言复杂，以昆日尔—刚果语系和科伊桑语系为主，宗教多样化，信仰伊斯兰教和基督教的各约1亿人，信仰原始宗教的约有2万人。尼罗河流域是世界文明的发祥地之一，闻名世界的金字塔显示了古埃及人民惊人的创造力。本大区由于长期遭受侵略，文化落后，经济不发达。在旅游业方面，非洲是一个发展中的大陆，许多资源有待于进一步开发。

（7）南极洲旅游地区。南极洲旅游地区包括南极大陆及其所属岛屿。它是地球上最南端的大洲，也是世界上最孤立的洲，但这里却是联系南半球条大洲间的空中交通捷径。南极洲是一片冰雪世界。具有地势最高峻、气候最严寒、风暴最强烈、景色最单调的自然地理特征，几个世纪以来，它一直吸引着人们的好奇心和探险兴趣。本大区陆生生物贫乏，但海洋生物却十分丰富。同时，南极洲也是地球留给人类最后一块未开发的宝地，是进行科学研究和探索宇宙奥秘的天然实验场地。到目前为止，已有17个国家在南极洲建立了39个常年科学站和几十个临时考察站，每年有2 000多人到南极地区进行各种考察活动。

3. 现代世界旅游业的发展格局

随着世界经济的发展及国际间合作与交流的扩大，国际旅游业迅猛发展。1950年世界各国出国旅游者仅0.25亿人次，而到2005年，全球接待国际旅游者人数达到8.08亿人次，旅游收入达到62 015亿美元，50年中增长了31.32倍，年均增长7.35%。据国际旅游组织预测，到2010年，国际旅游人次将达到10亿人次，旅游收入超过10万亿美元。到2020年时，将达16亿人次，也就是说，今后十几年中还将增加10亿人次。国际旅游业广阔的发展前景引起了世界各国的极大兴趣，各国都着力探索这一新兴产业的客观规律，努力开发独特的旅游产品，参与国际市场竞争。经过几十年的发展，世界国际旅游业呈现出基本的发展格局，其主要表现在经济格局、市场格局、竞争格局三个方面。

（1）经济格局。2005年，全世界旅游经济排在前10位的国家和地区，其国际旅游总需求达到43 538亿美元，占当年世界旅游总需求的70.2%。这10个国家和地区形成了世界旅游市场的主体，其余150多个国家和地区仅占市场份额的29.8%。可以说，这10个国家和地区的情况代表了21世纪初期世界旅游业的主流。2005年，国际旅游经济增加值超过2 000亿美元的国家依次为美国、日本、德国、法国、英国、中国、意大利、西班牙。从经济角度看，世界旅游经济形成了两个层次的格局：八巨头，占有68.29%的市场份额；其余国家或地区占有31.70%的市场份额。由此形成的国家或地区平均年旅游外汇收入量表现出：少数国家占有大多数国际旅游外汇收入份额，多数国家占有少数国际旅游外汇收入份额，这是当今世界旅游经济的基本格局。凭借其优越的地理位置和资源条件，旅游业发展始终位于世界前列。

（2）市场格局。现代国际旅游已经不再局限于邻近国家或近距离旅游，而是打破了洲域、疆域的界线，逐步发展成为一种全球化的社会经济活动。特别是 20 世纪 50 年代以来，科学技术的进步促进了通信技术和手段的现代化，促进了交通运输条件（尤其是民用航空）的极大改善，使国际旅游迅速向全球发展，国际旅游市场格局初步形成。70 年代以前国际旅游主要集中在欧洲和美洲，而东亚及太平洋地区、非洲、中东、南亚等地区则非常少。70 年代以后，国际旅游开始向全球化发展，到 2000 年，东亚及太平洋地区接待国际旅游者比重已上升到 16.0%，比 60 年代初提高了 15 个百分点；非洲地区提高了 2.6 个百分点；中东地区提高了近 2 个百分点；南亚提高了 0.6 个百分点。而到 2005 年，东亚及太平洋地区接待国际旅游者的比重已上升到 18.3%，比 60 年代提高了 17.3 个百分点；非洲地区提高了 3.4 个百分点；中东地区提高了 3.8 个百分点。非洲和中东的发展已超过世界旅游组织的预测。国际旅游的全球化发展，不仅增进了世界各国政府、企业及人民之间的广泛交流和联系，也推动了国际旅游在世界各地区、各个国家的发展，并带动和促进了世界各个国家社会经济的发展。

（3）竞争格局。从区域角度看，以旅游市场的经济格局为基础。逐步形成了以欧美为主体的区域格局，而且大部分客流也主要在欧美各国之间相互流动。这是第二次世界大战后的总体走向，在 20 世纪 90 年代并没有根本性的变化。1995 年，欧美地区接待国际旅游者分别占世界国际旅游者总数的 59.4%和 19.7%，仍然高居榜首；而东亚太地区仅有 14.8%，非洲地区 3.3%，中东地区 2.0%，南亚地区 0.8%。世界国际旅游仍然高度集中在欧美地区，主要原因在于欧美是当今世界经济的中心所在，同时当今世界本区域、邻近区域国际旅游仍然是当前国际旅游业的主流。

进入 20 世纪 90 年代后，国际旅游地域格局出现了新的特点，产生了亚洲崛起、欧洲衰落、美洲平稳、非洲附庸的新趋势。以 1995 年同 1960 年相比，欧洲接待国际旅游者人数比重从 72.5%下降到 59.4%，下降了 13.1 个百分点；美洲从 24.1%下降到 19.7%，下降了 4.4 个百分点；东亚太地区比重则从 1.0%上升到 14.8%，上升了 13.8 个百分点，年均增长速度达到 10%以上；其他非洲地区上升了 2.2 个百分点，中东地区上升了 1.0 个百分点，南亚地区上升了 0.5 个百分点。这表明东亚太地区正成为跨世纪国际旅游业的重点区域。

进入 20 世纪后，虽然欧洲地区接待国际旅游者的市场份额，从 1950 年的 66.4%下降到 2000 年的 57.8%，但目前仍然是接待国际旅游者最多的地区；美洲地区接待国际旅游者市场份额从 1950 年的 29.6%下降到 2000 年的 18.6%，但其作为世界第二大国际旅游接待地的地位仍然相对稳定。东亚太地区自 20 世纪 80 年代以来接待国际旅游者份额持续上升，已经从 1980 年的 7.3%迅速上升到 2000 年的 16.0%。进入 21 世纪以来，上述新趋势得到了进一步发展，世界游客客流进一步分散化和均衡化，继续从欧美旅游发达区域向亚太、中东、非洲等区域转移。2005 年欧洲地区国际旅游者的比重继续跌至 54.9%，美洲地区则跌至 16.5%；而亚太地区则上升至 18.3%，中东地区则迅速上升到

4.8%，非洲地区也迅速上升到4.5%。

根据预测，到2020年东亚太地区接待国际旅游者的份额将上升到27.0%，超过美洲地区的18.0%而居全球接待国际旅游者的第二位；欧洲地区虽然仍居世界接待国际旅游者的榜首，但其接待国际旅游者的份额将大幅度下降到45.0%。

4. 世界旅游业的发展态势

旅游业作为世界上最大的新兴产业，每年国际旅游业的交易额已超过3000亿美元。尽管今后旅游需求不可避免地会受到周期性经济衰退、通货膨胀、恐怖主义活动以及各种贸易保护主义等因素的制约，但旅游业发展的大趋势却是不可逆转的。值得注意的是，由于社会经济的变革及旅游市场地域结构、人口结构和消费需求结构的变化，现代国际旅游业在发展过程中将呈现出如下趋势：

（1）国际旅游产品趋向多样化。经济发展和人们生活水平提高所引起的多样性旅游需求日益增长。为了克服经济全球化对旅游多样性的影响和挑战，21世纪国际旅游产品将呈现出多样化发展趋势。一是以大众观光旅游、文化旅游、休闲度假旅游为主的传统旅游产品仍持续发展，并且其内容和范围将不断增加和扩展；二是以生态旅游、康体旅游、商务会展旅游、奖励旅游为主的新兴旅游产品将迅速发展和扩大，成为21世纪国际旅游的主导产品；三是以各种业务旅游（如工业、农业修学旅游）、探险旅游、科考旅游等为主的特种旅游将异军突起，成为新世纪国际旅游产品的重要组成部分；四是无论以上哪一类旅游产品在21世纪发展中都将更加特色鲜明、内容丰富，全面展现国际旅游的多样化特点和趋势。

（2）国际旅游活动趋向立体化。随着高新技术的发展，人类社会经济活动的空间进一步向广阔的陆地、深海、太空和外太空拓展，从而使21世纪国际旅游活动趋向立体化发展的趋势。一是随着陆地旅游产品的多样化发展，使各种新兴旅游产品、特种旅游产品层出不穷。攀登高山、挑战沙漠、体验文化、神游森林、参观工厂、探索秘境等成为21世纪极富吸引力的国际旅游活动。二是随着海洋技术的发展和潜水艇的改善和广泛应用，人们将揭开神秘的海底世界，各种海底公园将不断产生，为人们欣赏梦幻般的海底美景，开展海底观光、深海探秘、海底运动等各种探海旅游活动提供良好的条件。三是随着空间技术的发展及航天飞机的产生，直升机观光、太空游览、月球旅游、外太空探险将成为21世纪的空间旅游新产品。据国外专家预测：2050年人类将在月球上建立航天公园，2100年外太空探险将成为国际空间旅游的“热点”。

（3）国际旅游方式趋向个性化。现代科学技术的迅猛发展和经济全球化发展，使人类社会不仅进入了消费化时代，而且进一步促进了消费的个性化发展。从世界经济的消费性和个性化特点看，其将促进国际旅游方式迅速趋向个性化发展。这种趋势突出表现在三方面：一是散客旅游相对于团队旅游急剧上升，越来越多的国际游客更倾向于单个或者小群体的外出旅游；二是团队旅游日趋小型化发展，20世纪以大规模组团旅游为主的方式日益减少，而以家庭为单元的小团队旅游正在成为21世纪团队旅游的主体；三是各种各样的自助旅游迅速发展，特别是从20世纪90年代以后，随着各种生态旅游、会议旅游、奖励旅游及自驾车旅游的发展，越来越多的旅游者更加喜欢按照自己的喜爱和兴趣来选择游览地、安排游览线路和游览时间，21世纪将是自助旅游大发展的世纪。

(4) 国际旅游客流趋向分散化。20世纪，国际旅游客流的发展格局相对集中在欧洲和北美两大地区，尽管这种格局在短时期内不会发生根本性变化，但从世界经济区域一体化和多极化发展的态势看，进入21世纪后，国际旅游客流从20世纪的相对集中渐渐趋向分散化。一方面，随着亚洲、非洲和拉丁美洲一些新兴工业国的脱颖而出和发展，其人均国民收入迅速增加，产生大量出国客源的条件日趋成熟，将逐渐成为具有巨大市场潜力的新兴客源国；而世界一些传统旅游客源国由于受经济衰退的影响，为了维护国家收支平衡，阻止货币大量外流，纷纷采取诸如外汇限制和征收出国旅游税等措施，阻止本国居民大批出国旅游，致使传统旅游客源市场的进一步扩大受到限制。另一方面，随着国际旅游业的持续发展和国际旅游产品趋向多样化发展的态势，许多发展中国家依托丰富独特的旅游资源优势，把旅游业作为重点产业优先发展，形成了大量具有鲜明特色和较强吸引力的旅游产品和旅游目的地，从而使国际旅游客流的流向更加趋于复杂和分散。

(5) 国际旅游经营趋向全球化。20世纪，由于受交通条件、经济发展和各国贸易壁垒的影响，国际旅游活动和国际旅游经营相对集中于欧美地区和经济发达国家。迈进21世纪，在科技进步和经济全球化格局的影响下，国际旅游经营将进一步从区域性趋向全球化发展。一方面，科技进步促进了国际旅游交通条件的不断改善，特别是航空技术的发展和各种快捷安全、舒适经济的大型喷气式客机的广泛应用，使国际旅游交通条件和旅游市场距离对国际旅游的限制作用不断减弱，越来越多的旅游者加入到中、远程国际旅游的行列，使国际旅游客流在洲际之间的流量增大、流速加快。另一方面，经济全球化使各国的市场进一步开放，相互依存度提高，推动了跨国公司和国际经济活动的发展，引起国际资本和人员在全球的广泛流动。因此，为了适应旅游联合与合作将进一步加强，各种国际连锁酒店、跨国旅行商、跨国旅游集团将进一步向世界各地扩展，从而推动国际旅游经营业务也将从区域性向全球性发展。

(6) 国际旅游营销趋向网络化。随着21世纪国际旅游经营的全球化发展，尤其是现代信息技术和国际互联网的迅猛发展，形成了国际旅游营销的网络化发展趋势。突出表现在以下几方面：一是国际旅游宣传促销网络化，即通过利用国际互联网技术和信息“高速公路”，建立大量的旅游网站，制作各种各样生动活泼的旅游网页，来介绍和宣传旅游地的风景名胜、旅游线路、航线航班和出游方式等；二是通过旅游电子商务的发展，广泛进行网上预订、网上组团、网上结算，不仅使国际旅游业务更加方便快捷，而且减少了旅行社之间的延期付款及拖欠款问题；三是随着旅游经营全球化发展，逐渐形成国际旅游开发商、批发商和零售商为一体的旅行社经营网络，而依托全球性的旅行网络和各国的旅行社销售网，既有利于迅速开拓国际客源市场，又能提高旅游目的地在国际市场的竞争力和市场份额；四是国际互联网、广告宣传媒体，人员促销、会议展销等营销方式将有机结合，形成旅游营销网络一体化的发展态势。

（7）国际旅游管理趋向知识化。目前，人类社会正在进入知识经济社会，国际旅游从本质上看属于知识经济的范畴，因此对国际旅游的管理不仅要现代化，更要日趋知识化。知识经济是以知识为基础的新经济，而在国际旅游中不论是旅游主体、客体还是媒介及手段，无一不包含着大量的知识和信息，因此离开了以知识为基础的国际旅游管理是不可能成功的。从国际旅游管理的发展看，创新是知识化管理的动力。创新包括观念创新、技术创新、机制创新和管理创新，它们从不同的方面决定和影响着国际旅游的发展。知识和创新的发挥和应用主要取决于人才，因为在知识化管理中管理者和被管理者都是人，都是掌握知识和创新的人。只有具有大量高素质的优秀人才，才有可能充分利用现代化知识和信息技术手段，实现创新型的管理，推动国际旅游的持续发展。现代信息技术是知识化管理的重要手段，其提供了方便快速和高效率的管理手段，促进国际旅游管理的科学化和现代化。

（8）国际旅游增长趋向集约化。20 世纪国际旅游的发展总体上属于数量扩张型的增长，即主要通过旅游的大众化发展，依靠国际旅游客流流量的扩大来实现旅游经济总量的增长。但随着 20 世纪 90 年代以来全球可持续发展战略的提出和旅游大众化发展的负面影响，许多旅游发达国家和地区正在探索新的旅游增长方式，从数量扩张型向效益增长型的集约化方式转变，主要表现在：一是注重提高国际旅游地的质量，通过增加旅游活动的内容，提高旅游的文化内涵和科技含量，改善和提高旅游服务，以刺激游客的消费，提高旅游地的经济收入；二是积极开拓高素质、高消费的国际客源市场，调整高消费型和经济型游客的比重，在限制游客过度增长情况下，努力保持旅游经济效益的不断增长；三是强调旅游供给的投入产出效益，推进旅游企业的兼并、重组和国际合作，提高旅游企业的规模经济效益；四是加强旅游企业和旅游行业的管理，强调旅游业发展必须促进和带动地方、社区的社会经济发展。

（9）国际旅游发展的可持续化。旅游发展的前提条件是丰富的自然旅游资源、人文旅游资源及良好的环境条件，因而 21 世纪国际旅游发展必须坚持走可持续发展的道路。国际旅游的可持续发展，是指在充分考虑旅游活动与自然资源、社会文化和生态环境相互作用和影响的前提下，把旅游开发建立在生态环境承受能力之上，努力谋求旅游业与自然、文化和人类生存环境协调发展，并福及子孙后代的一种经济发展模式；其目的在于为旅游者提供高质量的感受和体验，促进旅游目的地居民的生活质量不断提高，并切实维护旅游者和旅游地人民共同依赖的环境质量。迈进 21 世纪，随着人们对资源、环境保护的重视和全球加快对生态环境的保护和恢复，生态旅游将成为 21 世纪旅游的主体。与此相伴，各种绿色酒店、绿色食品、绿色营销及保护环境、回归自然的旅游活动广泛发展，必将促进国际旅游走上可持续发展的道路。

自 20 世纪 50 年代以来，全球国际旅游的发展盛况空前，始终保持着高于世界经济的增长率的水平而持续发展。虽然世界旅游业总产出增长率一度从 50 年代的 12.4%下降到 90 年代的 5.9%，但同世界经济及世界工业的增长率比较，始终保持了一种高速发展的态势。

二、中国国际旅游业的历史发展进程

1. 特定的历史条件与特定的旅游发展特色

（1）中国悠久的旅游史。作为古老的文明古国，中国有着悠久的旅游历史，从古代的帝王将相、皇亲国戚、贵族，到才子佳人、先贤士子都有着游历邻国友邦的旅游经历。从张骞的出使西域到鉴真东渡日本，从玄奘的西行到郑和七下西洋，以及后来越来越多的中国人走出国门，到达东洋、到达西洋、到达南洋，或游学交流、或拜佛求经，这些最早走出国门的人，成为我国最早的国际旅游者。与此同时，印度人达摩、日本人荣睿、意大利人马可·波罗、利玛窦都先后来中国布道讲经或经商。在唐朝的长安，城内随时可见许多不同肤色、不同语言的外国人，长安成为了当时东方著名的旅游胜地，在元朝的元大都，也经常看到不同肤色的外国人，比如有波人（伊朗人）、色目人（西域）、意大利人，等等。海陆两条丝绸之路把中国和中亚、西亚、欧洲诸国紧密地联系起来。

（2）曲折而漫长的经历。由于受到政治、经济和社会历史文化的局限，在中国长期的封建和半封建、殖民地半殖民地的历史长河中，虽然有一定规模的国际交流化和人员的往来，但却始终没有具备现代旅游的国际性质。1949 年 10 月，中华人民共和国成立之后，1949 年 12 月，华侨服务社在福建成立，成为新中国的第一家旅行社，正式开始了国际旅游业务，1954 年，在北京又组建了全国第一家以接待外国人为主的国际旅行社。当时中国政府主要把国际旅游当做外事接待的一部分，其主要的任务局限于接待华侨、华人和一部分外国人（包括外国政要以及国际友人），主要提供政治接待、翻译和一部分的生活服务。那时的国际旅游业务不仅规模小而且业务单一，还不能完全纳入国际旅游业的范围。中国真正意义上的国际旅游业的形成，是在 1978 年之后，随着改革开放的不断深入而逐渐形成、发展和壮大。其间先后经历了 1978—1988 年的缓慢增长的阶段，1989—1990 年的滑坡阶段，1991—1992 年的恢复阶段，1993 年起，特别是在 2005 年，我国加入了世界贸易组织（WTO）以后，中国的国际旅游业进入了一个持续快速增长的时期。目前，我国的国际旅游业已经成为我国国民经济中的重要产业，成为国际舞台上一支异常活跃、极富生命力的力量。

（3）中国国际旅游业的发展现状与特色

1）中国国际旅游业发展现状。1978年后，我国国际旅游业首开改革开放先河，受改革开放之惠，凭借巨大的资源优势以及国际市场积蓄多年的需求存量，经历这三十多年的发展，目前已经具有相当规模，一举形成三大市场，这就是入境旅游、国内旅游、出境旅游，并且形成了三大市场互为驱动、相互补充的市场格局。在旅游接待人数、外汇收入、旅游基础设施建设、旅游资源的开发和保护、旅游人才队伍的建设等方面，取得了举世瞩目的成绩。许多旅游经济的指标均位于世界的前列，成为当今世界上名副其实的旅游大国。

2）中国国际旅游业发展特征。世界上的许多国家一般是以先发展国内旅游，后发展国际旅游的步骤来发展自己国家的旅游业，而在中国，由于特殊的历史背景和经济基础，实施了一种特有的运作模式，先是单一地发展入境旅游，然后是国内旅游和出境旅游并举，构成了入境旅游、国内旅游、出境旅游三足鼎立的旅游业格局。长期以来，我国的旅游业是以入境旅游为龙头，超常规发展起来的。从20世纪70年代末80年代初开始，国内旅游迅猛发展，并逐渐与入境旅游一起成为我国旅游业的两大支柱。到了80年代中期，随着内地居民赴港、澳探亲旅游市场的开放，特别是90年代兴起的出国旅游，使出境旅游市场迅速扩大与增温。我国政府不失时机地提出了一个旅游发展的战略总方针。这就是“大力发展入境旅游，积极发展国内旅游，适度发展出境旅游”。在这个总方针的指导下，我国的国际旅游呈平稳的增长态势。现在，已经形成了入境旅游、出境旅游兼顾发展的国际旅游市场的新格局。

2. 中国入境旅游市场

（1）中国入境旅游发展现状。我国入境旅游的游客由外国人入境旅游、港、澳同胞赴内地旅游、台湾同胞赴大陆旅游这三部分人员组成，当然还应包括华侨、外籍华人。近年来，随着社会的稳定和经济的发展，政治环境的改善以及国际形象的提高，我国的入境旅游持续、平稳增长。我国入境旅游位居世界第四，仅次于法国、西班牙和美国。我国已经成为世界第四大旅游目的地国家。

（2）中国主要入境旅游客源国。有资料显示，对1980年以后主要国家来华旅游人数及其排位结果是韩国、日本、俄罗斯、美国、马来西亚、新加坡、菲律宾、蒙古、泰国、英国、澳大利亚、德国、加拿大、印度尼西亚、印度、法国、意大利、哈萨克斯坦、荷兰、朝鲜等国家，是我国近年来入境旅游的主要客源国，其中韩国、日本、俄罗斯、美国、马来西亚稳居前五位，是我国重要的客源国。

（3）中国入境旅游市场的主要特征

1）入境旅游者以港、澳同胞为主。入境旅游者以港、澳同胞为主，外国人和台湾同胞的比例呈现出不断增长的趋势，从来华旅游者的身份来看，我国入境旅游的客源市场主要分为三大部分，一是港、澳同胞，二是台湾同胞，三是外国人。由于中国特殊的历史、政治因素，港、澳长期以来一直是我国入境旅游的主体，其比例占了4/5，但是近年来有下降的趋势，外国人和台湾同胞快速增长，其比例为1/5，并显示出不断上升之势。

2）客源国分布广泛，客源相对集中。我国入境旅游的主要客源，广泛地分布于世界各地，在全世界的七大洲中亚洲、欧洲、南北美洲、大洋洲和非洲的大多数国家是我国的客源国。客源地分布的广泛性为防止恶性偶发事件对旅游业的剧烈影响提供了有利条件，确保了我国入境旅游的持续、稳定增长。从各国来华旅游者所占的市场份额，客源国又有相对集中的特点，少数重要的客源国提供了大部分游客，占据主导地位。近年来，韩国、日本、俄罗斯、美国和马来西亚位居前五名的客源国为我国输送了大约50%的客源，这一比例还在不断上升。这种相对集中的格局，为我国入境旅游的接待以及市场的针对性和有效性提供了便利。

3）亚洲市场为主体，各洲发展不平衡。我国的客源市场在世界各大洲中的发展是不平衡的，因为地缘的关系，亚洲市场始终扮演着主体角色。近年来，随着亚太地区经济的发展，一大批新兴工业国在亚洲迅速崛起，加上地缘优势，使得日本、韩国、新加坡等亚洲国家来华的旅游者持续增长而且基数很大，市场的份额占60%。而就远程的洲际市场来说，欧洲市场的份额时有升降，但总体的发展基本平衡，其市场的份额保持在20%左右；北美市场和大洋洲市场近年来增长较快，市场的份额占15%左右，非洲的市场份额比较小，尚不足5%，但潜力和发展的空间比较大。

3. 中国出境旅游市场

（1）中国出境旅游的发展历史与现状。中国公民自费出境旅游包括港、澳游，边境游和出境游三种方式，港、澳探亲游是我国出境旅游的先导。1983年11月，以广东省作为试点，率先开放了居民赴香港探亲旅游。1984年，经国务院批准开放内地居民赴港、澳地区的探亲旅游，由此拉开了我国内地居民出境旅游的序幕。1987年，辽宁丹东—朝鲜新义州的一日游，开启了我国边境旅游的先河，随后相继开放了中朝、中俄、中蒙、中哈、中越、中缅、中老等国的边境旅游，自此边境旅游红红火火地开展起来。1990年，国家旅游局发布了《关于组织我国公民赴东南亚三国旅游的暂行管理办法》，当时的旅游目的地仅限新加坡、马来西亚和泰国，后来又增加了菲律宾。1997年3月，经国务院批复，国家旅游局、公安部联合发布了《中国公民自费出国旅游管理暂行办法》，并于1997年7月1日正式实施，这就标志着中国正式开办了公民自费出国旅游。

（2）中国出境游的主要目的地国（地区）。出境旅游一经开办，就深受国人的欢迎，并持续快速地发展和增长着。从旅游的人次来看，呈现出逐年增长的趋势。

中国出境旅游市场开放后，公民出境旅游目的地国逐年增多。到2007年初，除香港、澳门两个特别行政区之外，已经有84个国家（地区）正式成为我国公民出境旅游目的地。

近年来，出境第一站按人数排序，名列前十位的国家（地区）依次是中国香港、中国澳门以及日本、韩国、泰国、俄罗斯、美国、新加坡、越南、马来西亚。

4. 中国国际旅游业前景展望

经过三十多年的发展，中国的国际旅游业不断成长、壮大。一个资源丰富、市场广阔的世界旅游大国已经超然面世。在今后相当长的一段时间里，中国的国际旅游业务将继续保持强劲的发展势头，充分发挥市场潜力，逐步实现从世界旅游大国向世界旅游强国的跨越式发展。

从国际形势的发展来看，我国的国际环境不断优化，国际的交往日益密切，中国加入世贸组织（WTO），促进了我国全方位的开放，不仅有利于大规模地引进客源，而且有利于建立与世界国际旅游接轨的旅游业运营机制。进一步让世界了解中国，让中国走向世界，中国逐渐成为全世界最受欢迎的、最安全的旅游目的地，世界旅游的安全绿岛。特别是美国的“9·11”事件后，许多外国的航空公司不断增加到中国的航班。随着改革开放的深入，我国不断地开辟公民出国旅游的新目的地国，与相关国家签署双边和多边协议，简化出入境手续，使出入境旅途更方便、更快捷。2008 年北京奥运会及 2010 年将在上海召开的世界博览会，向世界展示中国社会稳定、经济繁荣的良好面貌，进一步提升中国的国际旅游形象，促进我国国际旅游业的全面发展。

从国内形势上看，我国将继续致力于经济建设和民生工程，扩大对外贸易，富国强民，全面提高人们的收入水平和生活质量，将旅游业作为国民经济新的增长点而继续培育；在“大力发展入境旅游，规范发展出境旅游，全面提升国际旅游”的旅游业发展总方针的指导下，我国的旅游业，包括世界现代国际旅游业，必将迎来良好的发展机遇，呈现强劲的发展势头。根据国家旅游局制定的发展规划，十一五期间必须实现入境旅游人数和入境过夜旅游者人数年均增长 8%，国际旅游总收入年平均增长 12%，到 2010 年，我国国际旅游收入将达到 530 亿美元，到 2020 年，我国国际旅游总收入将超过 3.3 亿元人民币，达到国内生产总值的 8%。

国内外形势的发展表明，随着经济的发展和社会的进步，我国未来的旅游业将提供更多、更好的旅游产品，吸引更多的国际旅游者来我国旅游，同时，中国人将不断地走出国门，拥有 13 亿人口的中国将为世界的现代旅游提供巨大的客源。根据世界组织的预测，到 2020 年，中国将成为世界第一大旅游目的地国、第四大旅游客源国，我国旅游业发展的战略目标是在 2020 年，成为世界旅游强国。我国国际旅游业的发展前景十分广阔。

三、世界旅游组织与中国旅游组织

1. 国际性世界旅游组织

国际旅游组织有狭义和广义之分：狭义的国际组织指其成员来自多个国家并为各国利益服务的全面性旅游组织，广义的旅游组织包括工作面涉及旅游事务的国际组织和专门从事国际旅游事务的同业组织。国际旅游组织可按以下标准分类：按组织地位可分为政府间组织和非政府间组织；按组织范围可分为全球性组织和地区性组织；按组织成员可分为以个人为成员、以公司企业为成员、以机构团体为成员、以国家政府代表为成员的国际组织；按组织的工作内容可分为部分涉及旅游事务和全面涉及旅游事务的国际组织。

（1）世界旅游组织（简称 WTO）。该组织是联合国系统的政府间国际旅游组织，也是世界上唯一全面涉及旅游事务的全球性政府间机构。前身可追溯到 1919 年的国际旅游同盟，1925 年改为国际官方旅游联合会，1947 年改为国际官方旅游组织同盟。1970 年 9 月在墨西哥城召开的国际官方旅游组织联盟特别代表大会上，决定将其改建为世界旅游组织。1975 年世界旅游组织正式成立，总部设在西班牙马德里。从 1976 年起，它还是联合国开发计划署的一个执行机构，负责有关旅游的技术合作项目，并与联合国教科文组织、环境规划署、国际海事协商组织和世界卫生组织等签有一系列协议与合作协定。

1）世界旅游组织的宗旨是促进和发展旅游事业，为经济的发展、国际间的相互了解、和平与繁荣、尊重人权和不分种族、性别、语言及宗教信仰的人类基本自由作贡献。在贯彻这一宗旨时，特别强调要注意发展中国家在旅游事业方面的利益。

2）世界旅游组织的主要工作，围绕技术合作、信息、统计、教育培训、简化旅行手续、旅游者安全及旅游设施保护、旅游环境等方面进行。

3）世界旅游组织最高权力机构是全体大会，每两年召开一次。领导机构是执行委员会。由大会选举产生秘书处，负责日常工作；地区委员会为非常任机构，共设有欧洲、非洲、美洲、中东、南亚、东南亚和太平洋 7 个地区委员会。

至 20 世纪末，世界旅游组织有正式会员 109 个，联系成员 4 个，附属成员 170 个。我国于 1983 年 10 月 5 日被该组织接纳为第 106 个成员国。

为加强对旅游的正确引导和引起各国重视，世界旅游组织于 1979 年第三届代表大会上将其章程诞生日 9 月 27 日定为世界旅游日并决定在每年的世界旅游日提出一个世界性的宣传口号。该组织主要出版刊物有《世界旅游组织新闻（月刊）》《旅游统计年鉴》《旅游统计手册》《国际旅游——过境手续》及《旅游发展报告（政策与方向）》《现代旅游与旅行的发展方向》《世界旅游经济评论》等。

（2）世界旅行社协会联合会（简称 UFTAA）。该联合会是国际性民间旅行社行业组织，由国际旅行社联合会和世界旅行社协会组织合并组成。1966 年 11 月 22 日在罗马正式成立，总部设在比利时布鲁塞尔。

1）联合会的宗旨是对各国全国性旅行社联合会或旅游联盟给予职业上的指导和技术上的援助，尽一切努力联合、巩固和发展这些组织，代表国际旅行社和旅游业的各种利益，并从这一职业在整个旅游经济结构中起的作用出发，最大限度地维护这一职业的声誉。

2）联合会的最高权力机构是全体会员大会，每年召开一次。理事会经选举或协商产生，负责处理该会日常工作，执行委员会对其进行监督。另设秘书处，受大会领导。该联合会的常设机构是各会员国家协会秘书长会议。

我国于 1995 年 8 月成为该组织正式成员。

（3）国际饭店协会。该协会是一个世界性饭店行业组织，成立于 1946 年 3 月，总部设在巴黎。协会早期被欧洲一些大饭店控制；随着世界旅游业的发展，饭店集团开始发挥主导作用，现在朝着全球饭店协会和国际饭店集团方向发展。

1）协会的宗旨是为促进世界饭店业的发展，与国际上有关组织进行协调合作并加强国际饭店业之间的联系与交流，研究全球饭店业的发展，共同参与饭店业管理、国际金融结算、保险货币兑换、建立业务评估制度等活动，召开专业研讨会和通报饭店业信息。

2）协会最高权力机构是会员代表大会，理事会主持常务工作，秘书处负责处理日常工作。我国于 1994 年 3 月以国家会员资格加入该组织。

（4）国际旅游科学专家协会。该协会是由国际上致力于旅游研究和旅游教学的专家学者组成的旅游学术集体，成立于 1951 年 5 月，总部设在瑞士伯尔尼。

1）协会的宗旨是发展科学联系，开展旅游研究工作，加强会员之间的友好关系，通过交流经验、交换资料和文献，提高全体会员的科研积极性，支持旅游科研所和其他科研与教学中心的活动。

2）协会的最高权力机构是全体会员大会，每年举行一次。临时委员会 、秘书处和监督处等机构负责协会工作。

该协会在旅游理论研究方向享有很高的学术地位。定期出版物有《旅游评论》季刊和会议年度纪要，发行与旅游业发展、旅游销售、企业经营有关的论著。

（5）世界一流酒店组织。该组织是世界性的一流酒店行业组织，是全球性的酒店促销与预订联合体，1928 年在瑞士成立，总部设在纽约。

1）世界一流酒店组织的宗旨是吸收世界上最佳旅馆为其成员，促进世界各地一流酒店的提高和保持其卓越地位、一流服务和优良传统。每年召开一次年会交流经验，互相促进。该组织本身不拥有任何酒店，但经营一个促销与预订公司——酒店预订公司，总部设在瑞士苏黎世，主要负责为其成员酒店进行全球性预订。欧洲成员酒店为公司股东，欧洲以外成员酒店不是股东而被视为公司的客户。

2）世界一流酒店组织的组织机构设有股东会、执委会、国际顾委会等，此外，还在纽约、伦敦、东京、香港等地设有 18 个办事处。

3）世界一流酒店组织的成员必须在位置、环境、组织、管理和服务等方面都具有最佳条件和最高标准。要加入的酒店必须经过严格检查、审定，提交执委会讨论，合格者方可接纳为正式成员，我国广州白天鹅宾馆、北京贵宾楼饭店及王府饭店等均已被接受为该组织成员。

(6) 太平洋亚洲旅游协会（简称 PATA）。该协会是具有广泛代表性和影响力的民间国际旅游组织，于 1951 年在夏威夷成立。原名太平洋临时旅游协会，1953 年 3 月改名为太平洋地区旅游协会，1986 年 4 月，在马来西亚召开的第三次五届会议上改用现名，总部设在美国旧金山。

1) 协会宗旨和服务是制定措施，宣传和促进发展本协会会员国的旅游业，加强会员国之间旅游业务联系，召开国际会议，交流经验，保障旅游和运输部门的工作协调。在组织广告、制订规划和完善旅游企业及服务行业管理方面，对本协会会员国给予实际援助，开展统计和研究工作，分析和研究市场行情，促进合作，简化各种旅游手续，发展本地区国家间的业务和文化联系。

2) 协会最高权力机构和工作机构是每年举行一次的大会及董事会、执行委员会、常务委员会、秘书处和联合委员会。为加强各地区联系，提高工作效率，协会在亚洲（新加坡）、太平洋地区（悉尼）、欧洲（摩纳哥）、美洲（圣弗朗西斯科）设立办事处。

至 20 世纪末，协会有 37 名正式官方会员，44 名联系官方会员，60 名航空公司会员以及 2 100 多名财团、企业会员。此外，遍布世界各地的 79 个分会有 17 000 多名分会会员。我国国家旅游局于 1993 年 3 月正式成为其官方会员，同年 9 月，北京、上海及广东省旅游局和中国国际航空公司、中国国际旅行社总社等 15 个单位，经国家旅游局推荐也分别加入该协会，成为其联系官方会员、航空公司会员或企业会员。中国分会于 1994 年 1 月正式成立，它同时也是该协会会员。

太平洋亚洲旅游协会在世界各地已形成一个庞大的联络和活动网络，多年来一直以认真务实的业务活动在世界旅游业中为人称道，主要刊物有 PATA Magazine，PATA Travel News（PTN）等。

(7) 国际民用航空组织。该组织是国际性官方航空组织联合国的一个附属机构，成立于 1947 年 4 月，总部设在加拿大蒙特利尔。

1) 国际民用航空组织的宗旨是研究国际航空理论和技术，发展安全而有秩序的国家航空运输事业，促进民用飞机制造业、机场、航空设施及国际民航有关的所有事业的发展，保证缔约国的权利充分受到尊重，使各缔约国享有经营国际航线的均等机会。

2) 国际民用航空组织的最高权力机构为会员大会，每三年举行一次，理事会为执行机构，下设联营航运、航空运输、财务、法律、共同救济和干预民航活动等常设委员会。秘书处是常设执行机构，主持日常工作。

我国在 1974 年 2 月 15 日正式加入，同年被选为理事。

(8) 国际航空运输协会（简称 ICAO）。该协会是全世界各大航空公司联合组成的国际性组织，于 1945 年 4 月在古巴哈瓦那成立。

1）该协会的宗旨是促进安全、正规和经济的航空运输，促进航空商业并研究与此有关的问题，促进与联合国国际民用航空组织的合作。

2）该协会的最高权力机关为会员大会，每年召开一次，另有执行委员会，常务委员会和常设秘书处等机构。协会下设财务、技术、法律、咨询、运输组织等常设委员会。

中国航空协会于1978年10月成为该会的正式会员。协会每年出版统计汇编、《国际航空运输评论》及各机构组织的工作报告。

(9) 欧洲旅游委员会。该委员会于1948年6月18日在挪威成立。

1）委员会的宗旨是提高客源流量、促进加拿大、美国、日本、澳大利亚和拉丁美洲国家的客源流向：加强欧洲旅游的国际间合作；发展旅游信息交流；开展必要的旅游研究，并吸收其他旅游组织参加。

2）委员会的领导机构是全会、管理委员会和计划委员会。全会每年举行两次，委员会设在爱尔兰的都柏林。该会每年举行讨论会，开展旅游市场的研究，并出版有关市场研究的著作和报告等。

(10) 拉丁美洲旅游机构联合会。该联合会于1957年4月19日在墨西哥成立，秘书处设在阿根廷的布宜诺斯艾利斯。

1）联合会的宗旨是建立拉丁美洲国家旅行社协会的统一指挥中心；联合成员国各旅行社，使之成为各国的协会，扩大其活动范围、提高其活动积极性，并研究和保护它们的利益；促进和发展本地区和其他地区的旅游交流；完善会员国旅游业和运输服务业的物质技术基础；在统一过境、海关和其他手续上相互合作；制定职业道德和商业道德的基本准则，并对会员之间的意见分歧做出最后仲裁。

2）联合会的主要活动是举行讨论会，讨论有关旅游研发、旅行社地位、完成合同情况、提高旅游者接待和服务工作的质量与效率，以及旅游业对商业的促进作用等现实性问题。从1976年起，该会定期举行欧洲和拉丁美洲旅游机构联合会非常会议。

我国也是它的正式成员国之一。

(11) 世界旅游理事会。世界旅游理事会是一个新成立的全球性独立的旅游研究咨询机构，成立于1990年，总部设在比利时的布鲁塞尔。

1）理事会的宗旨是充分调动旅游业公司决策层和他们公司的智慧和能力，使各国政府认识到旅游对国家和世界经济发展的巨大贡献，从而使他们制定适当的政策，促进旅游市场的扩大，减少旅游业发展的障碍。

2）理事会的成员由世界各国大型的旅游公司和与旅游相关的企业和机构决策层组成，现有成员50多名，代表包括航空公司（如荷兰皇家航空公司、英国航空公司、新加坡航空公司、美国联合航空公司、环球航空公司、非洲航空公司等）、旅游公司（如美国运通公司、通济隆旅游公司等）、旅馆联号（如假日旅馆、丽晶国际、地中海俱乐部等)、汽车出租公司（如赫兹、欧洲汽车等），以及美国迪斯尼公司、日本东洋铁路公司等。1991 年 9 月，理事会建立世界旅游环境研究中心（WTTERC），该研究中心设在美国牛津布鲁克斯大学牛津旅游闲暇研究中心。

理事会成立后开展了很多活动，1992 年还分两期发布了 1992 年旅游年度报告，同年世界旅游环境研究中心发表了《世界旅游环境评论》。1992 年 11 月该理事会与世界旅游组织在伦敦联合举办世界旅游大会。同年 10 月，我国国家旅游局与该理事会在北京举办了中国旅游研讨圆桌会议。

2. 中国旅游组织

（1）中华人民共和国国家旅游局（简称国家旅游局）。国家旅游局是我国国家级别的旅游组织，直属于国务院领导，是国务院所属的旅游行业的最高行政管理机构，是负责统一管理全国旅游工作的行政机构。自 1987 年以后，我国各省、市、自治区先后成立了旅游局，它们是代表地方政府管理辖区范围内旅游事业的行政机构。

（2）中国旅游协会。中国旅游协会于 1986 年 1 月 30 日在北京正式成立。该协会是各旅游部门与旅游业相关部门的总称，是由旅游业的知名人士、专家、学者组成的全国性的民间社会团体组织，即行业组织。

（3）中国旅游研究院（2008 年在北京正式成立）。

（4）全国性的主要协会组织

1）中国旅游饭店协会。

2）中国旅游车船协会。

3）中国旅游报刊协会。

4）中国旅游景点协会。

单元 4

第四节　出境旅游经典线路

1997 年以来，中国的出境旅游，既走上了规范化的轨道，又掀起了出境旅游的高潮。十几年来，在旅游活动的带动下，在各个出境国际旅行社的苦心经营下，摸索和编创了许多常规的新旅游线路和精品旅游线路，产生了为数众多的优秀旅游产品。最近几年来，又相继出现了新的多姿多彩的出境旅游方式，如“自助游”“自由人”“自游行”等。本节先讲解旅游目的地旅游资源的状况，而后介绍精典的线路设计。

一、欧洲

1. 欧洲主要旅游目的地国概况

（1）德国。德国全称德意志联邦共和国，位于中欧西部，面积 35.7 万平方公里。

人口 8 180 万。绝大多数为德意志人。通用德语。居民多信奉基督教和天主教。首都柏林，人口 350 万。德国是世界上最重要的工业和贸易大国之一，其经济实力居世界第三位，进出口贸易占世界第二位，仅次于美国，为世界前列。

德国有很多历史名城，著名的古城有不来梅、波恩、海德堡、弗赖堡、波茨坦等。汉堡港为欧洲最大港口。法兰克福为欧洲最大的航空站。慕尼黑的博物馆藏品丰富。德国的主要河流有莱茵河、易北河、威悉河、多瑙河等。其中莱茵河流经境内 865 公里(全长 1300 公里)，发源于瑞士圣哥达山，流往法、德、荷，入北海，它是仅次于伏尔加河、多瑙河的欧洲第三大河。沿河有绵延不尽的葡萄园、如珠串般的古堡，如诗如画的小镇，以及浪漫写实派诗人海涅笔下美丽的罗蕾莱传说。这条德国的“母亲河”充满魅力。德国的特产包括 Zeiss 望远镜、Rolleifles 和 Leica 相机、Zwilling 刀具、皮具、Mittenwald 的小提琴、不来梅附近 Wedgewood 的手工艺品、黑森林的杜鹃钟、经久耐穿、非常舒适 Birken - stock 拖鞋等。

(2) 法国。法国面积 55.16 万平方公里，人口 5 800 万，通用法语，90%居民信奉天主教。法国是欧共体主要发起国和成员国，工农业十分发达，其核能发电、航空航天、汽车工业皆居世界前列，香料工业驰誉世界，巴黎香水被法国人视为国宝。法国也是世界著名的农产品出口国，是香槟酒、白兰地酒的故乡。法国，是欧洲最浪漫的中心点，不论是城市里的文化内涵，还是历史建筑、乡野风光，这里永远有取不尽的风貌等着人们一探究竟。法国除了拥有艺术文化的特质、秀丽的风光之外，醇酒、佳肴、香水也是此中之最。

首都巴黎，面积 1.2 万平方公里，人口 230 多万，为政治、经济、文化中心，也是历史悠久、风格出众、浪漫迷人的名都，素有“世界花都”之称。宏伟庄严的凯旋门和屹立于塞纳河畔的埃菲尔铁塔是巴黎乃至法国的标志。协和广场、香榭丽舍大道、巴黎圣母院，以及收藏着举世闻名的蒙娜丽莎、维纳斯、胜利女神三宝的罗浮宫和美轮美奂的凡尔赛宫，均美不胜收，让人永生难忘。法国的特产包括巴黎时装、格拉斯香水、巴卡拉水晶、手套、油画、波尔多红葡萄酒、康涅克白兰地。

(3) 荷兰。荷兰被称为风车王国、花卉之国，面积 4.15 万平方公里，人口 1 527 万，荷兰语为官方语，居民多信奉天主教和基督教，首都阿姆斯特丹。荷兰农业人均名列世界第七，农业出口额居世界第三位，其 40 亿美元的交易额占世界花卉总交易额的 60%以上，是名副其实的“欧洲花匠”。花卉、蔬菜园艺占重要地位，还是世界上最大的土豆、可可奶品出口国。

荷兰也是世界上最重要的钻石加工中心，著名的钻石加工厂有 Gassan 和 Coster 两家。荷兰由风车、木屐、郁金香串起的如织美景，带给人们无数的梦幻与梦想。人们用美丽的窗户装饰表现自家的风格，窗外的人用赞美的眼光表达无限的欣赏。这个如诗如画的国家，唯有深入探索，方知其真韵。荷兰的特产有 Gassan 和 Coster 厂的钻石、古董、Gouda 奶酪、Delft 蓝白瓷器、Leerdam 水晶、银器、Haagse Hopjes 糖、木屐等。

(4) 比利时。比利时王国被称为西欧的十字路口（地处交通要道和拉丁、日耳曼两大文化交汇处），面积 3.05 万平方公里，人口 1 003.9 万，官方语言为法语，90%的居民信奉天主教。首都布鲁塞尔，有“欧洲首都”之称。

比利时是个充满生命活力的低地小国，由于位于德国、荷兰和法国三大强势文化之交，德意志的坚毅、尼德兰的冷静和法兰西的热情便在此过渡成比利时特有的乐观、独立。欧盟北约和各大国际组织相继驻扎于首都布鲁塞尔，为比利时带来了繁荣蓬勃的经济发展。但布鲁塞尔仍保有欧洲最迷人的中古风貌，中世纪的美感和神秘就真实地活在每一个角落。滑铁卢是 1815 年 6 月 18 日结束拿破仑“百日皇帝”狮子大战的所在地。如今只能从博物馆中感受到当年“一将功成万骨枯”的惨烈战况。安特卫普是欧洲第三大港。比利时的特产包括古董、陶器、杏仁巧克力、铜器、水晶、钻石、皮制品、油画、银器。

(5) 卢森堡。卢森堡素有“钢铁王国”（人均钢产量为世界之首）和国际金融中心的美称，面积 2 586 平方千米，人口 40.9 万，官方语言为法语，通用德语和卢森堡语，97%的居民信奉天主教。今日的卢森堡已成为世界第七大金融中心，金融收入占其国内生产总值的比重日益加大，大有接近及超过工业的趋势。有资料表明，卢森堡其国民收入居世界第二位，购买力居世界第一。

卢森堡大公国是个富有而和平的国度。优美的乡村田野间点缀着封建时期的城堡、深深的河谷和墨绿的酒镇。卢森堡最值得旅游的地方自然是首都卢森堡市，该城建筑在欧洲最富戏剧性的地理位置上，高原峭壁不偏不倚地切入壮丽的 Alzette Valley 河谷，悬于绝谷上的吊桥连接着新旧城区。卡斯没特斯地穴和阿尔梅广场是参观的焦点。卢森堡的特产有瓷器、水晶、首饰、亚麻布等。

(6) 葡萄牙。葡萄牙“Portugal”原为拉丁语，意为“温暖的港口”，面积 9.2 万平方公里，人口 1 058 万，99%以上为葡萄牙人，葡萄牙语为官方语言，居民多信奉天主教。15—16 世纪为海上强国。

首都里斯本，人口 83 万，是 1998 年以海洋为主题的世界人口大会的主办地，为全国最大城市，是政治、经济、文化中心。农业在国民经济中所占比重居欧洲前列，以谷物种植业和果品园艺业为主，软木及橡树制品生产居世界第一，此外生产葡萄、油橄榄和无花果等，捕鱼业在经济中占重要地位。圣文森特角位于阿尔加雅西南端，有“天涯海角”的美誉。

(7) 希腊。希腊历史悠久，是西方文化的发源地，在哲学、文学、音乐、戏剧、建筑史上都写下了辉煌的一页。面积 13.1 万平方公里，人口 1 090 万，希腊人约占 98%，希腊语为国语，东正教为国教。首都雅典，人口约 307 万，是全国政治、经济、文化中心，古希腊文明发祥地，艺术古迹众多，有世界七大建筑奇景之一的巴特农神殿，建于公元前447年，供奉雅典守护女神——雅典娜。

爱琴海三小岛：爱琴岛、波罗斯岛和海德拉岛是游览希腊的游客的必到之地，那里带给人们浪漫迷人的地中海风情，游客可以品味到闲适、优雅的独特旅行风格。

（8）英国。英国面积24.4万平方公里，人口5 840万，是典型的绅士淑女之乡，生活保守且讲传统，却也是尊重个人自由和思想宽容的民族。英国最吸引游客的地方在于它多样性的景观特色：英格兰——典雅秀丽、苏格兰——神秘沧桑。看书、喝茶、足球和园艺是英国人最喜爱的休闲方式。旅途中经过书店、茶坊和公园别忘了进去逛逛，感受一下英伦风情。多留些时间给中古小镇，那里浓厚的人情味和热闹的市集会令人倍感温馨。喜爱自然山水的旅行者千万不要错过英格兰湖区、苏格兰高地和威尔士国家公园的精华。

伦敦是首都，英国的政治、经济、文化中心。也是近代议会及金融体系的发源地，是世界上最大的金融中心之一，伦敦股票交易市场是世界经济的晴雨表之一，伦敦是名胜古迹众多的历史名城，泰晤士河畔有白金汉宫、英政府的“心脏”唐宁街10号（1735年成为首相府）、议会大厦、伦敦塔、大本钟、蜡像馆、西敏寺、格林尼治，还有肥皂箱上的民主论坛——海德公园以及书店、商铺等值得参观的地方。其中，又以丰富完善的大英博物馆和终年不断的剧场表演为不可错过的精华。英国的特产有古藏首饰、书刊、羊绒、羊毛、烟斗、皮鞋、苏格兰威士忌、格子呢、爱尔兰纯羊毛制品、Wedgwood古瓷、红茶等。

（9）瑞士。瑞士誉称为钟表王国、博物馆之国。面积4.13万平方公里，人口698万，德、法、意语为官方语，居民多信奉基督教和天主教。首都伯尔尼是全国政治中心，以经营钟表著称。瑞士是经济发达的国家，工业、金融业和旅游业是经济三大支柱。圣哥达隧道长15公里，是世界上最长的现代化高速公路隧道之一。

瑞士对外贸易十分发达。主要出口机械、冶金、化工、医药、钟表等，进口食品和原料，到过瑞士的人都忘情于它美丽的景致。欧洲山、湖之美的精华仿佛都沉淀于此。银峰、翠谷、碧波、红瓦足以宁静每一颗漂泊的心灵。瑞士的小镇很美，但错落在镇与镇之间的山谷村落更令人心驰，多把时间留在山上，俯眺幽景，可将自己忘情于清沁的天地之中。洛桑是国际奥委会总部所在地。沙芙豪森可欣赏到欧洲最大的莱茵瀑布。瑞士的特产有手表、军刀、巧克力、刺绣、滑雪用品、铜制品等。

（10）列支敦士登。列支敦士登面积160平方公里，人口11.3万，官方语言为德语，多信奉天主教，以产纪念邮票驰名世界。

首都瓦杜兹有壮观的邮政博物馆、国家艺廊和国立博物馆，这些都极具参观价值。

（11）奥地利。奥地利共和国意为“东方帝国”，以美丽的多瑙河和森林景色著称，潺潺流水和处处天籁，丰富了音乐家的灵感，使之成为名家辈出的“音乐之国”。

面积 8.4 万平方公里。人口 786 万，99%以上为奥地利人，讲德语，居民多信奉天主教。首都维也纳，被公认为世界音乐之都。奥地利的美流传于山水、艺术和人文所激荡的悠扬旋律中。在大城市里，昔日哈不斯堡的帝国风情依然妩媚。音乐、华尔兹、巴洛克王宫，处处都能让人想象曾经有过的繁华胜景。然而一到乡村小镇，历史仿佛与此无涉，传统的淳朴、亲切，千古不辍地传唱于群山湖泊之间。多往山区和田园小镇里去，那里的自然宁静会让人对充满笙歌乐舞的奥国有新的认识。

维也纳是首都。它的城市建筑使人想起了欧洲曾经最为强大的哈不斯堡王朝，身具浓厚的文化艺术气息。对博物馆、美术馆、皇宫、歌剧着迷的人在那里会有无比亲切之感。从美泉宫到国立歌剧院，从维也纳童声合唱到西班牙骑术学校，到处呈现一片往日奥匈帝国都城的景色，将辉煌的传统和现代的生活节奏紧密联系在一起。

(12) 意大利。提起意大利，人们不禁会浮想联翩，那里有世界最具权威性的足球赛，那里有最诱人的“蒙娜丽莎的微笑”，那里有世界著名的永恒之城——罗马、威尼斯、那不勒斯、佛罗伦萨。这片土地曾哺育了斯巴达克斯、但丁、米开朗基罗、达芬奇、伽利略、马可波罗等伟大的人物，也就在这片土地上诞生了恺撒大帝、墨索里尼等暴君。意大利面积 30 万平方公里，人口 5 641 万，官方语言为意大利语，90%以上居民信奉天主教。

首都罗马，是著名的文化古城，14—16 世纪，文艺复兴运动始于意大利后扩大到德、英、法等国家，其主要思潮是人文主义，意大利的诗歌、绘画、雕刻、音乐等方面取得了突出成就。意大利的特产有米兰高级时装、佛罗伦萨皮制品、玻璃、手套、金器、印制品、银首饰等。

(13) 圣马力诺。圣马力诺面积 61 平方公里，人口 112 万，意大利语为国语，多信天主教，首都圣马力诺，其陶瓷工业享有盛誉，旅游业和邮票是国家收入的重要来源。

(14) 梵蒂冈。梵蒂冈的面积 0.44 平方公里，领土包括圣彼得广场、梵蒂冈国、博物馆、公园以及几条街道，人口约 1 000 人，主要为意大利人，官方语言为意大利语和拉丁语，首都梵蒂冈城。

梵蒂冈是世界天主教中心，为特殊形式的政教合一国家，公元 774 年前后形成了教皇国。1929 年意大利与教皇签约，成为主权国家，现在 100 多个国家和地区派有“圣使”“代表圣使”。联合国有常驻观察员。梵蒂冈国无工农业，但在许多国家有大量地产和投资，教徒捐款为国家经济收入之一。

(15) 挪威。挪威王国誉称为“万岛国”“半夜太阳国”，面积 38.7 万平方公里，人口 426 万，98%为日耳曼族挪威人，挪威语为官方语言，基督教路德宗为国教。首都奥斯陆是全国政治、经济、文化中心。挪威漫长的海岸线，被北海的浪涛割据成锯齿状。

窄如细指的水流挤出一条道路，从峡湾注入内陆的山岳中，无数的大小瀑布倾斜奔腾。这无穷尽的曲折峡湾和无数的冰河遗迹所构成的壮阔精彩的海湾风光是狂野而宁静的挪威灵魂，带给人们无比的激情与惊叹，让人永生难忘。

（16）丹麦。丹麦面积 4.3 万平方公里，人口 516 万，日耳曼族的丹麦人占 97%，居民多信奉基督教。官方语言为丹麦语。首都哥本哈根是北欧最大的城市，安徒生的故乡，这里有童话里的美人鱼雕像、美丽的杰芬喷泉以及有北欧式古老风味的市政厅，还有金碧辉煌的佛烈得利克波城堡、以莎士比亚名剧“哈姆雷特”而闻名于世的克伦堡。丹麦童话般的神秘风光令人流连忘返。

位于首都哥本哈根（Copenhagen）的海滨公园，安放着安徒生童话故事的“美人鱼”青铜塑像。安徒生出生在登塞，其故居成为丹麦最著名的旅游景点。在哥本哈根附近的拉杰尔镇里，有一座独具特色的信古旅游村，专为那些体验古人生活的人士而设立。

（17）瑞典。瑞典誉为“欧洲锯木厂”，面积 45 万平方公里。人口 864 万，90%为日耳曼族瑞典人，通用瑞典语，国教为基督教路德宗。首都斯德哥尔摩是璀璨的北方明珠，一年一度举行诺贝尔奖颁奖礼的市政厅，被推崇为 20 世纪欧洲最美的建筑物之一。有“北欧凡尔赛宫”之称的多洛尼库尔摩王宫，使人仿佛置身于 18 世纪的古老岁月之中。

（18）芬兰。芬兰面积 33.7 万平方公里，人口 503 万，93%为芬兰族，芬兰语和瑞典语为官方语言，居民多信奉基督路德宗。

首都赫尔辛基，人口 50 万，素有“波罗的海明珠”之称，除了西贝柳斯公园外，独特的岩石大教堂全部用巨石建成，古朴的设计中蕴涵着精美的雕琢，巨大的圆形穹顶暗示着对神的敬仰和渴望接近的心情。还有圣诞老人的故乡罗苑聂米村，这里的村民扮成精灵和圣诞老人一起迎接游人的到来。

（19）俄罗斯。俄罗斯位于欧亚大陆北部，面积 1 707.5 万平方公里，是世界上面积最大的国家。人口 1.49 亿，俄罗斯族占 82%以上，居民多信奉基督教和天主教，俄语为官方语言。俄罗斯联邦幅员辽阔、资源丰富，在当前世界也是经济发达的大国。它已经形成了以能源、建筑、航天航空、黑色冶金、石油化工、机械制造、木材加工等为中心的完整工业体系，俄罗斯文化艺术历史悠久，其科学技术也具有世界一流水平，出现了一大批公认的科学家、学者，尤其在航天领域，发射了世界上第一颗人造卫星。春天到初秋最适合在此旅游，此时春暖花开、草长鸟鸣，正是最美的季节。

（20）波兰。波兰面积为 31 万平方公里。人口约 3 900 万，首都华沙。

旅游胜地主要有华沙、格但斯克、格丁尼亚等，著名景点有维利包卡、奥斯维率、圣十字山溶洞。

（21）捷克。捷克面积 78 万平方公里。人口为 1 036 万，首都布拉格，人口约 120 万。主要自然保护区和景点有苏台德山、波西米亚“天堂”、摩拉维亚岩洞。主要古城有北捷克州首府乌斯季、西部城赫布和伏尔塔瓦河畔的赫卢博卡城堡。

（22）匈牙利。位于欧洲中部的额尔巴阡盆地，多瑙河流域中部，总面积为 93 万平方公里。人口为 1 062 万，首都布达佩斯，人口 212 万，布达佩斯主要景点有布达皇宫、渔人堡、帝王地、国会大厦、英雄广场。

著名风景点：八格顿湖——中欧最大的湖泊，有匈牙利海之称；英雄马扎乐古堡——避暑胜地，以建于 13 世纪后期的拉伊岛上的古城堡最为著名；巴拉德拉洞群——欧洲最大和最美的洞穴之一。

2. 赴欧洲旅游必办手续

（1）申根协议。申根协议是指在 1985 年荷、比、卢、德、法五国在卢森堡的申根签署了旨在统一欧共体各国和难民政策的协议。该协议的主要内容是：

1）取消协议国之间的边境检查，相对加强协议国与非协议国之间的所谓外围边境的人员。

2）建立申根信息系统，加强协议国警察的合作，例如交换案犯数据和情况。

3）警察在追捕中可于邻国境内停留至六小时并拘留犯人。

4）相互承认各国给予非欧共体成员国公民颁发的签证，以控制非法入境。

5）难民申请由其进入的第一国处理其余各国承认其决定。

对于在申根协议国生活，学习和工作的中国同胞来讲，该协议大大方便了他们在协议签署国的旅行，因为去这些国家无须再办理签证。但是该协议的实施从一开始就困难重重。最初协议规定为 1992 年底实行，后推迟至 1993 年底，理由是技术原因。1993 年底法国声称尚不充分，又将协议的实施期限推迟。到了 1994 年 3 月 26 日，法国在其他六国（荷、比、卢、德、西、葡）的压力下，不得不统一开放边境实施协议，但同时提出了半年的试行期，9 月又将此期限予以延长，重新开始了边境检查，没过多久便取消了边境的检查。意大利、奥地利和希腊的边境已于 1997 年底正式开放，丹麦的边境计划于 2000 年 1 月 1 日开放。

前往申根协议国，只需办理其中一国签证，便可免签其余 9 个国家的签证而前往其中任一国家。申根国家是德国、法国、奥地利、意大利、比利时、荷兰、卢森堡、西班牙、葡萄牙、希腊。

（2）办理申根国家签证须知

1）办理申根国家签证所需材料

①有效期 6 个月以上的护照（请务必在护照最后一面上签字）。

②2 寸照片 5 张（背面写姓名）。

③财产证明。

④个人资料表。

⑤其余特殊材料。

2）各项材料说明

①财产证明。

财产证明包括住房合同/房契，私车行驶证，存款证明（原件）/存单复印件（每人人民币 3 万元以上）。

如在德国、法国使馆办理申根签证，一般只需存款证明（原件）/存单复印件（每人人民币 3 万元以上）。

如何办理存款证明：持中国银行或工商银行的定期或活期存单，在其相应的银行办理存款证明。手续费约为 20～50 元/次。存款证明上的存款额自存款证明开具之日起将被冻结 3 个月，此期间不能支取，3 个月后自动解冻。

存单日期尽量距团体出发前日一个半月为宜，不要临时为办理签证而存款，以免造成使馆签证的怀疑，存款数额最好有零有整。

②去以上申根国家之外的国家，需另行办理签证。英国签证需面试。

③单位担保函。单位担保函必须用本人单位抬头纸打印并加盖公章。

此担保函自行打印。单位负责人及电话必须真实，因使领馆将打电话核实情况，询问诸如：此单位是否有该员工，该员工是否确实将去欧洲旅游等问题。

④个人资料表：个人资料表中工作单位一栏请与开具单位担保函的单位一致。

⑤儿童，如儿童随行，请注意以下项目。

请在其父亲或母亲的单位担保函中也写上孩子姓名，此担保函也为小孩准备一式两份。

请在送签证材料中加上户口本原件。

如有拒签历史应提供英文拒签说明并由本人签字。

3. 赴欧洲旅游应准备的工作

（1）报名参团手续

1）如无因私五年护照，需于团体出发前 2 个月与旅行社取得联系。

2）如有因私五年护照，需于团体出发前 1 个月与旅行社取得联系。

3）在选定旅游线路后，报名时需每人缴纳人民币 2 000 元订金。

4）报名时根据旅行社要求填写个人资料及其他办理签证所需材料。

（2）报到规则。在旅游团出发前，旅行社通常会通知客人在出发前一周左右开说明会。在说明会上，领队将向游客介绍欧洲旅行社注意事项，发放详细旅游行程、出境表、海关申报单、行李牌、行李标贴，签订《出境旅游协议书》，通知出发日的集合时间、地点等，出发日、集合时间一般为出境航班起飞时间前 2.5 个小时，集合地点通常在国际机场出境口机场税购买处附近。

(3) 旅行用品自检表

1) 随身类

机票——应再次确认航班及时间。

护照——复印一份留存家中备急用。

签证——应再次检查是否过期。

国内身份证、证件相片 2 张（备用）、外币、人民币、港币、信用卡、旅行支票（请事先登记支票号）、国际驾驶执照、旅游保险保单、捐血卡（血型及个人资料）、防疫注射、有关联系电话、住宿酒店地址、电话。

2) 旅游产品。旅游日程表、旅游手册、地图、简易会话书籍、电子词典、照相机/摄像机、胶卷/录像机、干电池、计算机、折伞、太阳镜、游泳用品。

3) 个人用品。备换衣鞋、盥洗卫生用品、护肤防晒用品、安眠罩、吹起枕、针线包、拖鞋、吹风筒、旅游熨斗、指甲钳、剃须刀、闹钟、电源转换插头（两圆孔）。

4) 自用药品。止痛片、肠胃药、乘晕宁、感冒药、退烧药、消炎膏、眼药水、维生素、胶布/纱布等自身所需药物用品。

5) 商务用品。公事包、公司信纸/信封、印鉴、名片、无线电话、充电器、西装/套装、领带、皮鞋。

(4) 入境程序须知

机场设施的指示标志以颜色区分，黄标为转机柜台和登机门，绿标是机场和各种休闲设施。

1) 步出登机门。循“到境（Arrivals）指示标志”到达休息室，然后继续循“入境处（Immigration）”指示标志到达入境处柜台。

2) 入境处。须出示护照和签证，必要时出示返程机票过关后，继续循“行李厅（Luggage）”指示标志前往行李厅。

3) 行李厅。每条输送带上均有标志告知航班号码及始发站。行李厅提供免费行李手推车。携带所有行李前往“海关（Customs）”。

4) 海关。若无物品申报，走绿色通道；若有物品申报，走红色通道。

5) 转机程序，登机门/屏幕，显示了班机的登机时间和门号。若已拿到登记卡，可对照屏幕检查是否有变，然后直接到出境登机门/转机柜台，若尚未拿到班机的登机卡，到屏幕指定的转机柜台领取，然后前往登机门。

6) 行李托运

①乘机行李托运。旅游团通常使用经济舱机票，按照航空公司规定，每位乘客可免费托运 20 公斤行李，若行李超重需按各航班公司规定另付费用。

②乘车行李托运。在欧洲内陆旅游，旅行团队主要乘坐旅游大巴，行李均放在大巴

的行李舱内。如果旅途中需频繁换住酒店，为了减少装卸大件行李的麻烦，当地导游通常会建议隔日取用大件行李，每日只需要随身带日常用品。

4. 欧洲旅游常规线路

（1）德—法—荷—比—卢—意—梵（15天14夜）。游览城市：法兰克福、科隆、阿姆斯特丹、布鲁塞尔、卢森堡、巴黎、日内瓦、伯尔尼、苏黎世、威尼斯、佛罗伦萨、比萨、罗马、梵蒂冈。

（2）德—法—荷—比—卢—奥—意—梵（15天14夜）。游览城市：法兰克福、科隆、阿姆斯特丹、布鲁塞尔、卢森堡、巴黎、维也纳、威尼斯、佛罗伦萨、比萨、罗马、梵蒂冈。

（3）德—法—荷—比—卢（9天8夜）。游览城市：法兰克福、科隆、阿姆斯特丹、布鲁塞尔、卢森堡、巴黎。

（4）法—瑞—意—梵（12天11夜）。游览城市：法兰克福、科隆、阿姆斯特丹、布鲁塞尔、卢森堡、巴黎、日内瓦、伯尔尼、苏黎世、威尼斯、佛罗伦萨、比萨、罗马、梵蒂冈。

（5）瑞士一地（8天7夜）。游览城市：苏黎世、列支敦士登、卢采恩、铁力士山、因特拉肯、图恩、伯尔尼、日内瓦、弗赖堡。

（6）德—法—意（12天11夜）。游览城市：法兰克福、海德堡、卢森堡、巴黎、米兰、威尼斯、佛罗伦萨、罗马。

（7）法—意—梵（9天8夜）。游览城市：巴黎、米兰、威尼斯、佛罗伦萨、比萨、罗马。

（8）奥—瑞—法—意（15天14夜）。游览城市：维也纳、罗马、比萨、佛罗伦萨、威尼斯、克拉根福、萨尔斯堡、因斯布鲁克、卢采恩、伯尔尼、日内瓦、巴黎。

5. 欧洲旅游参考行程介绍

（1）经典系列：奥—德—法—意—瑞—梵六国十二天（举例）

日期	参考线路安排	用餐	交通	住宿
D1	北京—赫尔辛基—罗马（Beijing—Helsinki—Rome） 航班：AY052 PEK/HEL 1140/1415AY783 HEL/FCO 1620/1840 08：40在首都机场集合，搭乘国际航班飞往永恒之都罗马，期待已久的欧洲离我们越来越近……经过长途的飞行后，我们安排专车接机，送往酒店休息调整时差，准备迎接精彩的旅程	×	飞机	三、四星酒店

单元 4

续表

日期	参考线路安排	用餐	交通	住宿
D2	罗马（梵蒂冈）—佛罗伦萨（Rome—Florence） 早餐后，前往游览拥有悠久历史和辉煌古代文明的城市罗马，这座古城至今保留着丰富的古迹，经历沧桑岁月，那些废墟和古代建筑仍显示着这个“永恒之都”的庄严。斗兽场位于市中心，是古罗马时期最大的圆形角斗场，威严而壮观（不入内参观）；旁边是公元 315 年修建的君士坦丁凯旋门，经历了近 2 000 年的风风雨雨，仍保存了当初的完美造型。之后搭公车参观威尼斯广场，这是罗马道路的交通枢纽，中央是纪念意大利统一阵亡将士维托里亚诺·埃马努埃莱二世的青铜骑马雕像。最后我们参观全世界天主教的中心教皇国——梵蒂冈，参观世界上最大、历时 150 年修建而成的圣彼得大教堂，这座雄伟壮丽的大教堂内外的雕刻、彩石马赛克的壁画……无一不是超凡的艺术结晶；1870 年以来的重要宗教仪式均在此举行。一定要在巴洛克式风格的圣彼得广场留影。之后乘车前往佛罗伦萨	早 中 晚	汽车	三、四星酒店
D3	佛罗伦萨—威尼斯（Florence—Venice） 早餐后，游览意大利文艺复兴运动发源地——佛罗伦萨，不论是漫步在佛罗伦萨的大街小巷，还是来到博物馆、美术馆或教堂参观，都会感受到佛罗伦萨古城那浓郁的文化氛围，凝结着人类艺术天赋的经典之作处处可见。橘红色圆顶的圣母百花大教堂（外观）是佛罗伦萨最重要的地标，由教堂、洗礼堂、钟楼组成，洗礼堂的正门由于大师米开朗基罗的赞誉而得到“天堂之门”的美誉。市政厅广场（又名：君主广场和西尼奥列广场），这里有一座建于 13 世纪的碉堡式旧宫（现为市政厅），侧翼的走廊，现在连同整个广场成为一座露天雕塑博物馆，各种石雕和铜像作品栩栩如生，形象传神，如人们所熟悉的米开朗基罗大卫像的复制品……今天您可自费前往比萨观赏著名的比萨斜塔。之后乘车前往水都威尼斯	早 中 晚	汽车	三、四星酒店
D4	威尼斯—克拉根福（Venice—Klagenfurt） 早餐后，搭公共汽船前往逐渐颓毁沉没的水上古都参观。环抱威尼斯湾的威尼斯，她不仅是充满梦想与魔力的艺术城市，更是世人眼中浪漫的化身。搭船抵达威尼斯后参观祥鸽群集的圣马可广场和集拜占庭建筑之大成的圣马可教堂（外观）、道奇宫、叹息桥……参观闻名古今的水晶玻璃工厂，亲眼目睹精美玻璃精品的制作过程。闲余时间您可以自费选择乘坐威尼斯最具特色的交通工具——贡多拉（六人一船）、长形的凤尾船穿梭在拱桥水渠、古巷之间，带来无限浪漫的心灵感受。之后乘车前往克拉根福	早 中 晚	汽车	三、四星酒店
D5	克拉根福—维也纳（Klagenfurt—Vienna） 早餐后，乘车前往音乐之都——维也纳，领略这座空气中都弥漫着音符的古老首都，深受玛丽亚女王喜爱的美泉宫是必不可少的观光圣地（只含后花园）。漫步在后花园中，在每一个角落里都会感受到这座城市辉煌的历史和君王统治时期留下来的遗韵。古老的斯特凡大教堂、国立歌剧院每一个建筑都是经典之作	早 中 晚	汽车	三、四星酒店

续表

日期	参考线路安排	用餐	交通	住宿
D6	维也纳—萨尔茨堡—慕尼黑（Vienna—Salzburg—Munich） 早餐后，乘车前往音乐神童莫扎特出生地——萨尔茨堡，参观因电影《真善美》而扬名于世的米拉贝尔花园，中古世纪保存至今的商业街、大教堂及西边的主教宫、萨尔茨堡古城和莫扎特广场。这座古城已被联合国教科文组织列入世界文化遗产。之后乘车前往德国第三大城市亦是巴伐利亚首府——慕尼黑	早中晚	汽车	三、四星酒店
D7	慕尼黑—卢塞恩（Munich—Lucerne） 早餐后，我们将领略巴伐利亚的豪迈风情，从市中心的玛丽恩广场开始慕尼黑之游，装饰富丽堂皇的新市政厅位于玛丽亚广场北侧，19 世纪末建造的巍峨挺拔的棕黑色建筑，上面像撒了一层白霜。市政厅钟楼上装置有全德国最大的木偶报时钟，每天游人翘首仰望这迷人的表演，聆听那清脆响亮的音乐钟声，一睹古代人物的风采，惊叹德国艺术之高超。之后乘车前往瑞士最具代表性的城市，被高山湖泊包围的美丽小镇——卢塞恩，中世纪的教堂、塔楼、文艺复兴时期的宫厅、宅邸以及百年老店、长街古巷，比比皆是……参观为了纪念在法国大革命时期，誓死保卫法国国王路易十六而战死的瑞士雇佣军而修建的狮子像纪念碑、途经卢塞恩市的精神象征——卡佩尔桥、天鹅广场、17 世纪初建成的文艺复兴式建筑——市政厅。您可自费参加卢塞恩游船游览美丽的卢塞恩湖，卢塞恩湖、阿尔卑斯山与中世纪的建筑互相映衬，如诗如画的美景令人倾倒，悠游其间，亦真亦幻	早中晚	汽车	三、四星酒店
D8	卢塞恩—日内瓦（Lucerne—Geneva） 早餐后，您可参加自费项目登瑞士雪山，游客在此能把瑞士阿尔卑斯山区的奇妙景象尽收眼底。之后前往瑞士第三大城市，被称为“联合国城”的日内瓦参观联合国欧洲总部和国际红十字会（外观）；远观日内瓦的象征——位于日内瓦湖上，喷起 140 米高的世界第一人工喷泉；欣赏位于日内瓦湖畔装饰有 6300 朵美丽鲜花的花钟	早中晚	汽车	三、四星酒店
D9	日内瓦—巴黎（Geneva—Paris） 早餐后，乘车前往花都——巴黎。参观世界三大博物馆之一的罗浮宫，这个建筑的本身就是艺术杰作，它坐落在塞纳河中心的北岸，在这座艺术殿堂里您可欣赏到镇馆三宝：蒙娜莉莎的微笑、维纳斯雕像和胜利女神像。我们为游客安排的中文讲解员会讲述这座艺术宫殿的珍贵收藏。晚上可自费观看巴黎夜总会歌舞表演	早中晚	汽车	三、四星酒店

续表

日期	参考线路安排	用餐	交通	住宿
D10	巴黎（Paris） 早餐后，市区观光，凯旋门是香榭丽舍大道的起点，也是巴黎主要庆典活动的起点，以凯旋门为中心，放射出去的12条街道，犹如十二道光芒，映射着这座光芒四射的城市。香榭丽舍的另一端是世界上最美丽的广场之一——协和广场。登巴黎最高的建筑——210米高的蒙帕纳斯大厦*，只需38秒钟，欧洲最快的升降梯将把游客带到距地面196米的高空，游客可将全巴黎的绚丽美景尽收眼底。远眺闻名世界的埃菲尔铁塔，埃菲尔铁塔建于1889年，为纪念法国大革命一百周年和当时举办的万国博览会而建，现已成为巴黎城标建筑。闲暇之余您可以在巴黎的免税店里搜购自己喜欢的香水及其他世界名品。您可自费参加塞纳河游船。夜晚可参加自费夜游巴黎，别有一番滋味	早 中 晚	汽车	三、四星酒店
D11	巴黎—赫尔辛基—北京（Paris—Helsinki—Beijing） 航班：AY880 CDG/HEL 1220/1615 AY051 HEL/PEK 2000/0940+1 早餐后，乘车前往机场搭乘国际航班返回北京	早	汽车、飞机	飞机上
D12	北京（Beijing） 今天抵达首都机场，满载欧洲的精彩记忆回到温馨的家	×	—	—

单元 4

1）服务项目

①北京/欧洲往返国际机票及欧洲内陆段机票，团队经济舱，含机场建设税。

②ADS签证费用。

③境外旅游巴士及外籍司机。

④专业中文领队兼导游。

⑤三、四星级酒店（双人间/西式早餐）。

⑥中式午晚餐（餐标：五菜一汤+水果+茶水）。

⑦行程中所列景点（*）门票。

2）不含项目

①护照费用。

②酒店内电话、传真、洗熨、收费电视、饮料等费用。

③服务项目未提到的其他一切费用，如特种门票（夜总会、博览会、缆车等）。

④洗衣、理发、电话、饮料、烟酒、付费电视、行李搬运等私人费用。

⑤司机、导游、4段地陪小费：全程欧元88/人（7欧元×12天+4欧元）。

⑥签证相关的例如未成年人公证、认证等相关费用。

⑦依照旅游业现行作业规定，本公司有权依据最终出团人数情况，调整房间分房情况。

3）境外自费项目收费标准

序号	自费项目	价格
1	巴黎“丽都”夜总会	135欧元/人
2	巴黎拉丁天堂表演	135欧元/人（含一顿法式餐）
3	凡尔赛宫（参观时间1.5小时）	60欧元/人
4	巴黎圣母院	15欧元/人
5	巴黎塞纳河	30欧元/人
6	瑞士雪山	85欧元/人
7	卢塞恩游船	35欧元/人
8	意大利比萨斜塔（不上塔）	30欧元/人
9	意大利贡多拉	35欧元/人

（2）大众系列：德—法—荷—比—卢—奥—意—梵—瑞—列—匈十一国十四天

日期	参考线路安排	用餐	交通	住宿
D1	北京—柏林（Beijing—Berlin） 航班：HU489 PEK/TXL 1400/1725 11：00在首都机场集合，搭乘国际航班飞往柏林，期待已久的欧洲离我们越来越近……经过长途的飞行后，我们安排专车接机，送往酒店休息调整时差，准备迎接精彩的旅程	无	飞机	三星酒店
D2	柏林—科隆（Berlin—Cologne） 早餐后，来到德国的首都柏林，首先我们参观勃兰登堡门，它是德国复杂多变的历史见证人。1961年，柏林墙建起之后，它成了分裂的标志。1989年墙倒之后，它即成为德国统一的象征。国会大厦现在是联邦议会的所在地，穹形圆顶已成为柏林城的新标志，也是最受欢迎的游览圣地。原东柏林的政治中心——亚历山大广场是城市东部地区重要的商业及交通中心。夏洛腾堡宫位于露丝广场，是一座巴洛克式的宫殿，是柏林地区保存得最好、最重要的普鲁士国王宫殿建筑物。之后前往科隆，抵达后夜游科隆。科隆大教堂是德国最大的教堂，也是世界上最高的教堂之一。以轻盈，雅致著称于世。每到夜晚，装在四周建筑物上的聚光灯向教堂射出光柱，为它罩上一层淡蓝色荧光。站在莱茵河对岸欣赏河水中教堂的倒影，更是神秘莫测	早 中 晚	汽车	三星酒店

单元 4

续表

日期	参考线路安排	用餐	交通	住宿
D3	科隆—阿姆斯特丹（Cologne—Amsterdam） 早餐后，乘车前往水下之都——阿姆斯特丹。阿姆斯特丹低于海平面 1～5 米。从城市中心水坝广场开始参观专为皇室接待外宾用的场所荷兰皇宫。聪明的荷兰人发明了木鞋来应对因低洼而变得潮湿的环境，木鞋加工厂里可以看到制作木鞋的过程，沿途散落的一座座风车也是荷兰的象征，同时还可以看到奶酪是怎样加工而成的。荷兰的钻石切割技术是世界一流的，在专业的钻石加工厂里，您可以亲眼目睹钻石切割过程。如果您想更深入地体会河网纵横的水城，可以自费选择乘坐玻璃船畅游阿姆斯特丹运河。晚上也可以自费选择游览只有在阿姆斯特丹才能看到的花街秀	早 中 晚	汽车	三星酒店
D4	阿姆斯特丹—布鲁塞尔（Amsterdam—Brussels） 早餐后，前往布鲁塞尔。布鲁塞尔是比利时王国的首都，也是著名的国际活动中心之一，有 958 个国际机构设在布鲁塞尔，素有“欧洲首都”之称。布鲁塞尔有着浓郁的文化艺术氛围，是欧洲历史悠久的文化中心之一，雨果、拜伦、莫扎特及马克思都曾在这座城市居住。大广场是布鲁塞尔的第一座广场，也是全市人民的活动中心，道路从广场中心呈放射状分出，道路宽广、绿树成荫，因而又有“小巴黎”的美誉。广场附近竖立着“小于连”的塑像，体现了比利时国民不畏强权的民族性格。原子球博物馆是一个铁原子晶体放大 1 650 亿倍之后的“魔方体”建筑，可见设计者的超前思维和丰富想象力	早 中 晚	汽车	三星酒店
D5	布鲁塞尔—卢森堡—巴黎（Brussels—Luxembourg—Paris） 早餐后，乘车前往卢森堡，卢森堡大公国。其他欧洲城市令人着迷的是河畔风情，而卢森堡市令人难忘的是峡谷风姿。市中心的大峡谷曾使卢森堡成为欧洲的军事要塞，大峡谷上的女大公夏洛特桥、阿道尔夫桥等 100 多座桥梁连接两岸的新旧城区，现在这些桥梁已成为欣赏卢森堡市景色的观景点之一。依托有利地形，卢森堡历史上曾兴建了数座城堡，城堡设计复杂高明，1994 年，卢森堡的城堡遗迹和老城区被评为世界遗产。宪法广场中央的纪念碑就是为纪念两次世界大战中的牺牲者而兴建，经历了无数的风雨，今日的卢森堡市平静而富足，是欧洲多个重要机构的所在地，以丘陵为主的城市绿地处处，无论老城的古建筑还是新城的精品橱窗，都透出一股隐隐的低调奢华气息。之后前往浪漫的花都巴黎，晚上您可自费欣赏巴黎艳舞	早 中 晚	汽车	三星酒店

续表

日期	参考线路安排	用餐	交通	住宿
D6	巴黎（Paris） 早餐后，参观世界三大博物馆之一的罗浮宫*（含门票），这个建筑的本身就是艺术杰作，它坐落在塞纳河中心的北岸，在这座艺术殿堂里您可欣赏到镇馆三宝：蒙娜莉莎的微笑、维纳斯雕像和胜利女神像。您可以自费乘船游览塞纳河，四周风景如画，岸上的座座建筑色彩分明，罗浮宫、奥赛博物馆、巴黎圣母院、埃菲尔铁塔等名胜都可以尽收眼底，各具特色的桥梁也一座座迎面扑来，使人目不暇接。凯旋门是香榭丽舍大道的起点，也是巴黎主要庆典活动的起点，以凯旋门为中心，放射出去的12条街道，犹如12道光芒，映射着这座光芒四射的城市。香街的另一端是世界上最美丽的广场之一协和广场。远观埃菲尔铁塔（不上塔）建于1889年，为纪念法国大革命一百周年和当时举办的万国博览会而建，现已成为巴黎城标建筑。夜晚可参加自费夜游巴黎，别有一番滋味	早 中 晚	汽车	三星酒店
D7	巴黎—卢塞恩（Pairs—Lucerne） 早餐后，您可以自费前往位于巴黎城郊的西南方约18公里的昔日法兰西帝国皇宫——凡尔赛，宫内的豪华装饰，配合宫外美轮美奂的御花园，显得布局严密，气势非凡，令您流连忘返。之后乘车前往被高山湖泊包围的美丽小镇——卢塞恩，沿途欣赏美丽的欧洲风光	早 中 晚	汽车	三星酒店
D8	卢塞恩—列支敦士登—皮亚琴察（Lucerne—Liechtenstein—Piacenza） 早餐后，参观为了纪念在法国大革命时期，誓死保卫法国国王路易十六而战死的瑞士雇佣军而修建的狮子像纪念碑，途经卢塞恩市的精神象征——卡佩尔桥、天鹅广场、17世纪初建成的文艺复兴式建筑——市政厅。美丽的卢塞恩湖、阿尔卑斯山与中世纪的建筑互相映衬，如诗如画的美景令人倾倒，悠游其间，亦真亦幻……前往位于瑞奥边界迷你小公国——列支敦士登，此小国以邮票吸引了全世界邮迷，是集邮爱好者的胜地。首都瓦杜兹只有南北一条街，背面是阿尔卑斯山，群峰巍峨，南面是莱茵河，山谷、河流的自然景色呈现多层次的立体感，格外壮丽。瓦杜兹没有高层建筑，街道整洁，现代化的城镇设施齐全，有各式商店、旅馆、邮局、博物馆和医院。在瓦杜兹大街上，你会仰望到矗立在半山腰的一座古老的王宫城堡。据记载，这座城堡始建于700年前，后不断扩建而成，它是列支敦士登的象征。夜宿皮亚琴察	早 中 晚	汽车	三星酒店
D9	皮亚琴察—佛罗伦萨（Piaceza—Florence） 早餐后，前往意大利文艺复兴运动发源地——佛罗伦萨，不论是漫步在佛罗伦萨的大街小巷，还是来到博物馆、美术馆或教堂参观，游客都会感受到佛罗伦萨古城那浓郁的文化氛围，凝结着人类艺术天赋的经典之作处处可见。橘红色圆顶的圣母百花大教堂（外观）是佛罗伦萨最重要的地标，由教堂、洗礼堂、钟楼组成，洗礼堂的正门由于大师米开朗基罗的赞誉而得到“天堂之门”的美誉。市政厅广场（又名：君主广场和西尼奥列广场），这里有一座建于13世纪的碉堡式旧宫（现为市政厅），侧翼的走廊，现在连同整个广场成为一座露天雕塑博物馆，各种石雕和铜像作品栩栩如生，形象传神，如人们所熟悉的米开朗基罗大卫像的复制品……游客可自费前往比萨观赏著名的比萨斜塔。夜宿 Orvieto	早 中 晚	汽车	三星酒店

续表

日期	参考线路安排	用餐	交通	住宿
D10	Orvieto—罗马—博洛尼亚（Orvieto—Rome—Bologna） 早餐后，前往拥有悠久历史和辉煌古代文明的城市罗马，这座古城至今保留着丰富的古迹，经历沧桑岁月，那些废墟和古代建筑仍显示着这个“永恒之都”的庄严。斗兽场位于市中心，是古罗马时期最大的圆形角斗场，威严而壮观（不入内参观）；旁边是公元 315 年修建的君士坦丁凯旋门，经历了近 2 000 年的风风雨雨，仍保存了当初的完美造型。之后搭公车参观威尼斯广场，这是罗马道路的交通枢纽，中央是纪念意大利统一阵亡将士维托里亚诺·埃马努埃莱二世的青铜骑马雕像。最后我们参观全世界天主教的中心教皇国——梵蒂冈，参观世界上最大、历时 150 年修建而成的圣彼得大教堂，这座雄伟壮丽的大教堂内外的雕刻、彩石马赛克的壁画……无一不是超凡的艺术结晶；1870 年以来的重要宗教仪式均在此举行。一定要在巴洛克式风格的圣彼得广场留影。夜宿博洛尼亚	早 中 晚	汽车	三星酒店
D11	博洛尼亚—威尼斯—克拉根福（Bologna—Venice—Klagenfurt） 早餐后，前往环抱威尼斯湾的威尼斯，她不仅是充满梦想与魔力的艺术城市，更是世人眼中浪漫的化身。搭船抵达威尼斯后参观祥鸽群集的圣马可广场和集拜占庭建筑之大成的圣马可教堂（外观）、道奇宫、叹息桥……参观闻名古今的水晶玻璃工厂，亲眼目睹精美玻璃精品的制作过程。闲余时间您可以在岛上自由活动，悠闲地体会威尼斯多彩多姿的浪漫情调。游客可以自费选择乘坐威尼斯最具特色的交通工具——贡多拉（六人一船）、长形的凤尾船穿梭在拱桥水渠、古巷之间，获得无限浪漫的心灵感受。夜宿克拉根福	早 中 晚	汽车 飞机	飞机上
D12	克拉根福—维也纳—布达佩斯（Klagenfurt—Vienna—Budapest） 早餐后，乘车前往音乐之都——维也纳，领略这座空气中都弥漫着音符的古老首都，深受玛丽亚女王喜爱的美泉宫是必不可少的观光圣地（只含后花园）。漫步在后花园中，在每一个角落里都会感受到这座城市辉煌的历史和君王统治时期留下来的遗韵。古老的斯特凡大教堂、国立歌剧院每一个建筑都是经典之作。之后前往“双子之城”布达佩斯，蓝色的多瑙河穿城其间，许多古老的建筑群被列为世界文化遗产。新罗马式风格的建筑——渔夫堡位于布达佩斯城堡山东面，因建在中世纪的渔市场和渔村的遗址上而得名，塔楼高耸，石阶盘旋，造型别具一格。英雄广场是匈牙利人的英雄圣地，是一个融合了历史和艺术的胜迹。广场上有很多匈牙利马扎尔族先王的圣像，据说他们是匈奴人的后裔。参观宏伟壮观的国会大厦。国家美术馆是匈牙利收藏美术作品最多的博物馆（外观）。参观历代匈牙利国王加冕的教堂马加什教堂（外观），文利连纪念碑等	早 中 晚	汽车	三星酒店
D13	布达佩斯—北京（Budapest—Beijing） 早餐后，可继续在免税店搜购喜欢的香水或免税品。之后乘车到机场乘航班返回北京	早	汽车 飞机	飞机上
D14	北京（Beijing） 今晨 05：20 抵达首都机场，满载欧洲的精彩记忆回到温馨的家	×	—	—

1）服务项目

①北京/欧洲往返国际机票及欧洲内陆段机票，团队经济舱，含机场建设税。

②ADS 签证费用。

③境外旅游巴士及外籍司机。

④专业中文领队兼导游。

⑤三星级酒店（双人间 / 西式早餐）。

⑥中式午晚餐（餐标：五菜一汤＋水果＋茶水）。

⑦行程中标注（*）景点门票。

2）不含项目

①护照费用。

②酒店内电话、传真、洗熨、收费电视、饮料等费用。

③服务项目未提到的其他一切费用，如特种门票（夜总会、博览会、缆车等）。

④洗衣、理发、电话、饮料、烟酒、付费电视、行李搬运等私人费用。

⑤司机、导游及境外地陪小费：全程 101 欧元/人（7 欧元×14 天＋3）。

⑥签证相关的如未成年人公证、认证等相关费用。

⑦依照旅游业现行作业规定，本公司有权依据最终出团人数情况，调整房间分房情况。

（3）大众系列：法—意—瑞—德国十天（举例）

日期	参考线路安排	用餐	交通	住宿
D1	北京—慕尼黑（Beijing/Munich） 航班：CA961 1340/1730 11：00 在机场集合，搭乘国际航空公司班机飞往慕尼黑，期待已久的欧洲离游人越来越近……经过长途的飞行后，安排专车接机，送往酒店休息调整时差，准备迎接精彩的旅程	×	飞机 汽车	三星酒店
D2	慕尼黑—威尼斯（Munich—Venice） 慕尼黑是巴伐利亚州的首府。旅行社带旅客领略巴伐利亚的豪迈风情，从市中心的玛丽恩广场开始慕尼黑之游，装饰富丽堂皇的新市政厅位于玛丽亚广场北侧，19 世纪末建造的巍峨挺拔的棕黑色建筑，上面像撒了一层白霜。市政厅钟楼上装置有全德国最大的木偶报时钟，每天游人翘首仰望这迷人的表演，聆听那清脆响亮的音乐钟声，一睹古代人物的风采，惊叹德国艺术之高超。新市政厅左侧是有名的啤酒屋，右边是旧市政厅，慕尼黑城北部著名的奥林匹克公园是一组高度集中的特大型体育建筑群。是 1972 年第 20 届夏季奥运举办的场地，这里是拜仁慕尼黑队的主场。之后乘车前往环抱威尼斯湾的水都——威尼斯	早 中 晚	汽车	三星酒店

续表

日期	参考线路安排	用餐	交通	住宿
D3	威尼斯—博洛尼亚（Venice—Bologna） 威尼斯，她不仅是充满梦想与魔力的艺术城市，更是世人眼中浪漫的化身。搭船抵达威尼斯后参观祥鸽群集的圣马可广场和集拜占庭建筑之大成的圣马可教堂（外观）、道奇宫、叹息桥……参观闻名古今的水晶玻璃工厂，亲眼目睹精美玻璃精品的制作过程。闲余时间游客可以在岛上自由活动，悠闲地体会威尼斯多彩多姿的浪漫情调。游客可以自费选择乘坐威尼斯最具特色的交通工具——贡多拉（六人一船）、长形的凤尾船穿梭在拱桥水渠、古巷之间，获得无限浪漫的心灵感受。夜宿博洛尼亚	早 中 晚	汽车	三星酒店
D4	Orvieto—佛罗伦萨—皮亚琴察（Orvieto—Florence—Piacenza） 早餐后，前往意大利文艺复兴运动发源地——佛罗伦萨，不论是漫步在佛罗伦萨的大街小巷，还是来到博物馆、美术馆或教堂参观，游客都会感受到佛罗伦萨古城那浓郁的文化氛围，凝结着人类艺术天赋的经典之作处处可见。橘红色圆顶的圣母百花大教堂（外观）是佛罗伦萨最重要的地标，由教堂、洗礼堂、钟楼组成，洗礼堂的正门由于大师米开朗基罗的赞誉而得到“天堂之门”的美誉。市政厅广场（又名：君主广场和西尼奥列广场），这里有一座建于13世纪的碉堡式旧宫（现为市政厅），侧翼的走廊，现在连同整个广场成为一座露天雕塑博物馆，各种石雕和铜像作品栩栩如生，形象传神，如人们所熟悉的米开朗基罗大卫像的复制品……今天游客可自费前往比萨观赏著名的比萨斜塔。夜宿皮亚琴察	早 中 晚	汽车	三星酒店
D5	皮亚琴察—卢塞恩（Piacenza—Lucerne） 早餐后，乘车前往卢塞恩，中世纪的教堂、塔楼、文艺复兴时期的宫厅、宅邸以及百年老店、长街古巷，比比皆是……参观为了纪念在法国大革命时期，誓死保卫法国国王路易十六而战死的瑞士雇佣军而修建的狮子像纪念碑、途经卢塞恩市的精神象征——卡佩尔桥、天鹅广场、17世纪初建成的文艺复兴式建筑——市政厅。游客可自费参加卢塞恩游船游览美丽的卢塞恩湖，卢塞恩湖、阿尔卑斯山与中世纪的建筑互相映衬，如诗如画的美景令人倾倒，悠游其间，亦真亦幻	早 中 晚	汽车	三星酒店
D6	卢塞恩—梅斯（Lucerne—Metz） 早餐后，游客可参加自费项目登瑞士雪山，游客在此能把瑞士阿尔卑斯山区的奇妙景象尽收眼底。之后乘车前往法国小镇——梅斯，沿途欣赏美丽的欧洲风光	早 中 晚	汽车	三星酒店
D7	梅斯—巴黎（Metz—Paris） 早餐后，乘车前往浪漫的花都巴黎，凯旋门是香榭丽舍大道的起点，也是巴黎主要庆典活动的起点，以凯旋门为中心，放射出去的12条街道，犹如12道光芒，映射着这座光芒四射的城市。香街的另一端是世界上最美丽的广场之一协和广场。埃菲尔铁塔（不上塔）建于1889年，为纪念法国大革命一百周年和当时举办的万国博览会而建，今天现已成为巴黎城标建筑。晚上游客可自费欣赏巴黎热舞	早 中 晚	汽车	三星酒店

续表

日期	参考线路安排	用餐	交通	住宿
D8	巴黎（Paris） 早餐后，参观世界三大博物馆之一的罗浮宫*（含门票），这个建筑的本身就是艺术杰作，它坐落在塞纳河中心北岸，在这座艺术殿堂里可欣赏到镇馆三宝：蒙娜莉莎的微笑、维纳斯雕像和胜利女神像。游客可以自费乘船游览塞纳河，四周风景如画，岸上的座座建筑色彩分明，罗浮宫、奥赛博物馆、巴黎圣母院、埃菲尔铁塔等名胜都可以尽收眼底，各具特色的桥梁也一座座迎面扑来，使人目不暇接。夜晚可参加自费夜游巴黎，别有一番滋味	早 中 晚	汽车	三星酒店
D9	巴黎—北京（Paris/Beijing） 航班：CA964 1720/1030＋1 早餐后，登巴黎最高的建筑——210 米高的蒙帕纳斯大厦*，只需 38 秒钟，欧洲最快的升降梯将把游客带到距地面 196 米的高空，游客可将全巴黎的绚丽美景尽收眼底。可继续在免税店搜购游客喜欢的香水或免税品。之后乘车前往机场，搭乘国际航空公司航班返回北京	早 中 晚	汽车	三星酒店
D10	北京（Beijing） 今日抵达首都机场，满载欧洲的精彩记忆回到温馨的家	早 中 ×	汽车 飞机	—

1）服务项目

①北京/欧洲往返国际机票及欧洲内陆段机票，团队经济舱，含机场建设税。

②ADS 签证费用。

③境外旅游巴士及外籍司机。

④专业中文领队兼导游。

⑤三星级酒店（双人间/西式早餐）。

⑥中式午晚餐（餐标：五菜一汤＋水果＋茶水）。

⑦行程中所列景点（*）门票。

2）不含项目

①护照费用。

②酒店内电话、传真、洗熨、收费电视、饮料等费用。

③服务项目未提到的其他一切费用，如特种门票（夜总会、博览会、缆车等）。

④洗衣、理发、电话、饮料、烟酒、付费电视、行李搬运等私人费用。

⑤司机、导游及境外地陪小费：全程 80 欧元/人（7 欧元×11 天＋3）。

⑥签证相关的如未成年人公证、认证等相关费用。

⑦依照旅游业现行作业规定，本公司有权依据最终出团人数情况，调整房间分房情况。

(4) 俄罗斯一地八天(举例)

日期	参考线路安排	住宿
D1	北京—莫斯科(Beijing—Moscow) 航班:SU572(11:50—15:10) 赴莫斯科,参观市容、游览以第二次世界大战胜利为主题的胜利广场及为纪念战胜拿破仑而建的凯旋门	莫斯科
D2	莫斯科—圣彼得堡(Moscow—St. Petersburg) 游览俄罗斯的精神中心——红场,面积 9.1 万平方米,地面很独特,全部由条石铺成,显得古老而神圣。红场西侧是用红花岗石和黑拉长石建造的列宁陵墓,建于 1930 年。参观列宁墓——瞻仰世界伟大的革命导师列宁,外观瓦西里大教堂,外观克里姆林宫(克宫这一世界闻名的建筑群,享有"世界第八奇景"的美誉)。游览无名烈士墓、亚历山大花园,俄罗斯最大的百货商店——古姆。晚餐后观看俄罗斯大马戏(自费)。晚乘火车赴素有"北方威尼斯"之称的圣彼得堡	火车上
D3	圣彼得堡(St. Petersburg) 早抵圣彼得堡。市容观光(俄罗斯古典建筑、巴洛克式建筑、十月革命时期建筑),游览世界四大博物馆之一艾尔米塔什博物馆——冬宫,冬宫是沙皇的宫殿和住所,冬宫是艾尔米塔什博物馆的一部分。艾尔米塔什与伦敦的大英博物馆、巴黎的罗浮宫、纽约的大都会艺术博物馆一起,称为世界四大博物馆。游览打响俄国十月革命第一枪的阿芙乐尔号巡洋舰、海军总部大厦以及因普希金的抒情诗而得名的青铜骑士像,游览世界第三大教堂——伊萨基耶夫教堂(外观)	圣彼得堡
D4	圣彼得堡(St. Petersburg) 早餐后赴城外的夏宫花园,始建于彼得大帝时代。位于芬兰湾南岸距市区 29 公里,占地面积 1 000 公顷,分为"上花园"和"下花园"。18 世纪中叶,为纪念俄国在北方战争中的胜利,建造了一个由 64 个喷泉和 250 多尊金铜像组成的梯级大瀑布。位于中央的雕像"掰开狮嘴的参孙"高 3 米,重 5 吨,喷出的水柱高达 22 米。午餐后游览喀山大教堂,乘船游览涅瓦河(自费)	圣彼得堡
D5	圣彼得堡(St. Petersburg) 早餐后前往普希金城,参观叶卡捷琳娜堡、斯莫尔尼宫(外观)、滴血教堂(外观),游览集文化、商业、贸易、娱乐为一体的涅瓦大街,晚餐后观看芭蕾表演(自费)。晚乘火车返莫斯科	火车上
D6	莫斯科(Moscow) 早餐后参观游览俄罗斯的最高学府——莫斯科大学,莫斯科大学建于 1755 年,是俄罗斯的最高学府。游览列宁山、莫斯科河畔的观景台(俯瞰莫斯科全景)。参观地下宫殿——莫斯科地铁	莫斯科
D7	莫斯科—北京(Moscow—Beijing) 早餐后参观国民成就展览中心,下午参观渗透着俄罗斯民族人文精神并充满着浓厚的文化气息的阿尔巴特大街。送机返北京(21:30—09:50)	飞机上
D8	北京(Beijing) 上午 9:50(北京时间)抵达北京首都国际机场,全程结束	

单元 4

1）服务项目

①全程优秀俄语领队，境外优秀中文导游，机票、机场税、莫斯科—圣彼得堡往返四人包厢软卧火车票。

②三星级双人标准间、行程中所列景点大门票、中式正餐、旅游车。

2）费用不含

①各种私人消费，如行李超重费、酒水、电话及各种私人交通费等。

②行程中所列自费项目，如克宫 1 200 卢布、游船 1 500 卢布、芭蕾 3 400 卢布、马戏 1 500 卢布。

③境外小费（400 元/人）、意外保险。

二、中东

1. 中东主要旅游目的地国概况

（1）土耳其。土耳其在鞑靼语中为“勇敢”的意思，“土耳其”意即勇敢人的国家。

土耳其有丰富的旅游资源，拥有世界七大奇迹中的两个，阿泰缪斯神庙和毛瑟陆斯陵墓。此外东罗马和奥斯曼帝国时代留下的建筑遗迹是世界建筑艺术的珍品。亚洛瓦温泉和库什湖也是闻名世界的旅游胜地。

（2）以色列。以色列的耶路撒冷是令犹太教教徒、伊斯兰教教徒和基督教教徒神往的圣城。著名的名胜古迹有阿克萨清真寺、哭墙和摩哩山顶的圣殿等。

（3）约旦。约旦位于阿拉伯半岛西北，号称高原之国。沙漠面积占全国总面积的80%以上。在饮食上约旦人早餐必不可少的食物是“焖蚕豆”、干酪、酸乳酪等。中、晚餐主要是蔬菜、水果，此外，还有名菜“曼沙夫”，开胃小吃“迈兹”（200 多种），咖啡为主要饮料，也是他们好客的标志。

（4）迪拜。迪拜是阿拉伯联合酋长国首府，阿联酋第二大城市。海湾乃至整个中东地区的重要港口和最重要的贸易中心之一，位于阿拉伯国家间各地进行贸易的交叉点，与海湾石油富国相邻，与南亚次大陆隔阿拉伯海相望，离欧洲距离不远，与东非和南部非洲的交通便利。10 公里长、名为胡尔的海湾穿过市中心，将市区一分为二，交通方便，经济繁荣，进出口贸易十分发达，有“中东的香港”之称。

2. 赴中东旅游必办手续

（1）迪拜

1）剩余半年以上有效期的护照。

2）2 寸白底彩照 4 张。

3）公司在职证明。

4）退休人员需退休证复印件。

5）30 岁以下女性另加签证费 400 元/人。

6）个人资料表。

（2）以色列

1）剩余半年以上有效期的护照。

2）2 寸白底彩照 4 张。

3）公司在职证明及营业执照副本原件。

4）退休人员需退休证复印件。

5）身份证户口本复印件。

6）个人资料表。

3. 赴中东旅游应准备的工作

（1）注意事项。以色列境内有三种宗教信仰，因此庆典节日各有不同。比如伊斯兰教星期五休息，基督教星期日休息，犹太教的安息日是从星期五的日落至星期六的日落为止。在这些休假日，公共交通除了阿拉伯系的拿撒勒以及海法、加利利地方的一部分路线之外，其他地区的交通工具都停驶。此外，国家机关、公司、犹太人经营的餐厅、咖啡厅，除了特拉维夫之外，一律休假。

（2）货币

1）以色列的货币是新以色列谢克尔。1 美元＝4.27 谢克尔，1 谢克尔又分 100 分。

2）在很多旅游景点可以用外币（现金、旅行支票、信用卡）付款。

（3）小费。以色列的饭店和餐厅账单上已附加了 15%的服务费，所以不必再付小费，但是在旅馆内的行李员或打扫房间者，依照惯例必须给 0.25 至 0.50 美元左右的小费，而计程车司机不用付小费。

（4）邮政

1）以色列邮政的标志是以蓝色为底，上面有鹿的图案，无论在邮筒或邮票出售处都有这个标志。由以色列到远东地区的信件大约需时 8～15 天。

2）以色列的公用电话很少，而且必须使用名叫“阿西蒙”的专用硬币，因此想要打长途电话或国际电话，可在旅馆或邮局里打。

（5）入境。在以色列入境之后，再想进入阿拉伯诸国（包括叙利亚、约旦、伊拉克、沙特阿拉伯、科威特、阿拉伯联合酋长国等）将会遭到拒绝；但是护照上若有入境阿拉伯诸国的记录，入境以色列将不受限制。旅客如果不愿意留下曾在以色列入境的记录，可以在入境的时候要求办事员不要在护照上盖章，只在出入境卡上盖章即可。

（6）海关。可以携带入境的免税物品有香烟 250 根、葡萄酒 2 公升、酒类 1 公升、特产品价格在 125 美元以内。携出物品无限制。外币无论携出或携入皆无限制，但是携出当地的货币限于 500 元以内。此外，游客用以色列币兑换外币时，仅可兑换价值在 3 000美元以内的外币。

(7) 小贴士

1) 在以色列旅游，如果游客想去距离遥远的地方，与其搭计程车，倒不如坐Sherut。Sherut是指使用七人座的巴士载客，外观与计程车相同，由于是合乘的，因此费用便宜。因为星期六也可使用Sherut为交通工具，所以颇受欢迎。

2) 主要的路线为本·古里安国际机场—耶路撒冷、特拉维夫—耶路撒冷，班次都十分频繁。特拉维夫与耶路撒冷之间有部分路线是预约制的，但是大多数的路线只要坐满7人，随时可以开车。

4. 中东旅游常规线路

(1) 迪拜（5天3夜）。游览城市：阿布扎比、沙迦、迪拜。

(2) 以色列（8天6夜）。游览城市：特拉维夫、恺撒利亚、海法、拿撒勒、提比利亚、死海、红海、耶路撒冷。

(3) 以色列—约旦（8天6夜）。游览城市：特拉维夫、恺撒利亚、海法、拿撒勒、提比利亚、杰拉什、安曼、瓦迪伦、阿卡巴、爱拉特、死海、耶路撒冷。

(4) 叙利亚—约旦—迪拜（9天7夜）。游览城市：迪拜、大马士革、帕尔米拉、波斯拉、安曼、佩特拉、死海。

5. 中东旅游参考行程介绍

(1) 以色列精华八日游（举例）

日期	参考线路安排	餐食	住宿
D1	北京—特拉维夫 22：20　搭乘以色列航空公司班机前往以色列的特拉维夫，翌日凌晨抵达	×	—
D2	特拉维夫—恺撒利亚—海法—拿撒勒—提比利亚 03：20　抵达后送客人到特拉维夫酒店梳洗、早餐（沿途“初会”特拉维夫，一个焕发着青春活力、融合着现代美的大城市） 早餐后前往参观恺撒利亚古城遗迹。在海法参观大同教圣殿及花园，登上迦密山欣赏海法市容 午餐后前往加利利湖区提比利亚，参观以色列式共产主义农庄——基布兹。沿途参观拿撒勒天主报喜堂。晚上下榻提比利亚	早 中 晚	四星酒店
D3	提比利亚—死海 酒店早餐后开车往南穿过高地、平原、山谷和沙漠气候到达“地球最低点、奇妙一言难尽的”——死海。客人可尽情享受，自由活动。死海是一内陆盐湖，其含盐量却比普通海水高10倍。即使不善游泳亦可在水面之上自在地漂流读报。海水和死海边海底泥都有卓越的美容、健肤的效用。还可自费享受死海温泉水疗 参观悬崖上宫殿马萨达。晚上入住死海边上的酒店	早 中 晚	四星酒店

单元 4

续表

日期	参考线路安排	餐食	住宿
D4	死海—红海 早餐后继续享受死海沙漠的阳光。然后开车穿过南部的沙漠到达以色列最南部城市埃拉特 埃拉特被称为红海畔的“棕榈泉”，客人可享受阳光海滩，自由参观自费活动，海上项目、海底世界，悠闲放松	早 中 晚	四星酒店
D5	埃拉特—内盖夫沙漠—古力安旧居—火山奇景—耶路撒冷 早餐后离开埃拉特，前往以色列首位总理本·古力安的故居——基布兹“斯达博可”。还参观沙漠里死火山留下的奇峻景致。了解以色列人将沙漠变绿洲并继续发展太阳能的历史和现在 之后开车前往以色列首都耶路撒冷	早 中 晚	四星酒店
D6	耶路撒冷 早餐后，参观第二次世界大战犹太人大屠杀纪念馆、议会大厦。参观比京遗产纪念馆，这里展现了这位以色列前总理及诺贝尔和平奖获得者他充满激情的神奇人生 之后参观 19 世纪中叶耶路撒冷古城外第一批房子的建筑风采“题侯屋子”——一位耶路撒冷医生和他的画家夫人的甜蜜之家 晚上客人可自费观赏以色列和阿拉伯民族舞蹈。晚上入住耶路撒冷酒店	早 中 晚	四星酒店
D7	耶路撒冷 早餐后，登橄榄山参观主泣教堂、万国教堂、喀西玛丽园并观古城全景。古城内参观三大宗教的圣地——基督教的“最后的晚餐”之地、“苦路”、圣墓教堂，伊斯兰教在圣殿山上的圆顶清真寺，还有从两千多年前的犹太圣殿遗留下来的一幢西墙。客人还可以根据一个古老的犹太传统用一张小纸条写下愿望放入西墙墙缝，因为犹太人相信在这里所有祈祷都会直达天庭 之后到享誉世界的以色列钻石切割工艺加工厂参观，随意选购。欢送晚餐后，送机场登上回中国的飞机	早 中 晚	飞机上
D8	特拉维夫—北京 00：45　搭乘以色列航空公司班机返回北京 16：35　抵达北京后，结束愉快的旅行	×	—

单元 4

（2）迪拜五天精华游（举例）

日期	参考线路安排	餐食	住宿
D1	北京—迪拜 20：00　首都机场集合，后搭乘豪华航班飞往迪拜	×	—
D2	迪拜 早抵达迪拜之后乘车前往餐厅用早餐 早餐后，参观茱美拉海滨天然浴场、茱美拉清真寺，观赏世界著名的七星级酒店阿拉伯塔（以26吨黄金铸起的阿拉伯神殿），摄影留念，外观酋长皇宫，参观迪拜博物馆，了解阿联酋的建国历史和发展等 午餐后参观黄金一条街（每年的黄金进出口量为570吨以上，居世界第二位，来自世界各地的金银珠宝商都会在这条街上展览他们的杰作），阿拉伯香水、香料市场、干果一条街等 可自选项目——夜海游船（自费55美金/人）。晚餐乘阿拉伯海湾风格的木质游船沿着迪拜的内海湾航行约2个小时，船上享用自助晚餐，一览迪拜两岸灯火通明、五光十色的夜景，欣赏动听迷人的阿拉伯民族乐曲	早 中 晚	四星酒店
D3	迪拜—沙迦—迪拜 酒店早餐后，乘车前往阿联酋第三大城市——沙迦，参观文化广场、King Fasal清真寺、酋长皇宫（外观）、阿之曼海滨、著名的火车头黄金手工艺品市场等；晚餐后送酒店休息。可自选项目——沙漠冲沙（自费65美金/人）。15：30出发进入金色的沙漠，乘坐4WD越野吉普车进行冒险家游戏——冲沙 。这里有阿拉伯风情的骆驼农场，在沙丘顶峰停留片刻，参加刺激的滑板运动，欣赏沙漠日落；然后，进入沙漠营帐，骑骆驼，享用丰盛阿拉伯晚宴，有各种新鲜沙拉，各式烧烤，阿拉伯甜品，各种饮料（不含带酒精饮品）等。可以穿着阿拉伯民族服饰拍照，品尝阿拉伯特色的水烟，绘制阿拉伯民族手绘。21：30冲沙活动结束	早 中 晚	四星酒店
D4	迪拜—阿布扎比—迪拜 酒店早餐后，参观国会大厦、人工岛、酋长皇宫（外观）等，了解阿联酋的历史，古老的Al Hassan古堡并前往漫长的海岸线——白沙、阳光，使人仿如置身于夏威夷 晚餐后乘车前往机场	早 中 晚	飞机上
D5	迪拜—北京 凌晨搭乘豪华航班返回北京，中午抵达北京，结束愉快的旅行	×	—

三、亚洲

1. 亚洲主要旅游目的国概况

（1）日本。日本是一个位于欧亚大陆东侧，太平洋西北部的弓状岛国。日本的岛屿主要包括北海道、本州、四国、九州四岛。

1）民俗。日本民间流行歌舞伎、能剧、狂言剧、文乐剧等。其中，文乐剧是一种木偶剧，不但日本大众喜爱它，而且享誉国际。木偶剧多由三个人操作，每一个木偶有三条操纵杆来使木偶表演生动的动作。伴奏的是传统的音乐和民歌，木偶的服装都很华丽动人。樱花季节的樱花舞，盛行于京都，穿着鲜艳和服者的舞姿，在日本传统音乐的声浪之中，分外动人。偶人节是日本的传统节日，又称为女儿节或桃花节，源于中国。日本是一个多宗教的国家，神道教与佛教为并立的两大宗教。

2）主要旅游胜地。东京，东京原名江户，是日本国首都，是国际著名的旅游城市。日本第一高峰富士山，它是日本的“圣山”，是民族的象征。富士山位于本洲中南部，跨静、山梨两县，东距东京 80 公里，为富士箱根国立公园的一部分。日本历史名城——京都（又名西京），有“千年古都”之称。京都的建筑设计仿中国唐代洛阳和长安城。市内著名的名胜有东本愿寺、西本愿寺、三十三间堂、八坂神社、清水寺、平安神宫、金阁寺、银阁寺等。郊区有修学院离宫、桂离宫、伏见稻荷神社、桃山御陵等名胜。琵琶湖是日本第一大湖。因形似琵琶，故名琵琶湖。奈良是日本历史文化名城，日本佛教的发祥地。中国鉴真大师 6 次东渡，最后抵达奈良弘扬佛教，传播中国文化。1974 年奈良市与中国西安市结成友好城市，奈良是了解和研究日本历史和中日文化交流的必到之地。

（2）朝鲜。朝鲜位于亚洲东部的朝鲜半岛，东北与俄罗斯接壤，北部以鸭绿江和图们江为界与中国毗邻，西临黄海，东濒日本海，南与韩国相接。朝鲜四季分明，属海洋性气候向大陆性气候过渡地带，冬季干燥、寒冷，夏季潮湿、暖和，春秋两季风和日丽。

主要旅游胜地。平壤，它是朝鲜最古老的城市之一。市区以金日成广场为中心，四周分布着著名建筑物。万寿台议事堂和万寿堂纪念碑建成于 1972 年，万寿台上有金日成铜像、纪念塔、大型镶嵌壁画。金刚山是朝鲜四大名山之一，朝鲜著名的旅游疗养胜地，素有“朝鲜第一山”之称。位于朝鲜东海岸江原道东部，是太白山脉的北段。妙香山是朝鲜四大名山之一，朝鲜八景之一，著名的旅游休养胜地。

（3）韩国。韩国位于朝鲜半岛。朝鲜半岛地处亚洲大陆的东北部，自北向南延伸，全长 1 100 公里。韩国的领海与太平洋最西部的海域交汇。朝鲜半岛北部与中国和俄罗斯接壤，东部濒临东海，与邻国日本隔海相望。除与大陆相连的半岛之外，韩国还拥有 3 000 个大小岛屿。

主要旅游胜地。首尔是韩国首都，历史名城，亚洲著名的国际旅游城市。城市拥有先进的体育设施，1986 年主办了亚运会，1988 年主办了奥运会。釜山是韩国重要的国际海港城市和四大旅游城市之一。济州岛是韩国第一大岛，韩国著名风景旅游区。

（4）越南。越南位于中南半岛东侧，地形南北狭长，北面和中国接壤，西部和老挝、柬埔寨毗邻，东南濒临南海，西南紧靠暹罗湾。扼太平洋与印度洋海上交通要道。

1）民俗。当地人有嚼槟榔的民俗，还把槟榔当做信物，无论求婚请客，均送上一颗槟榔。

2）主要旅游胜地。河内，它是越南首都，历史名城。胡志明市是越南南方最大港口城市、经济中心和主要的旅游城市。1994 年越南航空公司开通 18 条国际航线，每周均有航班飞往亚洲和欧洲国家。近年来胡志明市旅游业有了较快的发展，成为越南南部旅游开发区的龙头城市。为了适应旅游业的发展需要，高档旅游宾馆、滨海度假村、高尔夫球场等大型旅游设施正在兴建之中。

（5）泰国。泰国位于中南半岛中部。

1）民俗。尊重王室是泰国人的习俗，泰国人对王室成员特别尊重，如在公众场所演奏国王颂歌时要起立。尊重神舍，到任何宗教场所，客人必须穿着整齐，举止得体，不许赤膊，不许穿短裤和其他不适宜的服装。尊重佛像，在泰国人心目中，佛像无论大小都是神圣之物，任何人不能亵渎。初到泰国与主人相见时，应双掌合十为拜，以示尊重。主要节日宋干节也叫泼水节，或求雨节，这是泰国的佛历新年，泰国每年的 3—5 月干旱无雨，为乞求“佛祖恩赐甘露普降人间”便在公历的 4 月 13—15 日之间举行求雨活动。女孩子们跳着“指甲舞”，还要通过选美会选出“宋干小姐”。在泰国绝不能用手触摸人的头部。街上行走的时候，遇到僧人时必须让僧人先行。

2）主要旅游胜地。曼谷是泰国首都，泰国古老文化艺术荟萃之地，世界著名的国际旅游城市之一。泰国人称曼谷为“军贴”，意为“天使之城”，位于湄南河西岸。曼谷建有东南亚吞吐量最大的国际空港，交通便利，旅游宾馆设施完善舒适，购物方便，吸引了大量外国游客，成为旅泰游客必到之地。北览鳄鱼湖动物园是世界最大的鳄鱼动物园。大王宫是泰国著名胜迹。大王宫是泰国曼谷王朝一世王至八世王的王宫，又称“故宫”，在首都曼谷，紧靠湄南河。玉佛寺是泰国最著名的佛寺，又称“护国寺”，是泰国三大国宝之一。清迈是泰国第二大城市，全国 18 座火山中有 14 座在清迈境内。帕塔亚是泰国著名海滨旅游胜地，有“东方夏威夷”之称。

（6）新加坡。新加坡是热带城市国家。位于马来半岛南端、马六甲海峡出入口，北隔柔佛海峡与马来西亚相邻，南隔新加坡海峡与印度尼西亚相望。

1）民俗。节日主要是华人新年（同中国春节），开斋节，国庆节（8月9日）。新加坡法定公共节日共计11天。除上述外，还有元旦、复活节、哈芝节、劳动节等。

2）主要旅游胜地。新加坡动物园，它是世界著名动物园，新加坡著名旅游点。裕廊飞禽公园是世界著名鸟禽公园，新加坡著名的旅游点。位于新加坡裕廊镇贵宾山坡，占地约0.2平方公里，1972正式开放。圣淘沙岛位于新加坡南部岛屿，是新加坡最大的旅游胜地。

（7）马来西亚。马来西亚是一个集半岛与岛屿特征的海洋国家，具有绵长的海岸线。

1）民俗。马来西亚民俗主要是任何人不得触摸马来人的头部和背部，因为那会被认为给人家带来噩运，也是对他人的严重侵犯。马来人认为左手是不清洁的，待人接物用右手。在公共场合不论男女衣着不得露出胳膊和腿部。

2）主要旅游胜地。吉隆坡是马来西亚首都，全国最大城市和国际旅游城市。吉隆坡位于马来西亚西海岸中部，是全国政治、经济中心和交通中心。“吉隆坡”马来语意思是“泥泞的河口”。此外旅游胜地还有国家清真寺、黑风洞、泉水游泳池、马六甲古城、三宝山、槟榔屿风景区等。

单元 4

（8）印度尼西亚。位于亚洲东南部，地跨赤道，主要的岛屿有爪哇岛、苏门答腊岛、加里曼丹岛南部、伊里安岛西部、苏拉威西岛等。

1）民俗。印尼许多乡村的习俗是女人娶男人，爪哇岛上的早婚很普遍，并且很快就离婚，多拉查族的男子求婚时须首先向女方赠送一头水牛，在女方接受后，便正式举行求婚仪式。印尼人敬蛇如神，人们把蛇看成是“善良、智慧、本领及德行”的象征。在巴厘岛人们专门建造庙宇，里面供养着一条大蛇，庙前设有香案，作为上香，祭品及叩头、礼拜、祈祷之用。沉默日是巴厘岛最隆重的节日之一，每年的4月2日，全岛都沉默不语，因为当地人都相信，这样可以骗过魔鬼，使其认为岛上已无人烟，从而搬到其他地方去。而且在其当地人看来，今后几个月收到什么“果”都取决于这一天种下的“因”。按照规定，沉默日这一天，不能点灯，不能点火做饭，后来演变为24小时绝食，在这一天，外国人可以在房间内点灯，但要挂上窗帘。这一天不能工作，不能出门，不能娱乐。“在沉默日”，政府和商店均关门一天，路上也不许有任何交通工具。

2）主要旅游胜地。雅加达是印度尼西亚首都，世界著名的海港，东南亚最大的旅游城市。万隆是印度尼西亚第三大城市，西爪哇首府，著名旅游避暑胜地。巴厘岛是印度尼西亚著名旅游区。岛上居民每年举行的宗教节日约有200多个，参观居民节日活动是民俗旅游的重要内容。巴厘岛的自然风光和人文资源极其丰富多彩，具有很大的开发潜力。

(9) 菲律宾。菲律宾位于赤道北侧，是亚洲东南部的千岛之国。

1) 民俗。菲律宾民间流行斗鸡比赛，从城市到农村，各行各业，官宦士绅极为普遍。菲律宾穆斯林的婚姻由父母决定。男方通过媒人向女方家庭提出求婚，并交付聘金。婚礼仪式由伊斯兰阿訇主持。少女十二三岁，便被视为已婚年龄。

2) 主要旅游胜地。马尼拉是菲律宾首都，是一座融合东西方文化的历史名城和国际会议旅游城市，有“东方明珠”之称。碧瑶是菲律宾著名避暑旅游胜地，位于马尼拉西北 250 公里崇山峻岭间，海拔 1 524 米，年平均气温 14～22 摄氏度，有“夏都”之称。又因山地上生长着许多松树，故又有“松城”之称。宿务是菲律宾第二大城市，历史名城。位于菲律宾米沙鄢群岛北部的宿务岛上。马荣火山是菲律宾最大的活火山，旅游胜地。从外形看。马荣火山很像日本的富士山，故又有菲律宾的“富士山”之称。马荣火山现在仍时常喷烟，成为菲律宾著名的旅游景观。

(10) 柬埔寨。柬埔寨位于东南亚中南半岛南部，北界老挝，西北部与泰国为邻，东和东南部与越南接壤，西南濒临泰国湾。

1) 民俗。柬埔寨人的服饰有“沙笼”和“干曼”两种，“沙笼”是男子和少女的服饰，由布缝合很像长裙子。“干曼”一般百姓用长布，富贵者用锦，不缝合，从腰腹往下至小腿，在背后打结。男子在 20 岁之前须削发为僧，一般为 3 个月，之后还俗，方可成婚。

2) 主要旅游胜地。金边是柬埔寨首都，位于湄公河西岸，洞里萨河和湄公河汇合处。金边是柬埔寨面积最大、人口最多的城市，是全国的经济中心、文化教育中心。金边的主要景点有，银宫又名绿玉寺，曾为皇族的拜佛殿。地面是用 4 800 块镂花银砖铺砌。宫内有千余座镂刻精细的大小金佛。用宝石镶嵌的佛像手臂和双眼闪闪发光。在宫殿中央，供奉高约 1 米的绿玉佛一尊，通体用一整块翡翠雕刻而成，属柬埔寨的珍贵文物。塔山位于城南，是金边最初的奠基地。山顶为该市的最高点。顶上建有寺和塔。锥形的灰色尖塔高约 30 米，为纪念 19 世纪诺罗敦国王返都金边而建。尖塔附近的塔山寺，又名奔寺，始建于 14 世纪末，由一小佛寺改建而成。金边还有西欧市场、“中国城”、新街市的超级市场等。吴哥古迹是柬埔寨古都，世界著名文化遗址，旅游胜地。世人把吴哥窟、中国长城、埃及金字塔、印度尼西亚婆罗浮屠并称为“东方四大奇迹”。吴哥古迹在历史上遭到多次破坏，直到 19 世纪中叶，柬埔寨人民加以发掘、修复和保护，才使这个稀世珍宝重放异彩。

(11) 缅甸。位于中南半岛的东北部，东北与中国毗邻，西北与印度、孟加拉国相接，东南与老挝泰国交界，西南濒临印度洋的孟加拉和安达曼海。

1) 民俗。缅甸人不论男女都无姓氏，只有名称，缅甸人一般在自己的名字前冠上一个称号，以表示性别、长幼、社会地位和官阶的区别。男人大多称“貌”表示谦虚，女人一般称“玛”。缅甸社会把人分成五等：和尚、男人、女人、尼姑、人妖。

2）主要旅游胜地。仰光是缅甸首都，亚洲著名历史名城和佛教旅游胜地。位于勃固山脉末端，仰光河下游左岸。仰光约有300万人口，为全国最大城市。大金塔是世界闻名的缅甸佛塔。与印度尼西亚的“波罗浮屠”塔、柬埔寨的“吴哥窟”齐名。位于仰光市北茵雅湖畔登构德拉山冈上，居仰光的最高点。大金塔，缅甸人称“瑞大光塔”，在缅甸语中，瑞是“金”的意思，“大光”是仰光的古称。曼德勒是缅甸历史名城，又名“瓦城”，曼德勒省首府，缅甸第二大城市和旅游胜地。位于缅甸伊洛瓦底江中游东岸，依山傍江，风景优美。1857年敏东王建都于此，也是末代王锡袍（1878—1885年）的京都。在第二次世界大战期间，曼德勒遭到重大破坏，缅甸独立后进行大量重建工作，现已成为缅甸的佛教圣地和重要的旅游城市。

（12）印度。印度是南亚次大陆最大的国家，位于亚洲南部，南亚次大陆的中心。它为亚、非、欧和大洋洲的海上交通枢纽。

1）民俗。印度教习俗，提倡早婚，实行种姓内通婚，禁止寡妇再嫁，大多数婚姻是父母做主，媒妁之言，通常来说，婚姻不仅是男女双方的结合，也是家族、利益集团和财富的结合。昂贵的嫁妆是印度婚姻中的一种传统习俗，也是一种沉重的经济负担，甚至导致负债累累，酿成社会的悲剧。印度的一些地区，元旦时人们不但不庆祝，反而抱头痛哭，据说是感叹岁月的易逝及人生的短暂，称抱头痛哭迎新年。

2）主要旅游胜地。新德里是印度的政治、经济和文化中心，一座古老而又年轻的城市。红堡是印度最大的古王宫，著名的旅游胜地。位于老德里城东北部亚穆纳河畔，是莫卧儿王朝第五代帝王沙·贾汗所建造的王宫。泰姬陵是印度古陵墓，世界著名的旅游名胜地，同埃及金字塔、中国万里长城、巴比伦空中花园、罗马大斗兽场、亚历山大墓和索菲亚教堂并称为世界七大建筑奇迹。孟买是印度第二大工商业城市，西海岸最大的天然良港。

（13）斯里兰卡。斯里兰卡是印度洋上的一个岛国，北隔保克海峡与印度相望，南部靠近赤道。

1）民俗。佛牙节是斯里兰卡最隆重的佛教盛会。它已有2 000多年的历史。自佛教传入后，在当时的都城就举行过节日活动，但时间不固定。17世纪康提王朝时确定每年举行佛牙节庆祝活动，程序至今未变。每年的七八月间，康提都要举行长达10天的盛大活动。届时，盛放佛牙的小金塔，由寺院养育的圣象驮着，于鼓乐声中缓步而行，其后跟随着上百只大象，沿途朝拜者、围观者如潮水。在瞻仰佛牙金塔的同时，还欣赏民族歌舞，进行其他庆祝活动。

2）主要旅游胜地。科伦坡是斯里兰卡首都。位于锡兰岛西南沿海凯勒尼河口南岸，为全国政治、经济、交通和文化中心，虽地近赤道，但因有海风调节，所以气候宜人，雨水充沛。国家博物馆建于1877年，馆内陈列着古老斯里兰卡各个历史发展时期的文物，最引人注目的是中国明朝郑和下西洋时在当地树立的一块古碑，碑上刻有中国图案，并用中文、波斯文和泰米尔文记载了郑和一行向佛陀奉献的事迹。班达拉奈克国际会议大厦建于1973年，为一雄伟、庄严的八角形白色建筑，是周恩来总理代表中国政府赠送给斯里兰卡人民的礼物。此外还有毗珂罗提鞞公园、德希维拉动物园、凯勒尼寺、内贡博、甘波哈试验植物园等旅游景区。

(14) 尼泊尔。尼泊尔位于喜马拉雅山的东南方，北邻我国西藏，东、西、南和印度为邻，面积约14万平方公里。

1) 民俗。尼泊尔的印度教徒和佛教徒都在自己的种姓集团中寻觅配偶，马吉人和古隆人也在同一民族中婚娶，且多在表亲中通婚，如果意见不合，丈夫可以离开妻子。而拉伊人和林布人的婚姻实行自由恋爱。尼泊尔人在久别重逢时，晚辈对长辈要下跪吻脚，长辈在晚辈头上打一下，作为还礼。

2) 主要旅游胜地。加德满都是尼泊尔首都。原名“坎提普尔”梵文的意思是“美丽的城市”。塔莱珠女神庙位于市内最繁华的商业中心西边，建于300多年前，是一个三重檐镏金宝顶寺，高40余米，具有典型的尼泊尔民族风格。塔莱珠女神是湿婆之妻，是14—15世纪马拉王朝时最受尊敬的女神。帕苏帕蒂寺庙位于市中心以东约4公里处。它是最古老的寺庙之一，是闻名世界的印度教圣地，该寺庙背靠青山，面向圣水巴格马蒂河，气势十分雄伟。主殿是二重檐金顶银门的尼泊尔式建筑，四周矗立着许多偏殿、庙塔、碑石和神像，还有一个高2米、长6米的铜牛，传说是印度教中主宰宇宙的湿婆神的忠实坐骑。斯瓦扬布佛塔耸立于城西小山顶上，造型奇特，被誉为尼泊尔佛塔建筑艺术的杰出典范，塔基宏大而庄重，四面均有三重檐的金门金顶佛龛，顶端竖起高达数米的镏金铜质宝顶，光泽耀眼。清晨，佛塔在阳光下金光闪烁，四周青山雾气缭绕，此处犹如仙山琼阁。该塔建于2 000多年前，传说佛祖释迦牟尼曾亲临此塔，并收了1 500名弟子。狮子宫建于20世纪20年代，是一座极为壮观的汉白玉大殿，四周廊柱环绕，殿前点缀着喷泉，装饰着古典风格的雕刻，有“尼泊尔的凡尔赛宫”之称。皇宫广场位于市中心，全部都是古旧建筑，四周布满了庙宇、神龛和佛像，还有各式各样的手工艺商店，是旅游购物的场所。此外，在寺庙之间还有凶神恶煞、面目可憎的“黑色拜拉布”巨型石雕像。这里还有尼泊尔最大的铜铸巨钟、伽楼那金翅鸟玉石雕以及普拉塔普国王的镀金铜像等，都是极珍贵的文物古迹。

(15) 马尔代夫。马尔代夫位于斯里兰卡南方650公里的海域里，由北向南经过赤道纵列，形成了一条长长的礁岛群地带。

1) 民俗。马尔代夫家庭组成以男人为主。按照伊斯兰教的习惯，穆斯林男子每个人可以拥有4个妻子，实际多妻的男人并不多，家庭组织比较稳定。家庭分两种：一种是小家庭；另一种是大家庭。一夫多妻的丈夫分开供养每个妻子和子女，子女在血统上随丈夫，并都有财产继承权。当地人不食猪肉，常食山羊肉或家禽肉、蛋

单元 4

类，吃得最多的食品是鱼。岛上禁饮酒。此外马尔代夫人认为猫是祸根，所以从不养猫。

2）主要旅游胜地。马累是世界上最小的首都，它的面积只有 2.5 平方公里，人口大约只有 6 万，这里没有刻意铺整的柏油马路，放眼望去尽是晶亮洁白的白沙路。炫目的白色珊瑚礁和多半漆成蓝色、绿色的门窗形成强烈的色差，房子通常筑得又高又窄，据说是为了避免恶魔入侵，由于曾受英国管辖，因此也有部分建筑带着浓厚英式气息。在这个袖珍国都中，汽车似乎是多余的，人们不是骑单车就是走路。苏丹公园在 1968 年马尔代夫成立共和国时曾遭到破坏，虽然今日这里只剩下了一座小小的建筑，却依然比较完整地保留了古苏丹文化的精髓，看似简单的历史馆内记载了多种文化的交融。马累是马尔代夫的购物中心，所有的商店几乎都聚集在此。马尔代夫是全球三大潜水圣地之一，到这里若不潜水实在遗憾。在马尔代夫潜水需要出具 PADI 的潜水执照，多数酒店的潜水中心可以提供 PADI 执照的培训和考试，教练几乎都是从德国与瑞士请来的。一般来讲，通过 3 天的课程培训就可以考取 PADI 的潜水执照（这种执照只允许 18 米之内的深度，如多加 2 天的培训便可以取得 30 米深的潜水执照）。

（16）文莱。文莱位于东南亚，在加里曼丹岛北部。北临南中国海，其余疆域与马来西亚的沙捞越接壤，并被其分割成不相接连的两部分。

1）民俗。与文莱人谈话时应避免谈论敏感话题。日常交往中不可以左手接送物品，就座时双脚尽量平放地面，不可以脚底示人。送礼物时必须考虑其是否触犯伊斯兰教禁忌。不可请伊斯兰教教徒喝酒。不可随便触摸异性。文莱人的家里来了客人，都要笑脸相迎，给予款待。

文莱的马来人到别人家做客时，男人必须戴上“宋谷”帽，脱去帽子会被认为是不礼貌。客人必须衣冠整齐，进门之前，一定要把鞋子脱掉，放在楼梯口或门口，因为文莱马来人家的内厅是做祈祷的地方，被认为是神圣不可侵犯的，穿鞋进屋，会被认为是亵渎真主的行为。

2）主要旅游胜地。“打石”瀑布是文莱的主要水源。在斯里巴加湾市，有一座新王宫，即位于首都东路的奴鲁伊曼皇宫。是世界上最大的王宫之一。遮鲁东公园内具有 500 年历史的水上村庄为文莱传统居住文化的缩影。赛福鼎大清真寺建于 1958 年，是现代伊斯兰建筑的代表，也是东南亚规模最大的一座伊斯兰教寺院，倚水而建。

（17）巴基斯坦。巴基斯坦是南亚次大陆的第二大国。

1）民俗。巴基斯坦男人除穿白色长裤外，冬天很多人戴一种叫做“真纳帽”的皮帽。妇女即使在炎热的夏天也都穿宽大的长袍，在外出时戴上一种只在眼睛处留几个小孔或者像针织的“网眼”的面罩。在巴基斯坦，严守伊斯兰教的传统，严格禁酒，伊斯兰历9月为斋月。穆斯林在一天的生活中要进行5次祈祷。即每逢天明之前，中午2时、下午、太阳落山及睡觉之前。巴基斯坦人见面时必须先说："真主保佑。"男性亲友久别重逢时，以两次拥抱和一次握手表示友谊，但是男女之间一般不握手，除非女方主动伸手。男女在公共场所不许往来，更不能接吻，西方电影中接吻的镜头在上映前全部删掉。

2）主要旅游胜地。卡拉奇原为巴基斯坦的首都，现为信德省省会，全国第一大城市。卡拉奇最庄严的建筑是巴基斯坦国父真纳（1876—1948）的陵墓。死亡之城，是公元前2500年印度河流域古代城市文明遗址，古城设计精心，人们已经发掘出大量的文物，与其相近的哈拉帕遗址上的两座文明古城有500多年的历史，是巴基斯坦的旅游胜地。拉哈尔位于巴基斯坦的东北部，拉维河畔，是旁遮普省的首府，全国第二大城市，著名的历史文化古城。

（18）塞浦路斯。塞浦路斯是地中海东部岛国。扼亚、非、欧三洲海上交通要冲，为地中海第三大岛。

1）民俗。塞浦路斯人主要由希腊族和土耳其族两大民族组成。他们的语言不同，宗教信仰不同，其生活的习俗也不同。希腊族居民仍然保持着拜占庭传统，塞浦路斯大主教至今还手持拜占庭皇帝钦赐的权杖，在举行仪式时身披紫袍，用朱笔签署文件。其居民生活方式和心理状态主要是欧洲式的。塞浦路斯的许多风俗，都与基督教的传统与宗教礼仪有关。

例如洪水节。在塞浦路斯流行着关于维纳斯诞生的传说，人们把这一天作为洪水日来纪念，即在复活节后50天举行庆典。这是一个全岛的海上节日，也含有纪念诺亚洪水，所以叫洪水节。

2）主要旅游胜地。塞浦路斯的海滨沙滩，是天然的游泳和日光浴的胜地。在塞浦路斯旅游，到处都可以见到充满神奇色彩的寺院及古老的教堂。有拜占庭时代的陵墓，奥斯曼时代的要塞等。瓦罗沙是地中海最美丽的城市之一。

2. 赴亚洲旅游必办手续

（1）提交报名材料

1）填写完整的报名表。

2）护照首页的复印件。

（2）公司受理完客人的报名材料，会通知客人签证面谈具体时间。去使/领馆面谈时需携带以下资料：

1）护照及签证专用照片。

2）身份证原件。

3）全家户口本原件。

4）结婚证原件及全家人生活照片。

5）银行历史存折、历史存单。存折、存单请务必提供半年或以上时间前存入的，临时存储的存单不能充分证明是本人的资产。

6）房产证、汽车行驶证、股票交割单、有价证券以及其他能明个人财产状况的资料，这部分资料务必能充分证明客人的资产状况。

7）公司营业执照原件或事业机关代码证，公司介绍资料或公司登在报纸杂志或网上等能说明公司经营状况及规模、影响力的相关资料。

8）工作证、工作名片、公司的任职证明书（说明职务、工作年限、收入）。

9）能证明本人身份的职业证书或荣誉证书或照片，会计资格证、警官证、法官证、教授职称证书、人大代表证等；人大或政协会议照片、荣誉证书等（党或政府机构工作人员请特别重视此部分资料的准备）。

10）如有出国的经历，请携带当时的护照及签证原件（无原件带复印件），同时提供一些当时在境外的照片，尤其是有美国、欧洲、澳大利亚等国出国经历的。

3. 赴亚洲旅游应准备的工作

（1）饮食。团队餐主要以中式桌餐为主，如有忌者请提前与组团社说明，建议最好自备零食，团餐外的加菜请自行支付发生的费用。

（2）天气。东南亚平均气温均在28～32℃左右，请注意防晒。

（3）时差。应注意日本、泰国等与中国有时差变化的国家。

（4）电压。一般酒店都可采用220伏特及110伏特电源（泰国为中式插头，新加坡、马来西亚为三脚扁脚插头）。

（5）药物。自备私用药物，以备不时之需。

（6）小费。境外支付当地导游和司机。泰国每天30元/人，新加坡及马来西亚20元/人（最好由领队统一保管）。

（7）物品。请自备日常生活用品（毛巾、牙刷、拖鞋、浴液等）。泰国法律规定每人最多只能带一条香烟入境，新加坡法律规定每人最多只能带19支香烟入境，需特别注意。

4. 亚洲旅游常规线路

（1）泰国一地五晚六天。游览城市：曼谷、芭堤雅。

（2）泰—新—马九晚十天。游览城市：曼谷、芭堤雅、新加坡、吉隆坡、云顶、马六甲、新山。

（3）港—新—马七晚八天。游览城市：香港、新加坡、吉隆坡、云顶。

（4）越南—柬埔寨七晚八天。游览城市：胡志明市、美托、吴哥、河内、下龙湾。

（5）日本—韩国九晚十天。游览城市：北京、大阪、神户、京东、箱根、横滨、东京、济州、首尔。

5. 亚洲旅游参考行程介绍

(1) 泰国一地五晚六天行程举例

日期	参考线路安排	餐食	住宿
D1	北京—曼谷 游客于首都国际机场集合，由专人办理登机手续，随即乘机飞往泰国首都——曼谷，抵达后由泰国美女献上迎宾花环，随即由专业导游带领前往酒店休息	—	Amari Atrium 或同级
D2	曼谷—大皇宫—玉佛寺（约 90 分钟）—阿南达沙玛空皇家御会馆（约 45 分钟）—皮革展示中心（约 60 分钟）—夜游湄南河（约 60 分钟）—人妖歌舞表演（约 60 分钟） 早餐后，前往参观大皇宫，汇集了泰国建筑、绘画、雕刻和装潢艺术的精粹，玉佛寺与大皇宫相邻，是全泰国唯一没有僧侣住持的佛寺，但供奉着一座价值连城的国宝——玉佛，该玉佛是由整块翡翠雕成的。（★温馨提示：参观皇宫须穿长裤或过膝长裙，不可穿拖鞋，女士不可穿露背、吊带上衣及超短裙。）之后前往泰皇陛下与皇后殿下在阿南达沙玛空皇宫，泰皇登基满 60 周年时，在阿南达沙玛空皇家御会馆接受来自 25 个国家的国王及王室成员的祝福，参观全世界 29 个君主立宪制国家中，有 25 国国王及王室成员共聚一堂的地方，回味空前绝后的历史盛事。继而参观皮革展示中心，在此不仅有大象皮制品、鳄鱼皮制品，还有独特的泰国珍珠鱼皮制品。晚餐安排于湄南河上昭拍耶公主号游船，欣赏湄南河沿岸皇宫、饭店、郑王庙等知名建筑交织的湄南河迷人景色，并品尝精致晚宴。随后安排欣赏耗资千万，独一无二的东方人妖秀（VIP 座位），大型的舞台、华丽的服饰、亮丽的布景、野艳的美女，表演后游客可自由和这些佳丽们拍照。（★温馨提示：6 岁以下小童不安排座位观看表演）	午餐：自助餐 晚餐：皇朝酒楼桌餐	Amari Atrium 或同级
D3	曼谷—珠宝展示中心（约 120 分钟）—燕窝中心（约 60 分钟）—斯里拉差龙虎园（约 60 分钟）—芭堤雅—趣味 3 合 1（约 45 分钟） 早餐后，前往珠宝展示中心，欣赏闻名世界的泰国出产的红蓝宝石，随后前往有东方夏威夷之称的度假胜地芭堤雅，途中经过燕窝中心，而后前往观赏独具特色的龙虎园，园内可欣赏到鳄鱼、老虎的表演及小猪赛跑等……下午前往主题公园参加趣味 3 合 1，其中包括乘骑吉祥瑞象，体验泰国人古时利用大象从事工作及交通工具的情形＋逍遥马车游＋水果餐。（★温馨提示：骑大象需自理小费 20 铢）	午餐：龙虎园餐厅或蝴蝶园餐厅 晚餐：一级棒泰日式火锅自助餐（单锅自涮/人）	Garden Cliff 或同级

续表

日期	参考线路安排	餐食	住宿
D4	芭堤雅—金沙岛（约 60 分钟）—七珍佛山—九世皇庙—蜡像馆（约 60 分钟）—泰式古法按摩（约 90 分钟） 早餐后，穿着轻松的休闲服，带上泳衣，搭乘快艇前往金沙岛，可自费参加丰富多彩的水上活动：海上降落伞、水上摩托艇、香蕉船、海底漫步等。抵达金沙岛后可躺在沙滩椅上尽情享受阳光、沙滩、海水带来的无限悠闲自在。午餐于岛上餐厅享用个人竹篮海鲜风味餐，餐后返回芭堤雅，参观泰国三大奇观：七珍佛山仿佛一斧劈开半山、镶上金粉金箔的大壁佛，九世皇庙、舍利子塔是当今国王最爱的庙宇，庙中供奉着高僧的舍利子。之后享受正宗泰式古法按摩 90 分钟。（★温馨提示：需自理小费 50 铢/人、12 岁以下小童因骨骼未长成形，不安排按摩）	午餐：金沙岛上餐厅 晚餐：五星级酒店泰式风味餐	Garden Cliff 或同级
D5	芭堤雅—皇家寺（约 45 分钟）—国立毒蛇研究中心（约 90 分钟）—桂河大桥—夜游桂河（约 90 分钟）—曼谷 早餐后，前往芭堤雅古庙皇家寺，贵宾可依照泰国风俗，参拜香火鼎盛的四面佛，进香纳福，为自己和家人祈求平安。而后前往参观国立毒蛇研究中心，观赏世界最毒的“金刚眼镜蛇”及徒手捉蛇表演。下午继续往泰缅边界，参观桂河大桥，踏上历史战争的痕迹，体验现代泰缅边界自由市场的采购乐趣。搭乘桂河地区特有的竹筏漂流，展开浪漫唯美的桂河之旅，在薄雾夜色中，晚风伴随下、乘坐竹筏顺流而下、边享用晚餐边起舞欢唱卡拉 OK，后返回曼谷	午餐：RAMAYARA 国际自助餐 晚餐：桂河船屋	Amari Atrium 或同级
D6	曼谷—北京 早餐后，整理行装乘车前往曼谷国际机场，乘机返回北京，各自回到温暖的家，结束丰富愉快的泰国之旅	×	—

注：具体景点的游览顺序，以当地导游安排为准。

费用包含：国际往返机票、签证费、酒店住宿、一日三餐（自由活动期间餐费自理，用餐时间在飞机或船上以机船餐为准，不再另补）、旅游用车、行程内景点门票、中文导游。

费用不含：护照费、个人旅游意外保险、小费、个人消费、行程以外的景点、医疗费以及交通延阻、罢工及其人力不可抗拒的因素所引致的额外费用。

（2）泰—新—马九晚十天（举例）

日期	参考线路安排	餐食	住宿
D1	北京—曼谷 游客于首都国际机场集合，由专人为游客办理登机手续，随即乘机飞往泰国首都曼谷，抵达后由泰国美女献上迎宾花环，随即由专业亲切的导游带领游客前往酒店休息	×	Amari Atrium 或同级

续表

日期	参考线路安排	餐食	住宿
D2	曼谷—大皇宫—玉佛寺（约 90 分钟）—阿南达沙玛空皇家御会馆（约 45 分钟）—皮革展示中心（约 60 分钟）—夜游湄南河（约 60 分钟）—人妖歌舞表演（约 60 分钟） 早餐后，前往参观大皇宫，汇集了泰国建筑、绘画、雕刻和装潢艺术的精粹，玉佛寺与大皇宫相邻，是全泰国唯一没有僧侣住持的佛寺，但供奉着一座价值连城的国宝——玉佛，该玉佛是由整块翡翠雕成的。（★温馨提示：参观皇宫须穿长裤或过膝长裙，不可穿拖鞋，女士不可穿露背、吊带上衣及超短裙。）之后前往泰皇陛下与皇后殿下在阿南达沙玛空皇宫，接受祝贺登基满 60 周年，来自 25 个国家的国王及王室成员祝福的地方阿南达沙玛空皇家御会馆，参观全世界 29 个君主立宪制国家中，25 国国王及王室成员共聚一堂的地方，回味空前绝后的历史盛事。继而参观皮革展示中心，在此不仅有大象皮制品、鳄鱼皮制品，还有独特的泰国珍珠鱼皮制品。晚餐安排于湄南河上昭拍耶公主号游船，欣赏湄南河沿岸皇宫、饭店、郑王庙等知名建筑交织的湄南河迷人景色，并品尝精致晚宴。随后安排欣赏耗资千万，独一无二的东方人妖秀（VIP 座位），大型的舞台，华丽的服饰、亮丽的布景，野艳的美女，表演完后可和这些佳丽们拍照	午餐：自助餐 晚餐：皇朝酒楼桌餐	Amari Atrium 或同级
D3	曼谷—珠宝展示中心（约 120 分钟）—燕窝中心（约 60 分钟）—斯里拉差龙虎园（约 60 分钟）—芭堤雅—趣味 3 合 1（约 45 分钟） 早餐后，前往珠宝展示中心，欣赏闻名世界的泰国出产的红蓝宝石，随后前往有东方夏威夷之称的度假胜地芭堤雅，途中经过燕窝中心，而后前往观赏独具特色的龙虎园，园内可欣赏到鳄鱼、老虎的表演及小猪赛跑等……下午前往主题公园参加趣味三合一，其中包括乘骑吉祥瑞象，体验泰国人古时利用大象从事工作及交通工具的情形＋逍遥马车游＋水果餐。（★温馨提示：骑大象需自理小费 20 铢）	午餐：龙虎园餐厅或蝴蝶园餐厅 晚餐：一级棒泰日式火锅自助餐（单锅自涮/人）	Garden Cliff 或同级
D1	芭堤雅—金沙岛（约 60 分钟）—七珍佛山—九世皇庙—蜡像馆（约 60 分钟）—泰式古法按摩（约 90 分钟） 早餐后，穿着轻松的休闲服，带上泳衣，搭乘快艇前往金沙岛，可自费参加丰富多彩的水上活动，有海上降落伞、水上摩托艇、香蕉船、海底漫步等。抵达金沙岛后可躺在沙滩椅上尽情享受阳光、沙滩、海水带来的无限悠闲自在。午餐于岛上餐厅享用个人竹篮海鲜风味餐，餐后返回芭堤雅，参观泰国三大奇观：七珍佛山仿佛 斧劈开半山，镶上金粉金箔的大壁佛，九世皇庙、舍利子塔是当今国王最爱的庙宇，庙中供奉着高僧的舍利子。之后享受正宗泰式古法按摩 90 分钟（★温馨提示：需自理小费 50 铢/人、12 岁以下小童因骨骼未长成形，不安排按摩）	午餐：金沙岛上餐厅 晚餐：五星级酒店泰式风味餐	Garden Cliff 或同级

续表

日期	参考线路安排	餐食	住宿
D5	芭堤雅—皇家寺（约 45 分钟）—国立毒蛇研究中心（约 90 分钟）—桂河大桥—夜游桂河（约 90 分钟）—曼谷 早餐后，前往芭堤雅古庙皇家寺，贵宾可依照泰国风俗，参拜香火鼎盛的四面佛，进香纳福，为自己和家人祈求平安。而后前往参观国立毒蛇研究中心，观赏世界最毒的“金刚眼镜蛇”及徒手捉蛇表演。下午续往泰缅边界，参观桂河大桥，踏上历史战争的痕迹，体验现代泰缅边界自由市场的采购乐趣。搭乘桂河地区特有的竹筏漂流，展开浪漫唯美的桂河之旅，在薄雾夜色中，晚风伴随下、乘坐竹筏顺流而下、边享用晚餐边起舞欢唱卡拉 OK，后返回曼谷	午餐：Ramayara 国际自助餐 晚餐：桂河船屋	Amari Atrium 或同级
D6	曼谷—新加坡 乘机前往新加坡，抵达后游览鱼尾狮公园（约 30 分钟），鱼尾狮演绎了新加坡如何从一个渔港“淡马锡”成为狮城的传奇故事，同时也可以看到新加坡最新的文化艺术殿堂，让您感受国际大都会的内涵，观赏英殖民地时代的建筑国会大厦、高等法院（约 20 分钟），而后前往新加坡的“世外桃源”圣陶沙岛音乐喷泉（约 120 分钟，不看喷泉约 60 分钟）	—	Quality Hotel 或同级
D7	新加坡—吉隆坡 早餐后，前往新加坡南部最高的山——花芭山（约 30 分钟），可以观赏新加坡市区、南部岛屿及世界数一数二的海港美景，参观珠宝店（约 90 分钟）、百货店（约 45 分钟）、免税店（约 45 分钟），随后乘车前往马来西亚首都吉隆坡，沿途观赏棕榈园及橡胶林	—	Mandarin Court 或同级
D8	吉隆坡—云顶 早餐后，游览吉隆坡市区观光国家清真寺（约 20 分钟），独立广场（约 20 分钟）及国家皇宫（约 20 分钟），您可与门前穿着华丽的侍卫拍照留影，参观珠宝加工厂（约 90 分钟）、巧克力店（约 45 分钟）。参观石油双峰塔（外观）（约 20 分钟）、首相官邸或首相马哈迪故居（外观）（约 15 分钟）、水上清真寺（外观）＋太子广场＋首相署（外观）（约 45 分钟）、马来民居（约 40 分钟）后前往云顶高原，参观云顶赌场（节假日及旅游旺季云顶改为日游，宿吉隆坡）	—	First 或同级
D9	云顶—马六甲—新山 早餐后，前往马来西亚古城——马六甲，参观葡萄牙殖民地留下的建筑物，前往郑和下西洋时代遗留下来的古足迹三宝山、三宝庙、三宝井（约 20 分钟），荷兰红屋（约 20 分钟），圣保罗教堂（约 20 分钟）等名胜。接着参观马来西亚的手工艺品锡器雕刻工厂（约 45 分钟）及土产店（约 90 分钟）并选购，可带些小礼物回去馈赠亲友	—	Mitc 或同级
D10	新山—新加坡—北京 早餐后，乘车前往新加坡国际机场，乘机返回北京，各自回到温暖的家，结束丰富愉快的旅程	—	—

注：具体景点的游览顺序，以当地导游安排为准。

单元 4

费用包含：国际往返机票、签证费、酒店住宿、一日三餐（自由活动期间餐费自理，用餐时间在飞机或船上以机船餐为准，不再另补）、旅游用车、行程内景点门票、中文导游费。

费用不含：护照费、个人旅游意外保险、小费、个人消费、行程以外的景点、医疗费以及交通延阻、罢工及其人力不可抗拒的因素所引致的额外费用。

（3）香港—新加坡八日游（举例）

日期	参考线路安排	住宿
D1	北京—香港 于首都国际机场集合，由专人办理登机手续，乘机前往有“东方之珠”美誉的香港；沿途可欣赏全球最长的行车及铁路吊桥“青马大桥”，前往港岛南部最具代表性的美丽海湾——浅水湾（约30分钟），漫步沙滩、拍照留影，静静地享受海风的吹拂，夜游太平山（约30分钟），俯视景色迷人的香港定会让游客沉醉	丽豪或同级
D2	香港 早餐后，前往最负盛名的庙宇——黄大仙祠（约30分钟），它始建于1921年，建筑雄伟，极富宫殿式色彩，途中经过世界名表总汇（约90分钟），前往亚洲第二大的会议展览中心和金紫荆广场（约30分钟），参观珠宝行（约90分钟）、免税店（约90分钟），继往东南亚最大的海洋公园游玩（约180分钟）：全新开幕的太平洋海岸让游客近距离接触海狮、海豹，海洋剧场精彩滑稽的表演常引来满堂喝彩，还可徜徉于全球最大的珊瑚礁水族馆之一的海洋馆，乘船夜游维港	丽豪或同级
D3	香港 香港自由活动（全天不含餐）	丽豪或同级
D4	香港—新加坡 乘机前往新加坡，抵达后游览鱼尾狮公园（约30分钟），鱼尾狮演绎了新加坡如何从一个渔港“淡马锡”成为狮城的传奇故事，同时也可以看到新加坡最新的文化艺术殿堂，让游客感受国际大都会的内涵，观赏英殖民地时代的建筑国会大厦和高等法院（约20分钟），而后前往新加坡的“世外桃源”圣陶沙岛，观赏音乐喷泉（约120分钟），度过一个令人难忘的夜晚。抵达后入住酒店。（香港段不含餐）	Quality或同级
D5	新加坡—吉隆坡 早餐后，前往新加坡南部最高的山——花芭山（约30分钟），可以观赏新加坡市区、南部岛屿及世界数一数二的海港美景，参观珠宝店（约90分钟），百货店（约45分钟），免税店（约45分钟），随后乘车前往马来西亚首都吉隆坡，沿途观赏棕榈园及橡胶林	Dynasty或同级

续表

日期	参考线路安排	住宿
D6	吉隆坡—云顶 早餐后，游览吉隆坡市区观光国家清真寺和独立广场及国家皇宫（约 60 分钟），游客可与门前穿着华丽的侍卫拍照留影。参观珠宝加工厂（约 90 分钟），巧克力店（约 45 分钟）。游览石油双峰塔（外观）（约 20 分钟）、水上清真寺（外观）和太子广场及首相署（外观）（约 45 分钟）、首相官邸（约 15 分钟）或首相马哈迪故居（外观）、马来民居（约 40 分钟）后前往云顶高原，参观云顶赌场。（节假日及旅游旺季云顶改为日游，宿吉隆坡）	First World 或同级
D7	云顶—马六甲 早餐后，前往马来西亚古城——马六甲，参观葡萄牙殖民地留下的建筑物，前往郑和下西洋时代，遗留下来的古足迹三宝山、三宝庙、三宝井（约 20 分钟），荷兰红屋和圣保罗教堂（约 40 分钟）等名胜。接着前往参观马来西亚的手工艺品锡器雕刻工厂（约 45 分钟）及土产店（约 90 分钟）参观选购，游客可带些小礼物回去馈赠亲友	Century 或同级
D8	马六甲—新加坡—香港—北京 前往新加坡机场，经香港转机返回北京。结束愉快的旅程	—

注：具体景点的游览顺序，以当地导游安排为准。

费用包含：国际往返机票、签证费、酒店住宿、一日三餐（自由活动期间餐费自理，用餐时间在飞机或船上以机船餐为准，不再另补）、旅游用车、行程内景点门票、中文导游费。

费用不含：护照费、个人旅游意外保险、小费、个人消费、行程以外的景点、医疗费以及交通阻、罢工及其人力不可抗拒的因素所引致的额外费用。

（4）越南—柬埔寨八日游（举例）

日期	参考线路安排	住宿
D1	北京—胡志明 北京首都机场国际出发厅集合，乘国际飞机飞往河内转机前往胡志明，导游送往下榻酒店休息	胡志明
D2	胡志明—美托 酒店早餐后乘巴士前往湄公河下游的乡野之庄——美托，登上泰山岛，在岛上观赏热带水果林，免费品赏热带水果大餐，之后乘坐手摇的独木舟穿行于越南美丽的热带雨林中，中餐享用湄公河象鱼餐。下午返回胡志明，前往参观选购越南家具等纪念品，晚乘船游览西贡河（船上用晚餐、欣赏南国佳丽歌舞表演）	胡志明

续表

日期	参考线路安排	住宿
D3	胡志明—吴哥 早餐后，参观百年大教堂、邮政局、市政厅、华人街天后宫，后前往参观选购漆画等纪念品，午餐后乘机前往世界七大奇景之一吴哥窟，它位于柬埔寨北部的暹粒省。曾长期淹没于丛林中，直到1860年才由法国探险家发现，吴哥窟总占地近200平方公里，乃高棉吴哥古王朝全盛时期的不朽文明遗址	吴哥
D4	吴哥 早餐后，前往参观大小吴哥，途中您将经历一个又一个吴哥王朝的兴衰史，首先带游客畅游大吴哥城区。大吴哥城共有五座城门，城门高20米，城门上雕有四面佛像；接着参观由54座大大小小宝塔构成一座大宝塔的巴戎庙、巴本宫殿、斗象台、12生肖塔。再前往大高神殿，此神殿为考古学者研究的重要地方。后续前往参观塔普伦寺，此庙建于12世纪末，由于经过500年荒漠，故有巨大的树木盘结在围墙庙门口，视为奇观。午餐后，专车前往七大奇迹之一的小吴哥城隍城，此为高棉有史以来最宏伟的都城，其东西长1 040米，南北长820米，周围有200米宽的护城河加以保护，其城迹之壮观雄伟及雕工之精细，令人叹为观止，小吴哥城迹也是200多座古城遗迹中唯一正门向西的神庙。吴哥窟不只是座荣耀神祇的庙宇，也是人间对天堂的极致想象与体现。傍晚时分前往巴肯山赏落日，在巴肯山顶即可将整个吴哥窟尽收眼底。此处乃是传说中，观看吴哥日落最佳场所	吴哥
D5	吴哥 早餐后，前往位于大吴哥东北面21公里，距离省会35公里的女皇宫，它建于10世纪，公元967年时值加亚华罗曼五世王朝，此地为尊奉婆罗门教三大主神之一的湿婆神。由于建造此座古刹的石头为美丽的粉红色，此庙壁画的雕工是所有吴哥古迹中最精致细美的，可谓柬埔寨古代文明的石雕艺术的巅峰之作，有吴哥艺术之钻的美誉。回程途中转往涅槃宫，建于12世纪，最神奇的莫过于此地的圣水，据说它有治病的疗效……前往罗洛士遗址群参观，公元820年，加亚巴尔曼二世结束柬埔寨分裂局面，在靠近罗洛士地区登基为王，为了试图将王权神格化，以维持柬埔寨的统一，于是他建庙举行祭奠，视为现今的罗洛士遗址群，由巴孔、罗雷、圣牛等三个遗迹所构成，任何一处都是9世纪末所建；更是吴哥王朝遗址中最古老者。晚餐品尝风味餐并可观看具有当地特色的歌舞表演	吴哥
D6	吴哥—河内 早餐后，参观游览东南亚最大的淡水湖——洞里萨湖，后前往精品店及土产店参观选购心仪的商品，傍晚乘飞机前往河内，抵达后导游接飞机送往下榻酒店休息	河内

续表

日期	参考线路安排	住宿
D7	河内—下龙—河内 早餐后，乘车前往世界自然遗产之一的下龙湾，途中前往越南纪念品店参观选购，抵达后乘船出海畅游下龙湾，其由各式各样的石笋、石林所组成，又名“海上桂林”，奇石怪屿尤胜普吉攀崖湾。继而参观布满奇形怪状钟乳石的自然洞穴。下午乘车返回河内，参观选购越南传统服装	河内
D8	河内—北京 早餐后，赴机场乘 VN900（10：05/14：20）机返回北京首都机场	北京

费用包括：国际往返机票及机票燃油税、签证费、酒店住宿、一日三餐（飞机上用餐视为正餐）、行程旅游用车、行程内景点门票、中文导游。

费用不包括：护照费、小费（每天 30 元/人）、柬埔寨离境税（25 美元/人）、个人消费、行程以外景点门票、医疗费及交通延阻等人力不可抗拒的因素所导致的额外费用。

（5）日本—韩国九晚十天（举例）

日期	参考线路安排	住宿
D1	北京—大阪 首都国际机场集合，搭乘航班飞往日本大阪后，由导游接待大家到机场酒店休息	三星酒店
D2	大阪—神户 早餐后前往游览幕府将军丰臣秀吉建于 15 世纪的大阪城公园（不登城），之后前往大阪最大规模及最繁华的心斋桥商业街、日本桥电器街上海新天地，午餐后前往魅力都市——神户。自费项目：有意的客人可以体验新干线（新大阪→新神户）3 500 日圆。抵达后在神户市区游览（神户中华街、美利坚公园等），晚餐敬请各位自由享受神户美食。自费项目：有意者可以自费乘坐神户湾夜景游轮，欣赏令人感动的日本三大夜景之一的神户夜景 8 000 日圆	三星酒店
D3	神户—京东—箱根 早餐后前往日本千年古都——京都，参观游览平安神宫外苑、西阵织和服会馆并欣赏精美的和服秀，品尝精美的日式午餐后，乘坐专车前往日本著名的温泉游览胜地——箱根，随后前往温泉酒店，品尝日式美食并体验日式温泉	三星酒店

续表

日期	参考线路安排	住宿
D4	箱根—横滨 早餐后前往日本著名的温泉游览胜地——箱根，游览芦之湖，这里以富士山为其背景，山色绝美，是唯美的湖滨游乐区，湖山相映、青松翠杉，景致十分怡人。游览为了表达日本人对战争的控诉、祈求世界和平的愿望而修建的平和公园中清幽雅致的景色，这里也是远观富士山的最佳地点，园内最为著名的莫过于一座来自印度的舍利白塔。游览“地狱”大涌谷：白烟弥漫、硫黄刺鼻、地热喷涌，堪称为世界一大奇迹，此外可自费品尝火山熏陶的长寿蛋——黑玉子蛋，远眺日本最高峰——富士山，零距离接触日本最高峰——富士山 3 500 日圆或者一合目十忍野八海（看天气而定，有时富士山上不去）。随后前往横滨，游览中华街及山下公园。游毕后前往东京繁华时尚购物圣地新宿，登新宿都厅，饱览东京全貌。然后前往东京秋叶原电器产品专卖店，自由选购各种名牌电器及电子用品	三星酒店
D5	横滨—东京 早餐后前往日本天皇居所皇宫外苑、二重桥参观留影，之后参观东京都内最古老的寺院——浅草雷门观音寺以及乐乐港购物城，下午前往东京迪斯尼乐园，途中远眺东京湾迷人景色及浪漫彩虹桥，自费畅游占地 25 万平方米的童话游乐世界，重温童年欢乐（自费 8 500 日圆/成人；6 900 日圆/12 岁以下儿童）。乐园内有美国开拓时代的西部乐园、冒险与传奇的探险乐园、梦与童话世界的梦幻乐园、宇宙与未来世界的未来乐园，还有新生物区及仿佛置身童话故事中的卡通城，缆车绕全境的迷你火车到惊险恐怖的鬼屋，由加勒比海海盗船探险到非洲丛林寻幽冒险，还有难得一见的 360 度立体电影，使您尽享无限惊奇欢乐，陶醉在梦幻世界的气氛中。不去的客人可以继续留在乐乐港购物城	三星酒店
D6	东京—济州 早餐后，乘机飞往济州，抵达后游览屹立于波涛澎湃的海岸边、由熔岩凝聚而成的一条巨龙——龙头岩，此岩是火山爆发时喷出的熔岩在海中凝结而成，模样犹如龙头，相传是龙因触怒天神而被化成岩石。游览一派热带风情，瀑布由树木茂盛的悬崖绝壁上飞流直下的素有情人公园之称的天地渊瀑布。之后回酒店休息	三星酒店
D7	济州 早餐后前往世界闻名的神奇之路，体验违反地心引力的大自然奥秘，汽车可以自动倒行上斜坡。游览汉拿山 360 个子火山之一、也是世界最大的突出于海岸的火山口——城山日出峰，攀登 30 分钟左右到达的山顶为一片广阔的牧场，由此观看日出峰，令人叹为观止，日出峰有三面环海的峭壁。随后前往游览现有 400 余栋毛屋，被指定为韩国的民俗资料保护区的城邑民俗村，然后前往韩剧 All in 拍摄地——涉地可支，这里由壮阔的大海和白色的灯塔组成一幅绝妙的美丽画卷。后可自费乘潜水艇游览海底风光（自费 450 元人民币/人）。随后前往韩国土特产品店，选购各式各样的有韩国特色的礼品，之后回酒店休息	三星酒店

续表

日期	参考线路安排	住宿
D8	济州—首尔 早上飞往韩国首都首尔，抵达后参观由韩国政府投资 3 600 亿韩圆重修的旧城新貌——清川溪广场，它是历时 3 年于 2005 年 9 月落成的最新的“文化地标”。白天宁静悠闲、晚上灯光璀璨，再现昔日美丽清溪川原貌。免费前往泡菜学校，在泡菜学校里面可以穿韩服照相，还可以学习制作泡菜。晚上可自费游玩乐天世界（自费 250 元人民币/人），洋溢青春与活力，男女老少皆宜，内有 40 余种尖端科技的大型游乐设施，是世界规模最大的室内游乐场，设有海盗船、云霄飞车、冒险世界等多种游乐设施，刺激无比、新奇缤纷，带游客进入梦幻的童话世界	三星酒店
D9	首尔 早餐后参观韩国最大的皇宫——景福宫，内有国宝十层塔，原为庆祝朝鲜公主①结婚而建，领略韩国古典建筑风格，之后乘车赴韩国当政的总统官邸青瓦台，午餐后参观传统紫水晶加工厂，参观当地著名的高丽人参公卖局、韩国化妆品、三星电子专卖店，继往“韩流”购物热点——明洞或东大门享受自由购物的乐趣。下午可自费游览三八线（自费 200～350 元人民币），晚餐后可自费参观韩剧《情定大饭店》的拍摄地、豪华五星级大酒店华克山庄，在那里游客可以欣赏韩国传统民族舞蹈及欧洲红艺人带来的世界三大秀之一的豪华夜总会表演——华克秀（自费 600 元人民币/人）。晚餐后入住酒店	三星酒店
D10	首尔—北京 早餐后，经过土特产专卖店前往仁川国际机场乘机返回北京，旅程结束	—

服务包含：往返国际机票、签证费、出境机场税、全程三级酒店双人间（温泉酒店 2～4 人一间）、行程中所列用餐、境外交通、游览观光景点门票、中文专职导游。行程中所列自费项目的价格包含：门票、往返车费、停车费、导游服务费。由于韩国消费水平相对日本较低，所以在接待标准上肯定会低于日本。

服务不含：护照费、自费项目、个人消费及小费（日本：人民币 50 元/人×6 天，韩国：人民币 30 元/人×5 天），小费在机场交齐。单间差：350 元/（晚·间）。

四、中国港澳台

1. 中国港澳台概况

（1）中国香港特别行政区。从一个默默无闻的小渔村到繁华的都市，从殖民地到世

① 1392 年“朝鲜”国号代替了高丽，朝鲜王于同年建造景福宫。直到 1897 年改国号为大韩。

界上第一个实施“一国两制”的地方，香港是个富有传奇色彩的城市。香港被视为亚洲最繁华的都市之一，也是许多外籍旅客旅游亚洲的第一站。有人开玩笑说，走在香港的街道，只看得到三种东西，第一是人，第二是商场或商店，第三是餐厅。香港向来是美食和购物的圣地，广东人的精湛厨艺在此展露无遗，再加上国际饮食融合，香港美食天堂的美誉绝对经得起考验。

来到香港，就可以了解在香港，购物是如何成为日常生活中的一部分，地铁站直接通往大型商场内，无事就去逛街，观光客想不入境随俗也难！

香港的总面积约为 1 070 平方公里，共分为 4 个部分——香港岛、新界、九龙和离岛。九龙是位于北边港口的半岛，尖沙咀一带是游客聚集最多的地方。香港岛的面积为 78 平方公里，只占全香港陆地面积的 7%，香港岛是主要的商业地区，充满了观光旅馆和旅游景点。新界的面积约有 980 平方公里，相当于香港陆地面积的 91%。离岛共包括 234 个岛屿。

1）当地特色。香港是享誉世界的购物天堂，在香港购物已被众人认为是一种娱乐和享受。无论从价格、种类还是服务，这里都可以说名列世界之最。1998 年美国总统克林顿访问中国时还专程偕夫人到香港大宗购物。

香港是一个集世界美食于一地的“美食天堂”，是著名的“美食之都”。游客在香港可以品尝到全世界各地最可口的美酒佳肴。据统计，香港的各类中西餐馆超过一万家，可谓五步一楼，十步一阁。不管在什么地方，只要一转身，就可以发现眼前又是一家餐厅。任何时间都可以找到吃饭的地方，方便程度超过世界任何名都。

到香港只要看看香港人就能感受到这座城市的快节奏，也能体会到香港这个大都市的繁华是怎样造就的了。最典型的地方就是中环、金钟，每个上下班的高峰，便形成一道亮丽的风景线：西装笔挺的白领，手提公文包，表情凝重，行色匆匆，进出于高档写字楼。

2）最佳旅游季节。旅游香港，最佳时间为每年 10—11 月。香港属于亚热带气候。香港年平均气温较高，达 22.8 度，天气易受季风影响，四季分明。

适合漫步的季节：春季和秋季的香港风和日丽，穿着衬衣、毛衣及轻便外衣漫步在香港宽广美丽的维多利亚港，或到发哥的故乡——渔岛南丫做个远足，既有凉风习习，又不失温暖惬意。

疯狂扫货的季节：冬天的香港干燥稍冷，前往旅行选择套装、薄毛衣、大衣比较合适。不过，伴随着减价潮的到来，此时的香港成了名副其实的“购物天堂”，热爱疯狂购物的游客将获得无比的折扣优惠。

3）节日。香港的多元文化，也体现在众多的节日之中。这为香港人带来更多的热闹与欢乐，也为旅客造就了更多的惊喜。中国的传统节日热闹、喜庆、吉利，当然不能错过；西方的节日新潮、刺激、有趣，更是令人兴奋。春节是中国人最重视的节日。除了合家团圆、拜访亲友外还有一些必不可少的内容，香港的春节特色项目还有：如年宵花市，春节前数天在多区举行，其中一年一度的维多利亚公园年宵花市最热闹，出售桃花、菊花、水仙花等各种贺岁鲜花及其他商品。

花车巡游：大年初一，在市内举行。每年的巡游表演有来自世界各地的花车以及显示不同地区文化和风情的巡游队伍，组合成多姿多彩的大型表演，庆贺新一年繁荣丰盛。

烟花会演：大年初二，在维多利亚港海面举行。海港两岸和高层建筑临海的一面，都成了最好的观赏位置。

4）香港特别行政区主要游览名胜。文武庙位于上环荷里活道和楼梯街交界处，建于19世纪中期，青砖壁瓦，丹门金字。文武庙因奉祀文昌帝和关帝而得名，是传统的中国建筑。香港礼宾府位于中环上亚厘毕道，建于1855年。红色墙蓝金字顶，高廊大柱，中为塔式高建筑，是1855年以来，历届香港总督的官邸和办事处。维多利亚地方法院位于中环炮台里路尾，始建于19世纪40年代初期，后加高并建侧翼。橘色砖墙，侧楼如城堡，中部却似旧式洋房，上有穹顶小楼。维多利亚公园位于柏宁酒店对面。园内设施齐备，有符合国际标准的游泳池、网球场、足球场及其他球类场地。公园绿草如茵，每天早上，不少晨运客在此散步。维多利亚公园农历新年时设全港最大的年宵市场，亦是中秋赏月的理想地点。海洋公园是东南亚规模最大的游乐公园和水族馆之一。每年游人超过400万。游人可利用缆车或户外扶手电梯登山（此电梯长度全球第二），参观全球最具规模的珊瑚礁水族海洋馆，更可欣赏一场令人拍案叫绝的海豚表演及高空跳水。太平山是香港最著名的游览胜地之一。这里设有很多专为游客观景的设备，从山上俯瞰维多利亚海港及九龙半岛，一览无余。香港的夜景是世界三大美丽夜景之一。由此山上观赏，最佳地点为缆车总站附近。凌霄阁是一幢新建的休闲购物中心，设计很有特色，也是观景的理想地点。旁边是山顶广场，广场内有商店、餐厅及娱乐设施。浅水湾是香港最具代表性的沙滩，海滩绵长，水清沙细，波平浪静，是游人必到的著名风景区。此外还有沙田马场、香港会议展览中心、铜锣湾天后宫、香港大学本部、西港城、钟楼、清真寺、黄大仙祠、宝莲寺等多个景点。香港还拥有多项之最：世界最古老的缆车——登山缆车；世界最古老的有轨电车——香港岛电车；世界最长的行人电梯——中环半山行人自动梯；世界最大露天铜像——天坛大佛。

（2）中国澳门特别行政区

1）澳门的地理。澳门位于我国大陆东南部沿海，正处珠江口西岸，与香港、广州鼎足分立于珠江三角洲的外缘。东隔伶仃洋与香港相望，西与广东省珠海市只隔一条不足1公里宽的濠江水道。北边以古老沙堤与珠海市的拱北相连，陆界只有240米。南面则濒临浩瀚的南海。澳门位居东南亚航线的中继点，是16、17世纪东西方贸易的重要港口。往西北沿西江上溯，可达广东肇庆、广西梧州等地，沿途物产丰富、经济繁荣。如此优越的地理位置，对它本身及其邻近地区的经济发展都起着相当重要的作用。澳门地区面积 23.5 平方公里，由澳门半岛、氹仔岛、路环岛、路氹岛四部分组成，大多数人居住在澳门半岛，人口密度为 2 500 人/平方公里，呈超级过密状态。

2）澳门的气候。澳门是中国内地与南中国海的水陆交汇处，位于北回归线以南，冬夏风相反，属季风区、亚热带海洋性气候，冬暖夏热，湿润多雨，年平均气温在 22.3 摄氏度左右。每年以 10 月中旬至 12 月最为舒适。春、秋、冬三季是旅游的最佳季节。1—2 月是澳门的冬季，来自西伯利亚的冷空气接踵而至，经过华中华南进入澳门，带来寒冷干燥的北风，通常这两个月气温最低，市区温度有时会降至 10 摄氏度以下，由于大气中水汽含量不足，故降雨量及降雨日较少。3—4 月是季节交替期，气温及湿度上升。春季，除了中间几天极为潮湿，有雾、毛毛雨且能见度较低之外，其余日子天气尚好。澳门夏季较长，5—9 月由于天气炎热及潮湿，有不少恶劣天气，如暴雨及雷暴等。而水龙卷亦偶有出现，同时 7—9 月，热带气旋频繁出现，不论雨量、气温、降雨日数及雷暴等气象记录，都达至全年最高峰。10 月秋季来临。澳门秋季时间短暂，天色晴朗，天气稳定，舒适度高，11 月清凉干爽，12 月北方的冷空气再次入侵。

3）人口与语言。人口 549 200 人。广东话与英语的使用程度很高，目前普通话在大力推广之中。

4）货币。在澳门售卖的商品和所提供的服务收费一律以澳门币计算，但也可使用港币或其他流通货币。兑换率按市场浮动率厘定。

5）澳门的博彩业。一提起澳门，人们总不免将其与“赌”联想到一块儿。事实也确实是这样，这里有东方“蒙地卡罗”之称的半岛，旅游博彩业至今仍是支撑其经济的重要支柱。

6）澳门的饮食。澳门地方不大，却是一个饮食文化十分发达的城市，目前全澳门约有 300 多家较具规模的酒楼、饭店和西餐厅，至于遍布大街小巷的大排档、甜品屋、小吃店就更多了，来澳门旅游，中西美食可令人大饱口福。澳门的中国菜主要以粤菜为主，此外还有川菜、京菜、沪菜等，由于这些菜式在内地极为常见，所以未见有什么特色。但论起“吃在澳门”，葡国菜是这里的一大特色。

7）澳门的最高学府——澳门大学。澳门大学是澳门的最高学府，位于氹仔岛观音岩，由港澳、东南亚等知名人士资助开办，1981 年 3 月 28 日举行成立典礼。原名私立东亚大学，1988 年 9 月至 1991 年转为公营，由澳门基金会托管，1991 年 9 月，正式易名为澳门大学，学校有 25 个专业。校舍占地 10 万平方米，包括多幢新型校舍及师生宿舍。5 层高的教学大楼（又名大丰楼），是大学的核心部分；四层高的图书馆，占地 630 平方米，设备充足；14 层高的宿舍，占地 334 平方米，寄宿设备齐全。还建有文化中心、会议中心、体育设备等。

澳门大学设本科学院（三年制寄宿大学）、预科学院（二、三年制寄宿预科）、理工学院（二、三年制高级证书课程）以及澳门研究所。研究学院和公开学院设在澳门大学内。澳门大学授课的语言以英语为主，兼用中文及葡萄牙文。学费每年约二、三万澳门元。1996 年澳门大学开设首门中文硕士课程，结束了华人占绝大多数的澳门没有开设本地中文硕士课程的历史。澳门大学从 1991 年到 1998 年已培养了 2 128 名毕业生，其中 2 043名学士，84 名硕士及 1 名博士。

澳门特别行政区的游览名胜有大三巴牌坊，它是圣保罗教堂遗壁。大炮台位于大三巴牌坊右侧，原为教堂的祀天祭台，后由葡萄牙人简称大炮台，作为防御之用，再后改作气象台，对外开放作旅游区。旧时的古炮、城墙、葡式建筑仍保存完好，因炮台高耸于市中心，登临塔台可俯看澳门全景。国父纪念馆位于文第士街，环球酒店侧，于 1918 年由孙中山先生出资兴建，为孙中山先生原配卢夫人住所。孙中山先生早年毕业于香港大学医学院，曾到澳门镜湖医院行医，并在此建立了同盟会支部。馆内保留了陈设原貌，并有革命活动珍贵照片陈列，观侧有一尊孙中山先生全身铜像，上书“天下为公”四个大字。妈祖庙位于妈阁山下、内港入口处，建于 1488 年，是澳门最古老的庙宇。庙宇背山面海，依山而筑，整座庙宇包括大殿、石殿、弘仁殿和观音殿四大主要建筑。传说妈祖原是福建沿海的一位渔家姑娘，因心地善良，乐于助人，死后成仙，其神灵常出现于海上，救助保佑渔民，成为中国渔民供奉的神仙，因此凡沿海城市和渔村都修建妈祖庙宇。氹仔岛是田园风光般的小岛，曾经以制造爆竹闻名，但近年来将原来的赛马车场馆改建成赛马场，并修建了一批娱乐场所、高档饭店及体育活动设施，使小岛成为休闲度假地。岛上除了娱乐场所和赛马场，还有不少海鲜酒楼，街道两旁摆满露天摊，专门售卖烧烤，物美价廉。此外澳门特别行政区还有玫瑰堂、市政厅、奥维士纪念像、澳氹大桥、路环岛、黑沙海水浴场、观音堂等景观。

（3）中国台湾省。台湾省位于我国东南海面上，中间隔台湾海峡与福建省相望。台湾省的范围包括台湾岛、澎湖列岛、绿岛、钓鱼岛、兰屿、彭佳屿、赤尾屿等。台湾岛是中国的第一大岛，面积为 35 873 平方公里。台湾地区还包括了福建省的金门、马祖等岛屿，总面积为 36 188 平方公里。绝大部分台湾人过大陆的传统节日，如春节、清明节、端午节、中秋节等。

主要旅游胜地有：龙山寺位于台北市西南，临淡水河。清乾隆三年（1738 年）创建，至乾隆五年建成。其地原名艋舺（今万华），为台北市区的发祥地。阳明山又称草山。在台北市北郊，是台北著名风景区。阿里山位于嘉义县以东。阿里山脉中心群峰的总称，东距台湾最高峰玉山甚近。主峰大塔山海拔 2 663 米；次为塔山，2 480 米。日月潭是台湾著名风景区，全省最大的天然湖，水面海拔 760 米。面积 7.7 平方公里，水深 27 米。中有一小岛名拉鲁山。岛北为日潭，南为月潭，以轮廓近似日月得名。旧“台湾八景”之一的“双潭秋月”即此。玉山在台湾省中部，嘉义、南投、高雄三县交界处。玉山山脉主峰，海拔 3 997 米，为我国东部最高峰。上部山势陡峻，冬季常积雪，深2～3 米，色白如银，昔人谓“此山浑然美玉”，以此得名。玉山群峰西接阿里山，东与中央山脉高峰大水窟山、秀姑峦山等相望，气势磅礴，冠绝东南，是登山游览胜地。此外台湾省还有野柳鼻、垦丁、鹅弯鼻灯塔、太鲁阁景区阿美文化村、石门水库等景观。

2. 赴港澳台旅游必办手续

（1）港澳旅游。需要前往户口所在地的出入境管理局或者派出所办理港澳通行证及签注。

（2）台湾旅游。首次赴台游客需凭组团社出具的全额收费票据原件及复印件到户口所在地公安局出入境管理处办理“大陆居民往来台湾通行证”，办理时需填写在旅行社领取的“大陆居民往来台湾地区申请表”，携带全家户口本原件及复印件 1 份、身份证原件及复印件 1 份，3 张正面免冠 2 寸彩色近照；在办妥“大陆居民往来台湾通行证”和三个月一次赴台旅游签注后，再由组团旅行社代为办理其他入台手续。入台手续中，大陆居民需填写“来台观光申请表”，办理“入台观光证”，需提供近期 2 寸白底彩照 3 张、身份证复印件和户口本复印件各 3 份，在职人员提供任职半年以上“在职证明信”，学生提供“学生证复印件”或是“在校证明”和请假证明原件；如不能提供在职证明，需提供定期存款证明原件。

单元

4

3. 赴港澳台旅游的相关须知内容

（1）赴港澳旅游的相关须知内容

1）出入境须知。旅客入境前，须填妥“旅客抵境（离境）申报表”。入境时，连同护照、通行证，一并交予香港入境事务处职员。内地居民赴港，分“因公”和“因私”两大类。因政府公务活动来港的人士，可到国务院港澳办办理手续。公安部门则负责审批其他内地居民赴港旅游、探亲、营商的申请。全国各地的中国旅行社、中国国际旅行社和它们的代理机构均有组织内地旅客来港游览的专营权。持有第三地有效旅行证件及往返机票的内地居民，也可以免签证在港停留 7 天。

入境香港的旅客可免税携带下列物品：烟草、200 根香烟或 50 根雪茄或 250 克烟草；酒，1 公升瓶装酒类。在香港出口和进口象牙原料或制品都受到严格的法律管制。旅客在港购买象牙制品，无论价值多少，均需向其居留国家（地区）取得进口证，并在香港办理出口证，才能将象牙制品带离香港。

2）机场设施。香港国际机场离境大堂东侧和抵境大堂均提供行李存放服务，其他设施有，银行、兑换店、各式商店、免税店、快餐店、餐厅、公用电话、警察局、邮局、香港国际电信办事处、香港旅游协会咨询及礼品中心及私人接待室等。

3）酒店住宿。特别留意房间内的收费项目以及相关规定。

4）行程方面。行程中所安排的景点将由当地导游根据具体情况决定，前后顺序上有所改变，均属正常。境外游过程中出入海关手续复杂，应听从领队统一安排，且等全团人员到齐后方可前进。旅行中途退出或提出不住宿、不用餐者，费用不退换。在全程中必须随团集体行动。如只住酒店，不跟团活动的自行离团者，须当即另补团费差，且离团后行为自负。

5）贵重物品。贵重物品（现金、珠宝、相机等）要随身携带或存放在酒店保险箱内，切勿放在托运的行李箱内或留在房内及车船上。

6）安全问题。通行证和机票由游客自行保管，证件须随身携带以备临时检查。一般来说，香港治安良好。正如世界其他大城市一样，旅客应避免携带大量现金，宜使用信用卡，并善用旅馆的保险箱设施，任何时候都必须携带附有相片的身份证明文件（如护照）。若有团员在境外患病或发生人身意外伤害事故，应及时就医治疗，团友自负医疗费用的同时，注意保存医疗单据，由领队、导游、接待社经理签字证明，到组团社保险单位索保。若发生失窃，应及时报警，索取警察的报警证明并由导游在当地办理公证，拿回国内保险单位索保。

7）境外导游。境外导游按固定标准接待，若导游表现不尽如人意，游客可向领队反映。

8）小费问题。港澳地区均有付小费的习惯。

9）着装及必备品。拖鞋、牙刷、牙膏自备。根据自身健康状况携带必须的药物。携带墨镜或太阳帽（伞），行李箱必须有锁，防压、防窃。

10）购物。旅行团在购物时，自行选择，应比较多家价格，并视情况还价后再购买，行程内安排的购物店一定要去参观，但是否购买纯属个人自愿行为，旅行社不可误导、诱惑游客购买物品。

香港值得留意的商品有黄金、钻石、名牌手表、电器用品、名牌化妆品、服装。澳门值得留意的商品有名牌服装及首饰。

11）货币。香港与澳门流通港币，纸币面额分为1 000元、500元、100元、50元、20元及10元，由香港上海汇丰银行、渣打银行及中国银行发行。硬币由香港政府发行，面值分为10元、5元、2元、1元、5角、2角及1角。在银行、旅馆或兑换店均可兑换外国货币旅行支票，有些银行还可直接兑换人民币（兑换前应先查询兑换率及佣金收费）。最方便是在随处可见的人民币兑换店兑换。近年来，许多金店欢迎使用人民币购物，也有些金店还提供人民币汇兑服务，但汇率大多需面议。在兑换港币时，要注意看清当日各种货币的汇率，尤其是上边写“SELL”和“BUY”的部分。SELL是该店卖出人民币的汇率，BUY是该店买进人民币，换出港币的汇率。有些找换店还收取手续费，应事先提醒游客。

12）与家人联络。全球通用户客人可自行提前办理国际漫游，联通130、131、133

用户在不办理漫游的情况下只能够接收，不能够呼出国际长途，只能够拨打香港本地电话，但漫游话费较高；较实惠的方法是用酒店外或机场的投币电话，拨 00186＋国内区号＋电话号码。

13）机票丢失。国际机票多为联程机票，用完一次后不可遗弃，应妥善保管以备后程使用。机票是有价凭证，为以防万一，请在出发前复印机票。如发生机票遗失，应到警方领取“遗失申请证明书”，如是团队，应立即与航空公司联络，可以在当地的该航空公司办事处办理补票手续（需交纳补票费）。返程机票用完后应妥善保管最好的办法是由领队保管。

14）通行证遗失。在境外不慎将通行证丢失，应与大陆驻当地旅行社取得联系并提交港澳通行证的复印件，并申请补发新的临时通行证（在出行前将通行证签注复印一套，照片 2～3 张分别带在身上，以防万一）。

15）身体条件。参加旅行团游客须身体良好，能够正常完成旅游行程。

16）常用电话：

香港旅游协会旅游热线 25081234。

紧急报案热线 999（警察、消防队、救护车）。

报案热线（包括投诉计程车）25277177。

香港入境事务所 21818888。

消费者委员会热线 29292222。

邮政查询热线 29212222。

时间及天气报告 18508。

查询电话号码 1088（普通话）。

（2）赴台湾旅游的相关须知内容

1）天气。台湾的天气大致与香港相似，南部则较热，高山则较凉，需自备雨伞，以备不时之需。

平均气温　　单位：摄氏度

一月	14.8	二月	15	三月	17.1
四月	21.3	五月	24.7	六月	27
七月	28.8	八月	28.5	九月	27
十月	23.9	十一月	20.4	十二月	16.7

2）衣着。衣服以轻便为主，但冬季北部会下毛毛雨，多需雨衣。阿里山上气温较低，需备外套。台北、台东等多处地方均有温泉，可自备泳衣。

3）电压。台湾地区使用交流电，为 110 伏特，插座为扁头二脚式。部分酒店有 220

单元 4

伏特。旅客需提前准备转换插头及变压器。

4）语言。以国语为主，闽南话亦极为普遍，部分地区亦用客家话。

5）税及小费。台湾的货品税通常已包含在定价当中，不需另外再加。购物后，商家会给予统一发票，以为凭证。在台湾的酒店等地并没有给小费的习惯，但在旅馆、餐厅，大都收取10%的服务费，其余没有硬性规定。

6）货币及汇率

货币：台湾的流通货币为新台币，新台币纸币面额为100元、500元、1 000元，硬币面额为1元、5元、10元、50元。

汇率：人民币1元＝台币4.8元。兑换台币可至外汇指定银行或国际观光饭店，兑换时取得的收据应妥善留存，离境前若要将未用完的新台币换回时，必须出示此收据。

7）一般营业时间：

公家机关：08：30—12：30，13：30—17：30，周一至周五。

公司行号：09：00—17：30，周一至周五。

百货公司：11：00—21：30（几乎全年无休）。

一般商家：10：00—11：00，21：00—22：00（除春节外，大部分几乎全年无休）。

便利商店：07：00—23：00，部分商店24小时营业（全年无休）。

餐厅午餐：12：00—14：00，晚餐：18：00—21：00（几乎全年无休）。

8）通信。台湾的公共电话主要分为投币式和卡式两种。

投币式公共电话可投1元、5元或10元硬币。卡式公共电话分为光学式公话卡及IC式公话卡，光学式公话卡及IC式公话卡面额有100元、200元、300元等，可在当地火车站或便利商店购得。（目前以IC式公话卡较多）。

9）国际电话。公用电话或酒店电话均可拨002＋86＋地区区号＋电话号码。

以成都为例：002＋86＋28＋12345678（成都号码）有办理国际漫游的手提电话，可在台湾使用。

10）常用服务电话：

消防队/救护车：119。

警察局：110。

气象局：166。

台北市外事警察局：（02）2381－7475，2381－8341，23817494。

中正机场：（03）398－2241，（03）398－2177。

台中市外事警察局：（04）222－3725。

高雄区监理所：（07）711－5349。

高雄县警察局交通队：（07）745－2001。

高雄市外事警察局：（07）215－4342。

单元 4

11）海关。所有国际性的违禁品皆列为严禁品之列，新鲜蔬果、腌制鱼、肉类禁止带入。免税品包括洋酒一瓶、香烟一条、香水少量、自用品适量。

台湾当局针对入境旅客携入货币规定如下：

新台币：入境旅客携带新台币入境以六万元为限。

美元：旅客携带外币入境不予限制，但超过等值美币一万元者，应于入境时向海关申报；入境时未经申报，其超过部分应予没收。

人民币：入境旅客携带人民币逾两万元者，应自动向海关申报；超过部分，自行封存于海关，出境时准予携出。

12）饮食。在台湾，安排的是团队旅游用餐，多为中式桌餐。台湾饮食口味偏清淡。

13）住宿。个人财务应妥善保管，贵重物品可放于前台的保险箱；离开饭店外出逛街，应携带好饭店名片以备迷路时使用。

14）交通

①出租车（台湾称为“计程车”）。台湾大多数城市内，都提供便利的出租车服务。各主要都市出租车是以按表计费，起跳为 1.5 公里新台币 70 元，续跳每 300 公尺加 5 元。晚上 11 时以后至早上 6 时以前附加 20%加成费。电话叫车与开行李箱各加收 10 元服务费，农历春节期间运价会略有调整。原则上，各主要都市出租车费率由各县市政府设定，但差异不大。部分城市或长途旅程的出租车，有些不适用里程表计费，游客应于上车前先确认其计费方式。往来中正机场出租车车资按计程表读数加五成收费，至台北市费用约新台币 1 200 元。高雄市区往来小港机场出租车车资约新台币 300 元。另视旅客需要，可驶往全省各地，车资亦定有标准费率收费。

②航空。国际航线方面，目前有桃园国际机场及高雄国际机场经营，飞往世界 56 个主要城市，其他航线方面，有 4 家航空公司，往返台湾主要城市与离岛之间。

③公交车。机场有至台湾各大城市的班车。至于台湾地区城市间的往来，有通行全岛的客运与地区性客运。这些客运都有提供租车的旅游服务。

④捷运。台北及高雄均有大众捷运系统，台北捷运有 8 条路线，高雄捷运有 2 条路线，高雄捷运亦连接台湾高铁、台铁及高雄机场。

⑤台湾高速铁路。台湾大众交通运输已发展至高速铁路，拉近了城际间的距离，台北至高雄成为一日生活圈。规划在台湾西部走廊设置 12 个车站，营运初期有台北、板桥、桃园、新竹、台中、嘉义、台南及左营共 8 站。

⑥火车。台湾环岛铁路班次密集，乘车前两周（14 天即可通过电话或网络预订预购火车票）。

⑦海运。基隆、高雄、花莲为客轮主要停靠的国际港。台湾与各离岛及金门、马祖间的交通，以飞机为主，客轮为辅。

15）购物。在台湾，从北到南都有大型购物中心与连锁百货公司林立的商圈，且结合多元的休闲与娱乐，包含了名牌服饰、精品、美食、书店、影城、量贩店、游乐场等众多消费场所，可以充分满足游客的购物欲望。除了与国际同步的各式流行精品外，拥有地方特色的本土特产更是游台湾不可错过的一环，如老品牌食品公司、百年老店饼铺等，皆具台湾独特的美味，充分满足游客的味觉与嗅觉；再如具有悠久历史及精致手工的工艺品，更将台湾文化与生命力展现得淋漓尽致。想要认识台湾，这些精彩的代表作绝对能丰富游客的旅程。

4. 港澳台旅游常规线路

（1）香港一地四日全品双园（迪士尼＋海洋公园）。途径景点：青马大桥、星光大道、黄大仙神祠、金紫荆广场、国际会展中心、海洋公园、香港迪士尼乐园。

（2）广—深—珠—港—澳七日。途径景点：莲花山公园、邓小平像、明思克航母、邓小平巨幅画像、金紫荆广场、国际会展中心、浅水湾、太平山、黄大仙神祠、海洋公园、妈祖庙、主教山、大三巴牌坊、渔女像、情侣路、九州城、五羊塑像、天河新城。

（3）港—澳全品五日双园（迪士尼＋海洋公园）。途径景点：青马大桥、星光大道、黄大仙神祠、金紫荆广场、国际会展中心、海洋公园、香港迪士尼乐园、大三巴牌坊、主教山、妈祖庙、观音庙、渔人码头。

5. 港澳台旅游参考行程介绍

（1）香港一地四日全品双园（迪士尼＋海洋公园）（举例）

日期	参考线路安排	用餐	住宿
D1	北京—香港 北京乘机赴香港抵达后在市区观光，车览香港标志性建筑物，世界上最长的两用行车吊桥——青马大桥，接团后送酒店，后自由活动	× × 晚	四星酒店
D2	香港 游览星光大道，后前往著名的黄大仙烧香祈福，午餐后前往都会国际免税广场（也可不进入，选择咖啡店休息），金紫荆广场、会展中心新翼（外景），游览亚洲最大的主题乐园——海洋公园（赠送门票）（您可乘坐世界第二长的户外手扶电梯、选择参观鲨鱼馆、海洋馆、各种刺激的大型机动游艺、精彩的海豚和海狮表演等），后前往 DFS 免税店（60 分钟），乘船夜游维多利亚港，送酒店入住	早 × ×	四星酒店
D3	香港 乘车前往国际上最受欢迎的大型主题公园——香港迪士尼乐园，游客可在美国小镇大街、幻想世界、探险世界、明日世界中展开童话式的奇妙之旅，尽情享受大型游乐场提供的各式免费游乐项目之后入住酒店休息	×	四星酒店
D4	香港—北京 早餐后乘车到香港机场，后乘机返回温馨的家，结束愉快的旅程	×	—

费用包含：往返机票及机场税、4星级酒店住宿、行程中注明的团队餐（自由活动不含餐）、旅游用车、行程内景点门票、中文导游、香港澳门船票、团队用餐（正餐7菜一汤标准或自助餐）、旅行社责任保险。

费用不含：港澳通行证及签注费用、单房差、自由活动餐费、旅游意外保险、小费（每天50元/人）、个人消费、行程以外的景点、医疗费用以及交通延阻、罢工及其人力不可抗拒的因素所引致的额外费用。

全程含：海洋公园、迪士尼门票，不含：全程小费150元/人。

签证：客人必须持有有效的香港一地签注一次。

（2）广—深—珠—港—澳七日（举例）

日期	参考线路安排	用餐	住宿
D1	北京—深圳 北京乘坐国内航班飞往深圳，抵达后游览莲花山公园，观邓小平像、明思克航母外观、邓小平巨幅画像，夜游世界之窗	× × 晚	三星酒店
D2	深圳—香港 由皇岗出关，进入动感之都——香港，游览金紫荆广场、回归纪念碑、会展中心新翼（外景），游览香港具代表性的美丽海湾——浅水湾，晚登上太平山并欣赏维多利亚港湾迷人夜景，后参加环球歌舞剧表演或海鲜餐	早 中 晚	三星酒店
D3	香港 参观香火鼎盛的黄大仙神祠，前往珠宝店（90分钟）、名表店（90分钟）和百货商店（90分钟），感受香港购物天堂的气氛，游览亚洲最大的主题乐园——海洋公园（赠送门票）（可乘坐世界第二长的户外手扶电梯、选择参观鲨鱼馆、海洋馆、各种刺激的大型机动游艺、精彩的海豚和海狮表演等），后乘船夜游维多利亚港	早 中 晚	三星酒店
D4	香港 全天自由活动（全天餐费自理）	×	三星酒店
D5	香港—澳门 早餐后乘船前往澳门，游览香火鼎盛的妈祖庙、主教山，澳门的标志性建筑——大三巴牌坊，参观珠宝店（90分钟）、百货店（90分钟）、首信店（90分钟），后参加澳门离岛游	早 中 晚	三星酒店
D6	澳门—珠海—广州 乘车前往拱北过关，早餐后驱车前往珠海，抵达后游览市容，参观珠海市标——渔女像、情侣路、九州城（外景）、鱼油店（90分钟）、免税店（90分钟）等	早 中 晚	三星酒店
D7	广州—北京 游览越秀公园、广州市标——五羊塑像、天河新城，广州最高标志——中信大厦、北京路商业街。乘车赴机场，飞往北京，结束愉快旅程	早 中 ×	—

费用包含：往返机票及机场税、三星级酒店双人标准间、空调旅游车、行程中注明的团队用餐（正餐七菜一汤标准或自助餐）、旅游用车、行程内景点门票、中文导游、香港澳门船票、旅行社责任保险。

费用不含：港澳通行证及签注费用、单房差、自由活动餐费、旅游意外保险（游客自愿购买）、小费（每天50元/人）、个人消费、行程以外的景点、医疗费用以及交通延阻、罢工及其人力不可抗拒的因素所引致的额外费用。

签证：客人必须持有港澳两地签注各一次。

（3）港澳全品五日双园（迪士尼＋海洋公园）（举例）

日期	参考线路安排	餐食	住宿
D1	北京—香港 北京乘机赴香港抵达后市区观光，车览香港标志性建筑物，世界上最长的两用行车吊桥——青马大桥，接团后送酒店，后自由活动	×	四星酒店
D2	香港 游览星光大道，后前往著名的黄大仙烧香祈福，午餐后前往都会国际免税广场（也可不进入，选择咖啡店休息）、金紫荆广场、会展中心新翼（外景），游览亚洲最大的主题乐园——海洋公园（赠送门票）（可乘坐世界第二长的户外手扶电梯、选择参观鲨鱼馆、海洋馆、各种刺激的大型机动游艺、精彩的海豚和海狮表演等），后前往DFS免税店（60分钟）乘船夜游维多利亚港，送酒店入住	× 中 晚	四星酒店
D3	香港 乘车前往国际上最受欢迎的大型主题公园——香港迪士尼乐园，游人可在美国小镇大街，幻想世界、探险世界、明日世界中展开童话式的奇妙之旅，尽情享受大型游乐场提供的各式免费游乐项目之后入住酒店休息	×	四星酒店
D4	香港—澳门 早餐后，乘船前往有东方“蒙地卡罗”之称的澳门，游览澳门的标志性建筑物大三巴牌坊然后前往澳门的富人区主教山、妈祖阁、观音庙，后前往澳门回归广场金莲花广场，午餐后前往澳门首信店（60分钟），融合世界各地不同建筑风格及中西文化特色的渔人码头/望海观音像，后参观娱乐场 游客自愿参加但需另行付费的游览项目及价格：威尼斯人120元/人；赛狗或赛马表演150元/人；晚间演出：250～350元/人	早 中 晚	四星酒店
D5	澳门—香港—北京 早餐后乘船到香港机场，后乘机返回温馨的家，结束愉快的旅程	早 × ×	—

费用包含：往返机票及机场税、团队四星级酒店住宿、行程中注明的团队餐（自由活动不含餐）、旅游用车、行程内景点门票、中文导游、香港澳门船票、团队用餐（正餐7菜一汤标准或自助餐）、旅行社责任保险。

费用不含：港澳通行证及签注费用、单房差、自由活动餐费、旅游意外保险、小费(每天50元/人)、个人消费、行程以外的景点、医疗费用以及交通延阻、罢工及其人力不可抗拒的因素所引致的额外费用。

全程含：海洋公园、迪士尼门票，不含：全程小费200/人。

签证：客人必须持有有效港澳两地签注各一次。

五、非洲

1. 非洲主要旅游目的地国概况

(1) 埃及。埃及地处非洲东北部，小部分领土位于亚洲西南角的西奈半岛，是跨亚非两大洲的非洲大国。它北临地中海，东隔红海与巴勒斯坦相望，西与利比亚交界，南邻苏丹。海岸线长约2 700公里。埃及的主要节日有闻风节，它是世界上最古老的节日，起源于公元前2700年的古埃及法老时期，是为了庆祝春节的来临。选择的日期是每年白昼与黑夜时间正好对半的那一天，即春分。因为古埃及人认为这一天是“世界诞生日”。在这一天，从下午6时开始，人们就聚集在金字塔前，直到太阳落山，当今世界各国的许多节日，如春节、逾越节、复活节等，都源于埃及的闻风节。这一天，人们要吃大葱以“辟邪”，吃生菜和咸菜以“健身”；特别要吃鸡蛋，认为这是生命的起源，节日里，人们相互问候时，手持彩蛋相撞，谁的鸡蛋未破，就意味着太阳神会满足他的愿望。主麻日每周的星期五是“主麻日聚礼”，当清真寺内传出悠扬的唤礼声，伊斯兰教徒便纷纷涌向附近的清真寺，集体做礼拜，为数众多的教徒仍然虔诚的信守每日5次礼拜的教规：即晨礼、晌礼、晡礼、昏礼、宵礼。每逢宗教节日，电视还播放总统及政府首脑去礼拜寺礼拜的镜头。

主要旅游胜地。开罗是埃及首都、非洲第一大城、世界著名的旅游城市，是一座具有浓郁阿拉伯民族风情的城市，位于开罗老区的罕哈利利市场，是座典型的阿拉伯市场，它占地5平方公里，到处都是店铺和人流，在这里可以买到各种珠宝首饰、金银器皿，各种各样的工艺品和日用品，还有各式特色风味小吃。埃及金字塔是古埃及法老的陵墓，世界七大奇观之一。世界上许多地方都有金字塔，印度、墨西哥、希腊、意大利、苏丹、埃塞俄比亚、塞浦路斯和太平洋某些岛上都发现过金字塔。不过历史之悠久、规模之宏大、建筑之神奇，气势之雄伟，首推埃及金字塔。其中以吉萨金字塔最为著名。吉萨离埃及首都开罗市中心13公里，世界闻名的胡夫金字塔、哈夫拉金字塔和孟考拉金字塔便坐落在此。

(2) 摩洛哥。摩洛哥位于非洲大陆西北角。东、东南接阿尔及利亚，南接西撒哈拉，西濒大西洋，北隔直布罗陀海峡与西班牙相望。

主要民俗献羊节是摩洛哥历史最长、最具特色的传统节日，也是摩洛哥的和平节。每年的1月23日，家家户户都要准备一只羊，摆设羊宴，邀请亲友邻里共同庆祝，节日献羊礼是最隆重的活动。妇女文身的习惯在摩洛哥非常普遍，大多数女人是在前额和下颏刺有对称的蓝黑色花纹，也有的将花纹刺在胸部、肚脐和腿及隐蔽部位。三餐不离茶是摩洛哥人独特的生活习惯，即一日三餐不离茶。清晨起床后第一件事就是喝一杯清香的绿茶，然后再进早餐。中餐和晚餐也有喝煮好的茶，饭后有时还要喝三道叉茶。摩洛哥人在招待客人、宴请宾朋时，要献上一种甜茶，这是很高的礼节，客人要不喝会被视为无礼。实际上，这是一种薄荷茶，在节日、宴会和社交活动中可以代替酒。

主要旅游胜地。非斯位于北部，是摩洛哥著名的古都，摩洛哥古典文化的中心，已有1 100多年历史，伊斯兰特色的古城堡、宫殿、博物馆比比皆是。马拉喀什位于沙漠、山地、平原的接合部，是摩洛哥的第三大城市，有“南方明珠”之称。主要古建筑有库图比亚清真寺，16世纪萨迪王朝时代的圆顶陵墓。民情风俗原始古朴。拉巴特是摩洛哥的首都，是摩洛哥的政治、文化中心和交通枢纽，并且仍保留着古城的许多古迹，如乌达亚要塞、塞拉古城遗迹、古清真寺以及宏伟的宫殿，其中以哈桑清真寺最为著名。拉巴特城市建筑精致，造型优美，公路两旁全是鲜花，摩洛哥一年四季都有盛开的鲜花。卡萨布兰卡是国际名城，摩洛哥的第一大城市，有摩洛哥的纽约之称，其繁华程度可想而知。每两年一次的国际商品展示会，吸引相当多的外国商人和观光客。

(3) 突尼斯。突尼斯位于非洲大陆最北段。北部和东部临地中海，隔突尼斯海峡与意大利的西西里岛遥遥相望，海岸线长达1 200公里，扼地中海东西航运的要冲。东南与利比亚为邻，西与阿尔及利亚接壤。

民俗斗羊比赛是突尼斯人民最喜欢的民间娱乐活动至今已有1 000多年的历史，公元1975年突尼斯专门成立了斗羊全国联合会，制定出了一套比赛规则，使这相活动正规化。每年的12月份，在撒哈拉沙漠边缘的杜兹镇举行撒哈拉联欢节。开幕式富有特色，身披盔甲的壮士、横枪立马在前面开路，100多只骆驼组成的队列紧随其后，最后面是身穿民族服装、表演民族舞蹈的妇女和儿童的行列。开幕式结束后，独特的骆驼赛跑、斗骆驼等精彩表演相继开始，逐渐把联欢活动推向高潮，入夜后，人们围坐在篝火旁，一边观赏阿拉伯舞蹈，一边品尝烤羊肉，尽情享受大沙独有的欢乐。

主要旅游胜地。突尼斯市是国家首都，靠近地中海南岸的突尼斯湾，是一座阿拉伯建筑与现代建筑相融合的非洲名城，是突尼斯国家的政治、经济、文化中心，全国的交通枢纽，人口约208万。该市由旧城和新城（低城）组成，旧城麦地纳保持着古色古香的东方阿拉伯式色彩。新城具有鲜明的欧式风格。突尼斯城风景优美、气候宜人。由于临近欧洲，经常成为举行国际会议的理想地点。这里的树木品种繁多，其中以橄榄树最为出名，被人们誉为“橄榄之都”。迦太基古城遗址其位置临近地中海，位于突尼斯城东北约 17 公里处，建于公元前 814 年，比罗马建城早 61 年，是奴隶制国家迦太基的首都。到公元 705 年被阿拉伯人废弃，历经 1 500 年的盛衰，曾是国都和省会，集腓尼基、希腊、罗马、埃及、日耳曼、土耳其文化于一身，汇集了地中海古文明。因此这里有大量罗马人占领时期的古迹遗存，如残存的剧场、公共浴室等，1978 年，联合国教科文组织将迦太基古城遗址列入世界第一批“世界文化与自然遗产名录”。现遗址已辟为国家考古公园。在现有的遗址中，还可以看到规模宏大的公元 2 世纪罗马皇帝所建的安东尼浴室。杰尔巴岛位于地中海加贝斯湾的东南部，长约 27 公里，宽 26 公里，面积约 510 平方公里，是突尼斯最大的岛屿，岛上拥有大片棕榈树和橄榄树，沿岛有土耳其人和西班牙人在 16 世纪建造的古城堡，清真寺亦随处可见，周围的海滩沙细水软，被人们称之为“花园岛”“伊甸园”和“绿洲岛”。位于非洲坦桑尼亚与肯尼亚交界处的乞力马扎罗山是一座冰雪覆盖的山峰，它独特的风光成为世界奇观之一。

（4）肯尼亚。肯尼亚位于非洲东部高地，赤道横贯中部，南北走向的东非大裂谷与赤道在境内相交叉，故被誉为东非十字架。

在肯尼亚，到处可见印有虎、象等动物图案的服装、披肩和兽皮制成的坎肩、帽子、钱包等。妇女们用各种兽状雕刻物来装扮自己，家庭居室中陈列的装饰品多为木雕石刻，墙上挂着羚羊、野牛的头颅或用兽皮制作的挂毯，地上铺着兽皮制作的地毯。各种生活日用品也主要以动物为商标，例如熊牌香皂、虎牌香烟等。商店、旅馆也不乏用动物命名，甚至连群众文化团体也用动物命名，如著名的“狮子足球队”“豹子俱乐部”等。

主要旅游胜地。内罗毕是肯尼亚首都，肯尼亚最繁华的城市，世界著名的旅游胜地。它位于内罗毕山的高地上。终年气候温暖如春，年平均温度只有 23 摄氏度左右，虽近赤道，但却很少超过 27 摄氏度。肯尼亚是一个以天然动物园闻名于世的国家。在众多的天然动物园中，面积仅 115 平方公里的内罗毕国家公园是最小的一个，但因距市区仅 8 公里，因此，参观的人很多。参观天然动物园时游客要乘特别的游览车，它涂有黑白相间的保护色，车门上锁车窗关严，游客行动受限制，而飞禽走兽自由自在。察沃国家公园是世界上最大的天然动物园，面积 2 万平方公里，从内罗毕乘车 3 小时可达。这里巨象成群，猛狮出没。此外，自由自在的猎豹、犀牛、野牛、河马等，使游人大饱眼福，流连忘返。纳库鲁国家公园是百鸟的乐园。那里栖息着 350 多种、数百万只珍禽，纳库鲁湖面上经常有 100 万只红鹤飞翔，把湖面染成一片红色，景色十分壮观。在这些野生动物园中，建有树上旅馆，游客可在夜间观察各类动物神秘的夜间活动。

（5）南非。南非位于非洲最南部，东、南、西三面被印度洋和大西洋环抱，陆临纳米比亚、津巴布韦、莫桑比克、斯威士兰、莱索托。面积 122.1 平方公里。人口约3 160 万。

主要旅游胜地。比勒陀利亚为南非首都。南非是非洲经济最发达的国家，国民生产总值占非洲的 30%，黄金开采是南非经济的重要支柱。其主要的旅游点集中在东北部地区及东部、南部沿海一带。

约翰内斯堡完全像一个欧洲城市，高楼大厦鳞次栉比，市面十分繁华，是南非最大的城市，有世界最大的黄金加工厂和唯一的室外金矿博物馆，享有“黄金城”之誉。克鲁格国家公园是南非最大的野生动物园，占地约 2 万平方公里，可乘车在园内游览，观看大象、狮子、长颈鹿、斑马等栖息在森林、草原、河流中的野生动物。赫拉比斯瀑布是世界上最大的瀑布之一，附近亦设立有国家野生动物园。好望角位于非洲大陆西南端大西洋和印度洋交汇处的岬角。巨大灯塔立在岬角山顶，天晴时 40 公里内景物清晰可见。好望角周围山丘起伏，为自然保护区。这些极具特色的旅游资源，为南非的旅游业创造了得天独厚的条件，吸引了世界各国的游人。1987 年共接待外国游人 71.7 万人次，1990 年接待人数首次突破百万大关，1992 年达到 200 多万人次，增长幅度为 120%。

（6）阿尔及利亚。阿尔及利亚位于非洲西北部，南接毛里塔尼亚、马里和尼日尔，西临摩洛哥和西撒哈拉，东部与突尼斯和利比亚毗连，北临地中海，海岸线长 1 200 公里，隔海与西班牙、法国相望。

1）民俗。阿尔及利亚的年轻姑娘和小伙子都愿意选择在金秋季节结婚，首先在清真寺举行传统的宗教婚礼，宗教婚礼只有男女双方家里的男人参加，新郎新娘都不出席，由教长宣读《古兰经》并举行仪式。之后，新郎新娘在证婚人、父兄陪同下到当地政府登记，接着，进行各种庆祝活动，要延续一两个月，而在此期间新郎新娘各自在自己的家里。

2）主要旅游胜地。阿尔及尔是阿尔及利亚首都，国家的主要港口，是一座具有欧洲建筑风格的城市，人口约 256 万，现为全国的政治、经济、文化和交通中心。在古代，曾是腓尼基人的聚居地，公元前 11 世纪阿拉伯人在此建立古城。依山而建的建筑物几乎全为白色，城市共分 10 个区，市的中心为穆斯林旧城。这里有罗马式建筑“非洲圣母院”，国立博物馆，国立美术馆，古建筑有：马利基清真寺（建于 11 世纪）、哈纳菲清真寺（建于 17 世纪）、凯乔瓦清真寺（建于 17 世纪），以及奥斯曼帝国总督宫遗迹等。蒂巴扎遗址，此遗址是古罗马时代的古城遗址，位于首都附近。东部有以罗马皇帝命名的君士坦丁城，该城以众多的桥梁和音乐而闻名。塔西里岩画，该岩画位于撒哈拉沙漠中心地区的塔曼拉塞特区域，分布在塔西里高原台地数百公里的范围内，据考证此岩画最早出现在大约 12 000 年前，距今最近的时间也有 2 000 多年。这些岩画描绘了 10 000 多年间的沙漠地区的自然景观，古人类的生活和活动情况。现已辟为塔西里国立公园。

（7）塞内加尔。塞内加尔位于非洲最西端。北与毛里塔尼亚以塞内加尔河为界，东临马里，南接几内亚和几内亚比绍，冈比亚楔入塞西南部。西濒大西洋，海岸线长约500公里。

1）民俗。塞内加尔人的头发具有深远的意义，在边远地区，人们常把头发剃得光光的，只在左耳下方留一小块形同岛状的头发。如果一个人成了骗子、小偷、逃兵，当局就会在小绺头发处，用烙铁烙下永远不能磨灭的印记。塞内加尔盛产花生，每到花生收获的季节，“垒花生”比赛便成了当地人的一项体育活动。比赛前，由一位工匠在地上画一道白线，规定好花生袋放的位置。比赛由当地的酋长主持。比赛开始后比赛者们肩扛头顶，将花生袋放入白线内。随着他们来回奔跑穿梭，花生袋越垒越高，当花生袋垒到金字塔形的最顶端，只能放一袋时，即算堆垒完毕。这时参赛者迅速将“花生金字塔”四周清扫干净，待酋长来验收。

2）主要旅游胜地。达喀尔是塞内加尔国家首都，全国的文化中心。人口约220万，是西非重要的海港之一，也是大西洋航线的重要中转港，其城市的建筑风格，西部有欧式风格，东部有伊斯兰教的建筑风格。达喀尔是旅游胜地，这里街道繁华，风格独特，素有“小巴黎”之称。格雷岛与达喀尔相对，曾经是运输黑奴的起点，岛上有18世纪欧洲人建立的住宅。现建有奴隶博物馆，让人们了解那段悲惨的历史。图巴是塞内加尔的伊斯兰教圣地，圣教节期间，国内外的伊斯兰教教徒会云集于此礼拜。

（8）科特迪瓦共和国。科特迪瓦共和国东连加纳，南濒几内亚湾，西与利比里亚和几内亚交界，北与马里和布基纳法索为邻。海岸线长约550公里。

1）民俗。妇女喜好艳丽的颜色，很讲究发式。科特迪瓦共和国称“大象王国”，过去曾叫做“象牙海岸”，20世纪50年代曾有10万多只大象，现在只剩千余只，但是人们仍然会感到这里的一切都与大象结下了不解之缘。

2）主要旅游胜地。阿比让是科特迪瓦共和国的经济中心，非洲最大的深水港之一，人口大约288万，主要市区坐落在一个岛和一个半岛上，市区由两座桥相连。市区有三种不同的风格；欧洲风格城区、土著风格城区、工业港湾区。阿比让既是农林产品的集散地，又是旅游中心。市内的约30层的“象牙旅馆”及“象牙市场”颇为出名。1983年，政府决定将政治首都从这里迁至亚穆苏克罗。目前，阿比让已经初具现代化的规模。圣佩德罗是该国西南部的一座港口城市，是世界上最大的可可出口港。分布在城市东西方向的萨桑德拉是著名的渔港，西面的部分波平浪静，水清沙白，人称“美人鱼沙滩”。

（9）刚果民主共和国［刚果（金）］。刚果民主共和国位于非洲中西部，横跨赤道。西部有一狭长走廊通大西洋，海岸线仅37公里。东邻坦桑尼亚、布隆迪、卢旺达和乌干达，北连苏丹和中非共和国，南界安哥拉和赞比亚，西接刚果（布）。

主要旅游胜地。金沙萨是刚果民主共和国的首都，非洲中部的最大城市，人口约600万。建有高25层的广播电视大楼、洲际饭店、大学城、体育场、中央市场、现代化的国际机场等著名建筑。近郊有莫安达海水浴场，极为壮观的李文斯顿瀑布。基五湖旅游区位于东非高原，是游人的必到之处，湖畔耸立着两座火山，其中尼拉贡戈火山是活火山，海拔3 470米，登上戈马峰可欣赏火山景观，这里湖光山色，气候宜人，堪称世外桃源。不仅如此，这里还有占地面积800多平方公里的比隆国家公园，是刚果（金）的野生动物保护区。沙巴旅游区位于刚果（金）的南部，区内有众多的河流、湖泊和瀑布，有数条观赏自然景色的旅游路线，其中景色特别宜人的地方，是在刚果河上游的卢拉巴河到坦噶尼喀湖一带。在基桑加尼可以领略以饲养大象为中心的特别风光，还可以逛象牙街，街的两旁店铺林立，铺内陈列着各种牙雕制品，有人像、花鸟鱼虫、花瓶、项链、拐杖、首饰盒等，琳琅满目，美不胜收。

（10）赞比亚共和国。赞比亚共和国位于非洲中南部，内陆国家。东连马拉维、莫桑比克，南接津巴布韦、博茨瓦纳、纳米比亚，西部和北部与安哥拉、扎伊尔接壤。

主要旅游胜地。卢萨卡是赞比亚首都，位于赞比亚中南部的高原上，平均海拔为1 270米，被誉为“铜都”。城西部是商业区，城东部是政府住地和文化区。作为铜都，市内有著名的铜墙以及众多的铜器商店。赞比亚河水由北向南呼啸而来，在临近峡谷顶端时，被河水中的三座巨石岛分隔成四股流量不等的水流，从悬崖峭壁上飞泻而下，落入幽深的大峡谷，形成了四股瀑布，为世界之最。莫西奥图尼亚瀑布群已被列入世界自然遗产名录。

（11）坦桑尼亚。坦桑尼亚位于非洲东部，赤道以南，由大陆、桑给巴尔岛（温古贾岛）、奔巴岛和20多个小岛组成，大陆东临印度洋，南接赞比亚、马拉维和莫桑比克，西邻卢旺达、布隆迪和扎伊尔，北界肯尼亚和乌干达。大陆海岸线长840公里。

1）民俗。坦桑尼亚一直保存着部落时期的习俗，实行一夫多妻制，从事农牧混合经济，酋长的权力很大。男子的传统服装为兽皮围肩，妇女穿裙装、围裙和披肩，善歌舞。芦苇舞节在每年的7—9月举行，名义上是教导少女如何在田里务农，实际上是国王在选妃。参加庆典游行的都是百里挑一的未婚的漂亮少女，个个穿着短的珍珠裙，从国王面前通过，国王从中选出美女进宫为自己做妃子。2002年9月又规定，参加庆典的少女都应在18岁以上，因为诏书规定：本国男子不能同18岁以下的少女结婚。今日的国王姆斯瓦蒂三世有11个妻子，其中有几个就是从节日的游行中选进宫的。

2）主要旅游胜地。姆巴巴内是坦桑尼亚首都，全国的政治、经济、文化的中心。全国的第一大城市，位于西北部的海弗尔德高原，海拔高度1 144米。有纺织、皮革等小行加工业，又是牲畜、皮革、玉米等产品的集散地。市内有铁路、公路与莫桑比克及南非相通。这里有造价1 200万美元的豪华宫殿，有大赌场、高尔夫球场等。姆利尔瓦纳的野生动物禁猎区，占地4 500公顷。这里气候条件优越，雨量充沛，高低不平的山地到处郁郁葱葱，适宜野生动物繁衍。这里生活着稀有的白犀牛、珍贵的羚羊等，猎区内还有一座公园，内有多种芦荟植物标本和众多稀有的苏铁植物。

(12) 埃塞俄比亚。埃塞俄比亚位于非洲东部，东接吉布提和索马里，南邻肯尼亚，西靠苏丹，北界厄立特里亚。

1) 民俗。马斯卡尔节是一个很重要的节日，每年的 9 月 27 日，基督教徒为了纪念公元 326 年海伦王后找到耶稣基督真正的"马斯卡尔"(即十字架)而举行。以后埃塞俄比亚人就把这个宗教节日变成了民族色彩浓厚的迎春节日，它标志着雨季的结束，收获的季节即将来临。节日期间，家家户户杀牛宰羊，走家串户，相互祝贺。

2) 主要旅游胜地。亚的斯亚贝巴是埃塞俄比亚的首都，全国的政治、经济、文化和交通中心，它是非洲海拔最高的城市，年平均气温 15～16 摄氏度；面积 238 平方公里。人口约 300 万。这里四季如春，气候温和，人文景观奇特，民族成分多种，被称为"高原上的公园城市"。季马、贡德尔、阿克苏姆、拉利贝拉等也有可观赏和游览的景点。到埃塞俄比亚旅游，当然还要观赏它的热闹非凡的节日，品尝它"鲜血淋漓"的生牛肉，欣赏"鬣狗人"的鬣狗技艺。

(13) 毛里求斯。毛里求斯位于非洲东南印度洋上，西距马达加斯加约 800 公里，离非洲大陆 2 200 公里。由毛里求斯岛、罗德里格斯岛、阿加莱加群岛和卡加多斯群岛等组成。海岸线长 217 公里。

1) 民俗。塔莫尹斯人为印度人的后裔，至今仍保留着印度民族的语言和种姓制度，每年要三次去庙宇举行洗礼活动。传统的塔莫尹斯人的洗礼分为洗浴、接受针刺和跳火(在炽热的煤渣上赤足行走)三个程序。泰米尔人笃信印度教，他们每年 5 月初在卡特本的一座小山上朝圣、受苦刑等，以示对神的忠诚。当地传统宗教的信徒们常在脸部化妆，穿奇装异服游行。

2) 主要旅游胜地。路易港是毛里求斯首都，位于主岛西北岸，是全国的政治、经济、文化和交通的中心。路易港三面环山，风景秀丽，是一个天然良港，为全国最大的城市，如今也是南印度洋的海底电缆站。港口位置优越，是全国进出口货物的唯一门户，蔗糖和茶叶的出口港。年吞吐量 250 万吨。主要工业有船舶修造、机修、炼油、卷烟、食品、日用化工、电子元件、纺织等企业。在庞普勒穆斯岛上，有建于 1769 年的植物园。这里有若干种热带植物，奇花异草，那一池池睡莲，叶大如盘。一排排棕榈树挺拔整齐。这里是培养热带植物的苗圃。

(14) 塞古尔。塞舌尔位于印度洋西部的群岛上，距非洲大陆约 1 500 公里，西南距马达加斯加 900 余公里，南与毛里求斯隔海相望，距印度 2 800 多公里，由大小岛屿 115 个组成。

1) 民俗。塞舌尔至今仍保留着古老的习俗，常有人带一只耳环，据说可以辟邪。有婚礼游行之俗，重视女了婚前的贞操。喜欢舞蹈，民间村舍常在夜间燃起篝火跳起当地特有的舞蹈。

2）主要旅游胜地。维多利亚是塞舌尔的首都，唯一的一座城市。它位于马埃岛东北角，是全国的商业和文化中心。城市依山傍水，幽静秀美。阿尔答布拉岛因珍奇动植物繁多和生态环境保持完好，被联合国教科文组织命名为“世界遗产”。

（15）津巴布韦。津巴布韦位于非洲大陆东南部，地处内陆，东邻莫桑比克，南接南非，西与博茨瓦纳、赞比亚毗连。

1）民俗。班图族人的传统社会实行一夫多妻制，并以牛作为彩礼，各妻室独居。恩德贝莱人有不吃鱼的习俗，妇女不能接触牛。聪加人和通加人盛行服役婚姻，新郎常常要在岳父家做几年劳役，方能结婚。

2）主要旅游胜地。莫西奥图尼亚大瀑布位于赞比亚河的中游（原名维多利亚瀑布）跨津、赞国界，瀑下有200多米长的铁路桥，中央为赞、津国界。它与北美洲的尼亚加拉瀑布，南美洲的伊瓜苏瀑布，并列为世界三大瀑布。大津巴布韦遗址位于东南部，占地面积725公顷，是撒哈拉以南非洲规模最大、工艺水平最高、保存最完整的石头城建筑群，被称为“大津巴布韦遗址”，是6—8世纪的遗物。2001年10月4日，津巴布韦戈贡雷周国家公园同南非克鲁格国家公园、莫桑比克库塔达国家公园长达数百里的边境栅栏被拆除，使三个大公园连为一体，成为世界上最大的野生动物园——大林波波河跨国公园，总面积达38 600平方公里。

2. 赴非洲旅游必办手续

（1）南非、埃及、肯尼亚

1）剩余半年以上有效期的护照。

2）2寸白底彩照4张。

3）未成年人需亲子关系公证书，一方家长随行需要委托书。

4）退休人员需要退休证。

5）个人资料表。

（2）摩洛哥

1）剩余半年以上有效期的护照。

2）2寸白底彩照4张。

3）未成年人需亲子关系公证书，一方家长随行需要委托书。

4）退休人员需要退休证。

5）5万元以上存款证明。

6）在职证明及公司营业执照副本复印件盖红章。

7）个人资料表。

3. 赴非洲旅游应准备的工作

（1）报名参团手续

1）护照，剩余有效期 6 个月以上。提前 20 天与旅行社联系。

2）选定旅游线路，缴纳订金 1 000 元/人。

3）报名时根据旅行社的要求提供办理签证所需要的材料。

（2）报到规则

1）出发前，旅行社将以传真或者邮件的形式发送出团通知。

2）按出团通知上的说明，在指定地点集合，由送关人协助办理登机事宜。

（3）旅行用品自检表

1）机票、护照及签证、国内身份证、信用卡及少量现金、相机等贵重物品。

2）旅游行程单、手机、电源转换插头、太阳镜、雨伞、电子词典、地图、衣鞋、洗漱用品等。

3）止痛片、晕车灵、感冒药、退烧药、消炎膏等。

4）笔记本、公事包、名片等。

（4）赴非洲旅游的注意事项

1）打招呼的方式。非洲通行的打招呼方式——举起右手，手掌向着对方，目的是表示“我的手并没有握石头”。显然，它是在表明“没有武器”。这个习俗，自古在世界各地普遍地被采用，只不过样式稍微不同而已。它可以说是友好的象征。

2）Negro 和 Black 是禁句。美国黑人对 Black 一词并没有抗拒心理。可是，一听到有人呼他 Negro（黑人之意，尤其指原籍非洲，被贩卖到美国做奴隶的黑人及其子孙），就勃然大怒。非洲人对 Negro、Black 二词不但有抗拒心理，而且不承认它的含意。强调肤色不同，在非洲是最大的禁忌。称呼非洲人，最好照他们的国籍来称呼。非洲人一般说来国家意识相当强烈，直呼其国名，他们听来就很受用。

3）African 的称呼有特定对象。称非洲黑人为 African 可犯了严重的错误。在非洲，所谓的 African 并非泛指所有非洲人，而是指特定的一群人，那就是南非共和国荷裔白人。因此，那些非洲土著，碰到别人称他们为 African，他们就露骨地表示厌恶。

4）莫拍落后镜头。任何国家都有肮脏透顶、穷人群集的地区，世界首富的美国亦不例外。游客若在那些脏乱地区兴致淋漓地拍照，当地人就会提出抗议，甚至拒绝做向导。发展中国家的人民，最不喜欢自尊心受损，这是身为观光客务必认清的事实。一见落后的景象就想拍照留念，这无异于在找人家的茬儿，如此欠深思熟虑的行为，应杜绝。

5）莫瞪眼看对方。古时候的埃塞俄比亚，侍者是背对主人（或客人）来服务的，埃塞俄比亚有个迷信，那就是认为有人瞪看时，被瞪看的人不是灾祸必至，就是死神要找上他。在这个国家，跟当地人交谈或碰面的时候，不能目不转睛地瞪着看对方，这么做，对方一定大感不悦。

6）用力握手是善意的表示。在非洲，握手时如果握得有气无力，被称为是“礼貌不周”。握手而有气无力，表示虚与委蛇，毫无诚心，当地人会生气的。尤其在阿尔及利亚，握手是越用力越受尊敬。他们认为，用力的程度跟对方好意的程度是成正比的，最好握得他们手都感到麻木叫痛。

7）女性独行只限于逛店购物。在阿尔及利亚，女性独行被列为禁例，唯有逛店购物的时候，才可以私自行动。他们认为，一个女人独自乱走，是一种丧失“品格”的行为。身为淑女，绝不能干这种事。当然，她们想独自进入餐厅、戏院也不可以。

8）从事狩猎旅行时要严守规定。对想要进行狩猎旅行的人来说，东非可说是最理想的地方。但狩猎旅行的禁忌颇多：

①不能唧唧喳喳说话。因为，动物的听觉敏锐异常。

②不能任意走出车外。你以为安全无虑，其实，旁边就有猛兽在虎视眈眈，你却看不出来。

③不能任意点火，有人曾经点了烟之后，把火柴随意一丢，引起一场森林大火。

9）留下一点点。在尼日利亚的西部地方，有个特别的吃饭方式，不能吃得一物不剩，客人至少要留一片东西在碟子上。更怪的是，他们把那一片东西留到第二天，才将它丢入垃圾箱。他们相信，圣灵会来吃那一片东西。在这个国家，旅客千万不能为了菜肴美味可口，就把碟子上的肉或汤吃得一干二净。

10）斗篷、白衣可以避险。在阿尔及利亚和几内亚，常常可以看到穿白衣和斗篷的女性。这些白衣、斗篷，是贞节、纯洁的象征。这一身打扮，具有传统宗教上的意义。男士们一看到这种打扮的异性，无不敬重有加，也就是说，视她们为值得尊敬的女性。女性观光客如果以这种打扮到处走动，保证畅行无阻，又不会遭到任何危险。

11）镜头如枪口。非洲人普遍认为相机对准某物，拍下镜头，某物的“精气”就给吸收殆尽，此事自然非同小可。人、房屋、家畜一律不准拍摄。观光客如想拍摄，最好提前向对方先打个招呼，获得同意之后再行动，以免被投石、被吊或挨一顿揍。

4. 非洲旅游常规线路

（1）埃及（8天6夜）。游览城市：开罗、亚历山大、卢克索、红海、孟菲斯。

（2）埃及邮轮（10天8夜）。游览城市：开罗、亚历山大、阿斯旺、库姆温布、埃德夫、卢克索、红海、孟菲斯。

（3）肯尼亚（8天6夜）。游览城市：迪拜、内罗毕、东非大裂谷、阿布岱尔国家公园、汤姆逊瀑布、赤道线、纳库鲁湖、浪哥乐死火山、纳勒得、马赛马拉野生动物保护区、纳瓦沙湖。

（4）南非（8天6夜）。游览城市：约翰内斯堡、比勒陀利亚、太阳城、开普敦。

（5）南非埃及（10天8夜）。游览城市：开罗、亚历山大、约翰内斯堡、比勒陀利亚、太阳城、开普敦。

单元 4

5. 非洲旅游参考行程介绍

(1) 埃及常规八日游举例

日期	参考线路安排	用餐	住宿
D1	北京 21：00　北京国际机场3号航站楼4层6号门内（中国海关处）集合	×	×
D2	北京—开罗 00：30　搭乘MS956埃及航空公司班机前往埃及首都——开罗 06：40　抵达开罗 乘车前往开罗市区观光：参观揭示古埃及7 000年文明与历史的国家考古博物馆，其中收藏有闻名世界的图坦卡门王的陪葬品及古埃及历代法老王的陪葬品、木乃伊（约2个小时） 午餐后，乘车前往游览举世闻名的吉萨大金字塔及神秘的斯芬克斯狮身人面像，漫步于黄沙万里的撒哈拉大沙漠（约2个小时） 后前往参观埃及独有纸莎草画的制作过程 Golden Eagle Papyrus（约1个小时），及埃及香精店 Golden Eagle Perfume（约1个小时） 晚餐后入住酒店休息	× 中 晚	五星酒店
D3	开罗—亚历山大—开罗—卢克索 酒店早餐后，驱车（约3.5个小时）前往埃及第一大海港——亚历山大港，途经撒哈拉沙漠，可欣赏到奇特的沙丘地带风光，参观古代法老王的孟塔扎宫花园——外观夏宫（约45分钟） 风味海鲜午餐后，乘车前往庞贝石柱（约30分钟）、外观亚历山大灯塔遗址、漫步于美丽的地中海海滨、外观知名的亚历山大图书馆（约10～15分钟）；乘车返回开罗 傍晚乘夜卧火车（2人/包厢）前往埃及南部旅游城市——卢克索（晚餐于火车上，火车大约行驶10个小时抵达目的地）	早 中 晚	火车上
D4	卢克索—红海 清晨抵达卢克索（火车上用早餐），游览卢克索神庙（45～60分钟）和卡纳克神庙（45～60分钟），并前往尼罗河西岸游览梅农巨像（15～20分钟），并在帝王谷参观古代法老王的墓穴及其精美的壁画 午餐后乘车（约3.5个小时）前往红海，抵达后入住酒店休息并用晚餐	早 中 晚	五星酒店
D5	红海 全天在红海尽享“3S”——sun，sand，sea 海上风光，徜徉在碧海蓝天之中 注：可安排红海玻璃船、红海冲沙、深海垂钓	早 中 晚	五星酒店
D6	红海—开罗 酒店早餐后继续游览红海 之后乘车返回开罗（午餐为盒饭），红海至开罗约6小时30分钟的车程 晚餐后入住酒店休息 注：晚上（20：00—22：00）可安排夜游尼罗河，具体见行程后所列	早 中 晚	五星酒店

单元 4

续表

日期	参考线路安排	用餐	住宿
D7	开罗—孟菲斯—开罗—北京 酒店早餐后，驱车（约 30 分钟）前往古埃及古王国的首都——孟菲斯，参观露天博物馆（约 45 分钟）、蜡石狮身人面像、拉姆西斯二世雕像及埃及最古老的金字塔——圣卡拉阶梯金字塔（约 45 分钟） 之后返回开罗，参观老城区，后前往中东第一大集市——汗·哈利利大市集观光自由购物（一般约为 2 个小时，但购物时游客较分散，所以实际购物时间根据具体情况而定） 晚餐后送至机场 23：40　MS955 搭乘豪华班机返回北京，翌日抵达（飞行约 9.5 个小时）	早 中 晚	飞机上
D8	北京 14：20　抵达北京，结束愉快的旅行	×	—

（2）肯尼亚常规八日游举例

日期	参考线路安排	用餐	住宿
D1	北京—迪拜 23：30　EK307 搭乘阿联酋航空公司前往迪拜	×	×
D2	迪拜—内罗毕 04：50　抵达迪拜 10：45　EK719 继续搭乘航班飞往肯尼亚首都内罗毕 14：55　抵达内罗毕，市内观光：外观肯尼亚会展中心、外观大教堂、外观国会议会等（游览约 1 个小时），晚餐后入住酒店休息 （注：晚上可安排享用非洲特色 BBQ 烤肉晚餐，具体见行程后所列）	× × 晚	酒店
D3	内罗毕—东非大裂谷—阿布岱尔国家公园 酒店早餐后，乘旅游面包车前往传说是“上帝之家园”之一的阿布岱尔国家公园（行车约 3 个小时），途中可纵览世界上最大的断裂带——东非大峡谷，在那耶里镇的奥特斯班（Ouspna Hotel）旅馆参观、休息和享用自助午餐 下午游览阿布岱尔国家公园（游览约 2 个小时）	早 中 晚	酒店
D4	阿布岱尔国家公园—汤姆逊瀑布—赤道线—纳库鲁湖 酒店早餐后乘车前往纳库鲁国家公园（约 5 个小时），又名红鹤湖；途中远眺非洲仅次于乞力马扎罗山的非洲第二高峰——肯尼亚山，途径 236 尺高的汤姆逊瀑布及著名的赤道线，可感受到双脚踩在南、北半球的乐趣；为了纪念通过赤道线，当地人还发行一个证书，以证明你通过了赤道线（一个证书约 300 先令合 5 美金，客人可自愿购买） 下午抵达纳库鲁湖，这里常常可看见粉红色的红鹤，据说红鹤数目达 300 万只以上；如有幸遇良机，可欣赏数万只火烈鸟在碧水蓝天间飞翔的奇妙景象还可观赏到犀牛、羚羊、野牛等多种动物（游览约 2 个小时）	早 中 晚	酒店

单元 4

续表

日期	参考线路安排	用餐	住宿
D5	纳库鲁—浪哥乐死火山—纳乐镇—马赛马拉野生动物保护区 酒店早餐后乘车沿着东非大裂谷，途经浪哥乐死火山进入马赛马拉平原之前最后一个市镇——纳乐镇（Narok）（约 3 个小时），在此可买到当地土著纪念品，如珠链，皮带、木雕刻品及一些马莎族妇女编织的手工艺品 之后前往东非最著名的肯尼亚全国最大的动物保护区——马赛马拉野生动物保护区（行车约 3 个小时），乘专车深入接壤坦桑尼亚边界的马塞马拉平原追踪野生动物，此保护区总面积达 1 672 平方公里，区内角马和斑马的数目是以十万计，每年夏天的动物大迁徙季节，约有过百万头野生动物由坦桑尼亚塞连格迪平原 Serengeti Plain 迁移到此，这是非洲草原上难得一见的奇观（游览约 2 个小时）	早 中 晚	酒店
D6	马赛马拉野生动物保护区—纳瓦莎湖区 乘车前往肯尼亚第二大活水湖——纳瓦莎湖区（行车约 5 个小时），这里是多达 300 种鸟类的栖息之所，湖区亦成为肯尼亚之“玫瑰农庄”，种植之玫瑰品种多不胜数。（游览约 2 个小时） 注：可安排乘 6 人小舟畅游纳瓦莎湖，具体见行程后所列	早 中 晚	酒店
D7	纳瓦莎湖区—内罗毕—迪拜 酒店早餐后返回内罗毕（行车约 1 小时 30 分钟），中午于内罗毕餐厅就餐，之后送客人去机场 16：40　EK720 搭乘豪华班机飞往迪拜 22：40　抵达迪拜	早 中 ×	飞机上
D8	迪拜—北京 03：00　EK306 乘机返回北京 14：45　抵达，结束愉快的行程	×	—

(3) 南非常规八日游举例

日期	参考线路安排	用餐	住宿
D1	北京—香港—约翰内斯堡 16：20　KA909 搭乘航班飞往香港 20：00　抵达香港 23：45　CX749 继续搭乘国泰航空公司的班机前往约翰内斯堡	×	飞机上

单元 4

续表

日期	参考线路安排	用餐	住宿
D2	约翰内斯堡—比勒陀利亚—约翰内斯堡 06：55　抵达约堡，导游举牌“UNIWAY”接机 抵达后，乘车前往黄金矿城，有古老的黄金矿场的各种设备，搭乘吊车深入地底220公尺的矿坑，参观并亲身体会黄金开采的情景，同时可以观赏黑人的原始舞蹈表演（约2个小时） 乘车前往行政首都——比勒陀利亚（约1个小时） 抵达比陀后市内观光：此城建筑融合了西方国家不同的建筑形式，外观古希腊建筑的总统府（约15分钟）见证了南非政权的黑白政变；乘车游览教堂广场（约10分钟）中的保罗克鲁格总统铜像（19世纪南非最后一位总统），纪念白人对南非统治历程；先民纪念馆（约45分钟）了解南非的殖民史，全市更种满6万多棵紫荆花树衬托着这个历史名城 前往Monte Casino娱乐城（约1小时30分钟）游玩	× 午 晚	酒店
D3	约翰内斯堡—太阳城 酒店早餐后乘车前往太阳城（正常行车约2小时30分钟） 前往Culture Village民族文化村欣赏非洲传统舞蹈，品非洲特色风味餐食（约60～90分钟） 在太阳城内：感受地震桥（逢整点桥有震动，有如亲临地震现场）、聆听失落城的古老传说，还可享用度假村内娱乐设施（游览约2个小时） 迷城皇宫酒店享用高级下午茶（约15：00—16：30） 晚餐后可在享誉世界的世界第二拉斯维加斯——太阳城赌场小试手气（自由支配时间）	早 午 晚	太阳城
D4	太阳城—约翰内斯堡—开普敦 早上晨光初现，乘敞篷吉普车前往南非三大野生动物园之一的比林斯堡国家动物保护区。追踪狮子、大象、长颈鹿、犀牛、狒狒及数不清的非洲羚羊等飞禽走兽（游览时约2个小时） 乘车返回约堡参观Semper Diamonds或African Romance钻石加工厂（约3个小时），了解钻石开采及加工过程 之后送往机场 抵达开普敦后，导游举牌“UNIWAY”接机，之后送客人回酒店休息	早 午 ×	海景酒店
D5	开普敦 早餐后，乘车前往参观康斯坦尼亚葡萄酒园（约45分钟左右） 前往开普敦乃至南非的标志性景点——桌山，搭乘360度的旋转缆车登上山顶（约90分钟左右） 前往著名的小工艺品店GIFT HOUSE挑选精美的非洲手工艺品（约2个小时）；如时间充裕可安排前往Jewle Africa钻石加工厂 前往桌山脚下著名的水上娱乐中心——Waterfront维多利亚湾游览（约1个小时）并用晚餐	早 午 晚	海景酒店

续表

日期	参考线路安排	用餐	住宿
D6	开普敦 酒店早餐后，乘船出海游海豹岛（视天气情况而定，约45分钟左右），看成千上万只海豹戏水、嬉戏 从海豹岛回来后，乘车游览豪特湾，在十二门徒山前留影 原汁龙虾午餐 前往企鹅滩（约40分钟），观赏憨态可掬的南非企鹅 前往南非之象征——好望角（游览时间约90分钟），乘坐单程缆车登上（徒步下山）角点之灯塔，观赏一望无际的大西洋及印度洋 鲍鱼片晚餐	早 午 晚	海景酒店
D7	开普敦—约翰内斯堡—香港 酒店打包早餐后送至机场，飞往约堡转机 12：45　CX748搭乘国际航班返回香港，翌日清晨抵达	早 × ×	飞机上
D8	香港—北京 07：50　抵达香港，不出机场，停留4小时后 11：55　KA908继续搭乘航班回北京 15：20　抵达北京，结束愉快的旅行	×	—

六、美洲

1. 美洲主要旅游目的地国概况

（1）美国。美国本土位于美洲南部，东濒大西洋，西临太平洋，北靠加拿大，南接墨西哥及墨西哥湾。国土总面积9 631 418平方公里，仅次于俄罗斯、加拿大和中国，居世界第四位。

1）民俗。美国主要的民俗节日是感恩节，每年11月的最后一个星期四是感恩节，美国最古老的节日之一。它来源于早期的移民为感谢上帝赐予的丰收和印第安人的友谊举行的家庭宴会。以后这种习俗，便一年又一年地流传下来，直到美国独立之后，感恩节才成为全国性的节日。在节日里，家人团聚，吃着传统风味的火鸡，畅谈往事，街上到处举行化装游行、戏剧表演和体育比赛。美国人的饮食五花八门，一般不在精美细致上下工夫，讲究的是效率和方便。在美国，如果想与朋友见面，要先打个电话，或者在告知自己的愿望后，等待对方邀请。不必每次见面时都握手。在餐桌旁不要把碟子里面的东西都吃光，每个菜都要留一点。

2）主要旅游胜地。华盛顿是美国首都。全称是华盛顿哥伦比亚特区或联邦行政区。它是一座拥有众多纪念性建筑物和文化设施以及美丽整洁的园林化的国际旅游城市。首都名称是为了纪念美国第一任总统乔治·华盛顿和1492年发现美洲新大陆的意大利航海家哥伦布而命名。华盛顿哥伦比亚特区内共有大小公园781座，3.9万余块草坪和小花园，市内建筑物不超过8层，这里铜雕塑像和纪念碑颇多，博物馆多而精，饮誉世界。国防部大楼是一组五角形楼群，故又称“五角大楼”。白宫建成于1800年，是乔治亚风格的建筑物，1814年被英军攻占，付之一炬，后几经修复扩建，是美国历届总统（除乔治·华盛顿以外）任职期间的官邸和办公地。白宫共有6层，占地73 000平方米，外墙系砂岩石结构，呈白色，故名白宫，内有132间具有历史意义的房间基本保持原貌。对游客开放的有国家餐厅、东厅、红厅、绿厅和蓝厅5个房间。南草坪上的“总统花园”是欢迎国宾的地方。椭圆形总统办公室有好几处，大办公桌上有一条“这里要负最后责任”的座右铭。白宫草坪上的华盛顿纪念碑于1848年动工，中途曾停工，建成于1885年，是用白色花岗岩大理石砌成的方尖塔形结构，内有898级台阶和一部电梯。国家规定华盛顿市内的任何建筑物不得高于这座纪念碑。林肯纪念堂在市区的西端有建于1865年（1922年对外开放）的林肯纪念堂，这是一座呈长方形、仿古希腊巴特农庙宇式建筑，36根巨大白云石圆柱象征着美国36个州，里面的林肯总统座像长5.8米，宽5.8米，内墙上刻有林肯第二次就职时和在匹兹堡的演说词。纽约，美国最大的城市、世界著名城市，世界重要国际贸易港口和金融中心，也是吸引游客最多的国际旅游城市。自由女神像是纽约的主要旅游点。美国象征自由的巨型女神铜像，位于纽约港口的自由岛上，与市区的曼哈顿岛隔水相望。迪斯尼乐园是举世闻名的世界第一座综合性大型游乐园。是美国著名动画片制作家沃尔特·迪斯尼于1954年在美国加利福尼亚州洛杉矶郊区阿纳海姆，利用64.7公顷的一片柑橘林兴建的，1955年7月建成开放。迪斯尼世界是美国第二座迪斯尼式游乐园，是美国也是世界最大的综合性游乐园，位于美国佛罗里达州中部奥兰多市西南部。原为一片林地，气候宜人。沃尔特·迪斯尼于1964年购下面积11 000多公顷的这片林地，建造了占地1 000公顷的游乐设施，于1971年10月建成开放。黄石国家公园是美国设立最早的世界上规模最大的国家公园。是著名的游览胜地，也是世界上最大的自然保护区之一。大峡谷国家公园是美国著名国家公园和旅游胜地。1919年美国国会通过法案将大峡谷地带辟为国家公园。公园总面积272平方公里，位于美国西部亚利桑那州西北大峡谷城附近。因科罗拉多河流经谷底，故大峡谷又称科罗拉多大峡谷。国家独立历史公园是美国著名的历史纪念地和旅游点。位于美国费城特拉华河西岸。费城在美国立国历史上占有首屈一指的地位。夏威夷群岛是美国第50州，世界和美国著名的游览胜地，有“太平洋的明珠”的美称。

（2）加拿大。加拿大位于北美洲北部。东临大西洋，西濒太平洋，西北部邻美国阿拉斯加州，南界美国本土，北靠北冰洋达北极圈。

1）民俗。加拿大人比较随和友善，易于接近，男女相见时，一般由女子先伸手，女子如果不愿意握手，也可以微微欠身鞠一躬。如果男子戴着手套，应先摘下手套再握手，女子握手时则不用脱手套。许多加拿大人喜欢直呼其名，以此表示友善和亲切。加拿大魁北克居民最盛大的节日是冬季狂欢节，内容丰富多彩，具有丰富的法兰西色彩。节日来临之前，要用雪筑成一座五层楼高的“雪之城堡”。节日期间，要推选一位“狂欢节之王”，作为魁北克的临时“统治者”，他身穿白衣头戴白帽，犹如雪人一般。人们在破冰以后的圣劳伦斯河上举行传统的“冰河竞舟”，以及其他的冰雪活动。淘金节，加拿大的阿尔伯达省人每年从8月底起，举行连续10天的淘金庆祝活动，以此纪念其祖先们的奋斗精神。届时，人们身着淘金时代的服装上街游行，在埃德蒙顿广场举行各种文艺演出，夜间燃放焰火，热闹非凡。

2）主要旅游胜地。渥太华是加拿大首都。位于安大略省东南部，多伦多的东北方，跨渥太华河两岸，是水陆空交通枢纽。有著名的国家艺术中心，该中心拥有1座歌剧院和3座剧院。1826—1832年在英国威灵顿公爵倡议下为军事目的修建的里多运河，贯穿市中心，现已成为市区的游乐中心。冬季，里多运河成为世界最大的天然滑冰场（长7.8公里，宽12～67米），每年滑冰季节达70多天。国会大厦在国会山麓，建于1859—1865年间，中央区大厅内陈列着加拿大各省的标志，门前每天举行传统的卫兵换岗仪式。附近有一座高90米的和平塔，塔内钟楼顶上有信号灯，点亮时全市都能看到。钟楼内有一座用53种乐器制成的钟，从早到晚发出悦耳的音乐声。多伦多电视塔是加拿大著名的旅游观光点，世界最高的独立结构的电视塔，又称加拿大国家电视塔。位于多伦多市中心区，安大略湖畔。尼亚加拉大瀑布是世界著名瀑布，世界著名游览胜地。在北美伊利湖和安大略湖之间，尼亚加拉河中段，美国和加拿大边境处。

(3) 墨西哥。位于北美大陆南部，北邻美国，东南与危地马拉和伯利兹毗邻，东濒墨西哥湾和加勒比海，西南濒临太平洋。

1）民俗。客店节，据说在12月16日—25日之间的某一天，“圣灵怀孕”的玛利亚随父到祖籍登记户口，因城中客满，结果在客店的马棚里生下了耶稣。客店节是圣诞节的一部分。圣诞节的前夜，各家都摆上经过装饰的圣诞树，和模拟耶稣降生场面的“圣诞马槽”。在这一夜，和家欢聚，共进晚餐。墨西哥的大部分地区在新年来临之前，人们要禁笑5天，5天过后要开怀大笑，欢天喜地过新年。玉米崇拜，早在1万年前就有了玉米，不仅有白玉米、黄玉米、还有深蓝色玉米、墨绿色玉米、紫红色玉米和杂色玉米。在玛雅人的神话中，人的身体是用玉米做的。玛雅人的圆形太阳历，就是以太阳的位置和玉米的种植将一年划分为9个节气的，在古印第安人的神谱中，有好几位是玉米之神，现在人们仍将土著人称为“玉米人”。

2）主要旅游胜地。墨西哥城是墨西哥首都，北美洲最古老的城市之一（始建于1325年），有“壁画之都”的美称。位于墨西哥中南部高原盆地南缘，形状如睡美人，四周为翠山环绕，风景秀丽，四季如春，是理想的旅游胜地。太阳金字塔坐东朝西，呈四边形棱锥体，塔高 66 米，底座长 225 米，宽 222 米，体积达 100 万立方米，共分 5 层，正面 236 级台阶直通塔顶，外表光滑，在红色火山石上画有壁画，塔顶原建有一座供奉太阳神的神庙。街北端相对的是月亮金字塔，规模较小，建成于公元 650 年，坐北朝南，基址长 150 米，宽 120 米，塔高 46 米，也分 5 层，塔前广场可容上万人。墨西哥城内还有著名的"丁洋集市"，即由数百家无固定铺面的小商贩所组成的超级集市。这种集市有的设置于政府指定的街区，逢星期天和节日开放，由商贩租用简易商棚开市，以出售蔬菜水果为主；有的常设有传统商业街区的简易自由市场，货品丰富，应有尽有。"丁洋市场"吸引了众多的国际游客。

(4) 古巴。位于加勒比海西北部，东与海地隔海相望，南邻牙买加，北离美国佛罗里达半岛顶端 217 公里，由古巴岛和邻近的青年岛等 1 600 多个岛屿组成，是西印度群岛中最大的岛国。

1) 民俗。在辞旧迎新之际，古巴人家家户户要让水从窗户流到大街上，古巴人认为，水流是旧的一年走过的路。拉丁舞，古巴人最喜欢的民族舞蹈是"恰恰舞"，古巴既是曼波、伦巴、恰恰等拉丁舞的发祥地，又以高水平的现代舞而闻名于世。古巴人的"热带舞"令人陶醉。

单元 4

2) 主要旅游胜地。古巴著名的贝拉雅马尔大岩洞，圣卡利纳大岩洞，岩洞深约 5 公里左右，内有隧道回廊，暗沟明溪，钟乳石笋，奇山怪石，姿态万千，蔚为壮观。地理位置在古巴的马坦萨斯省。拉富埃尔萨城堡位于古巴首都哈瓦那市区，建于 1538 年，是古巴最古老的城堡，也是美洲地区的第二大城堡。城堡四周围以高达 20 多米的高墙，城堡上筑有塔楼，塔的顶部有印第安少女"哈瓦那"的铜像。海水、沙滩、阳光、椰林是古巴宝贵的旅游资源，在长达 5 764 公里的海岸线上，散落着 289 个沙滩，300 多个风景点，其中的巴拉德罗海滩，长 20 余公里，细沙洁白，纯净晶莹，是世界闻名的海滩。

(5) 巴西。位于南美洲东部，东临大西洋，西南与乌拉圭、阿根廷、巴拉圭交界，西与玻利维亚、秘鲁、哥伦比亚相连，北与委内瑞拉、圭亚那、苏里南、法属圭亚那为邻。

1) 民俗。狂欢节原是北半球和天主教的节日，是由葡萄牙人传入巴西的，它吸收了黑人的音乐和舞蹈，进而演变成闻名世界的巴西传统的节日。于每年的 2—3 月举行，节日期间要举行为期 3 天的群众性庆祝活动，届时，人们倾城而出，男女老少浓妆艳抹，狂热地跳桑巴舞，举行化装游行比赛，狂欢节上的"国王"与"王后"端坐在新车上，一路领先。巴西的狂欢节是"地球上最伟大的表演"，巴西是世界上公认的狂欢节之乡。大城市尤为热闹，各地的狂欢节各具特色，全国沉浸在欢乐的气氛之中。巴西的印第安人在接待客人时，用一种特别的礼仪——淋浴礼。他们认为对客人最好的礼节，是一次次地邀请客人到河里洗澡，洗的次数越多，表示对客人越客气。足球王国的足球运动已经不仅仅是体育运动，它已经成为“巴西人的一种生活方式和一种生活态度”。

2）主要旅游胜地。里约热内卢是巴西第二大城市，世界著名旅游城市。位于巴西东南部，临大西洋西岸及瓜纳巴拉（里约热内卢）海湾西岸。1931 年 10 月，在科尔科瓦杜山顶上建成一座世界闻名的白色巨型像耶稣雕像，像高 38 米，头部长 3.75 米，手高 3.2 米，衣袖宽 5 米，两手向两旁平伸，两臂间距约 30 米，雕像由钢筋水泥建成，总重达 1 200 余吨。据说，世上仅有美国纽约的自由女神像可与之媲美。国立博物馆设于博阿维斯塔公园内的前皇宫内，收藏品多达 100 余万件，其中有拉丁美洲古老民族印第安人使用的武器、服饰、日用器皿，以及矿石、动物标本和文献资料，其中最名贵的收藏物是 1816 年在巴伊亚州发现的一块世界最大陨石，重达 5 360 公斤。植物园，建于 1808 年，园内有“旅行树”，只要插进一根管子，便可饮到清凉的水，园内种植的亚马孙王莲，直径达半米，为世界之最。

（6）智利。智利是世界上最狭长的国家，位于南美洲的西海岸，安第斯山脉西麓，东邻阿根廷，北连秘鲁，东北与玻利维亚接壤，南与南极洲隔海相望，西濒太平洋，海岸线长约 1 万公里。

1）民俗。奉山为神，智利的印第安人把安第斯山奉为山神，在山峰上定期举行各种祭祀仪式，考古工作者曾在斜皮亚波山 6 000 米高的山坡上，发掘出一个 1.8 米深，长约 8 米、宽约 4 米的祭台。时至今日，许多的印第安人仍然把安第斯山称为“父亲”，认为大山是有生命的，并把山神与基督教共存。智利北部的印第安人至今流行着一种奇特的婚姻习俗，就是通过“捉迷藏式”的办法选择自己的佳偶，每年秋末冬初的一个皓月当空的夜晚，人们载歌载舞尽情欢乐到深夜，部族中的权威者出来宣布选偶开始，大家围成一个大圈子，选偶的男女青年们进入中间的场地，女青年的眼睛被蒙上，接着乐声四起，一阵歌舞狂欢之后，开始捉迷藏，如果一个女子捉到一个男青年，那么这个男青年便是她的配偶了。

2）主要旅游胜地。复活节岛距离智利海岸约 3 900 公里，面积 117 平方公里，人口 2 300 多人，位于太平洋东南角，1722 年荷兰航海家登上岛的那天恰逢复活节，因此，该岛称为复活节岛。最具神秘色彩的是岛上的历史古迹，人称“露天博物馆”，全岛有 1 000多尊巨大的半身人面像，其中有 600 多尊整齐地排列在海边的石座上。石像大小不一，高约 6～23 米，重约 30～90 多吨，据考察测定，雕凿的年代在公元前 1680—公元前 1100 年间，是何人所凿，至今仍然是迷，令人感到既十分神秘又十分神奇。岛上还有 40 多个神秘洞穴，上万件古文物。极地旅游区位于智利的南端，一派南极风光，这里的彭塔市是由南美洲通向南极大陆唯一的前哨站，是世界各地的游客前往南极的重要中转站。横渡麦哲伦海峡，可观赏火地岛上特殊的火地人文化，岛上的自然风光。南部就是以陡峭岬角和波涛汹涌而著称的合恩角国家公园。湖水旅游区的范围是从特木科南到蒙特港之间，这里散落着大大小小的湖泊，其中最美的湖泊是延基韦湖，托多斯洛斯桑托斯湖，其背景是高低起伏的火山峰，这里的奥索尔诺山有“智利富士山”之称。这里不仅湖光山色优美，而且还是印第安文化和人类学的观光胜地。这里遗存有很多印第安人的村落与集市。

(7) 秘鲁。位于南美洲西北部，北接厄瓜多尔、哥伦比亚，东界巴西，东南邻玻利维亚，南界智利，西濒太平洋。

1) 民俗。崇拜太阳神，秘鲁人崇拜太阳神，人与人见面时多以拥抱为礼。印第安人终年不离大披肩。秘鲁的沿海城市特鲁希略城每年 9 月的最后一周要庆祝特鲁希略春节，普诺人每年的 11 月 4 日—11 日为“民俗节”，是为了纪念印加古国创始人曼克·卡帕克兴建普诺城；每年的 6 月 24 日（南半球的冬至日），印第安人庆祝太阳节；每年的 10 月，以印第安人聚居的山区城镇为中心，举行纪念库斯科爱国青年印加里爱国活动的印加里节。

2) 主要旅游胜地。利马是秘鲁的首都，是全国最大的政治、经济、文化和交通中心。人口约 749 万，位于秘鲁的中部地区，靠近沿海地带，东依安第斯山，西濒太平洋，是建筑在沙漠之中的城市，因终年无雨，人称“无雨之城”。是仅次于埃及开罗的第二大沙漠城市。利马有老城和新城之分，老城居于城北，新城居于城南。老城紧靠里马克河，建有总统府、利马大教堂、主教庙、泰格尔塔宫等著名建筑。新城豪华的高楼大厦鳞次栉比，圣马丁广场位于市中心，同时也是繁荣的商业中心。库斯科城是秘鲁的历史古城，著名的印加文化中心，是印加文化的发源地。原为古印加帝国所在地，现为库斯科省首府，印加帝国是印加帝国的皇帝曼科卡巴克于公元 11 世纪创建。距市中心 1.5 公里的地方，有世界闻名的萨克萨瓦曼圆形古堡，是古印第安人举行“太阳祭”的地方。这里有喀喀湖，湖畔的印第安人将其拜为“圣湖”，湖光山色宜人。纳斯卡谷巨画位于秘鲁西南沿海伊卡省东南的沟谷地带，面积约 250 平方公里。被人们称之为世界第八大奇迹，由人工“沟”构成。画面上有大蜥蜴、章鱼、鹰、蜘蛛等多种形象，以及各种几何图形，巨画至今仍为人类文明之迷。

(8) 委内瑞拉。委内瑞拉位于南美洲北部，东与圭亚那接壤，南与巴西为邻，西与哥伦比亚交界，北临加勒比海。

1) 民俗。“圣黑人祭”是委内瑞拉最具特色的宗教节日。居住西部的黑人盛行过圣贝内狄克特节。圣贝内狄克特是黑人的圣人，故称“圣黑人祭”。每年 10 月 1 日—12 月 25 日，信徒们便举着圣像周游各个村落，先是游行，12 月 26 日、27 日两日平民和富裕家庭的青年子弟们分别交替加入游行行列。最后，于 29 日举行村祭，所有阶层的人都可以参加。信徒们唱着圣歌祝贺他们的节日。

2）主要旅游胜地。加拉加斯委内瑞拉首都，拉美最发达的城市之一，是委内瑞拉的政治、经济、金融、文化中心及全国的交通枢纽。是一个具有400多年历史的文化古城，该城北距加勒比海11公里，南靠塞拉尼亚山，是一个四面环山的谷地，面积40.8平方公里，人口约320万。加拉加斯是一座繁华的现代化的大都市，拥有各种形状的高层建筑。最著名的有“中央公园”综合建筑群，具有欧洲文艺复兴时期风格的建筑米拉费洛雷斯宫，街心公园、广场、体育场及众多的名胜古迹，海滨、山区等旅游胜地。卡奈玛国家公园是委内瑞拉国家最大的自然保护区，面积300万公顷，位于圭亚那高原卡劳河与卡罗尼河汇合处的上游。这里有一望无际的热带雨林，开阔的草地，有世界上落差最大的（979米）瀑布——安赫尔瀑布。除此之外还有众多的瀑布群，被誉为“瀑布之乡”。梅里达热带雪山位于马拉开波湖南，在美里达，有五座山峰终年白雪覆盖，白色的雪冠有如山尖上的白色雄鹰，当地人称之为五只白鹰，五座山峰中的玉柱峰高达到5 000多米，是全国的最高点。为纪念玻利瓦尔，玉柱峰被命名为玻利瓦尔峰。马拉开波湖位于委内瑞内拉西北部的苏利亚州境内，面积约1.4万平方公里，既是南美洲最大的湖泊，同时也是世界上最富饶的湖泊。马拉开波湖的渔业资源相当丰富，四周还有大片牧场，这里牛羊成群，景色绝佳。

（9）巴哈马。巴哈马位于美洲西印度群岛北部、古巴和海地北侧，与美国佛罗里达州隔水相望。由700多个岛屿和2 400个岩礁、珊瑚礁组成，主要岛屿是新普罗维登斯岛、安德罗斯岛、大巴哈马岛、伊柳塞拉岛等。

1）民俗。祭祖先，土著舞蹈和音乐仍然保持着原始色彩，乐器以鼓和葫芦为主。火种舞剧具有纯粹的非洲情调。

2）主要旅游胜地。大西洋娱乐城拥有3 070间客房，并建有世界上最大的水族馆。卡特岛，岛上有阿瑟城和豪港。那里空气新鲜，有茂密的丛林和陡峭的山崖，自然精神十分壮观。在港口经常举办水上体育活动。安德罗斯岛是巴哈马的主要岛屿，有仅次于澳大利亚大堡礁的世界第二大珊瑚礁。在浅水大陆架的海洋中，生长着数百种色彩缤纷、形态各异的珊瑚，海洋生物也十分丰富。

（10）牙买加。牙买加位于加勒比海西北部，是加勒比海地区仅次于古巴和海地的第三大岛。

主要旅游胜地。牙买加北海岸有8条河流同时入海，形成奇异之景观。其中的“吼河”在奔流出山时，形成了高45.72米、宽60.96米的瀑布，十分壮观。东部的蓝山山脉多清泉、碧水。因此牙买加又被称为“蓝山、清泉、碧水之国”。牙买加的教堂建筑形状各异，古色古香，数量多得惊人，每平方公里的教堂数量比世界上任何一个国家都多。从金斯敦出发，顺着沿岸向岛屿东侧做环岛旅游，在安东尼港，可观赏到蓝色的珊瑚礁，若穿行在热带林间的欧格兰德河，可享受到搭乘木筏的乐趣。向西行，可达哥伦布首次登陆的发现湾，从金斯敦向内陆直行去奥却里斯，途中可观赏到著名的希达峡谷。

(11) 苏里南。苏里南位于南美大陆的北部，东与法属圭亚那为邻，西以科兰太因河与圭亚那为界，南接巴西，北临大西洋。

主要旅游胜地。罗马韦纳河是苏里南和法属圭亚那的界河，河岸生长着大片的原始森林，飞泻壮观的瀑布。沿岸流域的印第安人及黑人的典型村落是最吸引人的地方。到罗马韦纳河旅游，可从首都前往，途经盛产铝矾土的摩恩哥。布罗梅汀湖是一个巨大的人工湖，由此再游罗梅斯汀湖的水坝城镇阿福巴卡。此外，从水坝城镇搭乘萨马卡河的船只，可达位于中游的马马丹。

(12) 巴巴多斯。巴巴多斯位于小安的列斯群岛的最东端，西距向风群岛 160 公里。由珊瑚石灰岩组成，地势呈塔状，中部较低，四周呈阶梯下降，沿海一带地势平坦，东北部的苏格兰地区，地势较高，岛北部的希拉比山高 300 米，为国内最高峰。

1) 民俗。甘蔗节是为庆祝甘蔗丰收而举行的盛大节日，已有 300 年历史。每年从 6 月中旬开始到 7 月初的半个月时间，全都沉浸于欢乐的节日气氛里。当甘蔗收割完毕，最后一批满载甘蔗的马队胜利凯旋时，挂在大树下的一面大鼓被敲响了，这洪亮的声音象征着狂欢节正式开始。

单元 4

2) 主要旅游胜地。巴巴多斯是极具热带风光的岛国，旅游业历史悠久，旅游收入占国内生产总值的 15.14%，占外汇收入的 50.6%，年接待量为百万余人。岛上有两大奇观，一个是美丽的天然溶洞，另一个是虽然多雨、量大，但岛上却几乎看不到河流与湖泊。飞鱼击浪，旅游者不仅可以领略到海岛迷人的风光，还可以欣赏到北角的加勒比海与大西洋的界标以及东岸的蘑菇石、东角的古老灯塔。特别引人入胜的“飞鱼击浪”是该岛独有的奇观，飞鱼是该国的象征，站在海滩上远眺一条条梭鱼跃出水面。穿梭交织中的景致极为壮观。

(13) 圣卢西亚。圣卢西亚位于东加勒比海向风群岛的中部，为一火山岛。岛上多山，最高峰吉米山，海拔 950 米，境内有活火山苏弗里耶尔。

主要旅游胜地。苏弗里耶尔火山是圣卢西亚的世界之最，位于圣卢西亚的东南部，是半个世纪前火山爆发时留下的一个火山口，直径约 6.5 公里。在巨大的火山口内还有 7 个小喷火山，18 座熔岩堆积成的山丘，终日弥漫着烟雾壮观的火山口山，笼罩着一种神秘的气氛，这是世界上唯一能开车进入火山园观赏的火山。

(14) 安提瓜和巴布达。安提瓜和巴布达位于加勒比海背风群岛南端，由主岛安提瓜、巴布达、雷东达 3 个小岛组成。安提瓜岛没有森林与河流，巴布达距主岛 40 公里，地势平坦，多林木，是野生动物保护区。雷东达岛荒无人烟最高点的博吉峰海拔 402 米。

主要旅游胜地。安岛风景秀丽，这里有迷人的海滩、清爽的海风，以及棕榈树渲染的浓郁的岛国风情，有世外桃源的感觉，每年都吸引着众多的游客来这里观光旅游，安提瓜的南部有英吉利港，是著名的快艇游航中心。旅游在国民经济中占主导地位，全国有35%的人从事旅游业，大部分游客来自美国、英国和加勒比海地区的国家。

(15) 特立尼达和多巴哥。特立尼达和多巴哥位于加勒比海小安的列斯群岛中，由特立尼达和多巴哥组成。特里尼达岛地貌特征比较明显，有三条东北西南走向的山脉组成，山脉之间是平原，阿里波山海拔940米，是境内的最高峰，沿海多沼泽，地势平缓，可耕地面积位居小安的列斯群岛之首。多巴哥的中部和东北部多山，西南地势较低，大部分由珊瑚阶地构成。

1) 民俗。狂欢节在每年的3月。3月初，来自全国各地的数十万狂欢者聚集在西班牙港，他们穿着各式各样的彩色艳丽的服装，脸上和背上涂抹着油彩和色粉，有的还带戴上面具，在加勒比海地区流行音乐的伴奏下，高歌狂舞，从3月2日清晨一直狂欢到3月3日的深夜。人们擅长以钢鼓演奏一种独具特色的音乐——钢鼓乐。还擅长别具风格的民间舞蹈——卡利普索舞。

2) 主要旅游胜地。巧克拉玛斯海滨浴场位于首都以西30公里处，是该国著名的旅游区，是一个三面环山的海湾地区，这里水清沙细，景色宜人，是理想的海滨浴场。鸟类禁猎区位于距首都11公里处的卡劳尼，是一个鸟类禁猎区，面积有800公顷，生活着上万只飞禽。其中最著名的蜂鸟是特立尼达和多巴哥的国鸟。特立尼达岛的西南部有世界上最大的天然沥青湖，面积约47公顷，最深处约90米，此外，鲁宾孙洞及斯卡堡也值得游览。

(16) 多米尼加。加勒比海地区最大的岛国之一，位于东加勒比海小安的列斯群岛的东北部，属于火山岛。全岛大部分由火山岩构成的山脉覆盖，迪亚布洛廷火山海拔1 447米，是境内的峰。山脉之间为峡谷，中部有小面积的冲积平原。岛上有很多的温泉，著名的沸腾湖位于岛的西南部。

主要旅游胜地。罗索位于多米尼加的西南部，是全国最大的城市和最重要的港口。有2万居民，市中心拥有现代化的高层建筑群，市内商店林立，从市中心向外，网状的街道宽阔平坦，两边种植热带观赏树木。沸腾湖位于多米尼加南部火山区，湖内有一个圆形喷孔，喷发时山鼓轰鸣、大地震动，热水形成两三米高的水柱。

(17) 阿根廷。阿根廷东部与乌拉圭、巴西接壤，北面与玻利维亚和巴拉圭为邻，西靠智利，南部靠近南极圈。整个国土呈楔形，南北长度为3 700公里，东西最宽处达1 500公里，最狭处仅为29公里，是地理上距中国最远的地方。

1) 民俗。探戈舞，19世纪末在布宜诺斯艾利斯老城区流行的一种舞蹈，起初只是在酒吧里欢跳的民间舞蹈，以后逐渐发展成为一种“现代的综合性艺术探戈”，形成阿根廷民族特有的探戈文化，并流行到了全世界。葡萄节每年的 2 月 22 日—3 月 9 日是阿根廷的传统节日。

2）主要旅游胜地。伊瓜苏大瀑布是南美洲最大的瀑布，世界五大瀑布之一，位于阿根廷北部与巴西交接的皮萨达，瀑布呈马蹄形，宽约 4 公里，平均落差 75 米，巨流倾泻，气势磅礴，犹如大海泻入深渊，轰轰的瀑布声传至 25 公里之外，被人们称之为“魔鬼的咽喉”。14 条瀑布汇集在一起，落差高达 90 多米，飞泻直下，势如霹雳，给人以巨大的震撼。阿根廷政府在这里修建了国家公园，吸引了众多的游客。冰川与阿根廷湖绵长的安第斯山脉终年积雪，在白茫茫的积雪中，纵横着 47 条巨大的冰川，其中的 13 条流向阿根廷进境内。神秘的冰川构成了无边无际的世界，这里以冰块堆积景观而文名于世。卡特德拉尔山是阿根廷著名的滑雪中心，位于奥里格罗省西部的纳韦尔瓦皮公园，每年的 6 月到 9 月，正当欧美处于盛夏之际，这里却大雪纷飞，银装素裹，成为天然的滑雪胜地，大批欧美滑雪爱好者蜂拥而至。这里有完善的旅游设施，空中缆车可将游人直接送到山顶。

（18）厄瓜多尔。厄瓜多尔位于南美洲西海岸，西临太平洋，东南与秘鲁毗邻，东北与哥伦比亚接壤，海岸线长 930 公里。赤道横穿国土北部。全国分为西部沿海、中部山地和东部地区三部分。

主要旅游胜地。赤道纪念碑位于首都基多，赤道纪念碑是游人的必到之处，凡是到过纪念碑参观的游客，都可以得到一张何时到过南北半球分界线的证明。游客还可以背靠纪念碑，脚踏南北半球拍照留念，纪念碑通高 30 米，碑身坐落在直径 100 米的大圆盘上，这是世界最精确的赤道标志。在赤道线上，还建有一座教堂，教堂的钟声响起时，南北两半球都可以听到。热带的“寒冷岛”在距厄瓜多尔大陆 950 多公里的太平洋中，有一个叫做拉帕戈斯的群岛，它是由 17 个大岛屿和 100 多个小岛岩礁组成，面积 7 500 平方公里，由于受到秘鲁寒流的影响，岛上的气候干燥寒冷，使它成为热带中的“寒冷岛”。由于岛上气候复杂，汇集了世界上少有的奇花异草达 250 多种，珍禽异兽上百种，巨龟和蜥蜴闻名于世，还有会爬树的海狮、不会飞的鹭鸶、蓝脚鲣鱼、飞鱼及寒带的企鹅等。因此，“寒冷岛”被人们称之为“活的生物进化博物馆”。联合国教科文组织把该岛列为世界名胜之一。科隆群岛是当今世界上少有的奇花异草荟萃之地、珍奇异兽云集之地，盛产大海龟、大蜥蜴。为世界“人类文化与自然遗产”保护区之一。

（19）圭亚那。圭亚那位于南美洲北部，东与苏里南接壤，西南及南部与巴西为邻，西北与委内瑞拉交界，东北濒大西洋。

主要旅游胜地。高原与热带草原景观，圭亚那河流纵横，森林密布，瀑布比比皆是。南部是圭亚那高原，北部是大西洋沿岸，内陆是赤道森林地带和热带草原区，风景如画。在内地，有林登这个古老的城市，在这里可以欣赏到热带的多种动植物。巴提卡是金矿和钻石中心，在这里，至今还留有17世纪荷兰人建筑的要塞旧址。凯厄图尔公园建于1929年，面积117平方公里，公园内养有小猎豹、美洲虎、树懒、水獭等走兽，同时还饲养有鹦鹉、野天鹅、蜂鸟等飞禽。公园中的瀑布宽约91～106米，高度却是尼亚加拉大瀑布的5倍，落差高达226米，为美洲大陆最壮观的瀑布。

2. 赴美洲旅游必办手续

(1) 提交报名材料

1) 填写完整的报名表。

2) 护照首页的复印件。

(2) 公司受理完报名材料后，会通知游客签证面谈具体时间。游客去使领馆面谈时需携带以下资料：

1) 护照、签证及专用照片。

2) 身份证原件。

3) 全家户口本原件。

4) 结婚证原件及全家人生活照片。

5) 银行历史存折、历史存单：存折、存单请务必提供半年或以上时间前存入的，临时存储的存单不能充分证明是本人的资产。

6) 房产证、汽车行驶证、股票交割单、有价证券以及其他能明个人财产状况的资料，这部分资料务必能充分证明游客的资产状况。

7) 公司营业执照原件或事业机关代码证，公司介绍资料或公司登在报纸杂志或网上等能说明公司经营状况及规模、影响力的相关资料。

8) 工作证、工作名片、公司的任职证明书（说明职务、工作年限、收入)。

9) 能证明本人身份的职业证书或荣誉证书或照片，会计资格证、警官证、法官证、教授职称证书、人大代表证等，人大或政协会议照片、荣誉证书等（党或政府机构工作人员请特别重视此部分资料的准备)。

10) 如游客有出国的经历，请携带当时的护照及签证原件（无原件带复印件)，同时提供一些当时在境外的照片，尤其是有美国、欧洲、澳大利亚等出国经历的。

3. 赴美洲旅游的注意事项

(1) 旅行证件。为便于过境时海关查阅，应将护照、机票、身份证等各种证件随身携带，切勿放于行李箱内。

(2) 行李

1) 手提行李每人限1件，规格不得超过20厘米×40厘米×55厘米；托运行李国际段美国每人限2件，重量每件不得超过23公斤；国内段航班现无免费行李托运，第一件行李收取20美元/件，第二件行李起要付费30美元/件（此费用客人自理）每件行李不得超过 23 公斤；加拿大每人限 1 件，重量不得超过 23 公斤；行李应由本人搬运，不要用他人姓名托运行李；国外机场、饭店使用搬运员由本人支付小费，一般为 3 美金/次。

2）下飞机取到行李后，务必不要拆掉行李条，待全体团员全部取到行李后方可拆除。

3）随身的行李里不要放尖锐物品，酒及大宗液体物品。

4）由于托运行李全程不能上锁，请勿将贵重物品放于其中。

5）在美国打火机不能托运；美国行李安检要经过超强 X 光检查，请不要将胶卷，磁盘、磁卡等物品托运，以免消磁或曝光。

（3）海关和边检

1）中国出境每人可携带人民币 20 000 元，美元 5 000 元，贵重物品需向海关申报。

2）美国海关检查非常严格，严禁携带水果、肉类和违禁品、动植物；携带超额货币 1 万美元以上必须申报，美国是无外汇管制国，人民币不可在美国兑换美元。

3）对于中国、美国边检所提问题，请按照要求回答，入美国境时请向移民局出示必要证件。

单元 4

4）出入境请排队，按顺序办理通关手续，不得大声喧哗、大声讲话，礼貌回答问题。

（4）气候（平均气温）

单位：摄氏度

城市＼月份	一	二	三	四	五	六	七	八	九	十	十一	十二
夏威夷	25	25	26	27	27	30	33	30	30	30	28	27
圣弗朗西斯科	8	9	10	15	17	20	21	21	21	18	15	12
洛杉矶	18	15	15	18	20	22	25	25	25	19	18	13
华盛顿	0	2	8	15	20	23	28	27	23	16	10	5
纽约	0	2	5	9	15	23	28	28	22	16	10	5

（5）时差

洛杉矶——比中国时间晚 16 小时。

华盛顿——比中国时间晚 13 小时。

夏威夷——比中国时间晚 18 小时。

(6) 电压。一般饭店采用 110 伏特，插座需备“美标”转换插头。

(7) 用水。美国自来水可以安全饮用，但水龙头热水不可饮用，饭店客房内不直接提供热开水。

(8) 电话。往中国打电话建议买电话卡（酒店内设电话的收费很贵）。

全球通三频手机也能接收和直拨中国。

(9) 税金。全美购物及餐厅用餐均须交纳税金，各洲税率不同。

(10) 入住酒店

1) 酒店内不提供相关用具，需自备洗漱用品及拖鞋；在酒店内应保持安静，不可大声喧哗；外出时务必将钥匙放置于前台，以方便同房间者；外出时携带酒店名片，以备迷路使用。私人电话费、饮料费、洗衣费等，由游客本人在退房时在前台付清。

2) 不可将贵重物品放于房间内，应存入前台保险柜。

(11) 中国与美国、加拿大的文化差异

1) 城乡文化差异。在美国、加拿大，城乡差别已基本消除，城市规模较大，居住区较分散。市中心仅指商业办公为主的一小块区域，居民一般都不在此居住，团队安排在高速公路旁边酒店住宿属正常。例如，洛杉矶市由 80 多个小镇（区）组成，之间由高速公路连接，市中心的概念已经异化。

2) 酒店文化差异。在美国、加拿大，土地面积十分宽松，为此酒店 10 层以下非常普遍，周边有大型购物中心就算好位置；有的酒店历史较长，设施略偏旧，但房间较大是一个显著的特点。

3) 车辆文化差异。受签证限制，全世界几十人的旅游团不普遍，加之美加限制进口大型车，故旅游用车发展受限，多是小型 7 座、15 座、25 座人与行李混装，即使大型旅游车也多为道奇与福特等后开门放置行李的老款车。

4) 餐饮文化差异。餐馆一般收拾得干净，规模不大，品种不多，但咖啡店、麦当劳店比比皆是，自助餐馆对于不识英语或有口味要求的游客不失为最佳选择；在美国、加拿大，最好的中餐馆是中国人开的，团队主要以中餐桌菜为主，以自助餐和快餐（如赶飞机）为辅。

(12) 刷卡消费方式。在国内各大银行办理的 VISA 卡、万事达（MASTER）卡和带有银联标记的各种借记卡均可在美国、加拿大各主要旅游城市的消费场所使用。

4. 美洲旅游常规线路

(1) 美国东西海岸夏威夷十四日旅游行程（举例）

日期	参考线路安排	住宿
D1	北京—夏威夷 乘机往夏威夷，(距离约 8 223 公里，飞行时间约 12 小时)，抵达后游览市容：倚兰尼宫、州议会大厦、小白宫州长官邸、卡美哈国王铜像	Ohana West 或同级
D2	夏威夷 游览巴里大风口，参观珍珠港、亚利桑那号战舰、第二次世界大战纪念馆、威基基海滩	Ohana West 或同级
D3	夏威夷—洛杉矶 上午可以漫步威基基海滩边的名牌店自由活动，下午乘机飞往洛杉矶，(距离约 4 100 公里，飞行时间约 5 小时 35 分)，抵达后入住酒店	Crystal Park 或同级
D4	洛杉矶 全天游览好莱坞环球影城，感受好莱坞电影梦工厂带来的强烈、新奇的感官刺激。之后前往好莱坞明星大道观光	Crystal Park 或同级
D5	洛杉矶 早餐后乘车前往美国西部著名的旅游胜地，同时也是美国太平洋舰队司令部的所在地，以及美国共和党全国代表会所在地——圣地亚哥，参观海滨风光，加州最早的百年木质酒店、西班牙式建筑，傍晚返回洛杉矶	Crystal Park 或同级
D6	洛杉矶—拉斯维加斯 乘车前往拉斯维加斯，(距离 435 公里，行车时间约 5 小时)，途径林伍德名牌购物中心购物，抵达后晚餐。晚餐后观赏火山爆发、音乐喷泉。最后可以略备筹码小赌怡情或自费欣赏大型歌舞表演	Circus Circus Hotel 或同级
D7	拉斯维加斯 游览拉斯维加斯大道，著名赌场酒店：米高梅、百乐宫、金字塔、神剑等	Circus Circus Hotel 或同级
D8	拉斯维加斯—华盛顿 乘机飞往华盛顿，(距离约 3 405 公里，飞行时间约 6 小时)，抵达后入住酒店休息	Comfort Inn 或同级
D9	华盛顿 参观航天博物馆、杰弗逊、林肯纪念堂、国会大厦、白宫、华盛顿纪念碑	Comfort Inn 或同级
D10	华盛顿—费城—纽约 乘车经费城前往纽约，(距离约 380 公里，行车时间约 7 小时)，在费城参观早期国会、独立宫、独立广场、自由钟，傍晚抵达纽约	Homewood Suites 或同级
D11	纽约 参观自由女神像、华尔街、联合国总部大厦、百老汇大街、洛克菲勒广场	Homewood Suites 或同级

续表

日期	参考线路安排	住宿
D12	纽约—圣弗朗西斯科 乘机飞往圣弗朗西斯科，(距离约 4 120 公里，飞行时间约 7 小时)，市容观光：游览金门大桥、金门公园、九曲花街、渔人码头、大教堂等	Holiday Inn 或同级
D13	圣弗朗西斯科—北京 早餐后乘坐国际航班前往北京。(距离约 10 301 公里，飞行时间约 15 小时 30 分)	航班上
D14	北京 抵达北京，结束愉快的美国之旅	—

(2) 美国—加拿大十六日旅游行程（举例）

日期	参考线路安排	住宿
D1	北京—夏威夷 乘机往夏威夷，(距离约 8 223 公里，飞行时间约 12 小时)，抵达后游览市容：倚兰尼宫、州议会大厦、小白宫州长官邸、卡美哈国王铜像	Ohana West 或同级
D2	夏威夷 游览巴里大风口，参观珍珠港、亚利桑那号战舰、第二次世界大战纪念馆、威基基海滩	Ohana West 或同级
D3	夏威夷—洛杉矶 上午可以漫步威基基海滩边的名牌店自由活动，下午乘机飞往洛杉矶，(距离约 4 100 公里，飞行时间约 5 小时 35 分)，抵达后入住酒店	Crystal Park 同级
D4	洛杉矶 全天游览好莱坞环球影城，感受好莱坞电影梦工厂带来的强烈、新奇的感官刺激。之后前往好莱坞明星大道观光	Crystal Park 同级
D5	洛杉矶—圣地亚哥 早餐后乘车前往美国西部著名的旅游胜地，同时也是美国太平洋舰队司令部的所在地，以及美国共和党全国代表会所在地——圣地亚哥，(距离约 193 公里，行车时间约 2 小时) 参观海滨风光，加州最早的百年木质酒店、西班牙式建筑，傍晚返回洛杉矶	Crystal Park 同级
D6	洛杉矶 拉斯维加斯 乘车前往拉斯维加斯，(距离 435 公里，行车时间约 5 小时)，途径林伍德名牌购物中心购物。晚餐后观赏火山爆发、音乐喷泉。最后可以略备筹码小赌怡情或自费欣赏大型歌舞表演	Circus Circus Hotel 或同级
D7	拉斯维加斯 游览拉斯维加斯大道，著名赌场酒店：米高梅、百乐宫、金字塔、神剑等	Circus Circus Hotel 或同级

单元 4

续表

日期	参考线路安排	住宿
D8	拉斯维加斯—华盛顿 乘机飞往华盛顿，(距离约 3 405 公里，飞行时间约 6 小时)，抵达后入住酒店休息	Comfort Inn 同级
D9	华盛顿 参观航天博物馆、杰弗逊、林肯纪念堂、国会大厦、白宫、华盛顿纪念碑	Comfort Inn 同级
D10	华盛顿—费城—纽约 乘车经费城前往纽约，(距离约 380 公里，行车时间约 7 小时)，在费城参观早期国会、独立宫、独立广场、自由钟，傍晚抵达纽约	Homewood Suites 或同级
D11	纽约 参观自由女神像、华尔街、联合国总部大厦、百老汇大街、洛克菲勒广场	Homewood Suites 或同级
D12	纽约—多伦多 早乘车前往多伦多，(距离约 786 公里，行车时间约 9 小时)，抵达后入住酒店休息	Quality Suites 或同级
D13	多伦多—尼亚加拉大瀑布 上午 CN 塔、市政厅、多伦多大学等，下午前往游览壮观的尼亚加拉大瀑布，晚间住布法罗（距离约 161 公里，行车时间约 2 小时）	Days Inn 或同级
D14	布法罗—圣弗朗西斯科 早班机飞往圣弗朗西斯科（距离约 3 700 公里，飞行时间约 6 小时）市容观光：游览金门大桥、金门公园、九曲花街、渔人码头、大教堂等	Holiday Inn 或同级
D15	圣弗朗西斯科—北京 早餐后乘坐国际航班前往北京（距离约 10 301 公里，飞行时间约 15 小时 30 分）	航班上
D16	北京 抵达北京，结束愉快的美国之旅	—

5. 美洲旅游参考行程介绍

(1) 美国东西海岸十二日旅游行程举例（含大瀑布）

日期	参考线路安排	住宿
D1	北京—华盛顿 乘机飞往华盛顿，抵达后专人接机入住酒店	Comfort Inn

续表

日期	参考线路安排	住宿
D2	华盛顿—纽约 参观总统官邸——白宫（外观），华盛顿纪念碑、林肯纪念堂、杰弗逊纪念堂、国会山（外观）等，下午乘车到纽约，之后入住酒店	Holiday Inn 或同级
D3	纽约 参观自由女神像、华尔街、联合国总部大厦（外观）、百老汇大街、洛克菲勒广场、时代广场	Holiday Inn 或同级
D4	纽约—布法罗 乘车到布法罗后观赏世界闻名的尼亚加拉大瀑布，之后入住酒店	Days Inn 或同级
D5	布法罗—拉斯维加斯 早餐后市区游览，之后乘机飞往世界闻名的赌城拉斯维加斯，抵达后观赏拉斯维加斯闻名遐迩的海盗船及音乐喷泉表演；也可略备筹码小赌贻情，或晚上自费欣赏大型歌舞表演	Lasvegas Club 或同级
D6	拉斯维加斯 游览拉斯维加斯大道，著名赌场酒店：米高梅、百乐宫、金字塔、神剑等，或者自费前往大峡谷游览。晚餐后观赏火山爆发、音乐喷泉。最后可以略备筹码小赌怡情或自费欣赏大型歌舞表演	Lasvegas Club 或同级
D7	拉斯维加斯—洛杉矶 乘车前往洛杉矶（距离 435 公里，行车时间约 5 小时），抵达后晚餐	Crystal park 或同级
D8	洛杉矶—圣地亚哥—洛杉矶 早餐后乘车前往美国西部著名的旅游胜地，同时也是美国太平洋舰队司令部的所在地，以及美国共和党全国代表会所在地——圣地亚哥，参观海滨风光，加州最早的百年木质酒店、西班牙式建筑，傍晚返回洛杉矶	Crystal park 或同级
D9	洛杉矶 全天游览好莱坞环球影城，感受好莱坞电影梦工厂带来的强烈、新奇的感官刺激。之后前往好莱坞明星大道观光	Crystal park 或同级
D10	洛杉矶—圣弗朗西斯科 乘机飞赴美西部名城圣弗朗西斯科。抵达后圣弗朗西斯科半日游览：金门大桥、渔人码头、市政厅、艺术宫等	Comfort Inn 或同级
D11	圣弗朗西斯科—北京 早餐后送机场，办理离境手续，乘机返回北京，结束难忘的美国之行	航班上
D12	北京 抵达北京，结束愉快的美国之旅	—

三星团服务标准：

1）全程三星级酒店双人标准间。

2）全程早餐（拉斯维加斯为酒店外早餐）；每日午、晚餐以中式餐食为主；晚餐为六菜一汤。

3）美国境内段中文导游陪同。

4）洛杉矶好莱坞影城门票及自由女神船票。

5）国际间往返机票（经济舱）及美国境内段机票（含机场税）。

6）33万元旅游人身意外伤害保险。

（2）加拿大东西海岸八日游行程（举例）

日期	参考线路安排	住宿
D1	中国—温哥华 由中国出发，乘坐国际航班于当地时间中午抵达太平洋彼岸的加拿大第三大都市——温哥华，抵达后市区游览：伊丽莎白女王公园、煤气镇、中国城等	Quality Hotel 或同级
D2	温哥华 客人可以选择自由活动（自由活动不含午晚餐）或参加当地大巴维多利亚一日游（自费） 全天游览维多利亚，乘坐游轮抵达温哥华岛，沿途欣赏秀丽的海滨风光。抵达后，参观世界著名的私家花园——宝翠花园、省议会大厦、女皇大酒店，比根山公园以及1号公路零公里起点纪念碑，傍晚搭乘渡轮返回温哥华	Quality Hotel 或同级
D3	温哥华—蒙特利尔 早餐后，乘机飞往加拿大东部蒙特利尔。抵达后由于时差关系，入住酒店倒时差。如果客人兴致未尽，有“小巴黎”之称的蒙特利尔迷人夜色以及法国浪漫风情一定令人心满意足	Quality Hotel 或同级
D4	蒙特利尔—渥太华 早餐后市区观光，北美最大的教堂——圣约瑟教堂、皇家山、1976年奥运会场馆、蒙特利尔老城区、繁华商业街——圣凯瑟琳街等，后乘车前往加拿大首都渥太华，游览国会大厦、总督府、丽都运河等	Embassy West Hotel 或同级
D5	渥太华—千岛湖—京士顿—多伦多 早餐后乘车前往多伦多，路经位于美加边境上的加东最佳的旅游地点之一的千岛群岛，这里的整个水域就像是一个美丽的世外桃源。之后前往加拿大建国首都京士顿，参观皇后大学、市政厅、皇家军事学院，后到达多伦多，进行市区游览：多伦多大学、中国城、市政厅等，晚餐后入住酒店	Holiday Inn 或同级

续表

日期	参考线路安排	住宿
D6	多伦多—尼亚加拉瀑布—多伦多 早餐后，乘车前往世界之最——尼亚加拉大瀑布；当汽车驶近瀑布，可以听到瀑布的轰鸣好像来自远方的呼唤，加拿大及美国境内的瀑布景观，水花四溅，汹涌澎湃，经历千亿年演变而成的奇景异石，令人真正感觉到瀑布之壮观。如果时间宽裕，游客还可以到尼亚加拉大赌场试试运气；返回多伦多的途中，可以经过葡萄农场，品尝加拿大之特色——冰酒	Holiday Inn 或同级
D7	多伦多—中国 早餐后前往机场，搭乘班机后返回中国	航班上
D8	中国 抵达温馨的家	

注：航班以实际出票为准。

三星团服务标准：

1）全程三星级酒店双人标准间。

2）全程早餐；每日午、晚餐以中式餐食为主；晚餐为六菜一汤。

3）加拿大境内段中文导游陪同。

4）国际间往返机票（经济舱）及加拿大境内段机票（含机场税）。

5）33 万旅游人身意外伤害保险。

（3）夏威夷休闲六日旅游行程（举例）

日期	参考线路安排	住宿
D1	北京—夏威夷 搭乘国际航班飞往太平洋度假胜地——夏威夷，游览市区：皇宫、卡美卡美哈国王铜像、州政府大厦、小白宫州长官邸	Pagoda Hotel 或同级
D2	夏威夷 游览钻石山、高级住宅区、恐龙湾、大风口，欣赏奇特的喷泉口奇景，随后前往珍珠港，观赏纪录片并搭乘快艇凭吊珍珠港事件中被日军炸沉的亚利桑那号战列舰之残骸	Pagoda Hotel 或同级
D3	夏威夷 游客可以漫步威基基海滩，享受阳光、海水。或者参加当地的自费活动行程	Pagoda Hotel 或同级
D4	夏威夷 自由活动，游客可以到海边租个冲浪板尝试冲浪的乐趣，也可以在酒店的露天游泳池游泳或享受日光浴，或者参加当地的自费活动行程	Pagoda Hotel 或同级

续表

日期	参考线路安排	住宿
D5	夏威夷—北京 搭乘国际航班，跨越国际日期变更线飞往温暖的家园	航班上
D6	北京 抵达温暖的家园，回味愉快、悠闲的夏威夷旅游行程	

三星团服务标准：

1）全程三星级酒店双人标准间。

2）全程酒店外早餐，每日午、晚餐以中式餐食为主。

3）美国境内段中文导游陪同。

4）国际间往返机票（经济舱）及美国境内段机票（含机场税）。

5）33 万元旅游人身意外伤害保险。

（4）美国东西海岸夏威夷十四日旅游参考行程（举例）

日期	参考线路安排	住宿
D1	北京—夏威夷 乘机飞往夏威夷。游览以“珍珠港事件”闻名于世的珍珠港，参观亚力桑那号战舰、倚兰尼宫、小白宫州长官邸、卡美哈国王铜像等	Ohanawest Hotel 或同级
D2	夏威夷 小环岛精致游。前往游览库克船长登岸地“钻石山”。然后驱车前往夏威夷富豪住宅区“卡哈拉”参观浏览。下午去往沙滩，沐浴在南太平洋温暖的海水里，与各种色彩缤纷的鱼儿一同畅游	Ohanawest Hotel 或同级
D3	夏威夷—洛杉矶 上午乘机飞往洛杉矶，抵达后入住酒店	Raddison hotel 或同级
D4	洛杉矶 早餐后前往好莱坞大道，浏览星光灿烂的明星大道、古老庄严的中国大戏院（外观）、奥斯卡颁奖典礼所在地——柯达剧院（外观），之后游览全世界最大的电影制片厂——环球影城（★入内参观）。娱乐中心——这里有精彩的现场表演、高级餐厅、优雅的购物场所。特别是表演的内容总在不断翻新，所以不论何时去，都会让人有一种全新的感觉。侏罗纪公园——电影《侏罗纪公园》里的恐龙会一蹦一跳地经过人们的身边，还可以看到相当于 3 层楼 12 米高的恐龙。回到未来——搭乘 5 人乘的列车，会让人经历 5 分钟的冒险。ET 冒险之旅——以斯皮尔伯格执导的影片《ET》为背景建成。骑着自行车和 ET 一起在宇宙中旅行，解救遇到危机的行星。电影魔术世界——这里可以使观众亲自体验电影中的特殊效果。电影《回到未来》中停电的场面，踩着滑板与坏人决斗的场面…… 还可以看到大导演希区柯克执导的影片中的场景和片断	Raddison hotel 或同级

续表

日期	参考线路安排	住宿
D5	洛杉矶—圣地亚哥—洛杉矶 早餐后驱车前往西部美丽的海滨城市——圣地亚哥。圣地亚哥，美国南加州最大的海滨城市。这里海湾崎岖，风景优美，成为美国最受欢迎的度假胜地。抵达后参观美国太平洋舰队的驻扎地——圣地亚哥军港（外观）、眺望壮观的航空母舰、之后越过跨海大桥前往科罗拉多岛，一览圣地亚哥市全貌。许多美国人都认为圣地亚哥是美国最迷人的城市。南加州几乎代表完美的天气，美丽的海滩和友善放松的环境。而圣地亚哥市，简直就是天堂。这个受欢迎的加州的发源地有理想的气候、绵延的沙滩、深海港口和各种让人流连忘返的景点	Raddison hotel 或同级
D6	洛杉矶—拉斯维加斯 乘车前往洛杉矶，途径林伍德名牌购物中心购物。抵达后，进行市容游览，入住酒店休息。晚餐后观赏火山爆发、音乐喷泉。最后可以略备筹码小赌怡情或自费欣赏大型歌舞表演	Excalibur Hotel 或同级
D7	拉斯维加斯 早餐后，可到赌场一试运气。拉斯维加斯的“赌城”之名名不虚传。日夜开业，其气派可与欧洲摩纳哥的世界赌城蒙特卡罗相比。现在的拉斯维加斯已拥有全世界顶尖的度假酒店。可以游览世界著名的米高梅大酒店、威尼斯人大酒店等建筑，世界一流的大型表演，体验高科技的娱乐设施或自费前往大峡谷，游客可以从不同的角度欣赏阳光和岩壁折射的奇景，大峡谷两岸都是红色巨岩断层，岩层嶙峋，堪称鬼斧神工。华人公园内的一段峡谷，两岸重峦叠嶂，夹着一条深不见底的巨谷，无比壮丽。此外，这里的土壤虽然大都是褐色，但当它沐浴在阳光中时，却又变幻无穷，会随着太阳光线的强弱变幻成紫色、深蓝色、棕色、赤色。这时的大峡谷宛若仙境，迷人的景色令人流连忘返	Excalibur Hotel 或同级
D8	拉斯维加斯—华盛顿 乘机飞往华盛顿，抵达后入住酒店休息	Courtyard by Marriott 或同级
D9	华盛顿 早餐后，参观巍然屹立的华盛顿纪念碑，它是为纪念美国首任总统乔治·华盛顿而建造的，1848 年动工，直到 1884 年才完工。参观举世闻名的总统官邸——白宫（外观），此外，白宫的东侧有“肯尼迪夫人花园”，西侧有“玫瑰园”。参观宏伟壮观的国会大厦（外观），大厦的北厢是参议院，南厢是众议院，两院各有小会议厅和许多大小房间。参观传奇神圣的林肯纪念堂（外观），纪念堂正中是一座高约 5.7 米的林肯坐像，塑像的左边墙壁上镌刻着林肯在第二次就任总统时的演说词，参观杰弗逊纪念堂、设计独特的越战军人纪念碑、韩战军人纪念碑以及美国的宇航中心。领略美国首府的雄伟庄严	Courtyard by Marriott 或同级
D10	华盛顿—费城—纽约 早餐后驱车前往位于美国东北部宾夕法尼亚州特拉华河畔的城市——费城（费拉德尔菲亚）。参观自由钟（外观）——费城的象征，更是美国自由精神的象征，是美国人的骄傲。参观独立宫（外观）、旧国会大厦（外观）等。而后继续南下，于傍晚抵达纽约	Courtyard by Marriott 或同级

续表

日期	参考线路安排	住宿
D11	纽约 早餐后，参观代表美国国魂标志的自由女神像（★含游船）——纽约市最著名的雕像，她不仅是纽约市的城标，而且成为了美国的象征。参观翘首金融界的华尔街、誉满全球的联合国总部大厦（外观）、占地广阔的纽约中央公园、名牌商店遍布的第五大道、气度非凡的洛克菲勒中心广场、撩人眼目的时代广场，各处景观令游客目不暇接、叹为观止	Courtyard by Marriott 或同级
D12	纽约—圣弗朗西斯科 早班机飞往圣弗朗西斯科，市容观光：游览金门大桥、金门公园、九曲花街、渔人码头、大教堂等	Courtyard by Marriott 或同级
D13	圣弗朗西斯科—北京 早餐后乘坐国际航班前往北京	航班上
D14	北京 抵达北京，结束愉快的美国之旅	—

单元 4

七、大洋洲

1. 大洋洲主要旅游目的地国概况

(1) 澳大利亚。澳大利亚四周环海，东濒太平洋的珊瑚海和塔斯曼海，其他三面临印度洋及其边缘海——阿拉弗拉海和帝汶海，由澳大利亚大陆、塔斯马尼亚岛及太平洋的一些小岛组成。

1) 民俗。土著人仍然保留着自己的风俗习惯，如文身，平时仅在颊、肩和胸部涂几点白黄色，参战时在身上涂红色，死后涂白色，节庆仪式歌舞时彩绘全身。文身多为粗线条，有的像雨点，有的似波纹，对经过成年礼的土著人来说文身不仅是装饰，而且还是吸引异性爱慕的重要组成部分。澳大利亚有一种葬礼很特别，人死之后，家人聚在一起，由族里的专人去砍一些木桩，涂上彩画，安插在坟墓四周，每一根柱子都象征着家里某个死去或活着的人，尸体被高高悬起，即使已经开始腐烂也必须等下次月圆才可以取下。最后，死者家属还要举行一次洁身礼，即葬礼之后，家属要等下过一次雨才能回家，为此他们有时不得不在外露宿好几天甚至好几个星期，因为只有雨水才能起到必要的洁身作用。

2) 主要旅游胜地。澳大利亚最大的港口城市和著名旅游城市，新南威尔士州首府，位于东南部杰克逊港两岸。面积 12 406 平方公里，人口约 335 万。

始建于 1788 年，为英国殖民者在澳大利亚建立的最早流放囚犯之地。墨尔本是澳大利亚维多利亚州首府和著名旅游城市，又名新金山，是仅次于悉尼的全国第二大城市。堪培拉，是澳大利亚首都和风景优美的旅游城市，有“花园城市”及“大洋洲日内瓦”之美称。位于新南威尔士州东南部。坐落在大分水岭山脉的开阔谷地上，莫朗戈洛河流贯穿市区。面积 2 357 平方公里，人口 30 万。大堡礁位于澳大利亚珊瑚海西部，昆士兰州海岸外，自托雷斯海向东南延伸至南回归线附近的斯文礁脉，全长 2 013公里，最宽处 240 公里，最狭处 19.2 公里，包括近千个岛礁和浅滩。另一个著名旅游点是诺曼礁，游客可乘坐玻璃底的游船或一种特制的潜水艇观赏诺曼礁的奇异美景。

(2) 新西兰。位于太平洋西南部的岛国，介于赤道和南极之间。海岸线长 6 900 公里，由南岛和北岛两个大岛及一些小岛组成。

1) 民俗。碰鼻礼是毛利人待客的最高礼仪。每当客人到来，他们之中跑得最快的一个人，来到客人面前挥舞手中的剑和长矛，做出各种鬼脸。妇女们还边高喊，边跳“哈卡舞”表示欢迎。最后，部落中德高望重者向客人行碰鼻礼。碰的时间越长，说明宾客受到的礼遇越高。试婚，毛利人从出生到青春期以前都是赤身裸体地生活。长大成人后，要先试婚。试婚期间男女青年可以同居，彼此感到满意后，经父母同意，只要女方到男方家里过一夜就算结婚了。男方到女方家过夜则无任何意义。

2) 主要旅游胜地。惠灵顿是新西兰首都，第二大港和旅游城市。位于北岛最南端，扼库克海峡为南北两岛之要冲。市区三面依山，一面临海，景色秀丽，四季如春。奥克兰是新西兰最大的港口城市和旅游城市。位于北岛北部奥克兰半岛南端，处于太平洋的怀特马塔港湾和塔斯曼海的马努考港湾之间仅 26 公里的地峡。

单元 4

(3) 库克群岛。属波利尼西亚群岛的一部分，由南太平洋上的 15 个小岛组成。南北相距 1 300 公里左右。拉罗汤加岛为最大的岛屿。全境最高峰是海拔 652 米的蒂曼加峰。

1) 民俗。库克人纯朴、热情。每年 4 月，群岛都要举行全国性舞蹈比赛，热闹非凡，像过节一样。

2) 主要旅游胜地。阿瓦鲁阿是国家首都，位于拉罗汤加岛的南部，人口万余。小镇自然朴实，镇内香蕉树如海，椰子树成林，柑橘树、木棉树连成一片，奇花异草竞相开放。这里建有自动化水果加工厂、纺织厂、服装厂。更有一家华人开设的中国餐馆——“翡翠园”，闻名全国。政府白色木质结构的小楼位于镇中心。库克群岛具有典型的南太平洋热带风光，是大洋洲著名旅游胜地。每年都有大量游客来此观光旅游。这里四季绿草如茵，奇花异卉竞相开放，星罗棋布的岛屿“宛如镶嵌在蔚蓝绒毯上的翠珠”，使人流连忘返。当地盛产的黑珍珠和该国的三角形硬币、精美的邮票，都会使旅游者乐于收藏。主要景区有拉罗汤加岛和艾图塔基岛。

(4) 汤加。汤加位于南太平洋西部汤加群岛上，由汤加塔布、哈派、瓦瓦乌 3 个群岛及 172 个岛屿组成，其中 36 个岛上有人居住。由于地理位置紧靠国际日期变更线的西侧，所以汤加是世界上日出最早的国家。

主要旅游胜地。努库阿洛法是国家首都，全国政治、经济和文化中心，位于汤加塔布岛北部的海港城市。市内有建于1867年的维多利亚宫，红顶白墙；建于1200年的巨石拱门；重约40吨巨石制成的“日晷”，上面刻有一年中最长一天和最短一天以及太阳初升时的标记。在努库阿洛法，还有近郊的蝙蝠洞、朗基巨石文化遗址以及石造建筑古迹等，值得游人前去观赏。“国际日期变更线酒店”豪华气派。哈派群岛这里有环礁、谢湖、火山口和石灰岩洞穴，还可以到土著人村庄去参观民风民俗，了解他们的过去历史和现代生活。喷潮湖位于汤加塔布岛，沿海岸线数千米，涨潮时，亿万个礁石孔喷出的水柱高数十米，极为壮观。

(5) 斐济。斐济位于南太平洋中心，由大小332个岛屿组成，其中106个岛屿有人居住。

1) 民俗。文身是某种权力的标志。例如，全文身者可下河摸珍珠，半文身者只能站在河边看，而没有文身的人连站在河边看的权利也没有。土著居民留长发，有时长到1.5米，这是一种风俗。女子年轻时留长发，婚后则剪短。土著酋长头上常戴一饰物，即一块头巾，这是权力的象征，只有酋长才能戴它，人们称它为“萨拉”。

2) 主要旅游胜地。贝卡岛可以观赏斐济人称之为“维拉维莱雷”（跳进火炉之意）的“走火仪式”。瓦努阿岛可随处见陡峭的山峰，深深的峡谷，飞流的瀑布及水温高达80摄氏度的温泉。

塔韦乌尼岛是斐济独有的椰林遍布的美丽岛屿，180度子午线从这里经过，把地球分为两部分。

(6) 瓦努阿图。太平洋西南部的一个岛国，东临斐济，西南邻新喀里多尼亚，西北与所罗门群岛相近，属美拉尼西亚群岛。由80多个岛屿组成，成“Y”字形排列。其中66个岛有人居住。

1) 民俗。头悬房梁是当地土著人对死去亲人的纪念，用植物雕塑死者的相貌，并在上面覆盖死者的头盖骨。之后家人天天和塑像讲话，向他祈祷，等植物塑像腐烂了，他们再把头盖骨挂在房梁上。

2) 主要旅游胜地。桑托岛的布干维尔港是闻名世界的潜水胜地，其附近的“百万美金海湾”，也是潜水的好去处。

2. 赴大洋洲旅游必办手续

(1)“676类型”签证申请人需填写以下资料

1) 申请人在护照后页签名。

2) 填写详细的个人资料表和“54号”家庭成员表并签名。

3) 申请人近期彩色白底两寸照片4张。

4) 本人身份证复印件。

5）全家人户口本复印件。

6）结婚证复印件，如离婚或丧偶，需提供相关证明（离婚证复印件或死亡证明等），全家人户口如不在一起，请提供亲属关系公证书。

7）如父母一方带18岁以下的孩子出国旅游，必须提供父母另一方的授权公证书。

8）必须提供银行开具的存款证明原件（8万元以上）。

9）半年以来的存款复印件（包括股票、国库券以及活期或定期存款等）。

10）申请人如拥有固定资产（房产、车产等），请提供复印件。

11）工作情况（如在分公司任职，需提供分公司资料）。

12）个人名片3张。

13）营业执照复印件。

14）公司在职证明信（如所附内容）或3张公司空白信笺，需有公司盖章及法人或总经理亲笔签名。

15）请提供公司简介或宣传册子。

16）申请人如退休，请提供退休证复印件。

（2）ADS[①]签证申请人需填写以下资料

1）申请人在护照后页签名。

2）填写详细的个人资料表。

3）申请人近期彩色两寸照片4张。

4）本人身份证复印件及全家人户口本复印件。

5）结婚证复印件，如离婚或丧偶，需提供相关证明（离婚复印件或死亡证明等）。

6）全家人户口如不在一起，应提供亲属关系公证书。

7）如父母一方带18岁以下的孩子出国旅游，必须提供父母另一方的授权公证书。

8）必须提供银行开具的存款证明原件8万～10万元（如果提供半年以来的存款复印件、股票、国库券等，将有助于获取签证）。

9）申请人如拥有固定资产（房产、车产等），请提供复印件。

10）工作情况（如在分公司任职，需提供分公司资料）。

11）营业执照复印件。

12）公司在职证明信和四张公司空白信笺，需有公司盖章及法人或总经理的亲笔签名。

13）个人名片3张及公司简介或宣传图册。

14）申请人如退休，请提供退休证复印件（以上单位材料，则不需提供）。

---

① ADS签证具体内容请见本章第一节的详细介绍。

15）申请人如果是学生，应提供学生证和学校准假证明。

3. 赴大洋洲旅游的注意事项

（1）飞机

1）按照航空公司规定，国际航班应提前 3 个小时到达机场办理有关机场手续，游客应按指定时间抵达机场，如果耽误应及时通知领队或送团人，以免影响本人和全体团员的正常出行。

2）旅游团队机票属于团体票，按照航空公司规定，团体机票不准退、不准改、不准换。

3）免费托运行李 1 件（重量不得超过 20 公斤，长、宽、高合计不得超过 260 公分）可将日常用品、换洗衣物、水果刀、液体制品等放于行李箱内。

4）随身行李（长、宽、高合计不得超过 115 厘米）1 件，游客应将证件、贵重物品及易碎物品或随时要取用的物品放在随身行李内。例如，自备药品、摄像机、照相机、电池、底片、手机等。护照、机票、现金等贵重物品应务必随身携带，如发生丢失情况旅行社将协助办理相关手续，但是所有费用均需自行承担。搭机随身行李不可有任何刀器，应将刀器放入托运行李中进行托运，如没托运被海关扣押，责任自负。

（2）海关

1）大洋洲海关检查很严格，千万不可带肉类制品（香肠、罐头）、任何水果、种子、牛肉、猪肉、蛋类、牛奶，如果有携带任何类别的食物都要在填写大洋洲入境卡时注明已经携带，以免被罚款 200 元澳币（新西兰则罚款 200 纽币）。

2）在通过中国、澳大利亚、新西兰海关，乘坐飞机或等待的情况下，提醒游客不要随便与非本团人或陌生人作深入交谈，更不要出于好意替别人拿行李，以免被坏人利用发生意外，并应随时注意看管好自己的证件、行李物品以免丢失或错拿。

（3）季节衣着

1）大洋洲四季时序与中国相反

春季：9—11 月；秋季：3—5 月；夏季：12 月至次年 2 月；冬季：6—8 月。出外旅游，衣着以舒适为主。

2）澳大利亚早晚温差较大，太阳落下后气温有较大程度下降，导游应及时提醒游客携带好外套，这些境外所需的衣物在出团前就应该提醒游客准备好。

3）由于澳大利亚日照强烈，可提醒游客准备太阳镜、防晒油、帽子。

（4）餐饮

1）早餐大多数城市多为西式自助餐，午、晚餐主要为中餐，境外城市间转换都需乘坐飞机，如遇赶班机的情况，可为游客提供打包餐食。大洋洲饭菜口味偏淡，可能不如家乡饭菜可口，这一点也需要向游客告知。

2）用餐时应提醒游客注意姿势端正，不宜东倒西歪、跷二郎腿或东张西望，不要仰靠在椅子上吃东西，如有骨头、鱼刺等，不可放至餐桌上，而应放在盘子里以保持桌面的干净，如用刀叉，不宜挥动刀叉说话，不可用餐刀将食物送入口内，而应使用叉子，左手拿叉，右手拿刀，用餐时尽可能少出声音。

3）自助餐取食物时如人多时要排队，不可插队，食物酌量而取，最好不要浪费。用餐时酒水不包含在内，茶水免费，如需要酒水需自行付费。

4）饮水。只有冷水龙头的自来水可以直接饮用，水龙头的热水不能直接饮用。酒店房间内一般都提供免费的红茶包或咖啡包，客人可以用饭店提供的电水壶烧水饮用。

5）如果团中有吃素者或穆斯林，需在餐上有特别要求的，应在出发前通知，方便在饮食方面给予关照。在澳洲旅游期间，可买一些饼干、方便面等食品，以应付可能出现的误餐现象。

（5）酒店住宿

1）酒店设施。一般都提供毛巾、洗发水、香皂等。请自备牙膏、牙刷及拖鞋等洗漱用品。

2）酒店房间。一般两人一室，以两张床为主，会出现大小床（大洋洲特色）。在团队男女比例不等情况下旅行社会酌情安排三人间。

3）房内餐饮。房间内迷你吧或冰箱中的物品是需要客人另付费的，应提醒游客注意。酒店电话、房间对房间的电话是免费的，但对外的电话需要付费。客人所打的外线电话都由酒店电脑记入账户，等办理离店手续时，应提醒游客自行前往酒店前台交付。

4）酒店电视。酒店房内一般有收费电视及免费电视两种，一般会由当地导游通知前台关闭收费电视节目。如果客人需要使用收费电视，导游可介绍收费标准、操作方法及注意事项，以避免不必要的损失。

5）大洋洲电压及插座。大洋洲电压一般为 220 伏，使用三相分叉型插座可根据需要携带三相转两相插头或者插线板，以方便客人的手机、摄像机等充电。

6）爱护酒店设施。应提醒游客如下内容：洗浴时将浴帘底襟放入浴缸内侧，如果不小心使水流流出洗浴间湿及地毯需要赔偿；洗澡时注意将洗浴间门关好，避免水蒸气散发到外面触及烟感器；房间内绝对不能抽烟，否则烟感器报警后警车将于 10 分钟内赶到，游客须支付警车费用；请勿将洗涤衣物挂在窗外或阳台上。

7）晚间外出。晚间游客出行应避免到偏僻的地方，尽量结伴而行，以便相互照顾。应提醒游客向酒店前台索取酒店名片或记清饭店名称及地址，并随身携带，以方便外出后能顺利回到酒店。

8）外出时房间内不可留置贵重物品，防止丢失；在大堂、餐厅等候时要注意行李物品的安全，由于混乱容易发生丢失物品的情况。

9）应提醒游客勿在大堂、楼层、公共区域中大声喧哗，应低声交流，避免当地人误解导致报警。离开酒店时，一定要检查随身物品（证件、手机、钱包、眼镜、拖鞋、充电器、假牙、外套、银行卡）有否遗漏，以免返回酒店取物品耽误行程。

10）入住酒店时认清安全出口及领队的房号，此外要事先问清当地导游电梯如何使用，一般情况下境外酒店的电梯均需进入后先插入房间卡再按楼层按钮电梯才会启动，所以下楼时务必要注意携带房间卡。电梯中的按钮“1”一般是酒店的二层，按钮“G”是酒店的大堂。

（6）交通安全

1）在大洋洲旅游期间，请记住旅游车的车号、型号、颜色，以方便在与团队走失时顺利找到车或避免上错车。观光时，大件行李可放在旅游车上，贵重物品应务必随身携带，以免丢失。旅游车第一排留给导游，其余靠车前方座位先让给年长的、体弱的团友乘坐。

2）大洋洲旅游车内严禁喝饮料、吃零食，禁止吸烟，应建议各位游客配合司机的工作。大洋洲的法律规定，汽车在高速公路上行驶的时候，游客必须坐在自己的座位上，不许在走道上走动，也不允许打开车窗、将头伸出窗外，应提醒带儿童的游客要看管好自己的小孩，不要违反这些规定，否则由此导致的安全事故或者造成警察处罚，游客自行承担责任或者罚款。

3）大洋洲当地行车方向与国内相反，行车靠左，所以应特别留意。徒步时应靠边行走，过人行横道时，路口的交通灯柱下方有一个按钮，按下去 3 分钟内交通灯会转换为绿灯。

4）应提醒游客旅游期间如迷路，应站在团队曾经过的路上，不要盲目四处寻找。

5）旅游期间应随身携带零钱、紧急联系通讯录及饭店的名片。夜间不要离开酒店，如有特殊情况离开时一定要报告领队或导游，不安全的场所不要去。

6）飞机起飞、降落前要系好安全带，待飞机起飞平稳或降落停靠稳定后指示灯熄灭方可活动。

（7）休闲购物

1）国外的购物是一种享受，买东西的原则是买国内没有的，买比国内便宜的，买自己用的着且喜欢的物品，大洋洲特产有各种羊毛被、羊毛内衣、羊胎素精华乳液、各种品牌和质量的绵羊油（建议买质量好的）、羊乳片、袋鼠精、蜂胶、澳大利亚苦蓟草制作的保肝胶囊和护眼霜、大洋洲深海鲨鱼肝脏提炼的角鲨烯、大洋洲宝石、世界稀有动物驼羊皮制作的珍贵床毯等。

2）信用卡。为了方便境外使用，建议出行前在国内办理一张有 VISA 或者 MASTER 标识的信用卡，当然境外从 2008 年开始银联卡也可以在部分商铺使用了。

3）商业时间。一般来说大洋洲的商业时间为星期一到星期五，早上九点至下午五点，中午无休息时间，大型商场晚间不营业。

4）客人所付的费用含行程表上节目、餐食、门票，但额外的节目须另外付费自愿参加。

（8）货币兑换

1）大洋洲当地币值以澳币较为适用且最多可带相当于澳币 5 000 元的美元，如超过此数必须申报。

2）在大洋洲，可以用美元换取当地货币，人民币不可以流通。美元兑澳元的汇率约 1∶1.28，美元兑新币约 1∶1.49（此汇率仅供参考，按照当时牌价兑换）。在机场、酒店及赌场均可兑换（可根据当地导游提示在时间允许的情况下安排）。

（9）小费习俗。根据当地习惯，司机、导游每人每天付 7 美元，按照实际出行天数支付给随团领队人员即可。

（10）友情提示

1）出外旅游，可能会因水土不服而令身体感到不适，故应准备些常用药物，以备不时之需。若需长期服用某类药品，如患有血压高、心脏病、胃病或糖尿病等，必须带足药物及医生的处方，以防万一，如有需要在飞机长途飞行时随身携带针管，应提醒游客出团前事先前往医院办理此类疾病的医疗证明（中英文，有医院的签字和章印），由医院证实游客确需随身携带针管，否则按照航空公司规定针管类物品必须托运。

2）出国时，相机电池最好换新的，多带一些胶卷。大洋洲胶卷、电池非常昂贵。胶卷不论用过与否，都应放在随身的包内，以防机场安全检查时因检查而曝光，游客携带的多数是数码相机或者摄像机，应建议游客出国前检查设备是否设置正确、确保没有故障，另外带足大容量存储卡，摄像机带足刻录光盘或录像带。

（11）时差及通讯方式

1）时差。8 月底至次年 3 月底为夏令时，澳大利亚昆士兰省比中国快 2 个小时，东海岸其他地区比中国快 3 个小时，冬季则各减 1 个小时，新西兰从 10 月上旬至次年 3 月上旬执行夏令时，比北京快 5 个小时，其余时间比北京快 4 个小时。

2）电话。在大洋洲打电话回国内：应按 0011－86－（区号）－（电话号码）；中国手机可在澳大利亚境内使用：应按 0011－86－（区号）－（电话号码）；打电话到澳大利亚：应按 0061－（区号）－（酒店电话号码）；打电话到新西兰：应按 0064－（区号）－（酒店电话号码）；打电话到斐济：应按 00679－（酒店电话号码）。

（12）销签。请务必保管好国际段航班各段和回程的登机牌，回程时同护照一并交给领队，以便到使馆销签记录。

4. 大洋洲旅游常规线路

（1）澳大利亚（8 天 6 夜）。游览城市：布里斯班、黄金海岸、墨尔本、悉尼。

（2）澳—凯（8 天 6 夜）。游览城市：悉尼、凯恩斯、布里斯班、黄金海岸。

单元 4

(3) 澳—新（12天10夜）。游览城市：墨尔本、奥克兰、罗托鲁瓦、布里斯班、黄金海岸、悉尼。

(4) 澳—新—凯（12天10夜）。游览城市：悉尼、凯恩斯、布里斯班、黄金海岸、奥克兰、罗托鲁瓦。

(5) 澳—新—凯—墨（12天10夜）。游览城市：墨尔本、奥克兰、罗托鲁瓦、布里斯班、黄金海岸、凯恩斯、悉尼。

(6) 新西兰（10天8夜）。游览城市：奥克兰、基督城、特威尔泽、皇后镇、罗托鲁瓦。

5. 大洋洲旅游参考行程介绍

(1) 澳大利亚八日常规行程（举例）

日期	参考线路安排	用餐	交通	住宿
D1	北京—悉尼 北京乘飞机到澳大利亚著名城市：悉尼，宿飞机上	×	飞机	飞机
D2	悉尼 抵达后，导游机场接机，开始悉尼市区观光，海德公园地处悉尼市中心，百年前这里曾经是跑马场，后来改建为街心花园，并取之著名的英国伦敦的“海德公园”命名，在海德公园附近，屹立着宏伟壮观的圣玛利亚大教堂，教堂内有许多精美的雕塑。皇家植物园，地处市区北部法姆湾，始建于1816年。目前园内种植了4 000多种澳大利亚特有的和来自世界各地的植物。高级住宅区之双湾、玫瑰湾、岩石区、麦考利夫人椅等	中 晚	巴士	三星酒店
D3	悉尼—堪培拉—悉尼 早餐后前往首都堪培拉，参观耗资10亿澳元的新国会大厦，由白黑红三种颜色的大理石建造，气势非凡。接着前往展览馆了解堪培拉是如何将一处荒芜之地开垦成现代化都市的。然后参观为纪念库克船长而修建的格里芬人工湖喷泉，水柱可以高达147米，蔚为壮观。再途经国立图书馆、高等法院、总理府、大使馆区、铸币厂等地。下午返回悉尼	早 中 晚	巴士	三星酒店
D4	悉尼 早餐后，继续悉尼游览，前往达令港观光，达令港又称“情人港”，地处市中心西北部，是悉尼最充满浪漫色彩的地方。乘豪华游轮环游这个景色绝佳的天然海港。欣赏悉尼大桥，海港大桥是悉尼的主要标志，建于1932年，是目前世界上现存最大的单孔拱桥，被称做澳大利亚的“衣架”。歌剧院（外观），悉尼歌剧院位于市区北部的杰克逊海湾，是澳大利亚最具代表性的经典建筑。前往邦黛海滩游览。这里是悉尼附近最美丽的海滨，5 000米长的银沙海滩吸引了众多的当地居民和海外游客来这里观光游览	早 中 晚	巴士	三星酒店

续表

日期	参考线路安排	用餐	交通	住宿
D5	悉尼—黄金海岸 清晨，乘机飞往澳大利亚度假胜地——黄金海岸，抵达后游览著名的梦幻世界主题公园，在这里游客可观看到精彩的剪羊毛表演和野生动物，同时游客还可尽情享用园内各种惊险刺激的娱乐设施和丰富多彩的节目。中午于园内享用澳大利亚特色午餐。之后前往滑浪者天堂海滨游览，充分享受南半球的阳光、沙滩	早 中 晚	飞机巴士	三星酒店
D6	黄金海岸—布里斯班 早餐后，驱车前往澳大利亚第三大城市——布里斯班，抵达后游览市政厅广场、故事桥、1988 年世界博览会旧址——南岸公园等。晚餐后入住酒店休息	早 中 晚	巴士	三星酒店
D7	布里斯班—墨尔本 早餐后，乘机飞往澳大利亚第二大城市——墨尔本。城市观光，游览皇家植物园，古老的圣派翠克大教堂，库克船长小屋（外观）、省艺术中心（外观）、亚拉河畔。驱车前往巴拉瑞市，此地是维州于 1851 年发现的金矿并开始淘金热的历史古迹。游客可亲手体验淘金，并亲身体会百年前矿工开采时用的设备及工作环境。随后参观黄金博物馆	早 中 晚	巴士飞机	三星酒店
D8	墨尔本—北京 早餐后，飞往返回北京，抵达后结束愉快的澳大利亚之旅	早	飞机	—

（2）澳—新十一天常规行程（举例）

日期	参考线路安排	用餐	交通	住宿
D1	北京—墨尔本 从北京首都机场集合前往澳大利亚第二大城市——墨尔本，夜宿飞机上	×	国际航班	飞机上
D2	墨尔本 抵达后，导游机场接机。市区观光：古老的圣派翠克大教堂、库克船长小屋（外观）、省艺术中心（外观）、亚拉河畔、皇家植物园等，之后驱车前往巴拉瑞市，此地是维州于 1851 年发现的金矿并开始淘金热的历史古迹。客人可亲手体验淘金，并亲身体会百年前矿工开采时用的设备及工作环境。随后参观黄金博物馆。之后返回墨尔本市区	中 晚	巴士	三星酒店
D3	墨尔本—奥克兰 早餐后，乘机飞往新西兰著名城市——奥克兰。抵达后游览风景秀丽的海港大桥、工党纪念碑、马信海滩等	早 晚	飞机	三星酒店

单元 4

续表

日期	参考线路安排	用餐	交通	住宿
D4	奥克兰—罗吐鲁阿 早餐后，前往新西兰地热中心——罗吐鲁阿。参观罗吐鲁阿最有名的地热区和毛利文化村，在此可以了解毛利文化的起源与发展史，参观毛利工艺展览，了解毛利人的传统编织和木雕过程，并观看100度以上的泥浆池和地热间隙喷泉等	早 中 晚	巴士	三星酒店
D5	罗吐鲁阿—奥克兰 早餐后，市区观光，红树森林、市府花园等。前往卢多路亚湖，乘游船欣赏美景并享用午餐，驱车返回奥克兰，抵达后游览秀丽妩媚的伊甸山，从这里，可以俯瞰奥克兰市景。晚餐后返回酒店休息	早 中 晚	巴士	三星酒店
D6	奥克兰—布里斯班 早餐后，市区观光，帕内尔文化区、工党纪念碑等。下午前往国际机场，乘机飞往布里斯班，抵达后入住酒店	早 中 ×	巴士飞机	三星酒店
D7	布里斯班—黄金海岸 早餐后，乘澳大利亚内陆段航班飞往黄金海岸，游览著名的梦幻世界主题公园，在这里可观看到精彩的剪羊毛表演和野生动物，同时还可尽情享用园内各种惊险刺激的娱乐设施和丰富多彩的节目。中午于园内享用午餐。之后前往美丽的滑浪者天堂游览，充分享受南半球的阳光、沙滩	早 中 晚	巴士	三星酒店
D8	黄金海岸—布里斯班 早餐后，市区观光，参观议会大厦、市政厅、1988年世界博览会旧址——南岸公园、布里斯班河等。（晚上住宿布里斯班或黄金海岸）	早 中 晚	巴士	三星酒店
D9	布里斯班—悉尼 早餐后，乘机飞往悉尼。前往达令港观光，达令港又称“情人港”，海景妩媚，夜色迷人，是悉尼最充满浪漫色彩的地方。乘豪华游轮环游这个景色绝佳的天然海港，欣赏悉尼大桥，海港大桥是悉尼的主要标志，之后前往邦黛海滩游览。这里是悉尼附近最美丽的海滨，吸引了众多的当地居民和海外游客来这里观光游览。之后游览海德公园及圣玛利亚大教堂等	早 中 晚	巴士飞机	三星酒店
D10	悉尼—堪培拉—悉尼 早餐后，乘车前往澳大利亚首都——堪培拉，参观耗资10亿澳元的新国会大厦，接着前往展览馆了解堪培拉是如何将一处荒芜之地开垦成现代化都市的。然后参观为纪念库克船长而修建的格里芬人工湖喷泉，再途经国立图书馆、高等法院、总理府、大使馆区、铸币厂等地。下午返回悉尼	早 中 晚	巴士	三星酒店
D11	悉尼—北京 早餐后，乘机飞北京，结束愉快行程	早	飞机	—

单元 4

（3）澳—新—凯十二天常规行程（举例）

日期	参考线路安排	用餐	交通	住宿
D1	北京—新加坡—布里斯班 从北京首都机场集合经新加坡前往澳大利亚	×	飞机	飞机上
D2	布里斯班—黄金海岸 抵达后，城市游览，参观议会大厦、市政厅、1988 年世界博览会旧址——南岸公园、布里斯班河等。之后，前往黄金海岸。前往美丽的滑浪者天堂游览，充分享受南半球的阳光、沙滩	中 晚	巴士	四星酒店
D3	黄金海岸—布里斯班 早餐后，游览著名的梦幻世界主题公园，在这里可观看到精彩的剪羊毛表演和野生动物，同时还可尽情享用园内各种惊险刺激的娱乐设施和丰富多彩的节目。中午于园内享用午餐。下午返回布里斯班（或住宿黄金海岸）	早 中 晚	巴士	四星酒店
D4	布里斯班—凯恩斯 早乘机飞往凯恩斯，抵达后首先前往热带雨林参观，乘坐水陆两用车深入雨林深处，这里有上百万株超过 200 年以上的热带树木，穿梭森林之间，细听万类自然之声，陶醉在叶浓树深、鸟语花香的桃源仙境之中。在热带雨林村庄里，可以与澳洲土著同娱同乐，聆听他们最质朴的歌声，观赏他们最原始的舞蹈	早 中 晚	飞机巴士	四星酒店
D5	凯恩斯 早餐后乘船出海欣赏世界自然遗产——大堡礁，它同时也被称为世界第八大奇迹，也是地球上最大的自然海洋公园，可自费参加岛上的其他项目，如深海潜水、海底漫步和乘直升机等。晚餐后入住酒店休息	早 中 晚	巴士	四星酒店
D6	凯恩斯—悉尼 前往达令港观光，达令港又称“情人港”，地处市中心西北部，是悉尼最充满浪漫色彩的地方。中午乘豪华游轮环游这个景色绝佳的天然海港，欣赏悉尼大桥，海港大桥是悉尼的主要标志，建于 1932 年，是目前世界上现存最大的单孔拱桥，被称做澳洲的“衣架”。歌剧院（外观），悉尼歌剧院位于市区北部的杰克逊海湾，是澳大利亚最具代表性的经典建筑。下午可前往邦黛海滩游览。这里是悉尼附近最美丽的海滨，5 000 米长的银沙海滩吸引了众多的当地居民和海外游客来这里观光游览	早 中 晚	巴士飞机	四星酒店

单元 4

续表

日期	参考线路安排	用餐	交通	住宿
D7	悉尼 市区观光，海德公园地处悉尼市中心，百年前这里曾经是跑马场，后来改建为街心花园，并以著名的英国伦敦的“海德公园”命名，在海德公园附近，屹立着宏伟壮观的圣玛利亚大教堂，教堂内有许多精美的雕塑。皇家植物园，地处市区北部法姆湾，始建于1816年。目前园内种植了4 000多种澳洲特有的和来自世界各地的植物。高级住宅区之双湾、玫瑰湾、岩石区、麦考利夫人椅等	早 中 晚	巴士	四星酒店
D8	悉尼—堪培拉—悉尼 早餐后前往首都堪培拉，参观耗资10亿澳元的新国会大厦，由白黑红三种颜色的大理石建造，气势非凡。接着前往展览馆了解堪培拉是如何将一处荒芜之地开垦成现代化都市的。然后参观为纪念库克船长而修建的格里芬人工湖喷泉，水柱可以高达147米，蔚为壮观。再途经国立图书馆、高等法院、总理府、大使馆区、铸币厂等地。下午返回悉尼	早 中 晚	巴士	四星酒店
D9	悉尼—奥克兰—罗吐鲁阿 早餐后，乘机飞往新西兰著名城市——奥克兰。抵达后游览风景秀丽的海港大桥、工党纪念碑、马信海滩等景点。然后乘车前往罗托鲁瓦，新西兰地热中心——罗吐鲁阿。它是南半球最有名的泥火山和温泉区，也是当地毛利人聚居的首府。前往参观罗吐鲁阿最有名的地热区和毛利文化村，在此可以了解毛利文化的起源与发展史，参观毛利工艺展览，了解毛利人的传统编织和木雕过程，并观看100摄氏度以上的泥浆池和地热间隙喷泉等。之后是市区观光：红树森林、市府花园等	早 × 晚	巴士飞机	四星酒店
D10	罗吐鲁阿—奥克兰 早餐后驱车返回奥克兰，抵达后游览秀丽妩媚的伊甸山，伊甸山是奥克兰最重要的象征之一，一座形成于2万—3万年以前的死火山，是奥克兰陆地火山带中最高的火山，高达196米。从这里，可以俯瞰奥克兰市景。锥形的火山口就在山顶的脚下，而火山口底部总是有食草的牛群。市区内高耸的现代建筑与绿油油的“田园风光”相互辉映，的确别有一番情趣。之后前往皇后大街等地游览。晚餐后返回酒店休息	早 中 晚	巴士	四星酒店
D11	奥克兰 早餐后，市区观光：帕内尔文化区、皇后大街等。晚餐后前往机场乘机飞往新加坡转机	早	巴士飞机	飞机上
D12	奥克兰—新加坡—北京 乘飞机返回北京，结束愉快的行程	×	飞机	—

单元 4

第5单元

入境旅游业务

学习目标

1. 了解外联与计调的基本概念。
2. 熟悉相关的法律法规依据。
3. 熟悉基本业务知识。
4. 掌握处理旅游投诉。
5. 掌握导游人员的管理。

单元提示

本单元介绍了外联与计调的基本概念、工作范围及职责、相关的法律法规依据、基本业务知识、岗位职责、操作流程、调整合作伙伴、建立客户档案；重点讲述了有关投诉的基本概念、投诉的范围，以及如何处理旅游投诉，阐述了客户接待质量管理以及导游人员的管理问题。

第一节 入境旅游业务操作基础

一、外联与计调的基本概念

外联与计调是相互关联的，要放在一起来谈，但它们还是有区别的，这就是所谓的既有联系又有区别。近年来，在许多中小规模的旅行社里，已经把这两种业务放在一个操作部门里，在岗位的设置上是一人兼两职。但在规模较大的旅行社里，外联与计调是截然分开的，外联是外联，计调是计调。那么，为什么会是这样的一种情形呢？到底什么是外联？什么是计调？它们到底有什么区别，又有什么联系？需要从 20 世纪 80 年代初期说起，才能说明白。

中国旅游业的兴起是从入境旅游开始的，这同发达国家走的路不一样。因为那时，中国政治上落后，经济上贫穷，又没有实行改革开放的政策，即使在改革开放初期，老百姓手里没有钱，因此他们不可能旅游，也没有经济实力去旅游，更不用说出国旅游。所以是看着外国人在中国旅游。改革开放以后，外国人成批地涌进中国，当时垄断中国旅行社业的国、中、青三大总社，承担了繁重的旅游接待任务。

在三大总社以及 20 世纪 80 年代中期出现的带有“中”字头的旅行社里，开始经营外联业务，纷纷成立外联部，这个“外”当然指的是国外的“外”，确切地说是国外的组团旅行社（简称客户），“联”是对外联络，简称为“外联”。在今天看来，这是当时旅游发展和国内体制而造成的一种旅游市场现象，但外联人员做好团队（散客）的计价与行程之后，就需要实施和落实外国游客在华的旅游活动，于是需要专门人员具体安排外国游客的吃、住、行、游、购、娱等活动。于是就产生了落实计划的部门，再加上由于客人游览需要旅游车辆和行李车，于是需要调度人员，两种合起来就是计划调度，简称“计调”。调度部门或者说是计调岗就这样产生了。随着中国旅游市场的迅猛发展，旅行社数量的剧增。旅行社的利润自然就开始下滑，为了节约成本，特别是人力资源成本，增加自己的竞争能力，很多的旅行社将其合二为一，于是，就出现了“计联部”，由于时代的变迁，市场竞争的加剧，现在很多旅行社将这种岗位称为“外联营销部”，或者称为“销售部”。并同时自己做计调。但是，很多大的旅行社还是分开操作的。这就是我们所讲的意义上的外联与计调。而旅游业务操作师既要会外联，又要会计调，才能真正成为一个旅游业务的操盘手。

1. 外联

外联是根据旅游接待业务的需要，与外国客户进行联络与计价的一种业务的实际操作行为。

2. 计调

计调是将外联营销人员做好的旅游活动行程进一步落实，并进行进一步服务采购、调度和配置的业务操作行为。

二、入境业务基础

1. 入境有效证件

（1）华侨的护照与签证。居住在国外的保持有中华人民共和国国籍的华侨，持有中华人民共和国护照，在护照有效期期满之前，可以直接向中国住该国的使领馆提出延期申请，或者是向外交部授权的驻外机构提出延期申请。华侨持有效的中华人民共和国护照归国入境时，无须办理签证。

（2）通行证。通行证制度在中国比较普遍，通行证件也是一种有效证件，常在出入境时使用，因其出入的地区不同，名称亦有所不同。

1）中华人民共和国旅行证。如果一个中国公民在国外丢失了护照，中国驻国外的使领馆会给失主办一个旅行证，失主在当地国家办理签证后，以此完成余下行程并持此证回国，此证仅一次有效。

2）台湾居民往来大陆通行证，简称台胞证。此证件专门颁发给台湾居民往来大陆时使用。也需要签注，同样有起止日期。有效期一般为三个月，签注的地点在香港特区。

3）港澳居民往来内地通行证，简称回乡证。此证具有有效期。是专门颁发给港澳居民往来内地时使用的。此证如果丢失，中国内地当地的公安局经核实后，可发给失主一次性有效证件——中华人民共和国入出境通行证。

2. 外汇知识

以目前的国家外汇政策，每一个出国的人可携带外币 5 000 美元、人民币 20 000 元。公民携带外汇出国的数额是受到一定的限制的，为什么呢？这是由当前中国的国情决定的，外汇是一个什么概念？

（1）外汇。外汇是指以外币表示的可用于国际结算的一种支付手段，包括外国货币、外币有价的证券、外币的支付凭证以及其他外汇资金。中国政府实行“国家集中管理，统一经营”的方针。在中国境内，禁止以任何形式套汇、炒汇、逃汇等。

（2）兑换外币。已经正式参团并即将出国旅游的中国公民，兑换外币须持中国护照，到中国银行或有外币兑换业务的银行兑换不超过 5 000 美元的外币。

（3）携带外汇。携带超过政府规定数额的外币出境，需有有关部门的颁发的外币携带证。

3. 支付小费

（1）约定俗成。支付小费，既是国际旅游者的一种习俗，也是流行于旅游活动中约

单元 5

定俗成的一种惯例。支付小费，是一种有礼貌的表现。它显示了游客对旅游服务者的认同和感谢，也是游客风度的展现。

（2）支付对象。小费首先应该支付给那些辛苦服务、表现出色的司陪（导游、司机）人员，领队人员以及酒店的行李员、客房服务员。

（3）适当掌握。小费通常不以个人名义支付，由领队人员统一支付。一般在临出国前的说明会上，业务人员已经向团员讲过了。到了国外，如果有的客人还想另有表示，领队人员应该乐观其成。小费虽然是一种习俗，但也是建立在自愿基础上的，不能强迫，应晓之以理，动之以情。收取小费的时间与地点应灵活，因人而异。

4．海关知识

（1）海关。海关是指对出入国境的一切商品和物品进行监督、检查并照章征收关税的国家机关。

（2）海关通道。各国的海关一般设“申报通道”及“无申报通道”以及“外加礼遇通道”。

1）申报通道（红色通道）。外国游客进入中国境内，一般要经此通道通关，通关前要填写入境旅客行李物品申报单，经海关查验后放行。中国的游客乘坐国际航班出国，如有须申报的贵重物品要走红色通道，事先要填写好出境旅客行李物品申报单，海关工作人员会在申报单上加盖印章后方才有效，以便回国入境时顺利通关。带队的领队人员，要特别注意自己团队的客人有没有需要申报的，如高档的数码摄像机、照相机、笔记本电脑等均要申报。

申报单不得涂改，不得遗失，申报单要据实填写，若申报不实或隐瞒不报者，海关一经查出，将以法处理。

2）无申报通道（绿色通道）。也可以称为“免税通道”，持有中国主管部门给予外交、礼遇签证的外籍人士及海关给予免验礼遇的人员，可以选择“无申报通道”通关，但须向海关人员出示本人有效身份证件。中国游客乘坐国际航班出国，一般走绿色通道。

领队在带队进入别国不明其海关规定时，须特别注意，应选择走申报通道（红色通道）通关，以免后患。

（3）中华人民共和国禁止出境物品

1）各种武器、仿真武器、弹药及爆炸物品。

2）伪造的货币及伪造的有价证券。

3）对中国政治、经济、文化、道德有害的印刷品、胶卷、照片、唱片、影片、录音带、激光唱盘、激光视盘、计算机存储介质及其他物品。

4）各种烈性毒药。

5）鸦片、吗啡、海洛因、大麻以及其他能使人成瘾的麻醉品。

6）内容涉及国家秘密的手稿、印刷品、胶卷、照片、唱片、影片、录音带、录像带、激光唱盘、激光视盘、计算机储存介质及其他物品。

7）珍贵文物及其他禁止出境的文物。

8）濒危的和珍贵的动、植物（均含标本）及其种子和繁殖材料。

5. 边检（边防检查站）

中国政府在国际通商口岸设置的边防检查站是由公安机关、海关、卫生检疫三方联合组成的共同体。边检是其中最重要的一关。

（1）边检。边检指的是边防检查，特指国家在边境地区布置的防务。有些国家称为移民局。任何一个国家都会在国际口岸设置边检。这相当于政府设置的一道边防前线。任何出入境的人都必须向边交验证件，经边防检查站查验加盖验讫章后可出入境。

（2）主要职权。有权阻止以下三种人出境：

1）持无效出境证件的。

2）持伪造、涂改或他人护照、证件的。

3）拒绝接受查验证件的。

（3）有权不准以下三种人出境

1）刑事案件的被告人和公安机关或者人民检察院或者法院认定的犯罪嫌疑人。

2）人民法院通知有未了解民事案件不能离境的。

3）有其他违反中国法律的行为尚未处理，经有关主管机关认定需要追究的。

（4）有权不准以下六种人入境

1）被中国政府驱逐出境，未满不准入境年限的。

2）被认为入境后可能进行恐怖、暴力、颠覆活动的。

3）被认为入境后可能进行走私、贩毒、卖淫活动的。

4）有精神病和麻风病、艾滋病、性病、开放性肺结核等传染病的。

5）不能保障其在中国期间所需费用的。

6）被认为入境后可能进行危害我国国家安全和利益的其他活动的。

（5）有权阻止以下四种人入境

1）未持有效护照、证件或签证的。

2）持伪造、涂改或他人护照、证件的。

3）拒绝接受查验证件的。

4）公安部或者国家安全部通知不准入境的。

6. 检疫（卫生检疫）

领队带团前往有病疫的地区，在出国前要打防疫针或买防疫药。回国入境时，应根据国境检疫机关的要求如实填报健康申明卡，所有入境者均不例外。隐瞒不报者，按逃避检疫论处。一经发现禁止入境。来自疫区，被传染病污染或可能成为传染病传播媒介的物品，必须接受卫生检疫检查和必要的卫生处理。

7. 安检（安全检查）

（1）安检。旅客及随身所携带的物品在登机前，必须接受安全检查。拒绝检查者，安检机关有权拒绝其上飞机。由于个人的原因以及不配合安检人员而导致的误机，责任由自己负责。领队人员要特别注意一点。

（2）禁带物品

1）有可能危害航空安全的菜刀、大剪刀、大水果刀、剃须刀等生活用的刀具。

2）手术刀、屠宰刀、雕刻刀等专业刀具。

3）文艺表演单位用的刀、矛等。

4）加重或有尖的手杖、铁头登山杖和其他可用来危害安全的锐器和钝器。

5）凡是属于液体的携带物品必须经安检人员确认方可确定是否能带上飞机。对查获的刀具一律由民航安检部门暂存，对那些故意藏匿携带刀具的人员，一律交由民航公安部机关审查处理。

8. 外国旅游者在华的权利与义务

我国宪法明确指出："中华人民共和国保护在中国境内的外国人的合法权利和利益。在中国境内的外国人必须遵守中华人民共和国的法律。"

（1）在中国境内，入境的外国旅游者享受合法权益，享受人身自由不受侵犯的权利；但是，同时他们必须遵守中国的法律，不能够进行危害国家安全、损害公益事业、破坏公共秩序的活动。持签证的入境旅游者，不得在中国从事与其身份不符的活动、如宗教宣传、非法采访等。

（2）在签证的有效期内，入境的外国旅游者可在对外开放的地区自由旅游，但是，必须尊重旅游地区的民风习俗。如果希望前去不开放地区旅游，必须事先向所在市、县公安局申请旅行证，获准后方可前往，未经允许不得擅自闯入非对外开放的地区旅游。

（3）外国旅游者经过办理一定的手续是可以进入不对外开放的地区的，其手续如下：

1）交验本人护照或在华的居留证件。

2）提供与旅行事由相关的证明。

3）填写旅行申请表。

4）如果入境外国旅游者的签证期限到期，又希望继续旅行，可以到当地的公安机关申请延长在中国的停留期限，也就是延长签证的期限。

9. 外国旅游者的入境签证问题

来中国旅游的外国旅游者必须持有效护照，向中国的外交代表机关、领事馆、或者外交部授权的其他驻外机关申请办理签证。

（1）中国相关的驻外机构对于来华旅游的 9 人（不含 9 人）以上的旅游团可发给团

体签证，团体签证一式三份，签发的机关存留一份，来华旅游时携带两份，一份用于入境，一份用于出境。

（2）必要的时候，提供有关的证明，例如，来华旅游者申请签证需要出示中国旅游部门的接待证明。但是，在特定的情况下，例如，事由紧急，确实来不及在上述机关办理签证手续者，可向公安部授权的口岸签证机关申请办理签证。

（3）公安部授权的口岸签证机关设立在以下口岸：北京、上海、天津、大连、福州、厦门、西安、桂林、杭州、昆明、广州（白云机场）、深圳（罗湖、蛇口）、珠海（拱北）、重庆等地。

10. 遗失证件的处理

境外游客应当持有效的证件在签证准予停留的期限内，从指定口岸入出境。入境的时候，须向口岸边防检查站交验有效护照或者是其他有效证件，在旅游过程中，旅游者随身携带的重要证件一般有护照、签证、旅行证、身份证、港澳同胞回乡证、台湾居民往返大陆通行证等。若不慎丢失，会遇到很大的麻烦，比如不能登记住宿，不能够买机票、也不能乘坐飞机、甚至出不了境，回不了国，同时也会给导游人员的带团带来很多困扰，影响他本人和其他游客的旅游情绪。因此，计调与外联导游人员对证件的管理都要予以足够的重视。

（1）办理丢失外国护照的程序

1）积极寻找。安慰失主，稳定情绪，未果，可找接待社。

2）开具遗失证明。失主到接待社开具有公章的证件遗失证明。

3）到当地公安机关挂失。失主持接待社证明到当地公安机关（出入境管理处）申领护照报失证明。

4）申请新护照。失主持护照报失证明及照片到本人所在国驻华赴使、领馆申领新护照或临时证件。

5）重新办理签证。失主持新护照或临时证件，再返回当地的公安局出入境管理处申请办理新的入境签证。

（2）办理丢失团体签证的程序

1）积极寻找。

2）到接待社开具团体签证的遗失证明。

3）备齐相关的资料

① 原来团体签证的复印件。

② 按原团签的格式重新打印全团人名单。

③ 带上全团旅游者的护照。

（3）办理丢失华侨中国护照的程序

1）到接待社开具遗失证明。

2）失主持遗失证明到当地的出入境管理处挂失，并申领新护照。

3）持新护照到侨居国驻华使、领馆办理回侨居国的入境签证。

（4）办理丢失港澳回乡证的办理程序

1）由接待社开具遗失证明。

2）到旅游地的当地派出所挂失，并取得报失证明。

3）再到当地的出入境管理处申请赴港澳证件，经核实之后，发给一次性有效的中华人民共和国入出境通行证。

（5）办理丢失台胞证的程序

1）由接待社开具遗失证明。

2）到当地的派出所挂失，并取得报失证明。

3）到当地的出入境管理处申请赴台证件，经核实之后，发给一次性有效的中华人民共和国入出境通行证。

4）台胞证由我国公安部委托香港中国旅行社签发，分为一次有效和5年有效的期限。

三、依法规范经营入境旅游业务

1. 中方旅行社与外方旅行社签署组团合同

中国的旅行社与外国的旅行社组团经营旅游业务的时候，一定要本着发展共同的旅游事业，本着双方自愿以及平等、互利、友好的原则，签订具有法律效力的规范合同书。其中主要的条款应包括以下几个方面：

（1）来华旅游的起止时间。

（2）向中方旅行社提前确认旅游团（散客）入境的时间期限。

（3）以书面形式提供的资料内容应包括：旅游人数，所需房间数，入境航班、车、船次，全团成员名单，注明领队姓名、游客姓名、性别、出生年月日、职业、国籍、护照号码、接待要求等。

（4）因某些原因导致旅游团行程变更后有损失，关于赔偿与否的约定。

（5）费用的结算方式。

（6）争议解决的方式与途径。

（7）违约的处理约定。

总之，条款越细越好，措词越准越好。

2. 中方旅行社的接待服务规范

（1）中方接待社（简称中方）向外方所组的旅游团提供标准化服务，派遣的是具有中国旅游管理机关颁发的导游员资格证与导游证的导游人员。并遵守以下要求：

1）导游人员上岗时着装整齐，胸前佩戴导游员胸卡。

2）在服务过程中使用礼貌语言。

3）上团前熟悉旅游团情况，带齐行程表、团体行李卡、门票、各种签单、饮料等用品。

4）熟悉导游知识，运用旅游团所用的语言导游。

5）游客抵达时致欢迎词；每天向客人报告天气情况、当天的活动行程，介绍游览点概况。

6）在旅游团的各项活动中，导游人员均提前10分钟到达出发地点。

7）在参观、游览、观看文艺演出等活动中，始终不离开客人，需要离开时，应征得旅游团领队的同意。

8）导游人员应严格执行中国旅游管理机构的规定，既不向客人索要小费、索汇、套汇，又要保证不降低服务质量。

9）尊重旅游者的意愿，按照与外国组团社商定的日程安排好参观、购物和专项活动。购物须到定点商店。所购物品有质量问题，中方应协助交涉解决。

10）尊重旅行者生活习惯及习俗。

（2）如果中方所派导游服务态度恶劣，外方可以向中方旅行社提出撤换意见，外方的领队有违法或与中方导游无故不合作的，中方可以向外方提出停止该领队再次到中国陪团的意见。

（3）中方旅行社应按照外方订立的标准，为旅游团订妥饭店、餐食、饮料和交通工具，中方不得擅自降低服务标准。如果没有订到外方指定的饭店，应代为订妥相同星级的饭店。

（4）中方的导游人员应协助旅游者保管好行李。在替旅游者办理托运、领取行李以及住人和离开饭店时，应对行李加以清点，在确认无误的情况下签字交接。

（5）中方应在旅游团入境前订妥中国国内段的交通票。由于机场关闭、气候条件或其他人力不可抗拒的原因造成的日程变更，不属于中方的责任。但是，应该与旅游团协商解决并向航空、交通部门办理有关手续。

（6）中方安排旅游团日程时，应适用安全的服务设施，避免旅游者处于危险的环境之中。对于体育旅游、冒险旅游、前往安全措施欠缺的地区和游览点观光，应向每一个旅游者提出安全警告，并要求旅游者在相关的文件上签字。声明免除中方的一切责任。

第二节　入境旅游业务操作规程

一、设计入境旅游产品

1. 旅游产品的基本概念

旅游产品是旅行社生存的基础，没有旅游产品，旅行社的经营就无法继续下去。旅游产品，说到底是旅行社为了满足旅游者在旅游过程中的需要，向旅游者提供的各项有偿的服务。旅行社的产品形态是多种多样的，其中以路线的设计最为复杂。无论哪种产品的开发，都是在多种因素的影响下进行的，需要经过复杂的产品开发过程。

开发旅游产品的决定因素有三个。一是资源的赋予，二是配置设施，三是旅游者的需求，这里所讲的旅游产品，也可称为旅游服务产品，它是由实物和服务综合而构成的，向旅游者销售旅游项目，服务构成产品的主体，这是其鲜明的特征。其具体展示的主要有线路、活动和食宿。

2. 旅游产品的类型

(1) 单项旅游。

(2) 团体包价旅游。

(3) 散客包价旅游。

(4) 半包价旅游。

(5) 小包价旅游。

(6) 组合旅游。

(7) 半自助游。

(8) 自由行。

3. 设计旅游产品的原则

(1) 市场原则。旅行社产品开发的目的在于通过产品销售，获得经济利益。如果旅行社的产品不能满足旅游者的需要，产品就没有销路，旅行社也就无利可图。市场原则就是要求旅行社开发新产品前，对市场进行充分的调查研究，预测市场需求的趋势和需求的数量，分析旅游者的旅游动机。只有这样，才能针对不同目标市场旅游者的需求，设计出适销对路的产品，最大限度地满足旅游者的需求，提高产品的使用价值。市场原则具体体现在以下三个方面：

1）根据市场需求变化的状况开发产品，旅游者的需求是千差万别的，同时又是千变万化的，但其中业不乏相对稳定的因素。对于大众旅游者来说，以下需求具有代表性和稳定性：

①到未曾到过的地方，增广见闻，有多姿的旅程。

②从日常的紧张生活中求得短暂的解脱，提高情趣，舒畅身心。

③尽量有效地利用时间而又不太劳累。

④尽量有效地利用预算，物美价廉。

⑤购买廉价而又新奇的东西。旅行社可以根据旅游者这些相对稳定并具有代表性的需求特点，同时结合不同时期的不同风尚和潮流，设计出适合市场需求的旅游产品。

2）根据旅游者或中间商的需求开发产品，旅行社还可以直接根据旅游者和相关旅行社的要求，设计专门的旅游产品，开拓自己的市场。

3）创造性地引导旅游消费，旅行社审时度势，创造性地引导旅游消费，也是市场原则的实际应用。

（2）经济原则。经济是指以相对低的消耗，获得相对高的效益。旅行社产品同其他产品一样，也有各种成本支出，如交通费、住宿费、餐饮费等。这就要求旅行社在产品设计过程中，加强成本控制，降低各种消耗。例如，通过充分发挥协作网络的作用，降低采购价格，这样既可以降低旅行社产品的直观价格，便于产品销售，又能保证旅行社的最大利润。

旅行社产品开发的经济原则还表现在旅行社产品的总体结构应尽可能保证旅行社接待能力与实际接待量之间的均衡，减少因接待能力闲置造成的经济损失，事实上，绝对平衡也是不存在的。但可以通过产品的优化组合和必要的辅助手段，如价格调节，使旅游需求尽可能与旅行社的接待能力趋于平衡。

（3）旅游点结构合理、布局得当的原则。旅行社设计旅游线路时，应慎重选择构成旅游线路的各个旅游点，并对之进行科学的优化组合。具体地讲，在旅游线路设计过程中注意以下几点：

1）尽量避免重复经过同一旅游点。在条件许可的情况下，一条旅游线路应竭力避免重复经过同一旅游点，因为根据满足效应递减规律，重复会影响一般旅游者的满足程度。

2）点间距离适中。同一旅游线路各旅游点间的距离不宜太远，以免造成大量时间和金钱耗费在旅途中。一般来说，城市间交通耗费的时间不能超过全部旅程时间的1/3。

3）选择适量。目前，短期廉价是大众旅游者的追求目标，旅游者的旅游时间一般在一周至两周之间。在时间一定的情况下，过多地安排旅游点，容易是旅游者紧张疲劳，达不到休息和娱乐的目的。也不利于旅游者深入细致地了解旅游目的地。同时，择点过多，对旅行社产品的销售也会产生不利影响，致使旅游回头客减少。对此旅行社应注意方式方法，可以科学合理地进行安排。

①顺序科学。在交通安排合理的前提下，同一线路旅游点的游览顺序应由一般的旅游点逐步过渡到吸引力较大的旅游点，这样可以使旅游者感到高潮迭起，而非每况愈下。例如，对国际旅游者来说，广州、桂林、上海、西安、北京一线的组合便优于其逆向组合。

② 特色各异。一般来说，不应将性质相同、景色相近的旅游点编排在同一线路中，否则会影响旅游线路的吸引力。当然，专业考察旅游则另当别论。例如，广州、桂林、上海、西安、北京一线，正是由于各旅游城市独有的特色和科学的组合而成为我国在国际旅游市场中销售的旅游线路。

（4）交通安排合理的原则。交通工具的选择应以迅速、舒适、安全、方便为基本标准。在具体安排上，长途一般应乘坐飞机；交通工具的选择应与旅程的主题相结合；同时要保证交通安排的衔接，减少候车（机、船）的时间。

（5）服务设施确有保障的原则。旅游线路途径旅游点的各种服务设施必须得到保障，如交通、住宿饮食等。这是旅行社向旅游者提供旅游服务的物质保证，缺少这种保证的旅游点一般不应考虑编入旅游线路。

（6）内容丰富多彩的原则。旅游线路一般应突出某个主题，并且要针对不同性质的旅游团确定不同的主题，如草原风光旅游、中国名酒考察旅游等，都有自己鲜明的主题。同时，旅行社还应围绕主题安排丰富多彩的旅游项目，让旅游者通过各种活动，从不同的侧面了解旅游目的地的文化和生活，领略美好的景色，满足旅游者休息、娱乐和求知的欲望。在同一线路的旅游活动中，力求形成一个高潮，加深旅游者的印象，达到宣传自己、吸引游客的目的。旅游活动内容切忌重复，尤其在殿堂庙宇的安排上，更应仔细慎重。因为我国这类古建筑不胜枚举，而它们对一般旅游者来说，往往是大同小异。

4. 旅游服务采购

（1）旅行社旅游服务采购的内涵。旅行社的产品就是旅行社为满足旅游者旅游过程中的需要而向旅游者提供的各种有偿服务。在我国，目前旅行社向旅游者提供的产品除包括各种单向服务外，更多的则表现为包括行、游、住、食、购、娱各要素在内的综合包价旅游。这就使旅行社的产品不可避免地将住宿、交通运输和餐饮等许多旅行社自己并不直接经营的服务项目也包括其中，由此而产生了旅行社旅游服务的采购行为。

旅游服务的采购是指旅行社为组合旅游产品而以一定的价格向其他旅游企业及旅游业相关的其他行业和部门购买相关服务项目的行为。旅行社购买的服务项目构成旅行社产品的必要组成部分。

（2）旅行社旅游服务采购的任务

1）保证提供旅游者所需的各种服务。既然旅行社出售的产品大部分是由其他旅游服务企业供应的，旅行社能否满足其顾客的需求，便在很大程度上取决于能否采购到所需要的服务。

旅行社销售产品时，需要明确产品的内容和范围，并规定其数量和质量。在旅游者到达目的地旅游时，如果由于采购工作的失误，不能完全兑现已销售的“诺言”，例如，使游客乘不上规定航班的飞机，住不上规定的饭店客房，看不到应看的节目，吃不到应吃的零食等，都可能引起旅游者的不满甚至投诉，影响旅行社的声誉。

2）旅行社采购工作的任务。旅行社采购工作的任务是保证提供旅游者所需的各种旅游服务，这是旅行社经营中一个非常重要的方面。特别是由于我国旅游业的发展历史较短，基础薄弱，在客流量大幅度变化的情况下，常常会出现某些旅游服务供应紧张的现象，要保质保量地提供各种服务，确实不是一件易事。

3）降低旅游产品的成本。在旅行社的产品成本中，直接成本占大部分，因此，旅行社降低成本的主要目标应放在决定直接成本高低的关键性因素——采购价格方面。

一方面，我国旅行社行业的价格战很激烈，旅行社的利润率呈不断下降趋势。在此情况下，如果旅行社的采购价格比别的旅行社低，就可以争取到更多的客源，反之就会失去许多客源。也就是说，降低采购价格对增加旅行社的营业额和利润具有越来越重要的意义。

另一方面，我国正处于价格改革和经济高速发展的过程中，旅行社常常会因为相关产品价格的变化和通货膨胀等原因造成自身产品价格的变化。而旅行社出售的产品从报价到成交总有一个时间差，如果在旅行社报价与成交之间某些旅游服务价格上涨幅过大，将给旅行社造成很多困难；如果随之涨价，将会导致消费者的不满而丢掉客源；如果自行消化，就会降低利润甚至亏本。因此，如何尽可能保持产品成本的稳定也是采购工作的一项任务。

（3）旅游服务的采购与网络协作。旅行社产品的高度综合性和强烈季节性决定了建立旅行社协作网络的必要性。不仅如此，旅行社协作网络的质量，还将直接决定旅游服务采购的质量，并由此对旅行社的产品质量产生直接影响。

协作网络的建立是旅游服务采购的基础工作，是指旅行社通过与其他旅游企业及旅游业相关的各个行业、部门洽谈合作内容与合作方式，签订经济合同或协议书，明确双方权利义务及违约责任，从而保证旅行社所需旅游服务的供给。

1）与交通部门的合作。城市间交通服务和城市内旅游交通服务是旅游者在旅游活动过程中实现空间转移的必然媒介。因此，迅速、舒适、安全、方便的交通服务是旅行社产品不可或缺的组成部分，并对旅游日程的实施、旅行社的信誉产生至关重要的影响。所以，旅行社必须与包括航空公司、铁路局、水上客运公司和旅游汽车公司等在内的交通部门建立密切的合作关系，并争取与有关的交通部门建立代理关系，经营联网代售业务，这在我国目前的交通运输状况下显得尤其重要。

事实上，在经济发达国家和地区，交通运输行业的竞争已经相当激烈，它们热衷于同旅行社进行业务合作，以取得稳定的客源渠道。

对服务业的许多部门来说，它们面临的主要问题是供给与需求的平衡，而对固定成本很高的交通部门更是如此。以航空公司为例，它具有以下特点：

① 固定成本很高，从购入到报废时间较长。

② 折旧的唯一依据是实际载客运行时间，过多地停留机场只增加管理费用。

③ 市场调节能力弱。

④ 航空服务不可储存。

因此，如出现剩余机座，则其在特定航行中的价值便丧失。与此同时，为确保公司声誉，如果因各种原因出现过剩乘客，航空公司不能置之不理，而必须设法将过剩乘客转到其他航空公司，或为他们提供单独的交通工具。例如，1988 年 10 月 24 日，英国航空公司一架由东京直飞伦敦的波音 747 大型喷气客机，由于技术故障延迟 20 小时起飞，此间几乎所有乘客都烦于等待而转乘其他航空公司的飞机，唯有一位 36 岁的日本教师山本莉子坚持等待。英国航空公司依照民航条例，在巨额损失的情况下飞行。

2）与住宿部门的合作。饭店是旅游业的三大支柱之一，是旅行社产品的重要组成部分，并在一定程度上已经成为评价一个国家的旅游业接待能力的重要标志。旅行社如果不能依照客人要求安排饭店，或者饭店服务不符合客人要求，将直接影响接待工作的质量。因此，旅行社必须与饭店建立长久、稳定的合作关系，这是旅游服务采购工作的重要组成部分。

3）与餐饮部门的合作。餐饮服务是旅游供给必不可少的一部分，是旅游接待工作中极为敏感的一个因素。对现代旅游者来说，用餐既是需要又是旅游中的莫大享受。餐馆的环境、卫生，饭菜的色、味、形，服务人员的举止与装束，餐饮的品种以及符合客人口味的程度等，都会影响旅游者对旅行社产品的最终评价。旅行社必须与餐饮业建立合作关系，知识旅游服务采购中选择余地较大，而且又关系重大的一项工作。

4）与参观游览部门的合作。旅游资源是旅游活动的客体，是一个国家或地区发展旅游业的物质基础。参观游览是旅游者旅游活动最基本和最重要的内容。因此，旅行社与游览单位的合作关系也就显得特别重要。

5）与购物商店的合作。旅游购物属于旅游者的非基本需求，但现代旅游过程中，没有购物的旅游是极少的，所购物品不仅可以成为旅游者旅游的美好纪念，而且可以成为商品商贸的样品。为使购物活动成为旅游活动中丰富多彩、不可缺少的一部分，为方便旅游（团）者，节省时间，免遭坑骗，旅行社须与有关商店建立相对稳定的合作关系。

6）与娱乐部门的合作。娱乐也属于旅游者的非基本需求，然而，在现代旅游中增长知识、了解旅游目的地国文化艺术已成为旅游者日益普遍的需求。娱乐是旅游活动的六要素之一，特别是组织好旅游（团）者的晚间文化娱乐活动，不仅可以消除旅游者白天参观游览的疲劳，具有寓休息于娱乐中的效果，而且可以丰富、充实旅游活动，起到文化交流的作用，为整个旅程锦上添花。这就要求旅行社与娱乐行业建立必要的合作关系。

7）与保险公司的合作。旅游保险是旅游活动得到可靠社会保障不可忽视的重要因素，是指对旅游（团）者在旅游过程中因发生各种意外事故造成经济损失或人身伤害之时给予经济补偿的一种制度。旅游保险有利于保护旅游者和旅行社的合法权益，还有利于旅行社减少因灾害、事故造成的损失，它对旅行社的发展具有重要意义，由此为旅行社和保险公司提供了合作的前提的基础。

8）与相关旅行社的合作。组团旅行社为了安排旅游者（团）在各地的旅程，需要各地接团旅行社提供的接待服务，而这对组团社来说，也属于旅游服务采购的范围。组团社应根据旅游者（团）的特点，发挥各接带团社的特长，有针对性地选择接团社。接团社接待服务中自身不能供给的部分，则同样通过采购来解决。

总之，旅行社产品的特点决定了旅行社业务合作的广泛性，而在社会主义市场经济条件下，旅行社与旅游业其他部门和行业之间关系的核心是互利基础上的经济合同关系。只有这种在法律制约下的合作关系，才是旅行社协作网络稳定、健康发展的基础。

5. 旅游服务采购的管理

为了达到保证供应的目的，旅行社应该和有关的旅游服务供应企业，如饭店、餐馆、车船公司等建立起广泛的和相对稳定的协作关系，特别在旅游服务供不应求时，协作网越广泛，旅行社取得这些紧缺服务的能力就越强。在供过于求的情况时，采购工作的重点转向取得优惠价格方面，而为了得到最便宜的价格，也同样需要有一个广泛的协作网。旅行社要建立和维持广泛的协作网络，要善于运用经济规律，与协作企业建立互利的协作关系，要善于开展公关工作，促使企业领导之间及有关购销人员之间建立起良好的人际关系。

(1) 正确处理保证供应与降低成本的关系。保证供应和降低成本是旅行社采购工作同等重要的两大任务，但在实际工作中，这两者常常是矛盾的，旅行社要视不同情况在两者之间选择不同的重点，或者说采取不同的策略。

当某种旅游服务供不应求时，谁能获得它，谁就能在市场上具有更强的竞争力。例如，当航空运力十分紧张时，许多旅行社都无法采购到足够的机票，如果哪家旅行社能够得到比别人更多的机票，它就可以接待更多的旅游者从而获得更多的利润。由此可以得知，在供应紧张时，旅行社采购工作应该以保证供应作为主要的采购策略。反之，当某种服务供过于求时，保证供应已不成问题，旅行社就应致力于获得最便宜的价格，通过降低成本来提高竞争力和获得更多的利润。也就是说，供应充足时，应该以降低成本作为主要的采购策略。

单元 5

(2) 正确处理集中采购与分散采购的关系。旅行社是旅游中间商，而不是旅游消费者，它把旅游者的需求集中起来向旅游服务供应企业采购，这种采购是批量采购，而不是零购。按照商业惯例，特别是在买方市场的条件下，批发价格应该低于零售价格，而且批发量越大，价格越低，因此，旅行社应该集中自己的购买力，以提高自己在采购方面的还价能力。

集中购买力有两个方面的含义，一是把本旅行社各部门和全体销售人员接到的全部订单集中起来，通过一个渠道对外采购；二是把集中起来的订单尽可能集中投向供应商进行采购，用最大的购买量获得最优惠的价格，这是采购工作的一般规律。

但是，在供不应求的紧张情况下，分散采购可能更易于获得旅游者所需的服务。另外，在供过于求十分严重的情况下，分散采购往往能够得到便宜的价格。这是因为集中采购数量虽大，远期预订较多，而远期预订具有较大的不确定性。例如，当旅行社和供应单位谈判第二年的采购合同时，旅行社可以提出一个很大的采购计划，但到来年，可能会由于种种原因使实际采购量比计划采购量减少很多。也就是说，计划量大，“水分”

（即取消率）含量可能也高，卖方会因此对买方计划的可靠性缺乏信心，也就不一定愿意把价格定得很低。反之，分散购买多是近期预订，预订时旅行社一般已有确定的客源，卖方迫于供过于求的压力，常常愿意以低价出售。对于这个问题，旅行社可以采取两种策略：一是和卖方商定适当的数量折扣，采取这种办法后，不论今后实际采购量如何，买卖双方都有利可图；二是如果旅行社判定来年将出现严重的供过于求，则也可以用分散采购的策略，用近期预订的办法获得优惠价格。但是，不论对卖方采取集中还是分散的采购策略，旅行社都应该把内部的购买力集中起来统一对外。

（3）正确处理预订与退订的关系。旅游属于预约性交易，旅行社一般在年底根据其计划采购量和旅游服务供应企业洽谈来年的业务合作事宜。计划采购量一般是由旅行社参照前几年的实际客流量，并根据对来年的市场预测来确定的。计划采购量与实际采购量之间总有差距，如果实际采购量小于旅行社的预订量，旅行社就要临时退订，而卖方对退订是有时间限制的。例如，旅游团预定到达日期以前两周是退订截止期限，如在限期之后退订，卖方要向旅行社收取罚款，退订越晚，罚款额占售价的比例越高，最高可达100%。反之，如果实际到客数超过预订数，旅行社就要面临增订，卖方对增订一般也有数额限制，有时也要多收费用。当然，旅行社希望退订的限期越晚越好，增订限额越高越好，罚款越少越好，而卖方的要求正好相反，这就要求双方通过协商，达成一致意见。买卖双方协商的结果不可避免地会受到市场供求状况的影响。一般来说，供过于求的市场状况有利于旅行社获得优惠的交易条件；另一方面，双方协商的结果还取决于旅行社的采购信誉，如果在过去几年中旅行社的采购量一直处于稳定增长状态，其计划采购量与实际采购量之间的差距比较少，卖方就愿意提供较优惠的条件。

（4）加强对采购合同的管理。合同是指当事人之间为了实现一定的经济目的而明确相互权利义务关系的协议。签订合同是当事人为避免和正确处理可能发生的纠纷而采取的行为，目的在于确保其他经济利益的实现。旅游采购不是一手交货一手交钱的简单交易，而是一种预约性的批发交易，是一次谈判多次成功的业务，谈判和成交之间既有时间间隔，又有数量差距。

旅游采购的这种特点，使旅行社与协作部门之间的经济合同显得更必要，以预防各种纠纷的发生。但是，由于目前旅游业竞争激烈，加之我国的法制不够健全，旅行社一般没有相对固定的采购网络，因此也就很少使用采购合同，这也是目前买卖双方经济纠纷很多的一个原因。随着我国旅游业的发展，旅行社与其他旅游企业都应积极推行合同制，以利于我国旅游业走上更健康发展的道路。

6. 采购合同的基本内容有以下五个方面：

（1）合同标的。合同标的是指合同双方当事人权利义务指向的事物，即合同的客体。旅游采购合同的标的就是旅行社购买和旅游服务供应企业出售的旅游服务，如客房、餐饮、汽车运输等服务。

（2）数量和质量。由于旅游采购合同是预购契约，不可能规定确切的购买数量，而只能由买卖双方商定一个计划采购量，或者是规定一个采购和供应幅度。关于质量则由双方商定一个最低的质量要求。

（3）价格和付款方法。合同中应规定拟采购的服务价格。由于价格常常随采购量的大小而变动，而合同中又没有确定的采购量，因此，可商定一个随采购量变动的定价办法，还要规定在合同期内价格可否编订及其条件。在国际旅游业中还要规定交易所用的货币以及在汇率变动时价格的变动办法。此外，还要规定优惠折扣条件、结算方式、付款时间等。

（4）合同期限。合同期限是指签订合同后开始和终止买卖行为的时间，一般是一年签一个合同，也有的每年按淡旺季签两个合同。

（5）违约责任。违约责任是指当事人不履行或不完全履行合同所列条款是应负的法律责任。按照我国《经济合同法》的规定，违约方要承担支付违约金和赔偿金的义务。

二、工作范围与操作流程

1. 外联与营销

（1）遵照国家有关旅游的法律、法规与外方旅行社签署代理协议（合同书）。

（2）依据国外客户的计划要求，根据在我国旅游过程中各项服务产品所标的价格，进行估价核算，包括成本和利润，为国外客户准确合理地报价。

（3）在接收到客户的回馈信息之后，与对方进一步交流，也就是讨价还价。

（4）遵循平等互利、双赢、不亏本、薄利多销的原则。

（5）该团队组成（成团）之后，向外方旅行社发送成团确认书。

（6）将计划行程转交计调部，由其作进一步规划、设计与操作。

（7）向计调部提出该团所需导游人员（全陪或全兼地）的标准及要求。

（8）向计划行程里涉及的各地方的接待社传送接团通知书，并注明对地方导游人员的要求，请地接社回传确认。

2. 计划与调度

（1）承接外联营销人员送来的旅游计划行程，并以此作为计划调度唯一重要的依据。

（2）及时联系与调配房、餐、车、景点、演出、购物、参观、访谈等旅游活动项目。

（3）根据外联人员提出的条件与要求，选派导游人员。

（4）派遣导游人员应公平、公正、客观，掌握“量才适用”的原则。

（5）所有项目的联系结果都有要准确的记录，以签字为凭证。

（6）对于联络单位的联系人、记录人或负责人均须记录在案，以防有误。

(7) 就餐人数、身份证号码、乘机人名、班次、车次、汽车号码、电话必须准确无误。

(8) 24 小时开机电话，值班电话必须畅通。

(9) 建立值班记录制度。

(10) 不定期与食、住、行、游、购、娱等各相关单位友好往来，互通有无。

(11) 确定导游与司机前往接站地接团的具体时间及地点。

(12) 及时向外联营销人员反馈旅游市场的费用行情和游客的特殊情况反映。

3. 建立客户档案

(1) 及时将国外客户的业务情况，特别是客源的输送情况给予立户存档。并不定期地走出国门，与客源地的客户建立有好合作关系，面对面地进行交流。

(2) 将自己的旅行社宣传出去，举办或参展旅游展销会或业务洽谈会。做到“宣传自己，了解别人”。

(3) 所有的联络记录、相关材料、特别是成团材料一律保存三年或三年以上。

4. 关于旅游投诉

(1) 投诉者。投诉者是指以自己的名义，请求旅游行政管理机关维护其自身和他人的旅游合法权益，因而是投诉成立的人。

(2) 投诉人具备的条件

1) 与案件有直接利害关系的人。

2) 确有损害投诉者权益的违法行为发生。

3) 被投诉者主观上有过错。

4) 涉及的纠纷是在旅游活动中。

5) 旅游者可以向旅行社、向仲裁机构直至向法院主张自己的权利。

(3) 投诉人的权利

1) 有权了解处理情况。

2) 有权请求调解。

3) 有权与被投诉者和解。

4) 有权放弃或变更请求。

5) 有权申请复议和提起诉讼。

(4) 投诉人的义务

1) 按投诉规定的条件、范围投诉。

2) 按投诉要求向旅游投诉管理机关递交投诉状，并按被投诉者人数提供副本。

(5) 旅游投诉范围

1) 认为旅游经营者不履行合同或协议的；

2) 认为经营者故意或过失造成行李物品破损或丢失的；

3）认为经营者故意或过失造成投诉者人身伤害的；

4）认为经营者故意欺诈投诉者，并损害投诉者利益的；

5）认为旅游企业职工私自收受回扣和索要小费的；

6）有其他损害投诉者利益的。

（6）旅游投诉实效。旅游投诉的实效期间为60天，超过规定期限的，旅游投诉管理机关不予受理。

1）调解。调解指的是旅游投诉的管理机关主持旅游者和被投诉者双方通过和解解决纠纷，达成协议的行为。

2）处理决定的期限。旅游者以口头或书面形式投诉，旅游投诉的管理机关应及时调查处理，不符合受理条件的，应在7日内通知投诉者不予受理并说明理由。是否处理，应当在10日内作出决定，决定处理应当在45日内作出处理决定，并答复投诉者。

3）处理决定

① 属于投诉者自身过错，管理机关可以撤销立案，通知投诉者并说明理由。

② 属于投诉者与被投诉者共同过错，管理机关可以决定双方各自承担相应的责任。承担的方式，可自行商量，也可由管理机关决定。

③ 属于被投诉者的过错，管理机关可以决定由被投诉者承担责任。

④ 属于其他部门的过错，可以转送有关部门处理，但这并不表示旅行社没有任何责任。在旅游过程中发生的质量问题，一般是组团社先行赔偿旅游者的损失，后追偿。

4）被投诉者。是与旅游投诉者相对的一方，被控侵犯旅游投诉者权益，需要追究行政责任、民事责任、被旅游行政管理部门通知应诉的人。

5）被投诉者的权利

① 有权与投诉者和解。

② 由权依据事实，反驳投诉请求，提出申辩，请求保护其合法权益。

③ 有权在旅游行政管理部门作出处罚前举行听证会。

④ 有权申请行政复议。

⑤ 有权向人民法院起诉。

（7）被投诉者的义务

1）及时调查核实。

2）认真解决问题。

3）协助调查。

4）提供证据证明。

5）主动协商和解。

6）赔礼道歉或赔偿损失。

7）被投诉者会接到旅游投诉管理机关送达的投诉状副本和通知，被投诉者应当在接到通知之日起30天内作出书面答复。书面答复的内容包括被投诉时事由、核实过程、基本事实与证据、责任与处理意见。

当旅游者直接向旅游企业（旅行社）投诉时，作为被投诉者在接到投诉状或口头投诉后，应当调查核实，与投诉者自行协商解决纠纷；不能自行解决的，应当及时移送旅游投诉管理机关，由旅游投诉管理机关审查处理。

5. 旅游投诉管理

计调人员在接到游客向旅行社投诉导游或者领队人员的时候，一定要沉着、冷静。因为在未经过核实之前，听到的毕竟是一面之词，不要急于表态或下结论。等到陪同导游回来之后，了解了具体情况之后再作考虑。妥善处理旅游投诉，可以变坏事为好事，成为旅行社解决某些问题的契机，还可以就此提高服务质量。经验丰富的计调人员都十分重视游客的投诉，所以，面对投诉时，计调人员应注意以下几点：

（1）对待旅游投诉的态度

1）高度重视。

2）认真仔细倾听。

3）尊重客人。

4）了解核实具体情况。

5）尽快给予答复。

6）记录在案。

7）积极改进。

（2）旅游者要求投诉的心理状态

1）不满与气愤的心理状态。

2）要求尊重的心理状态。

3）要求补偿的心理状态。

4）企图报复的心理状态。

5）要求发泄的心理状态。

6）不平衡的心理状态。

6. 导游人员与导游职业

（1）导游职业的现状。当前，绝大部分导游人员已经属于自由职业者。因为他们已经再不是固定在某一个旅行社里的员工，他们在旅行社里没有固定工资，没有“五险一金”，没有一个单位里的员工所应有的任何福利待遇。最主要的是旅行社早已不再养着导游，在旅游行业，因为目前还没有一个像导游协会这样的组织，因此，绝大部分导游没有归属感。加之社会上对导游的一些偏见，媒体的报道与炒作，使导游人员缺少职业的荣誉感，普遍感到社会地位比较低。他们的生存与发展的状况都面临着比较严重的问题。

然而，尽管如此，他们仍然是旅游接待服务工作最重要的一部分，是旅行获得利润的最终的一个环节，导游的作用是一种不可替代的作用，导游业务是旅游行业中最具代表性的业务，导游服务是所有旅游接待服务中最重要的一种服务。从目前导游从事职业的范围来看，有专职导游，有兼职导游，有职业领队，有兼职领队，导游属于技能岗位，分别设初、中、高、特四个级别，北京的中级职称年年可考，高级职称考试鉴定已经停了13年，更不要说特级了。有的导游员经常上团，有的很少上团，有的经验非常丰富，有的则根本就没有经验，这其中有本地人，有外地人，有院校毕业的，有转行过来的，有下岗的，有退休的，有的年龄很小，有的岁数很大。真可谓良莠不齐，水平不一，高低不等。以北京为例，现有持证导游员约23 000多人。因此，鉴于导游人员的现状，在导游没有固定单位，没有档案可查，几乎是完全市场化的形势下，导游如何管理，业务如何提高，怎样选择优秀的导游以确保自己的团队，这是摆在计调与外联面前的一大难题。计调人员必须了解导游市场，了解导游的工作状态、工作特点。才能在当今的旅游形势下，建立一支比较稳定的、素质较好的导游员队伍。

（2）导游工作的性质与特点。导游员是旅游行业中一支重要的力量，旅游计划中所涉及的几乎所有的项目，都是由导游员来落实、执行、实现的。虽然有的项目不是导游员亲自操作，但也是在导游员的参与下来完成的，其工作性质本身是一种复杂的、高智能、高技能、高层次的服务。其服务工作的属性有以下特点：鲜明的服务性、传播文化性、广泛的社会性、经济效益性、内外有别性、礼貌礼节性。导游工作的共性特点是高度的独立性、决定的果断性、脑体结合性、复杂多变性、诱惑性、文化异同性。

7. 创建科学有效的导游人员管理制度

（1）与受聘导游签订劳动合同。不与带团的导游人员签订劳动合同是一种违法的行为，计调人员对这一点必须高度重视，即便是临时借用的导游人员，也要与之签订临时劳动合同，按照劳动法为导游人员上“五险一金”上团给补助，劳务给报酬。

（2）搭建联系网络。制作导游名录，分语种和级别而立，内容包括姓名、性别、年龄、语种、身份证号、导游证号、手机号、备用联系电话、住址、联系人等。计调人员需要有一个行之有效的联络平台，保证接团、带团、送团工作无误。

（3）建立导游人员业务档案。对于曾经在社里带过团的导游人员，无论是专职的，还是兼职的，无论是长期的，还是临时的，也无论是何种级别，哪怕仅带过一团，一个散客，都要记录在案，给予建档立案。只有如此，才能有利于对导游人员进行追踪式的管理，才称得上是有效的管理。

（4）管理导游证件。负责送审，年审、换证、调进，调出，更新，换版，凡旅游行政管理部门所规定的各项与导游相关的文件，政策，以及相关的活动安排，都必须及时传达给导游人员，使有关导游的情况下情上传，上情下达。

（5）实行合同管理。这是使导游人员依法为旅游者提供导游服务的保证，是提高导游服务质量的重要措施，促使导游人员增强责任感，更加自觉地为游客服务。

（6）在岗培训与考核。对导游人员的培训是全方位的，主要内容有思想政治教育、法律法规教育、职业道德的培训、服务意识的培训、服务技能的培训、语言能力的培训、专业知识的培训、应变能力的培训等。考核的主要内容有全年的工作量、业务能力、旅游者投诉与表扬情况、学习与进修等。

（7）建立健全导游人员技术等级评定制度。导游人员的评定制度起始于 1996 年，等级评定制度适用于全国的专职和兼职导游员，这种激励机制有助于调动导游员的工作积极性，同时也有利于我国导游服务质量的提高和导游人员队伍的建设。等级体现了导游人员的技能水平，使导游有职业的荣誉感，鼓励导游人员积极进取，不断进步，从整体上提高导游人员的职业水平。

第6单元

旅行社电子商务与网络业务

学习目标

1. 了解电子商务与旅游电子商务的基本概念。
2. 掌握旅游电子商务的主要功能。
3. 掌握旅行社电子商务体系的基本组成。
4. 掌握典型旅行社管理软件的内容。

单元提示

本单元介绍了电子商务的基本知识；讲述了旅游电子商务的概念、特点，旅游电子商务的体系结构、功能、应用领域以及旅游电子商务的发展过程；重点介绍了信息时代旅行社如何面对电子商务，如何设计和实施电子商务，以及可在大中型旅行社和中小型旅行社运用的两个旅行社管理软件。

第一节 旅游电子商务综述

如今人类已经进入信息社会，建立在信息和计算机网络基础之上的电子商务自20世纪90年代以来，正飞速发展着，并逐渐成为重要的经济和贸易手段。旅游业，特别是旅行社对信息具有极强的依赖性，因此，电子商务在旅游业中的发展对旅游业特别是旅行社的影响是巨大的。谈到旅行社的经营管理，就不能不谈到电子商务。不但需要了解旅行社电子商务，而且需要先来认识和理解什么是电子商务和旅游电子商务。

一、电子商务和旅游电子商务

1. 电子商务

电子商务就是利用电子手段进行商务活动。对电子商务至今没有一个统一的定义。不过，一般认为电子商务是运用电子技术和电子工具和计算机及其网络等进行商务活动的过程。因此，电子商务简称EC（Electronic Commerce）或EB（Electronic Business）。也有人认为电子商务主要是利用国际互联网从事商务活动，又把电子商务简称IC（Internet Commerce）。

电子商务引起人们的关注也只是近十几年的事。但电子商务发展非常迅速，1997年全球电子商务贸易额仅26亿美元，1998年就达到376亿美元，1999年则突破980亿美元，2000年升至2 860亿美元，到2003年已接近10 000亿美元；全球电子商务连续5年以350%的速度增长。2008年，中国电子商务的贸易额突破3万亿元，同比增长43%。同时，随着电子商务的迅猛发展，电子商务在企业作用的不断增强，电子商务的范围也由以前的单纯贸易行为发展到企业内部的信息电子化处理，甚至是网上虚拟企业的经营行为。

（1）电子商务的分类。电子商务有多种分类方法，如可按照电子商务的运作方式分类，也可按照电子商务交易的范围分类。这里介绍最常用的分类方法——按照电子商务的交易对象分类。根据电子商务的交易对象不同，电子商务可分为企业对企业、企业对消费者、企业对政府、消费者对消费者等几类。

1）企业对企业电子商务（Business to Business，BtoB或B2B）是企业间通过电子手段进行销售和采购的交易行为。

2）企业对消费者电子商务（Business to Customer，BtoC或B2C）是企业通过电子手段进行电子零售的交易方式或者说是消费者通过网络进行的网上购物行为。

3）企业对政府的电子商务（Business to Government，BtoG或B2G）是企业与政府部门之间通过电子手段进行的商务活动或其他联系。如政府部门运用电子手段进行政府采购，企业运用电子手段向政府缴纳税收。

4）消费者对政府电子商务（Customer to Government，CtoG 或 C2G）是消费者与政府部门间通过电子手段进行的商务活动或其他联系。如政府部门运用电子手段发放政府补贴、救济金等，消费者运用电子手段向政府缴纳个人所得税等。

5）消费者对消费者电子商务（Customer to Customer，CtoC 或 C2C）是消费者之间通过电子商务进行的交易活动，如网上个人物品拍卖等。

（2）电子商务的发展。随着电子商务的不断发展，其在社会经济生活中的地位和作用逐步提高和加强，所涵盖范围也随之扩大，已突破了电子商务是企业通过电子手段进行对外交易的概念。根据 Kalakota 和 Winston 的理论，电子商务的应用有三种主要类型：企业内部、企业与企业之间、企业与顾客之间。因此，通常将 SCM（Supply Chain Management，供应链管理）、ERP（Enterprise Resource Planning，企业资源计划）、CRM（Customer Relation Management，客户关系管理）纳入到电子商务的范围之中。

1）SCM 供应链管理是指从原料开始到成品最终消费的过程中，供应商、中间商与用户之间的连接的程序。

2）ERP 企业资源计划是“一个以企业会计为导向的信息系统，其目的是对企业的制造、配送和结算等环节的企业资源，进行合理的规划和管理”。

3）CRM 客户关系管理是企业为更有效地掌握顾客特征，增强客户满意度与忠诚度，能更好地根据用户需求开发产品、开辟市场而建立的管理系统，通过该系统以实现企业与客户之间的快速的信息交流。

2. 旅游电子商务

在飞速发展的全球电子商务中，旅游业和金融业、软件业、出版业并列电子商务的四大应用领域。全球电子商务贸易额中旅游电子商务就占约 20%；在电子商务发达的美国，旅游电子商务则能占到电子商务贸易额的 1/3。如在美国 2001 年的电子商务总营业额的 530 亿美元中，旅游业就占到 193 亿美元。

（1）旅游电子商务的概念。旅游电子商务是电子商务在旅游业这一特定领域的运用，是在各种旅游集团的营销网络特别是国际互联网的支持下开展的电子化商务活动。

一般认为，旅游电子商务是旅游企业基于互联网络技术，运用电子手段以实现旅游商务活动的过程。狭义地讲，旅游电子商务是在网上进行的旅游产品的电子交易。广义地讲，旅游电子商务包括利用网络进行的各种旅游经营活动和商业活动，如网上宣传与营销推广、市场调查分析、财务核算、生产安排等。

（2）旅游电子商务的特点。旅游电子商务与传统旅游交易方式相比，具有许多新的特点。这里从旅游企业经营的角度做几点归纳。

1）超越空间限制。由于旅游电子商务借助于网络进行，因此它也就具有了网络突破空间距离的特性，可将商务活动扩展到网络的任何一个角落，使企业的经营范围空间扩大了，旅游市场更广阔，企业商机也随之增大。

2）信息实时更新。旅游信息具有很强的时间性，比如季节不同、假日不同经营的价格、项目和对象都可能不同。网络信息与印刷资料最大的区别之一，就是立即更改，立即更新。但这又反过来要求企业必须经常更新网上信息，否则，内容长期不变就会失去吸引力，从而失去网上潜在的顾客。

3）成本相对稳定。旅游电子商务的成本主要分为建设成本与维护成本。其中建设成本类似于传统商务先期固定资产投资，维护成本相当于传统商务经营过程的开销。不同的是，旅游电子商务其维护成本具有相对稳定性，即信息的被点击率增大，信息的用户数增多，不会导致成本的增加。换言之，交易量的增长不会带来交易成本的同步增长，反过来，用户数量的增加将使平均成本降低。而在传统旅游商务中，交易量增大，甚至只是访问者增多，都会由于业务员和宣传品等的增多导致经营成本增加。由于网络经营成本一般来说比传统经营方式更低，其网上价格也具有更大的优惠。

4）快捷方便，交互性强。一方面，通过电子手段，人们可以运用非常方便快捷的方法来完成传统交易中较为烦琐且事必躬亲的商务活动。另一方面，借助于计算机的交互性，现在的旅游电子商务网站也在不断增强互动性，增加可参与性的项目，以便吸引并留住更多的顾客。

5）系统性。旅游电子商务应该是企业进行网络化经营的一个方面的解决方案，因此往往都具备系统性，是企业对内实行电子化管理，对外实行电子化营销的整体方案。就对内而言，饭店前厅后台的每一个岗位、旅行社经营的每一个环节都纳入了其相应的计算机管理系统当中；而其对外的信息中常常都包罗了企业各种产品相关资料，可以说是企业对外营销的一个总平台。

6）系统内容和系统容量的扩展性强。由于电子商务方案的实现一般都是采用模块化的组合方式，因此要扩展内容较为方便。另外，开展旅游电子商务也要求系统容量的扩展性好。如企业信息和客户资料大量增加时，系统的存储量能迅速扩大；当访问者大量增加时，系统的接待能力能及时加强。

7）注重安全。由于电子商务是在虚拟的环境中进行的，病毒、黑客、欺诈等非法活动随时都威胁着电子商务的开展。在这种情况下，安全始终都是至关重要的核心问题，必须下大力气解决。

（3）旅游电子商务体系。电子商务在旅游业中的应用，不仅是作为一种工具以实现旅游产品交易的电子化和网络化，而且它也极大地改变了旅游业原有的体系结构，改变了旅游业传统的组织格局。

1）传统旅游业体系结构。传统旅游业主要是有旅游供应商、旅游中间商和旅游者通过纵向合作组成的。而旅游供应商和旅游中间商与旅游者的交易大多数都是通过面对面完成的。

2）旅游电子商务背景下的旅游业体系结构。随着旅游中电子商务的发展，传统旅游业的垂直分工体系被打破了。尽管旅游业主要仍由旅游供应商、旅游中间商和旅游者组成，但旅游中间商队伍却发生了根本的变化，大量有 IT 背景的旅游电子商务运营商也加入了竞争的行列。更重要的是，各种专业非专业的旅游电子商务运营的加盟，彻底打破了传统旅游业相对封闭的运作模式，以信息的透明化促进了旅游业的开放。

3）旅游电子商务的体系结构。在传统的旅游业中，旅游供应商、旅游中间商和旅游者是构成这一行业的三大要素；而对电子商务来说，由于经营实体在网上是无形的，其电子商务体系依赖的实体基础便是能在连接旅游业的网络系统，它可以是专用网络，也可以是 Internet；在此之上的旅游企业可通过专用的电子数据交换方式或基于 Web 的电子商务系统来进行电子商务；为保证电子商务的顺利可靠，还需要相关的安全技术与法律方面的安全保障，社会对电子商务的认知程度也是影响旅游电子商务体系的重要因素；旅游电子商务体系的主角是在旅游供应商、旅游中间商和旅游者之间传递的信息；为确保电子交易的成功，还需要有银行和物流业的支持。旅游业中的产品主要是旅游者的消费，其对物流的依赖比物质生产部门更弱一些，主要体现在票务方面。

（4）旅游电子商务的发展状况。20 世纪 90 年代，由于互联网的普及和高速发展，电子商务开始被人们知晓，并迅速发展。也许一般人们都认为旅游电子商务是随着电子商务的发展而产生的，实际上，旅游电子商务早在互联网诞生前几十年就出现了。

1959 年，美国航空公司与计算机巨头 IBM 公司合作开发了 SABRE 系统，这是世界上最早的计算机预订系统。20 世纪 60 年代，美国航空公司为航班售票建立了计算机预订系统 CRS（Computerized Reservation System），并将它扩展到饭店订房、汽车出租、豪华游轮等的预订。CRS 是第一代计算机旅游网络销售系统的典型代表。1965 年，假日饭店集团建立了饭店业最早的计算机预订系统——假日电信网（Holidex - I）。1967 年，美国喜来登集团也建立了自己的中央预订系统（Reservation）、专业化的饭店集团中央预订系统甚至还拥有自己的通信卫星。当然，这些专业预订系统主要是针对集团成员、合作伙伴和各种会员的，这一阶段的电子商务还处于较为封闭的状态。

互联网的出现为旅游电子商务的发展创造了新的契机，开拓了新的领域。具体表现在以下几个方面：

由封闭到开放，参与人数迅速增长。由于互联网普及速度之快，超出了人们的想象，而众多网民的涌现为旅游电子商务的高速发展提供了充足的客源。据美国旅行协会 1997 年 11 月的一份调查报告估计，当年美国网上旅游预订的人数将达到 600 万。2000 年，美国的在线旅游者有 9 000 万人，占全美成年人口总数的 44%，其中约有 5 940 万人通过互联网制订旅行计划。中国的网民人数也在快速增加，1997 年我国互联网用户仅有 62 万人，2000 年上升到 2 250 万人，2003 年猛增到 6 800 万人，2004 年上半年已达 8 700 万人，截至 2008 年 6 月底，我国网民数量达到 2.53 亿人，首次大幅超过美国，跃居世界第一位。

在互联网方式下，旅游电子商务的模式更趋多样化。传统旅游电子商务以 B2B（旅游企业对旅游企业电子商务）为主，如今 B2C（旅游企业对旅游者电子商务）、C2B（旅游者对旅游企业电子商务）、B2E（旅游企业与非旅游企业电子商务）等各种形式的旅游电子商务都能方便地在互联网上实现，以降低企业的贸易成本、采购成本，或拓宽旅游企业的营销渠道。更重要的是，在多样化的旅游电子商务模式下，旅游企业的功能和经营方式也发生着巨大的变化。一批新型旅游企业开始出现，并且以迅猛发展的势头已经或正在打破旅游业原有的格局。

德格利夫旅行社是法国仅次于新边界旅游公司的第二大旅行社。然而，与新边界旅游公司门市遍布法国不同，它是一家没有门市的旅行社。德格利夫旅行社成立于 1991 年，是法国第一家利用电子媒体开展业务的旅行社。它创建时只有 4 人，到 1998 年人员已经增加至 160 人，销售总额达 4.6 亿法郎。这几年仍在不断增长。它可通过互联网向顾客提供旅游观光、度假、机票预售和客房预订、歌剧或音乐会等的门票销售，以及书籍、音像制品等的网上购买。

二、旅游电子商务的主要功能

电子商务主要是以网络技术为主的电子手段为企业提供信息流、资金流和物流的电子解决方案。但在目前的旅游电子商务中，物流只占很小的份额，而资金流主要还是依赖传统的支付结算方案，因此，当前旅游电子商务的主要作用表现在为企业解决信息流、产品营销、客户关系管理以及旅游企业间开展电子化交易等方面。

1. 实现旅游企业信息的网络传播及集成

旅游企业对信息的依赖性很强，具体表现在两个方面：一是要收集和存储大量与企业经营相关的行业信息；二是要将自己的有关信息及时向外发布。这种信息的收集和发布可以说是旅游企业生存的基础。因此，旅游电子商务的首要任务就是通过自己特有的网络系统完成企业所需的信息的传播和集成。

2. 实现旅游企业的网络营销

旅游电子商务的本质就是利用网络为主的电子技术经营和销售旅游企业自己的旅游产品。

3. 实现旅游企业客户关系的网络化管理

由于不再依赖面对面的交流，对电子商务时代来说，网络化、智能化的客户关系管理将是企业在激烈的市场竞争中取胜的关键。

4. 实现旅游企业的电子化交易与合作

旅游企业最大的特点是离不开合作。旅游供应商和旅行社为主的旅游代理商之间，组团社和地接社之间都离不开合作。而旅游电子商务将在很大程度上使这些旅游企业的交易电子化，因为电子化交易可以超越空间的限制，扩展合作领域，提高工作效率，降低交易成本。

三、旅游电子商务的应用领域

旅游电子商务的各种功能通过企业所选择的不同的电子商务模式而在不同的领域发挥着不同的作用。随着旅游电子商务的不断发展和深化，它在旅游业的应用也越来越广，几乎无所不在。其中，较为典型的应用领域有销售领域、信息服务、客户关系管理（CRM）供应链管理（SCM）以及企业资源计划（ERP）等。

1. 销售预订

销售预订是旅游电子商务最广泛的应用之一。其销售模式既有 B2B 方式的，也有 B2C 方式的；其运作方式既有集团联合的，也有企业自营的，还有网络服务商提供平台的。常见的销售预订方式有以下几种。

（1）计算机预订系统（Computerized Reservation System，CRS），是一个专供航空公司和旅游企业使用的网络预定系统，从航空公司的机票销售预订逐步扩展到旅行社代理商，服务范围则扩大到客房预订、租车等方面。

（2）全球分销系统（Global Distribution System，GDS），是以国际性航空公司为基础，与连锁饭店、汽车租赁公司、铁路公司、旅游供应商、旅游代理商等形成联盟共同建设的，能通过计算机网络为成员提供信息服务、航班预订、饭店订房、铁路订票、汽车预租、旅游预订等综合服务的分销系统。Amadeus、Galileo、Sabre 和 Worldpan 是全球航空领域的四大全球分销系统。

（3）饭店集团中央预订系统（Center Reservation System，CRS），是饭店集团自建的预订销售系统。顾客可通过此系统预订该集团在全球各地任意一家饭店或度假村的客房，并且在几秒钟内就可得到确认。中央预订系统使饭店集团能有效地将客源保持在集团内部。

（4）旅游目的地营销系统（Destination Marketing System，DMS），通常是由旅游目的地地方政府和专业旅游网络服务商共同开发建设的，为宣传当地旅游资源、开展旅游产品营销、实现旅游预订、方便企业交易以及接受市场反馈与投诉等的综合性系统。旅游目的地营销系统（DMS）已成为旅游发达国家和地区进行旅游资源网络营销的先进平台，在英国、西班牙、澳大利亚、芬兰等 10 多个发达国家和地区已得到较为广泛的应用。

在我国，近年来也非常重视 DMS 的建设。2002 年下半年我国就开始在广东省和大连市等地进行“试点”。2004 年 3 月，在福建举行“2004 年旅游目的地营销系统现场推广会”时，全国已有大连、三亚、珠海、苏州、厦门、深圳、桂林等 10 余个城市和广东省建成或正在建设旅游目的地营销系统。而在 2004 年 1 月的全国旅游工作会议上，国家旅游局已经要求“黄金周”直报城市和有条件的地区尽快建设旅游目的地营销系统，以便在我国建成全国性的旅游目的地营销系统网络。

（5）基于互联网的旅游网站预订系统，一般由旅游企业特别是专业旅游网络服务商建设，各类门户网站也开设了具有宣传和预订功能的旅游频道。这类系统可通过互联网进行B2B特别是B2C为主的旅游预订，而且由于利用互联网扩大了客源范围，简化了交易手续，其经营业绩正逐步提高。在国旅总社1.7亿美元的旅游业务收入中，通过应用互联网技术所收益的就占到了80%。

2. 信息服务

通过互联网对外发布旅游信息和进行市场调查、接受反馈意见是旅游企业开展旅游电子商务的重要内容之一。目前，单个旅游企业在互联网上建立的企业网站还难以起到销售预订的功能，因此，在互联网上发布信息、宣传企业和树立企业形象便成了其最主要的作用。

3. 客户关系管理

客户是企业发展最重要的资源之一。旅游企业推出的旅游产品只有在大量旅客的消费过程中才能产生价值和利润，客户关系对旅游企业尤为重要。CRM客户关系管理是利用信息技术，通过应用软件来实现企业与客户的快递、便捷的信息交流，并由CRM系统对客户的消费特征进行挖掘、整理，最终实现个性化的市场营销与管理、客户关怀与服务跟进，最大限度地维持现有客户，开发潜在客户。

单元 6

CRM客户关系管理除包含了当今先进的管理学与电子商务理念外，还集成了多种信息技术，如网络技术、多媒体技术、数据仓库和数据挖掘技术、支持决策系统、专家系统、呼叫中心等。

4. 供应链管理

供应链管理是指产品制造商、原料供应商、代理商、物流直到消费者所形成的一条价值链。而供应链管理（SCM）则是通过相关企业的相互连接的信息系统以协同计划、预测、补货等方式为顾客提供适时、适地、适量的产品。旅游消费是一种对消费者而言随机性很强的消费，国际旅游的散客化、个性化潮流必然促使旅游产品的相关企业加强合作，供应链管理也将成为旅游电子商务未来发展的一个重要方向。

5. 企业资源计划

根据美国生产及存货管理协会（APICS）字典的定义，企业资源计划（ERP）是一个以企业会计为向导的信息系统，其目的是对企业的制造、配送和结算等环节的企业资源，进行合理的规划和管理。它在传统的制造资源计划（MRPⅡ）的基础上运用了新的信息技术，如计算机与网络技术、关系型数据库、第四代语言、图形用户接口（GUI）等。

企业资源计划是一个应用软件系统，利用企业在生产、存储、销售、财务、运输等环节中的信息流，以企业会计基准，通过系统地运算处理，获得最佳的资源配置。

第二节　旅行社电子商务

旅行社和旅游交通、饭店业是旅游行业的三大支柱。在向旅游者提供旅游服务的过程中，旅行社起着媒介、桥梁和经纪人的作用。旅行社是旅游活动的组织者，又是旅游产品重要的销售渠道，堪称旅游行业中的龙头。但旅行社要实现这些作用，必须收集和整理大量旅游者的需求信息，必须获取和处理大量旅游产品的信息，并以此为基础，作出合乎旅游市场的旅游产品设计、整合和采购。因此，信息是旅行社赖以生存的基础。而电子商务时代正是信息的时代，所以旅行社努力开展电子商务既是旅行社发展的需要，也是时代的要求。旅行社电子商务是旅行社运用电子手段对生产服务过程中的市场调查、产品开发、采购、信息发布、成品销售、接待与客户关系、财务等进行电子化管理、并运用电子商务理论来指导旅行社经营管理的过程。在旅行社电子商务中，运用电子商务理论来指导旅行社经营管理与采用电子化手段来完善旅行社各环节操作是同等重要、缺一不可的。

一、我国旅行社与电子商务

单元 6

1. 我国旅行社电子商务的发展

20 世纪 20 年代，中国第一家旅行社在上海成立。但我国旅行社的大规模发展却是在 20 世纪 80 年代中期。到 1988 年年底，旅行社数量猛增至 1 573 家。改革开放初期由国旅、中旅和青旅三分天下的垄断局面已不复存在。我国旅行社的这种快速发展，一方面促进了旅行社的产业化，另一方面造成了我国旅行社总体规模偏小、鱼龙混杂、竞争无序和服务难以规范的局面。我国旅行社业也正是在这种情况下进入了 20 世纪末来临的电子商务时代。

在我国，旅行社开展电子商务始于 20 世纪 90 年代中期。上海春秋旅行社是较早开展电子商务的，1994 年就建立了内部的计算机实时预订系统，并利用该系统快速、准确、规范、统一和方便等特点，扩大网点、增加网络成员，很快就形成了较为合理的代理商预订系统。2000 年上海春秋旅行社组建了春秋旅游网，2001 年，有将该网从简单的信息发布改造为可进行旅游电子商务的多功能平台。上海春秋旅行社的这种信息化网络化发展，逐步提高了企业电子商务的水平和功能，也使企业不断攀上新的发展阶段。1997 年，春秋旅行社在我国发展网络成员 30 余家，1998 年增加到 50 家，2000 年年初已扩大到 200 余家。1997 年春秋旅行社的网络营业额为 932 万元，1999 年网络营业收入达到 6 000 多万元。

而由中国国际旅行社、广东新太信息服务有限公司和华达康投资控股公司共同投资建设的华夏旅游网（www.ctn.com.cn）则是我国最早出现的旅游网站之一。1999 年年底，华夏旅游网和香港 TOM. COM 联合成立了 Itravel 公司，并于 2000 年推出了多种语言的版本。经过多年努力，华夏网逐步建成酒店预订、外联销售、出境游销售和游船预订等多个子系统，可向业界提供 B2B 的电子交易平台；同时还可以进行面向互联网公众的机票、客房预订及旅游线路自由定制在内的个性化旅游的 B2C 交易。

在传统旅行社积极开展电子商务的同时，基于互联网来开展经营业务的新型旅行社在我国也应运而生。广东岭南旅行社是我国第一家电子旅行社，目前主要利用互联网实现旅游线路信息的发布及实时更新、后台线路订单查询与跟踪、支付结算等业务。

2. 电子商务时代我国旅行社面临的主要问题

（1）全国性的旅游电子商务市场尚不成熟。旅游电子商务的发展依赖与互联网的普及和应用程度，其中互联网用户在人口中所占的比例也是影响旅游电子商务的关键，因为网络用户群正是旅游电子商务中客源市场之所在。美国是旅游电子商务的发源地，也是旅游电子商务高度发达的国家。除了美国旅游企业的信息化程度更高、网络技术的运用能力更强外，互联网用户在人口中所占的比例大，增长快，为旅游电子商务提供了丰富的客源市场，也是其发展迅速的重要因素。早在 1997 年，美国互联网用户就已经超过了 5 000 万人，1998 年便突破了 8 000 万人，2003 年则更是达到了 15 000 万人。1997 年美国上网家庭只占总数的 22%，到 2003 年已达到 56%。2009 年 7 月底，美国上网家庭总数达 1.891 亿人，比 5 月的 1.908 亿人出现了令人意外的下滑。

（2）新兴旅游中间商崭露头角，旅游代理市场竞争进一步加剧。在传统旅游业中，不管是批发还是零售，旅游中间商的角色主要是由旅行社来扮演的。随着电子商务，特别是旅游电子商务的兴起，旅游中间商的多元化已不可避免。这其中既有传统型的旅行社、具有电子商务能力的实体旅行社和虚拟旅行社，也有旅游综合网、旅游专业门户网站、区域旅游网、其他综合网站的旅游频道和专业的旅游电子商务平台供应商等。众多形式的旅游中间商的并存必然打乱原有的市场格局和原有的分工关系，旅游中间代理市场已经进入狼烟四起的战国时代，企业间的合作和竞争都势必进一步强化，投资风险业也将随之加大。

（3）旅行社信息化和商务电子化程度较低，其经营模式与开展电子商务的矛盾加剧。我国目前的旅游企业中，饭店业信息化程度较高，信息化对饭店企业的经营管理影响也最大，目前取得的电子商务成果仅次于航空业而位列前茅。但对旅行社来讲，一方面，信息化和电子商务的普及程度比较低。以信息产业和旅游业都较为发达的广东省为例，2000 年的一项调查显示，在全省 500 多家旅行社中只有 20 余家建立了自己的旅游网站。另一方面，即使在开展电子商务的旅行社中，在经营管理中体现电子商务经营理念的更是凤毛麟角。其中，大多数旅行社网站主要仅起到网上宣传作用。然而在电子商务时代，旅行社的竞争将逐渐从争夺客源市场的直接竞争转向比拼经营模式的间接竞争，能否快速顺应电子商务的发展潮流、能否快速运用电子商务的最新技术、能否快速融会电子商务的最新管理概念，归根到底，能否创新管理模式，将是能否在竞争中取胜的关键。

3. 我国旅行社电子商务具备的优势

尽管我国旅行社电子商务在发展过程中还存在一些问题，面临不少挑战。但我国旅行社开展电子商务也具有一定的优势。

（1）旅行社和我国其他旅游企业一样，具有开展电子商务较好的先天条件。主要表现在旅游业中旅行社和旅游供应商、旅游交通企业已存在的长期的合作关系，也为彼此间开展电子商务提供了有利的条件。

旅行社和我国其他旅游企业一样，物流问题历来被认为是阻碍电子商务发展的“瓶颈”之一。特别是随着电子票务技术的进一步成熟和推广，物流问题对旅游业务的负面影响将会越来越小。

（2）我国电子商务硬件设施已有很大的改善，技术上与其他发达国家的差距较小，这也为旅行社开展电子商务打下了较好的基础。一方面，国家非常重视信息基础设施建设和信息产业发展。1993 年 9 月，美国政府在全世界率先提出建设国家信息基础设施，即著名的 NII 计划；同年 12 月，我国政府专门成立了国家经济信息化基础建设龙头的“三金工程”，并于 1994 年开始实施。另一方面，近年来，各地方政府也极为重视信息化特别是信息基础设施的建设。

（3）我国电子商务发展和电子商务市场的不均衡分布于旅行社分布的不均衡基本吻合，这为大多数旅行社开展电子商务提供了一个相对良好的区域环境。

截至 2003 年 12 月 30 日，我国地区网站数量分布并不均衡，网站数量分布比例超过两位数的只有北京和广东两地；反过来，分布比例小于 1%的地区却有 11 个。北京、广东、浙江、上海、江苏五地之和，就占了全国的 63.6%，如果再加上福建、山东、辽宁，则占到全国的 76%。从上述数据不难发现我国电子商务发展的不均衡性。此外，将这种现象推广来看，无论是电子商务较发达的省市，还是电子商务相对不发达的省份，电子商务资源又相对集中于当地的个别城市或区域，即某一地区内部，即电子商务发展具有不均衡性；而这种不均衡又正好与各地经济发展的不均衡相对应，也与我国国内客源分布的不均衡以及我国旅行社分布的不均衡相对应。这些相互对应的不均衡性对电子商务相对发达地区的旅行社开展电子商务来讲，也提供了相对有利的发展空间。第一，这些地区电子商务技术和基础设施相对发达；第二，这些地区旅游企业原有的信息化程度较高；第三，这些地区的电子商务市场特别是旅游电子商务市场相对广阔。而这些正是旅行社开展旅游电子商务的有利因素。

这些有利因素也不仅仅是针对旅行社而言的，还必须看到，这些有利因素对当地新兴旅游中间代理商的产生和发展来说也是一片沃土。因此，这些区域的旅行社必须抓住机遇，通力合作，将旅行社电子商务迅速地发展起来。抓不住机遇，将会被抓住机遇者抢走生存空间。

二、旅行社电子商务体系的基本组成

电子商务起源于EDI方式的电子化交易，形成以互联网为基础的信息交流，发展到现在已深入到企业经营管理的各个领域。

如今，电子商务不再是简单制作几张网页，一个网站就建成了，而是要从根本上改变企业原有的以来于生产和以生产为中心的传统管理模式，使企业经营建立在信息管理和科学决策的基础上，在客户关系管理、供应链管理和内部管理等各个方面都提升到电子化、数字化和智能化的新境界，并以信息流驱动的智能管理和智能商务为目标，最终提高企业的反映能力、生产效率和市场竞争力。

旅行社开展电子商务时，必须以旅行社信息化和商务电子化为前提，结合旅行社自身的特点，改造传统的操作手段和操作流程，并建立起与新的生产方式相适应的经营理念和管理方式，从而形成一套完整的不断螺旋上升的良性电子商务体系。从构建旅行社电子商务体系的角度来说，旅行社电子商务的体系结构中主要有层次结构、功能结构、软件结构、物理结构和相应的管理机制。其中，层次结构是从旅行社管理的角度，将企业的电子商务分为基础的作业处理层、中间的管理控制层和顶端的战略决策层三个子系统；功能结构则反映了在层次结构下，系统中各个部门通过该系统都应完成的工作；软件结构体现了为实现系统的总体目标和具体功能所需要的软件组成及其相互关系；物理机构是整个电子商务体系为了保障软件系统能实现其功能而必须具备的硬件构成，以及系统硬件资源、软件资源和信息资源地理分布和拓扑关系。另外，可以从旅行社实现电子商务的角度来分析旅行社电子商务体系的组成框架。

三、旅行社电子商务的设计与实施

旅行社要开展电子商务，应当建立一套切实可行的旅行社电子商务系统。而旅行社电子商务系统的设计，应根据旅行社电子商务体系的基本结构，结合旅行社自身的市场定位和经营的特点，参考先进的管理学理论，并最终形成能促进企业信息化智能化和提高效率、降低成本的电子商务模式。目前，从旅行社管理信息化和商务电子化的发展过程来看，旅行社计算机软件的设计和开发呈现出以下一些发展趋势。

1. 从单功能软件到集成软件，从旅行社管理信息系统与旅行社电子商务系统由各自独立的系统向逐渐整合的方向发展。

早期计算机在旅行社的运用主要是处理某些部门的特殊需要，而现在计算机不但能处理各部门的局部数据，而且将旅行社的各方面信息处理集成到一起，形成一个完整的信息处理和交易处理系统。

2. 从事务处理到管理系统，并向决策型软件发展。

事务型软件主要是对人工操作的模仿，减少人工错误，降低人工成本，提高工作效率；管理型软件不再以减少人工操作为主要目标，而是通过计算机的事务和处理实现数据的电子化，再对电子化的数据进行统计、归纳、分析等深层次加工，使日常事务活动中产生的数据转变成为管理提供参考的信息；决策性软件则更进一步，不但可以为管理提供参考信息，而且可以利用数据模型，通过加工获得的信息进行直接决策或辅助决策。

3. 从C/S模式向B/S模式或C/S与B/S结合的方向转变。

C/S模式，即Client/Server模式，用这种模式开发的软件业务变更或改变不够灵活，维护和管理的难度较大，需要专门的客户端安装程序，不能够实现快速部署安装和配置，对开发旅行社电子商务系统来说已不太适用。B/S模式，即Browser/Server模式，按这种模式开发的软件具有分布性特点，可以通过Internet随时随地进行业务处理，而且系统维护和业务扩展也简单方便。通过修改或增加网页即可实现所有用户的同步更新或系统功能增加，是目前开发基于Internet应用系统的主要模式。当然，如果将C/S模式中客户端数据处理和打印功能强的特点结合在B/S模式中，就能开发出功能更强的旅行社电子商务系统。

根据旅行社计算机软件的这些发展特点，设计开发旅行社电子商务系统时，应着重考虑以下几点：

第一，可将企业办公自动化系统、管理信息系统和电子商务系统综合起来设计，使企业的经营决策、业务管理和营销管理通过企业信息流的共享而整合成一个有机的系统。这样既可以增强信息共享程度，也可减少信息流转的中间环节，提高利用效率；同时还可以减少重复投资，降低成本。

第二，由于旅行社对外信息交流是旅行社开展业务的基础，设计以电子商务为中心的企业计算机系统时，应以B/S或C/S与B/S结合的模式为主，建立基于Internet、采用Web技术的开放型系统。

第三，鉴于目前通过Internet进行多媒体实时客户交流还尚未形成气候，中小旅行社电子商务可以企业资源计划（ERP）为主的企业内部业务流重组来设计电子商务系统，大中型旅行社则可建立包含企业资源计划和供应链管理的企业外部业务流重组为基础的电子商务系统。

实施旅行社电子商务系统时，可根据企业规模和现有条件，采取系统各模块整体实现或分步骤逐步实现的不同策略。对电子商务的硬件基础——网络系统，大中型旅行社可采取建立企业内部局域网（Internet），再实现Internet和Internet的连接；对中小旅行社则可利用Internet完成企业包括电子商务在内的整个计算机信息系统。

第三节 旅行社管理信息系统实例

旅行社管理信息系统是一个由人和计算机信息设备组成的对旅行社经营管理过程中产生的信息进行收集、录入、存储、传输、处理、维护和使用的综合系统。它是现在旅行社开展电子商务的起点；同时，旅行社通过电子商务从外部获得的数据要最终回到该系统中才能对企业自己的经营产生作用，特别是基于 Web 的旅行社管理信息系统已经将电子商务功能容纳在其中。正因如此，本章向读者介绍两个分别适合于大中型旅行社和中小旅行社的管理信息系统。

一、“金棕榈”旅行社业务流程重组信息管理系统

上海棕榈计算机信息服务公司自 1993 年成立以来，一直从事旅行社管理信息系统的研究和开发。目前已推出能满足国际旅行社和国内旅行社的一系列管理软件。其中“旅行社业务流程重组信息管理系统”是基于美国哈佛大学米西尔·哈默博士的 BPR 理论，结合中国旅行社业务经营的特点，引入先进的信息技术平台，对旅行社的业务流程进行根本性的重新思考和彻底性的重新设计，再造新的业务流程系统。通过本系统，可实现信息共享，做到外部信息内部化、内部信息一体化、业务流程计算机化、营销体系网络化、财务结算电子化、统计数据一致化；实现四个统一：采购策划统一、销售统一、团控统一、财务结算统一。

本系统分为采购策划、销售收银、团控、报表、结算等几个模块。主要功能包括供应商管理、线路设计策划、团计划管理、批量生成团计划、网点收客、收银开票、发票处理、单项服务、团队结算、用户权限管理等。

1. 采购策划

采购策划资源管理是对供应商、供应价格、供应合同进行综合管理，对线路进行策划设计。它既是公司的核心资源，也是整个 BPR 软件系统的入口。

2. 线路设计

线路设计是整个旅行社策划部门生产的“半成品”，由线路可以形成一个团计划（产品），也可以作为一个常规旅游信息挂牌销售，吸收旅客报名，起到“蓄水池”的作用。

3. 团计划管理

团计划管理是对已收客人的团进行拆、分重组等操作，并可将线路的已收客人转入团中。包括散客拼团和拆团、并团两个功能。

4. 线路信息

经过采购策划，“线路”成为计划资料的“半成品”，在团控部门，将线路生成一个

团计划（产品），作为基本销售单位推向市场，既是一个利益体，也是一个游客载体。

5. 团计划信息

该模块可编制团计划资料、行程、标准成本、报价等团计划信息进行维护，同时可具有取消团计划发布、团计划预排等功能。

6. 结算管理

结算管理包括进行团队计价和结算等。

7. 前台销售系统

该系统可进行报名收客、录入应收款信息、高级排序、打印线路、恶意占位分析等。具体实现的功能有以下几个方面：

（1）修改多选游客的简单信息。

（2）修改所选游客应收款信息。

（3）用户自定义查询，可以定义多个查询条件。

（4）打印选择团队的线路信息。

（5）分析选择的团队中是否有恶意占位的，并且提示给前台销售员，释放这些位置。界面提供了团号、线路、业务类型、价格等信息的查询。在界面的左下方能够及时反映这个团队的重要信息，如出团天数、出团时间、价格、剩余人数、价格备注，查询出符合条件的团，在窗体右边显示出来，并且在界面的左面显示该团的价格、报名人数等重要信息。

8. 游客信息维护

游客信息维护包括修改游客资料、改团改线、处理应收款修改增加、拆分合并游客批号等功能。

9. 前台收银系统

前台收银系统包括收银开票、收银核算、开票核算、收银日报表、开票日报表、发票作废录入、发票作废审核、发票领用录入、换发票管理等功能。

二、尤里卡旅游管理软件

尤里卡旅游管理软件是由大连尤里卡软件技术开发有限公司研发推出的一套旅行社自动化管理的综合信息系统。该系统主要针对旅行社的组团和地接业务处理流程的特点，包含完整的线路管理、团队计调管理和财务管理等功能，同时提供客户关系管理等统计分析功能，通过强大的信息库支持，可以随时掌握旅游行业的各种信息。

1. 系统维护

系统维护模块主要包括四部分的维护功能，即旅游信息维护、常用信息维护、数据库维护、部门及人员维护。数据库维护包括数据的备份、清空和恢复三部分；部门和人员维护相当于旅行社的人力资源库，同时可以在这里为不同的人员设置用户名、密码和权限。

2. 信息录入

旅游信息维护中记录了与旅游行业相关的各种信息，如酒店信息、景点信息、交通信息、地方特色信息等。旅行社可根据具体情况进行设置和更新修改。

3. 客户关系管理

（1）同行旅行社管理。对有业务往来的同行旅行社进行管理，了解双方业务往来等信息，可以进行资料的录入、修改、检索和分析，包括旅行社资料、联系记录、业务记录等。

（2）单位客户管理。管理单位客户的资料，可以进行资料的录入、修改、检索和分析，包括单位客户资料、联系记录、消费记录等。

（3）个人客户管理。对个人客户的资料进行管理，可以进行资料的录入、修改、检索和分析，包括个人客户资料、消费记录等。

4. 线路管理模块

线路管理模块首先是一个按照地区进行分类的线路信息库。在此基础上首先可以根据不同的条件（如行程天数、经停城市、线路名称、线路类型、关联信息等）对线路信息进行查找、打印线路的行程及报价，也可以对线路信息进行修改和维护，还可以利用该系统完全新建一条线路或者对原有的线路进行拼装。此外，在整个线路管理中心包含的线路报价系统是旅行社实现快速报价的关键。

在左侧选择线路区域信息，将会在右侧的线路信息列表中显示出所有的被选择的内容（例如，在“本地”线中选择“常规线路”，将会在线路列表中显示出所有的常规线路信息，同时在“线路行程与说明”中显示默认线路的内容）。当在线路列表中任意点选某一条线路时，将会在“线路形成报价详细说明”中显示出被选择中的线路的相关信息。

在常规线路列表中，右键点击可获得关于线路操作的快捷菜单，可根据需要选择新建（线路）、复制线路、删除线路等。新建有完全新建和拼线两类。

5. 团队计调管理

在本模块中，可以对团队进行添加、编辑、删除等，同时可以对团队的游客名单进行添加、编辑、删除等。

6. 前台处理模块

前台处理模块主要用于前台接待人员为游客提供必要的咨询，接受不同类型的游客报名时使用。主要包括个人报名、家庭报名和单位报名三种形式，它将灵活处理游客在报名过程中的各种特殊要求。在“游客管理”功能中提供了对游客及公司的资料进行修改、接受游客付款、办理游客退团退款以及打印游客名单等功能。

7. 财务管理

财务管理模块主要包括三部分功能，分别是团队结算审核、团队收支列表和团队总账表。团队结算审核将自动读取计调操作产生的各种单据，由财务人员进行审核确认；团队收支列表用于显示选定团队的应收款、实收款、未收款、应付款、实付款、未付款、成本、利润等项目；团队总账表则用于宣示选定团队的应收合计、应付合计、成本合计、利润合计。

8. 门市管理模块

本模块只在总部版是可用的。启动软件，登录后，点击主界面上方的“门市管理”按钮后进入。在本模块中可以对门市旅行社上报的团队信息进行查询、统计、下载和清除。

三、金棕榈和尤里卡旅游管理软件的特点和选用

1. 从“金棕榈”旅行社业务流程重组信息管理系统的设计及运用的管理理念来看，其系统具有以下几个特点：

(1) 以采购策划为起点，以财务控制为基础，以旅游团队核算为核心，通过该系统可以及时了解团队运作的成本，计算团队的毛利，总结业务人员业绩。

(2) 实现旅游业流程计算机化管理，各种报表文件处理更轻松。

(3) 资源集中，共享及时，能使决策层迅速制定适应市场变化的战略方针。

(4) 轻松锁定客户及供应商，有更多的精力设计新产品，开辟新市场。

(5) 通过连锁版可将业务迅速拓展到全国各地。

从尤里卡旅游管理软件的设计运用的管理理念来看，该系统的特点为：

第一，功能突出，简明使用。尤里卡旅游管理软件无疑为旅行社提供全方位的企业信息化解决方案，而是侧重于旅行社的组团和地接业务处理流程来设计开发。

第二，系统业务流程在旅游信息管理的基础上实现线路设计、团队计调和财务管理，使旅行社从咨询登记、报名接待、报价核算、统计分析等日常的繁杂业务中解脱出来，促进旅行社实现管理的信息化和科学化。

第三，整个系统以客户关系管理为特色，帮助旅行社更多和更深入地体现服务业以客户为中心的经营理念。

2. 从两个旅行社管理系统的各自特点可以看出，“金棕榈”旅行社业务流程重组信息管理系统主要针对大中型旅行社或旅行社集团，通过业务流程重组实现企业内部的一体化经营，从而最大限度地共享信息和降低成本；而尤里卡旅游管理软件则主要针对中小旅行社，重点在通过管理信息系统的运用，实现企业管理的现代化和信息化，最终提高旅行社的业务处理效率。各旅行社可根据自己的经营规模和经营策略来设计开发或选购不同特点的旅行社管理软件。

21 世纪的旅行社已经无法躲避电子商务的大潮。但是，单纯地建立企业网站其实只是舍本逐末、徒有其表。与以往的辅助手段不同，旅行社电子商务不只是一种新的生产

工具，更重要的，它是一种新的生产能力，需要新的经营管理方式与之相适应，才能发挥其蕴涵的能量。首先，旅行社开展电子商务不应是追求时尚，跟随潮流，而应当是经过深思熟虑的影响企业发展的重大战略抉择。其次，旅行社开展电子商务还是一项系统工程，或者说它只是旅行社信息化改革的一环。孤立的电子商务根本无法发挥预期的功能和作用，它必须和旅行社的管理信息化同步，必须和合作伙伴的电子商务能力同步，必须改革现有的组织结构和经营管理模式、甚至是已经驾轻就熟的传统业务流程。最后，旅行社还应当根据自己的经营现状和未来的发展方向来科学地选择或创建适合的电子商务模式和为这种模式开发或选购相应的软件系统。只有这样，电子商务才能如一片海托起旅行社的航船并远航。

第7单元

旅行社产品外联与销售

学习目标

1. 初步了解旅游销售的工作环节及工作特点。
2. 掌握旅游市场细分的方法，旅游产品潜在客户的开发及管理。
3. 掌握电话销售流程及电话销售技巧。
4. 掌握不同情况下的具体销售法则。

单元提示

本单元介绍了外联销售工作的分类、特点及基本要求；市场细分的概念、原则及标准，尤其是市场细分的多种有效方法；旅游产品分类；旅游销售的流程及步骤，如何开发潜在客户；电话销售整个过程，包括电话销售的前期准备、实施步骤及语言技巧等；通过旅游产品销售十六法，全面分析在不同条件下促使迅速成交的技巧和方法。

第一节　外联与销售工作概述

一、外联与销售工作的概念

外联与销售工作是整个旅行社工作中的重要环节，无论是在国内旅游还是国际旅游经营中，都起着举足轻重的作用。承担着整个旅行社信息反馈、线路研发、产品销售、市场拓展等多项任务。

具体而言，它包括将收集到的客户需求反馈给旅行社，制作出符合客户或市场要求的旅游产品，并拓展市场，找到潜在客户，与旅游客户进行业务联系、产品推介、洽谈、销售旅游产品直至达成合作意向或签订协议等。其职能是将各种旅游信息资料有机的组合成旅游产品，出售给旅游中间商、其他旅游同业或旅游者，由此实现买卖双方的市场供求关系。

二、外联销售工作的分类

一般来说，外联销售工作总体分为两大类。一类是旅游同业销售工作，另一类是直客市场销售工作。前者是将旅游行业内其他旅行社作为销售客户，将自己所在旅行社的优势产品推介给旅行社同行，从而完成旅游产品的销售工作，创造价值或效益。后者是将市场直客作为销售客户，将自己所在旅行社的优势产品推介给市场上的直客，从而达到销售旅游产品、创造效益的目的。

同业的销售的优势就在于比直客更容易得到同业旅行社的认可，而且能较大比例地节省广告投入成本，但同业销售由于最终同业旅行社还要将产品销售给其自身客户，获取利润，故此同业销售时，将旅游产品销售给同行的旅行社一般利润率较低，主要以量取胜。

直客销售的优势就在于全部利润都由自身旅行社获得，不存在中间环节。但销售压力及广告投入也较大，这就要求旅行社不断推出更有吸引力和性价比高的旅游产品来招徕客户，以新取胜。

三、外联销售工作的岗位特点

1. 服务性

外联销售工作的服务性贯穿于整个销售工作的始终。从收集客户需求，到将旅游产品销售给客户，再到后期的客户维护及新客户开发，每一个环节都要渗透销售人员细致入微的服务。尤其是在市场竞争日益激烈的今天，服务的好坏直接决定了竞争的成败。在硬件及价格均势力相当时，无形的服务就起到了举足轻重的作用。

谁能抓住客户心理，谁能让客户体会到更多的被服务感，谁就赢得了竞争，赢得了市场。

2. 前瞻性

外联销售人员作为旅行社业务的先行者，为了销售更多的旅游产品，招徕来更多的客源，就必须事先了解市场需求，做好客户及市场的调研工作。将最新的市场热点或客户需求作为参考数据，设计出更加符合客户心理的旅游产品，从而把握市场先机，得到更大的市场收益。

外联销售人员为了更好地服务客户，往往在客户开始享受旅游产品前，就要开展很多前期的准备工作，包括为客户做好当地的天气预报、景区景点旅游的温馨提示以及接待合作旅行社的前期预报和联络工作。力争事事做在客户前面，想在客户前面。

3. 综合性

外联销售的综合性主要体现在工作内容和设计的工作对象上。外联销售工作过程中，涉及很多方面的工作内容，包括市场部分、销售部分、接待部分，每部分的工作都有其各自的特点。

(1) 市场部分。市场部分涉及市场调研、线路产品设计、对外宣传、潜在客户开发等内容。可以说，旅行社推出的产品现在是否能得到市场认可，是否能创造效益，前期主要看市场部分工作是否到位。

(2) 销售部分。销售部分工作包括客户约见、业务洽谈、产品销售、对外报价、草拟及签订旅游合同等，处理好此环节工作，可以提供产品销售的成功率并实现利润的最大化。

(3) 接待部分。接待部分工作包括传达客户最新需求、做好客户与接待单位的衔接工作及最大限度地为客户提供增值服务等工作，作为旅游产品实施环节的一部分，做好此项工作，可以更好地提升客户满意度，减少中间环节纰漏，为客户的再次消费奠定了良好的基础。

4. 经济性

外联销售人员是旅行社最重要和最直接的盈利人员，其工作的每一个环节都会影响旅行社的收益。外联销售收集的客户需求可以让旅行社设计出更符合客户口味的旅游产品，从而为旅行社创收。另外，外联销售开发的客户不但成为本次旅游产品的消费者，在外联销售的后期维护和公关下，很有可能成为下次旅游产品的消费者，让旅行社获得第二次甚至是更多的利润回报。可见，外联销售对旅行社的经营起到不可替代的作用。

四、外联销售工作的素质要求

1. 熟练的知识水平

(1) 业务知识。掌握旅游市场销售的业务知识，掌握旅游客源市场和我国主要旅游产品的基本知识，了解国际金融、公关关系、心理学、旅游保险、财会、礼仪礼节知识，掌握国内外同行业的发展动态和信息电子化基础知识。

（2）政策法规知识。掌握我国有关旅游政策及法规，熟悉《经济合同法》《海关法》《反不正当法》《消费者权益保护法》等法规。

2. 政治思想和职业道德

（1）拥护党和国家的方针政策，有一定的政策水平。

（2）有强烈的责任心和事业心。

（3）遵纪守法，廉洁奉公。

（4）重法规，守信用，维护企业信誉。

（5）顾全大局，团结协作，热心服务，讲究效率。

3. 工作能力

外联销售人员应具有较强的工作能力，主要表现在以下几个方面：

（1）分析判断能力。根据旅行社上级的要求，结合市场销售业务实际情况，提出与业务有关的市场销售对策并付诸实施。

（2）创新能力。要有强烈的市场意识，根据客户需求和市场的变化，将旅游资源与自身旅行社业务相结合，适时推出新颖的旅游产品，来吸引旅游消费者。

（3）组织协调能力。能协调好旅游环节中的各方关系，与团队其他成员合作共同完成销售工作。

（4）语言表达能力。能编审旅游产品的广告内容，并具有较强的业务应用文体和业务报告的写作能力，有较强的口头表达能力，有一定的外语基础，对中外文化差异有一定的了解。

4. 良好的气质和修养

开展外联销售工作时，在推销旅游产品的过程中，同时也是在推销自己，推销旅行社的形象。外联销售人员应该通过文雅得体的气质和修养，给客户留下良好的第一印象，有了好印象，才能赢得客户的认可和支持，从而达到销售旅游产品的目的。

5. 良好的身体素质和专业的培训

外联销售的工作特点决定了从业人员一定要有健康的身体、充沛的精力、顽强的毅力和专业的业务知识。

五、外联销售人员工作的岗位职责

1. 提供信息

外联销售工作前要做好旅游市场调查工作，研究国内外旅游市场的发展动态，及时向旅行社经营决策者提供通过调查和预测得出的结论，如产品质量、客户情况、发展趋势等市场信息，以便决策者作出正确的经营决策。

2. 设计产品

外联销售工作要根据目标市场的特点，认真研究旅游消费者的旅游动机和消费心理，设计有吸引力的旅游产品。同时还要加强与各地接待社的合作，经常与其保持联系，搜集当地最新的旅游市场信息，不断更新和完善本社的旅游产品。

3. 销售产品

外联销售工作的核心内容就是与旅游客户进行业务洽谈，签订旅游合同，同时负责承办国内外旅游团体或旅游中间商的委托代办业务，并且积极参加旅游展销、促销活动，做好对外旅游宣传工作，树立良好的形象，招徕更多的客源。其具体内容有：

(1) 详细了解旅行社的营销计划。对旅行社的实际情况及优势项目熟悉掌握，以便于接待客户，销售产品。

(2) 对旅行社的各种宣传资料准备充分，并能草拟销售文件，做到图文并茂，以更好地向客户推销旅游产品。

(3) 能准确把握现状及潜在客户的信息，能开展好市场调研和客户市场分析等环节的工作。

(4) 通过使用现代电子商务系统完善销售工作。

(5) 完成客户资料存档、旅游合同编号归档、销售进展情况报告及最终产品利润情况上报工作。

实践证明，虽然外联销售人员之间性格、沟通能力、仪表风度、教育程度等存在较大的差异，但是他们都可以取得同样的成绩。说明他们的成功是多种因素综合作用的结果。

第二节　旅游市场细分

一、旅游市场细分的概念和作用

1. 旅游市场细分的概念

旅游市场细分就是将一个整体市场按照旅游者的某种或某些特点，分解或划分为不同旅游者群的过程。所划分出来的每一个需求大体相同的旅游者群也就是一个市场部分，通常被称为细分市场。

旅游市场是由不同的旅游者组成的。由于不同的旅游者在某方面或其他方面具有不同的特点，从而形成了不同的旅游者具有不同的需求层次、购买力水平、地理位置差异、消费习惯与旅游购买偏好等特点。旅游企业根据旅游者这些特点中的一个或几个作为变数，将整体旅游市场进行细分，进而选定目标旅游市场，这就是旅游市场细分的含义。

2. 旅游市场细分的作用

没有一项旅游产品能够同时满足所有旅游者的所有需求，既然只能满足一部分旅游者的部分需求，旅游企业针对整个旅游市场的营销就是一种浪费。因此，必须知道哪些旅游者对企业是最有力的市场群体，以便于企业集中力量对这些顾客群体进行市场营销活动。旅游市场细分在旅游企业营销活动中有以下几方面作用。

（1）有利于发现新的市场机会，开拓新市场。通过市场细分，旅游企业可以了解每个细分市场的需求状况，掌握不同旅游者群的需求满足程度，了解哪些旅游者群的需求得到了满足、哪些旅游者群的需求未得到满足或未完全满足。同时，分析、比较不同细分市场中竞争者的营销状况，着眼于未被满足的需求而竞争对手又较弱的细分市场，寻找有利时机，开拓新市场。

（2）有利于旅游企业制定营销战略。通过市场细分，旅游企业可直观、系统、准确地了解目标市场的需求，从众多细分市场中确定服务方向、产品战略，更合理地确定营销组合策略，及时调整旅游企业产品、价格、销售渠道及促销策略等。

（3）有利于旅游企业制定灵活的竞争策略。市场细分有助于旅游企业根据细分市场的特点，集中使用人力、物力、财力等各种资源来满足目标市场旅游者的需求，提高旅游企业的竞争力。

二、旅游市场细分的原则

旅游市场细分对旅游企业营销活动有着重要意义，但如何有效地细分市场，为旅游企业制定有效的战略和策略提供依据，就必须符合以下几个原则。

1. 可衡量性原则

可衡量性原则总的要求是各细分市场的需求特征、购买行为等要能被明显地区分开来，各细分市场的规模和购买力大小等要能被具体测度。一方面，可衡量性原则是指旅游者对产品的需求具有不同的偏好，对所提供的产品、价格和广告宣传等反应不同，才值得细分市场；另一方面，可衡量性原则是旅游者的特征信息易于获取和衡量，否则也难以细分。

2. 效益性原则

效益性原则是指旅游企业能在细分后的市场上取得良好的经济效益。理解本原则有三个要点：

（1）虽然市场细分有整体大市场小型化的趋势，但又绝对不能细分到失去一定规模经济效益的程度。

（2）注意到某些细分市场虽然在整体市场中比重很小，但其绝对规模或购买力足以达到盈利的水平，甚至具有很大的开发价值，如学生市场和探险旅游市场，前者绝对规模大，后者人均消费高，因此各有开发价值。

（3）当细分市场的规模和购买力一定时，是否有利可图还与开发成本有关。当由于外界条件的变化或者通过主观努力使开发成本得以降低时，就可能使一些原本无利可图的市场变为有利可图的市场。

3. 可进入性原则

可进入性原则要求细分出的市场使旅游产品能够进入，并占有一定的市场份额。它包括客观上要有进入的可能（可接近原则），主观上要有能开发的实力（可行动原则）。可接近性原则是旅游企业利用现有的人力、物力、财力易于进入细分市场。可行动原则是指营销者要有吸引和服务于相关细分市场的实践操作能力，否则，再有吸引力的细分市场对旅游企业也没有意义。

4. 稳定性原则

严格的旅游市场细分是一项复杂而细致的工作，因此，细分后的市场应有相对的稳定性。如果变化太快，则已制定的营销组合会很快失效，造成因营销资源重新分配调整而带来损失，并形成旅游企业市场营销活动的前后脱节和被动局面。

三、旅游市场细分的标准

旅游市场细分从本质上看是把旅游者需求按照特定标准加以分类的过程。差异性是旅游市场细分的前提，引起差异性的原因十分复杂，通常根据旅游者地理、人口、心理、行为四大因素或这四大因素的组合来细分旅游市场。

1. 按地理因素细分

这是指按照游客所在的地理位置来对旅游市场进行细分。旅游企业接待的游客来自五湖四海，以中国为例，来华旅行的游客来自近 200 个国家和地区。不同地区的游客对同一旅游产品的喜好不同。

地理细分包括地区、气候、城市大小、人口空间分布（人口密度）等因素。地理的差异性使不同地区的游客有不同的追求。如中国的观光旅游因气候变化呈现明显的差异，冬季“千里冰封、万里雪飘”的北国风光，引得南方旅游者心驰神往；而此时的海南岛气候宜人，海滩、闲鸥、绿意，引得北方游客竞相前往。旅游者的许多习惯也与地区有关，如食的方面“东甜、西酸、南辣、北咸”就是一例。

从来华国际旅游者的地理分布看，中国远离世界前两大主要客源输出地——欧美两大区域市场（见表 7—1），中国的国际旅游市场呈现明显的“远国模式”。从国内旅游者的地理分布看，拥有 13 亿人口的中国国内旅游市场呈现明显的“大国模式”，而且旅游市场规模由东到西大致呈由大到小的状况。

表 7—1　　2001 年中国入境旅游客源国的地理分布状况

序号	国家	入境旅游人数（万人）	比上年增长（%）
1	日本	238.45	8.3
2	韩国	167.70	24.7
3	俄罗斯	119.58	10.7
4	美国	94.88	5.9
5	马来西亚	46.85	6.2
6	新加坡	41.50	3.9
7	菲律宾	40.28	10.7
8	蒙古	38.71	−3.0
9	英国	30.08	6.0
10	泰国	29.83	23.7
11	澳大利亚	25.46	8.8
12	加拿大	25.38	7.3
13	德国	25.28	5.8
14	印度尼西亚	22.37	1.4
15	法国	19.94	7.8

2. 按人口因素细分

这是指把人口统计变量作为旅游市场细分标准。旅游市场需求差异还与旅游者年龄、家庭生命周期、性别、家庭人口、文化程度、收入、职业、种族、信仰等有关。

（1）年龄。旅游市场按年龄变量可分为儿童市场、青年市场、中年市场、老年市场。各类年龄层次不同的细分市场，其需求特点也明显不同，旅游企业可根据不同的市场采取不同的办法应对。目前旅游企业应对儿童旅游市场、老年旅游市场的方法还不多，一方面总体旅游市场竞争日趋白热化，另一方面这两个旅游市场的许多资源被闲置。

儿童旅游市场是潜力巨大的市场。在中国，0～14 岁人口约为 28 979 万人，约占总人口的 22.89%，儿童旅游市场十分庞大，旅游企业如能成功开发，不仅能满足儿童本身的旅游需要，而且能促进父母带着孩子全家出行，如下面的案例：

案例一

“合家欢”家庭旅游项目的成功开发

H 饭店是位于某海滨度假区的别墅式饭店，开业后，面临各家饭店对商务团、旅行团等的激烈竞争，H饭店决定采取“合家欢”营销形式，面对家族旅游市场进行营销。饭店为了开发市场，通过各种途径从记录在案的客户中寻找潜在的家庭旅游者，为他们作下一年的预订；饭店推出家庭价并免费为不同年龄的儿童提供体育活动、游戏、艺术雕刻、短途户外活动等，同时为13～17岁的少年免费提供冲浪、航行、高尔夫球、潜水、网球等培训课程；此外还组织主题比赛、填字游戏和与快餐店共同搞活动来吸引儿童；饭店给下一季度的早期预订或淡季预订的携带孩子的家庭予以大幅度优惠。通过上述活动，使该饭店在当地激烈的市场竞争中达到了年均75%以上的出租率，比其他同行高出10多个百分点。

（选自：李任芷主编．旅游饭店经营管理服务案例．北京：中华工商联合出版社，2000）

老人旅游市场度假客人较多，比起价格来，他们更关注旅游产品质量，更留恋老字号、老品牌。

青年旅游市场有不同的特点，青年人更喜欢经济型旅游，较注意价格，青年喜欢猎奇、冒险，探险旅游等对他们有较强的吸引力。开发青年旅游这一细分市场，要设计适合其需要的旅游产品。下面“青年旅馆”的成功推出就是一例。

案例二

单元 7

青年旅馆

1909年，德国一位名为理查德·斯奇曼的教师带领一班学生徒步旅行，途遇大雨，只能在一个乡间学校里，以稻草铺地当床，度过了艰难的一夜。彻夜未眠的教师萌发了建立专门为青年提供住宿旅馆的想法。

理查德·斯奇曼主张青年走出校门，亲近自然。他说：“所有的男孩女孩都应该走出校门，参加远足，留宿青年旅馆。”他带着这一想法四处游说，最终为人们所接受。

1912年，世界上第一个青年旅馆在德国一个废弃古堡中诞生，并奠定了青年旅馆的基本结构，即以“安全、经济、卫生、隐私”为特点，室内设备简朴，备有高架床、硬床垫和被褥、带锁的个人储藏柜、小桌椅、公共浴室和洗手间，有的还有自助餐厅、公共活动室，受到青年人的广泛欢迎。仅一年后，青年旅馆即达到83家。到1997年，国际青年旅馆联盟在全球共有65个成员国，共有青年旅馆4 500家，有国际会员350万人。青年旅馆已成为世界上最大的住宿连锁组织，世界上有1 000万青年旅游者在使用青年旅馆。

现在世界青年旅馆已经遍布各个国际旅游区的中心地带，而旅馆的客人则大多是三十岁左右的或是全家开车出行或是独自出游的背包一族。

中年人旅游市场规模占旅游市场总规模比例最大，中年旅游者是各旅游企业竞相争夺的对象，是商务旅游、观光旅游的主力。

（2）家庭生命周期。单身青年被称为“单身贵族”，他们虽不富裕，但喜欢旅游，单身青年旅游市场是潜力很大的旅游市场；新婚夫妇尚无小孩，出去旅游的可能性较大，有了小孩而小孩又在婴儿期中旅游的可能性较小；孩子长到少年期，全家出去旅游的可能性增加；孩子长大离家后即所谓的“空巢期”，夫妇出去旅游的可能性增加，对健康型旅游产品情有独钟。

（3）性别。性别不同对旅游产品需求会有一定的差异。如过去的酒店客房产品大都是男人为男人设计的，只考虑男宾客的需要，却忽视女宾客需要。为了弥补这一不足，有的酒店对部分房进行了改造，如增设化妆间、提供供女性有偿使用的化妆品，有的酒店还改变给住高级套房客人千篇一律送巧克力、口香糖之类礼品的做法，对女宾客赠送小丝绢、小小手饰盒等价值虽然不高、但做工精美的纪念品，这些改变备受女宾客称赞。随着女性社会地位的提高，“辫子细分市场”日益受到旅游企业的关注。

（4）文化程度、职业、经济收入。文化程度越高，旅游的欲望越强；文化水平越高，一般工作职位也越好，经济收入越高，旅游支付能力越强，出去旅游的可能性越大。在知识经济时代，传统意义上的“百万富翁”已不能描述靠知识致富的年轻人，许多富有的年轻人也加入了豪华旅游团的行列中，成为高档酒店和娱乐场所的常客。旅游企业了解按文化程度、职业、经济收入划分的细分旅游市场，可制定相应的营销组合去应对这几个细分市场。

（5）种族与信仰。种族无高低贵贱之分，但不同种族，不同信仰的游客的需求有一定的差异。如西方人信仰基督教者较多，阿拉伯人信仰伊斯兰教者居多，很多黄种人信仰佛教等，旅游企业了解细分市场的这种差异，可避免误会，提供更适应这些不同种族、不同信仰的游客的营销组合。

3. 按心理因素细分

这是指按照旅游者的社会阶层、生活方式和个性特征等心理因素进行旅游市场细分。

（1）社会阶层。人们所处的社会阶层不同，旅游需求会有所不同。在西方一般把旅游者分成六种社会阶层，这些阶层的细分市场需求有不同特点，见表 7—2。

表 7—2　　旅游者所处社会阶层与旅游需求特点

所处阶层	旅游需求特点
上层	享受、豪华、品位
次上层	享受、高档、品位
中上层	享受、中高档
中层	享受、中档
中下层	享受、中低档
下层	放松、低档

表 7—2 中"旅游需求特点"只反映不同社会阶层旅游者的平均取向，不等于每个阶层中所有游客都是如此，如上层社会中不乏有人追求体验平民化旅游，白领阶层中选择"当一天农民，体验真正农家生活"的旅游项目者大有人在。

（2）生活方式。生活方式是一个人对生活、消费、工作、娱乐等不同的态度。旅游企业可根据旅游者群的生活方式的不同来细分旅游市场，设计不同的营销组合适应其需要。如对"经济型细分市场"的旅游者，向他们提供经济实惠的旅游产品会受到欢迎；对追求时髦的旅游者，向他们提供新产品时会有较大的感召力；对于追求体现自我价值的旅游者，提供体现其成就和价值的旅游产品会使他们喜上眉梢。

（3）个性。个性不同的旅游者需求差异也较明显。例如，个性孤僻的人不太喜欢团体旅游，更偏爱自助旅游；情感丰富的人更关注情感服务，等等。根据个性细分旅游市场，旅游企业可提供个性化产品和服务。

4. 按行为因素细分

这是指按照旅游者旅游目的、追求的利益、购买时间与方式等行为因素将旅游市场划分为不同的细分市场。

（1）按旅游目的细分。有的旅游专家根据旅游市场旅游目的把总体旅游市场划分为五种主要细分旅游市场。第一种是观光旅游市场，旅游的目的是了解异国他乡的文化风俗、民情和景观；第二种是度假旅游市场，在旅游目的地停留时间较长，以度假休闲为主；第三种是商务旅游市场，消费水平高，对旅游产品和服务要求高；第四种是会议旅游市场，消费水平高，对设施设备要求较高，要求会议地点交通便利、集散性好；第五种是探亲访友旅游市场，停留时间长，多为经济型旅游。

近年来修学旅游日渐兴旺，是值得关注的一个细分市场。一些旅游企业已经十分成功地运作这一细分市场，下面的小案例就是一例。

单元 7

案例三

修学＋旅游的组合打动父母和孩子的心

"修学旅游"是国际上比较流行的一种旅游形式，主要是组织青少年学生利用假期到国外进行旅游、观光和特定知识的学习，是学生接触世界、增长常识、加强人际交往的有效途径，中国国际旅行总社每年都要接待几十万这样的外国学生。随着我国经济的发展和对外开放，简单的夏令营模式已经不能满足学生和家长的期望，所以修学旅游一经推出，尽管其价格不菲，还是受到了许多父母和孩子的欢迎。某旅行社推出的"澳大利亚 19 日修学游"吸引了许多父母和孩子的注意力，见表 7—3。

表 7—3　某旅行社澳洲 19 日修学游行程

天数	活动安排	天数	活动安排
第 1 天	由北京首都机场出发，前往澳大利亚	第 11 天	全天到 Darrigo 热带雨林去爬山
第 2 天	到华纳影城，参观电影片厂及电影特殊效果制作	第 12 天	上午上课，下午运动课
第 3 天	游览黄金海岸的主题公园——海洋世界	第 13 天	上午上课，下午到图书馆阅读
第 4 天	入住寄宿家庭	第 14 天	上午上课，下午进行体育活动
第 5 天	到学校分班上课	第 15 天	举行毕业典礼，发证书，合影留念
第 6 天	上午上课，下午进行体育活动	第 16 天	游览美丽的斯荻芬港
第 7 天	上午上课，下午到动物园观看各种有趣的动物	第 17 天	前往悉尼，游览海港大桥
第 8 天	上午上课，下午和寄宿家庭到海滩游戏	第 18 天	参观悉尼歌剧院，乘豪华游船，畅游悉尼港
第 9 天	与寄宿家庭成员共度周末	第 19 天	返回北京
第 10 天	上午上课，下午到马场骑马		

（2）按追求利益细分。按旅游者追求的利益细分市场，最大的问题在于正确理解“利益”的不同含义。如好名者，参加旅游在于追求声望；理性者，追求的是价值与效用，等等。根据旅游者所追求的利益细分市场，旨在给不同的旅游者群提供各得其所的利益。

（3）按购买时间和方式细分。旅游活动特别是观光旅游、度假旅游具有明显的季节性，不少旅游产品时间性强，如酒店的除夕大餐、圣诞节平安夜大餐、中秋节月饼的销售等。购买时间即使在一天中的不同时段也有差别。按购买时间的差异可把总体旅游市场划分为旺季旅游市场、淡季旅游市场、平季旅游市场，或划分为平时旅游市场、节假日旅游市场等。

按购买方式不同可把总体旅游市场划分为散客市场、团队市场。

（4）按潜在旅游者出行次数细分。按潜在旅游者出行次数细分，可分为从未旅游的人、第一次旅游的人、多次旅游的人和经常旅游的人，据此细分旅游市场，不同旅游企业可根据其不同特点找准开发旅游市场的着眼点。

（5）按对旅游产品了解程度细分。按人们对旅游产品了解程度为标准细分，可把总体旅游市场划分为毫无知晓者、些许知晓者、知晓者、感兴趣者、希望得到者、打算购买者。根据各细分市场的潜在旅游者对旅游产品的了解程度不同，分为对旅游产品了解程度不同的潜在旅游者群体，旅游企业可采取不同方法与他们沟通。

（6）按对旅游产品的态度细分。人们对旅游产品的态度分别有敌视态度、否定态度、不关心态度、积极态度和热情态度。各细分市场对旅游产品的态度不同，旅游企业要有相应的应对办法。对于持敌视、否定、不关心态度的人士，旅游企业要找出其原因，检讨现有的营销组合，促进这些人士的态度向有利于本企业的方向转化；对于持积极、热情态度的人士，旅游企业要“趁热打铁”，促其尽早转化为购买行动。

（7）按品牌忠诚度细分。依据人们对品牌的忠诚度可分为坚定的忠诚者、动摇的忠诚者、转移的忠诚者和游离者四类。坚定的忠诚者，购买旅游产品具有唯一性、排他性，永远只购买某一品牌的旅游产品；动摇的旅游者，忠于两种和两种以上的品牌；转移的忠诚者，从忠于某一品牌转向忠于另一品牌；游离者，可购买任一品牌的旅游产品，不忠诚任何一种品牌。对于品牌忠诚度不同的细分市场，旅游企业可通过调整营销组合，提高人们对本企业品牌的忠诚度。

四、旅游市场细分的方法

旅游市场细分的变量因素复杂多样，必须根据具体旅游者的需求特征和旅游营销者要达到的目标选择运用。细分旅游市场的方法具体有如下几种。

1. 单一变量细分法

单一变量细分法就是根据与旅游者需求密切相关的某一最重要的变量因素细分市场，如饭店中的美发美容市场就可以只根据性别变量，分为男性和女性两个细分市场。这种方法能将市场迅速划分清晰，而且细分后的市场特征较为鲜明，但单一细分不能对市场进行深刻的调研分析。在大多数情况下，此方法只能作为市场细分的起点，即先期用此方法对市场作比较粗略的划分。

2. 综合变量细分法

综合变量细分法就是选择并综合运用与旅游者需求差异紧密相关的两种及两种以上变量因素，对特定的旅游市场进行细分的方法，如可同时以家庭生命周期和家庭收入等变量因素交叉细分度假旅游市场。这种方法比单一变量细分法更能准确、深入地划分旅游市场中每一个不同的消费群体，有助于旅游企业采取准确、合理的市场营销策略，但由此会增加市场细分时间、费用和人力等。

3. 完全细分法

根据不同旅游者消费需求差异，最终将每位旅游者分成一个特定的细分市场，被称为完全细分法。这种方法的最终目的是要针对每位旅游者的不同需求而定制满足其特殊需求的产品和服务。例如，上海锦江饭店专门研究、掌握每位高级贵宾的需求特点，为之建立服务要案，由此采取个人针对性很强的特殊服务方式以满足其需求。由于完全细分法营销成本太高，工作程序太复杂，在绝大多数情况下都不可能被旅游企业所采用。但是对于某些具有很高个人消费水准的市场，尤其是某些高级别的商务旅游者市场，就完全可以采用本细分市场法。具体运用以上方法时，还应具体注意以下几点。

（1）细分变量与细分方式的选取必须与特定的旅游企业性质和营销目标相适应。

（2）选择和运用有关细分变量的数目一定要适当。变量数目越多，细分化程度越高，细分的精确度就越高，但是，旅游营销人员付出的代价也会随着细分市场的增多而成倍递增，而每个细分市场的规模会越来越小。

（3）选择和运用细分变量时，要密切关注细分因素和旅游者偏好的动态变化。

第三节 旅游产品定义及分类

随着旅游市场的不断繁荣，经济的不断发展，为旅游业的发展带来了前所未有的契机，旅行社不断推出新颖有特色的旅游产品来吸引游客，从质量到种类都有很大的提高。旅游产品也有了多种分类方法。

一、按照旅游者的组织形式分类

1. 包价旅游

包价旅游是指旅游者在旅游活动开始前即将全部或部分旅游费用预付给旅行社，由旅行社根据同旅游者签订的合同相应地为旅游者安排旅游途中的食、住、行、游、购、娱等活动。包价旅游又分为团体包价旅游、散客包价旅游、半包价旅游、小包价旅游和零包价旅游。

（1）团体包价旅游。团体包价旅游是指由 10 名以上的旅游者组成的包价旅游产品。这是目前我国旅行社组织海外旅游者来华旅游的主要形式。旅游者在旅游活动开始前将全部旅游费用一次性付给旅行社，委托它负责安排整个旅游活动并提供旅游活动过程中的所有服务。团体包价旅游所包括的服务有：①饭店客房；②一日三餐；③市内游览车；④翻译导游服务；⑤交通集散地接送服务；⑥每人 20 公斤的行李服务；⑦游览场所门票；⑧文娱活动入场券和全陪服务。

就旅游者而言，参加包价旅游可以获得较优惠的价格、预知旅游费用，并可在旅游团内保持熟悉的氛围，而且旅行社提供全部旅游安排和导游服务，使旅游者具有安全感，所有这些都是包价旅游的优势。但是，包价旅游意味着旅游者不得不放弃自己的个性而适应团体的共性，这是团体包价旅游的劣势。

就旅行社而言，团体包价旅游预订周期较长，相对易于操作，批量操作可以提高工作效率，降低经营成本。但是，团体包价旅游在预订和实际旅游期间经常会发生各种变化，而且有旅游旺季容易遇到旅游服务采购方面的问题。

（2）散客包价旅游。散客包价旅游是指 10 人以下的包价旅游产品。参加散客包价旅游的多为自愿结伴而行的亲友。散客包价旅游除了旅游活动安全可靠的优点之外，还具有能够较多地照顾旅游者个性的优点。

散客包价旅游的不足之处主要有两个。一是价格一般高于团队包价旅游，二是旅行社组织或接待散客包价旅游者的人均成本较高。

（3）半包价旅游。半包价旅游是一种在包价旅游基础上发展起来的旅游产品。半包价旅游与包价旅游的主要区别在于这种旅行社包价内不含午餐和晚餐费用。旅行社设计半包价旅游的主要目的是降低产品的直观价格，提高产品的竞争能力。另外，旅游者也能够更自由地选择和品尝当地风味。团体旅游和散客旅游均可采用半包价旅游形式。

（4）小包价旅游。小包价旅游又称为可选择性旅游，它由非选择性部分和可选择性部分构成。非选择性部分包括住房及早餐、机场（车站、码头）至饭店的接送和城市间的交通费用，由旅游者在旅行前预订；可选择性部分包括导游服务、午餐、晚餐、风味餐、文艺节目欣赏、游览参观等内容，这部分旅游费用旅游者既可以预订，也可以现付。小包价旅游具有经济实惠、灵活方便的特点。

（5）零包价旅游。零包价旅游是一种独特的旅游产品。旅游者参加这种形式的旅游时，必须随旅游团前往和离开旅行社目的地。到达目的地后，旅游者可以自由活动，不受旅游团的束缚。零包价旅游的特点有两个。一是旅游者可以享受团体机票的优惠价格，二是由旅行社统一代办旅游签证手续。

2. 组合旅游

组合旅游产品的经营者主要是旅游目的地旅行社，它们根据对旅游客源市场需求的调查和了解，设计出一批固定的旅游线路，并将这些线路的具体内容广泛通知客源市场的旅行社，由后者负责向旅游者推销，并按时将旅客送到目的地。购买这种产品的旅游者在指定的日期到达旅游线路的起始地点，由目的地旅行社将他们集中起来组团旅游，每团人数不限。旅游者既可随团活动，也可自由活动。旅游活动结束后，旅游团在旅游活动结束的地点解散，旅游者各自返回居住地。

3. 单项服务

单项服务是旅行社根据旅游者的具体要求而提供的各种有偿服务。其服务对象主要是零散旅游者，但包价旅游团中个别旅游者的特殊要求一般也视为单项服务。旅行社单项服务所包含的内容十分广泛，其中常规性的服务项目有导游服务、交通集散地接送服务、代办交通通票据和文娱票据、代订饭店客房、代客联系参观游览项目、代办签证、代办旅游保险等。

单项服务又称为委托代办业务，旅游者可采取当地委托、联程委托和国际委托等不同的方式交旅行社办理。现在，旅行社委托代办业务日趋重要，许多旅行社都成立了散客部或综合服务部，专门办理单项服务。旅行社重视单项服务的根本原因是近年来全球性散客旅游的迅速发展。

二、旅行社产品的类型

旅行社产品的类型很多，根据旅游者的旅游动机对旅行社产品进行分类，可以分成观赏旅游、度假旅游、商务旅游、会议旅游、奖励旅游、探亲旅游、专业旅游、修学旅游、宗教旅游和探险旅游等产品类型。

1. 观光旅游

观光旅游产品是指旅行社利用旅游目的地自然风光、文物古迹、风俗民情等，组织旅游者前往参观游览。这类产品品种繁多，一般采用团体旅游的形式。

2. 度假旅游

度假旅游是近年来颇受旅游者青睐的一种旅行社产品，度假旅游不同于观光旅游。首先，度假旅游者不像观光旅游者那样到处流动，而往往是选择一个度假地，在那里住上一段时间；其次，度假者多采用散客旅游的方式，特别是父母子女一起外出的家庭旅游方式，而不像观光旅游者那样组团旅游；最后，度假旅游者的消费水平比较高，对旅游度假区的设施要求也往往高于普通的观光旅游者。

3. 商务旅游

商务旅游是指一种以经商为目的、将商业经营与旅行游览结合起来的旅游活动。商务旅游是一种旅游频率高、经济效益好的旅行社产品。

4. 会议旅游

会议旅游是指旅行社在会议期间或会议结束后组织会议参加者到旅游景点或风景名胜区参观游览。通常会议旅游者的消费水平比较高，购买力比较强，而且在旅游目的地停留时间也比较长。因此，组织或接待会议旅游，能够给旅行社带来较高的经济效益。

5. 奖励旅游

为了奖励在经营或生产中作出较大贡献的员工或者在销售产品中成绩斐然的销售代理，不少企业出资为他们安排旅游活动。由于许多企业对旅游活动的安排和接待工作不熟悉，所以常委托旅行社安排。对旅行社来说，经营奖励旅游产品是一项十分诱人的业务。

6. 探亲旅游

探亲旅游是旅行社组织旅游者到达旅游目的地走访亲友的一种旅游活动。探亲旅游活动的参加者往往带有十分明确的旅游目的。

7. 专业旅游

参加专业旅游的旅游者以专业考察和学术交流为旅游活动的主要目的，同时进行其他形式的旅游活动。专业旅游多采取团体形式，旅游团多由同一职业或具有共同兴趣的人员组成。一般来说，专业旅游者在旅游过程中比较关注专业性活动的安排，希望能够在游览各种旅游景点的同时，能与同行进行专业方面的交流。旅行社能够经营的专业旅游产品很多，如医疗卫生专业旅游、法律专业旅游、教育专业旅游、农艺专业旅游、科技专业旅游等。

8. 修学旅游

修学旅游是以外出学习为主要目的的一种旅游活动。修学旅游产品的主要购买者是青年学生。另外，也有一部分中年人和少数老年人参加修学旅游。修学旅游种类很多，如针灸修学旅游、书法修学旅游、绘画修学旅游等。

9. 宗教旅游

宗教旅游是最古老的旅游形式之一，旅游者的主要目的是到宗教圣地进行朝拜活动，同时也在旅游过程中游览某些沿途的景点。

10. 探险旅游

探险旅游是旅行社利用人们的好奇心理和寻求新鲜事物的欲望而设计和开发的特殊旅游产品，参加探险旅游的多是富于冒险精神的青年旅游者，一般在旅游目的地停留时间较长。一般来讲，探险旅游是大众旅游的先导，一些新的旅游地往往为探险旅游者首先发现，然后经过开发建设而成众多旅游者前往之处。

第四节　旅游产品的销售

一、旅游产品销售的步骤流程及特性

销售旅游产品是一项系统性、流程化的工作。只有前期准备、中间操作、后期完善等各环节做好工作，才能顺利完成最终的销售目标。

1. 旅游产品销售步骤

旅游推销人员推销要按照一定的步骤进行，推销过程的每一个步骤都值得重视。推销步骤按部就班和推销方法因人而异，是取得良好业绩的必要条件。推销步骤主要有七个方面，如图 7—1 所示。

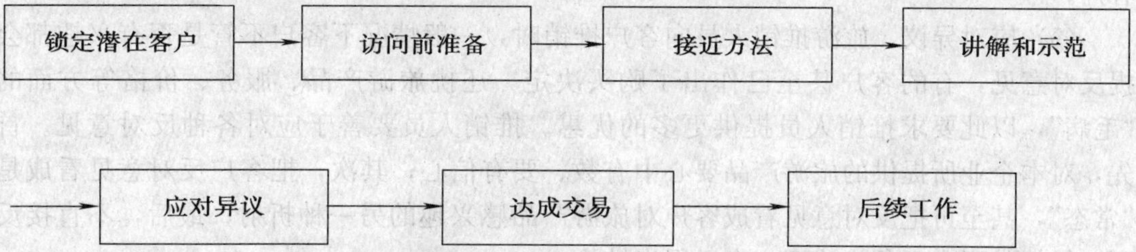

图 7—1　旅游人员推销步骤

(1) 锁定潜在客户。旅游推销人员首先要寻找推销对象，即客户。推销人员可以通过多种渠道寻找潜在客户，如可从上游旅游供应商、下游旅游中间商处寻找潜在线索，从潜在客户的行业组织寻找线索，从电话簿中寻找线索，从报纸杂志、广播电视、互联网等媒体中寻找线索，从政府驻外机构处寻找线索，等等。

有了潜在客户以后，推销人员还必须进行筛选，剔除没有价值的线索，发现并锁定有价值的客户。

（2）访问前准备。旅游推销人员在访问客户前要做必要的准备，包括尽可能了解访问对象的需求特点和性质、所在机构的情况、购买风格、主要决策人等。推销人员还要考虑选择对客户适宜的访问方法，如电话访问、登门访问等。确定访问时机也很重要，如正赶上客户出差、开会或工作繁忙，就不宜上门造访。

（3）接近客户的方法。旅游推销人员接近客户时，为避免吃“闭门羹”，需要给客户以良好的“第一印象”，包括得体的着装、适合的“开场白”、恰如其分的谈话内容，争取“润物细无声”地被客户接纳。

（4）讲解与示范。旅游产品基本上是无形产品，旅游推销人员无法向客户提供现场实物展示，就需依靠讲解和图片等示范来吸引客户。旅游推销人员讲解示范时，可借鉴如下三种方式：

1）固定法。旅游推销人员事先背下文字部分，在讲解时照本宣科，同时以图片资料等方式辅助进行讲解示范。

2）公式法。旅游推销人员先与客户讨论，再根据其特点把客户分成若干处类型，对不同类型的客户采用既定的讲解示范方法。

3）需求满足法。旅游推销人员要多倾听客户意见，抓住客户的真正需要的关键点和解决客户心存疑虑的主要问题，分别找到适合不同客户需求的最佳卖点进行推销。

在具体做法上可采取五种策略影响客户：可通过强调本企业所提供的旅游产品在质量、品牌、价格、服务等方面的优势来打动顾客，通过专门知识说服客户，通过与客户建立良好关系来维系顾客，通过适当的服务感动客户，通过建立良好的个人形象赢得客户。

（5）应对异议。旅游推销人员向客户推销时，一般情况下客户不管是否有兴趣都会提反对意见，有的客户甚至已作出了购买决定，还挑旅游产品、服务、价格等方面的“毛病”，以此要求推销人员提供更多的优惠。推销人员要善于应对各种反对意见。首先，对本企业所提供的旅游产品要心中有数、要有信心；其次，把客户反对意见看成是“常态”，甚至可把反对意见看成客户对旅游产品感兴趣的另一种折射；最后，不直接反驳，最好是列出现象，让客户自己得出结论。

（6）达成交易。旅游推销人员要善于捕捉时机，把客户的购买愿望转化成实际购买行为。经验丰富的推销人员往往能很好地把握“火候”，一旦时机到来，他们总会用肯定的询问诱导客户成交，如某企业要组织团体旅游，推销人员会问：“贵公司把旅游团发团时间定在××时还是××时？”

（7）客户追踪。推销人员在授权范围内代表旅游企业与客户签约后，并不等于推销工作的结束。推销人员要把有关信息传递给客户并把交易情况通报所在企业，以便各部门齐心协力准备好为客户服务。现代旅游企业特别重视对“回头客”的争夺，一笔交易的达成，还意味着新一笔交易的起点。所以，推销人员在达成交易后还要追踪客户是否满意。

2. 销售的基本原则

对旅游消费者设定较高的标准，当争取到一些消费力比较好的客户时，可以选择性地放弃部分评价较差的客户。客户数量的多寡并不重要，素质才是最值得考虑的因素。同理，销售数量多寡并不重要，重要的是能否获利。旅行业者往往以为销售量多一定是与获利成正比，其实不然。大多数销售员往往花太多时间追逐虚幻，以至于遭到失败。在寻求的活动中，只有积极地计划，持续地实行，才能达到目标。以往一些像使用广告攻势、直接寄信、老客户推荐、加入俱乐部、参与公众事务或举办演讲等手法比较常用，这些虽然都不再是新的花招，但每一个手法都值得一试，而且影响深远。旅游商品销售的五个基本原则依次为：

（1）创造旅游需求原则。销售部门，应时常探求旅游消费者的需求，并开发出能满足此项需要的旅游商品或旅游服务项目，并随时修正与扩大旅游商品的需求层面。

（2）旅游渠道系统化原则。销售管理是确立能使旅行业者生存的销售方式或建立具经济规模的系统化销售渠道，结合旅行同业的组织并强化整体销售组织体制，以满足旅游消费者的需求。

（3）销售为中心原则。为了满足旅游消费者的需要，认真设定与旅行业者的营业相适应的公司组织形态与营业内容，如区位优势、旅游商品内容、销售通路、定价政策等，都必须以满足旅游消费者需求为前提，并从中获取旅行业者本身应有的利益，充分发挥旅行业者积极主宰旅游市场的优势，不能在观念上滞后于社会发展及落后旅游消费者的思维。旅行业经营者应以销售为中心经营及管理，追求实现与消费者利益的完美结合，展开有效的销售计划或商业活动。

（4）科学的管理原则。过去旅行业者所擅长的是经验法则，不论是下年度预算、下一季销售目标、人力配置还是中长期外汇的买卖等，所下的决策依据往往是“经验法则”大于理性、系统与科学性的分析与讨论，反正领导说多少就多少、怎么做就怎么做。现在经营环境急剧变化，在利润空间有限的条件下，是不容许有所误差的。应通过科学的管理原则与管理方法——计划实施（plan）→执行（do）→考核（check）→改善（action），确保利润的实现。

（5）非价格竞争的原则。非价格的销售活动包括旅游销售员本身的热忱、访问次数、顾问式销售的实践手法、对零售商的援助及辅导活动、旅游商品本身的品质特性与内容等非价格层次的销售竞争诉求。

3. 旅游销售三阶段

销售不是只有单纯销售旅游商品，而应包括产品、品牌及销售员本身三方面。销售其实是分为三个不同层次，分述如下：

（1）第一个阶段称为MI（material impact）的时代，此阶段主要强调销售旅游产品的优异性。

（2）第二个阶段称为II（image impact）的时代，此阶段强调销售旅行社或旅游品牌形象。

（3）第三个阶段称为SI（salesman impact）的时代，此阶段强调销售员的素质。

销售的三阶段，都是为了提升业绩，一般旅行社的高层主管都会一味要求业务员："努力地卖！努力地卖！"或者只追求业绩数字的增长。其实销售成功的关键，只有认识到"销售的不只是旅游产品本身""客户喜欢的旅游商品是什么""输给竞争对手的原因为何""客户对于销售员的评价如何"等问题，并且针对这些问题来教育销售员，修正公司销售策略与产品政策，这样才能有所进步。销售员销售力的强弱，是公司经营成败的关键。

4. 旅游销售的趋势

社会结构产生变化，政治结构、经济结构与世界旅游市场等产生变化，使旅游上游供应商、旅行业大型批售商、旅行零售商与旅游从业者面临挑战。因为外界销售环境结构所产生的变化，所导致的具体旅游趋势上的变化见表7—4。

表7—4　旅游销售趋势改变表

过去	现在
1. 对潜在和现有客户一无所知	1. 确认潜在和现有客户
2. 创意导向	2. 反应导向
3. 遍及整个市场	3. 满足每一个潜在利润基点
4. 评估整个市场	4. 计算赢得多少新客户
5. 广告独白	5. 和旅游消费者对话
6. 对旅游消费者疲劳轰炸	6. 和旅游消费者建立关系
7. 被动的旅游消费者	7. 涉入的参与者
8. 大众行销	8. 直接大众行销
9. 独特性的销售主张	9. 附加价值主张
10. 单一销售通路	10. 多重行销通路

（1）生活形态的改变

生活个性化→生活多样化→生活趣味化→生活流行化。

(2) 消费者个人意识为主

旅游生产者→旅游消费者→旅游消费的决策者（有权决定与付钱的人）→旅游消费实际参与者（真正去玩的人）。

也就是说从过去未开放出境观光的“量少价高消费”、开放出境观光的“大量消费”至全民观光的“选择消费”。

(3) 价值观趋势

过去以物质满足为前提→输人不输阵，别人出境我也要去→该去的都去过。

现在自我实践，去自己真正想去的地方。意即由自我实现的需要朝向自我满足的需要发展。

(4) 销售方法的趋势

1) 旅行社生产者导向→旅游消费者导向→旅游个性化导向。

2) 办公室销售→新媒体销售→旅游经纪人销售。

3) 少种少量旅游商品→少种多量旅游销售→多种少量的旅游消费→多种多量的旅游消费。

4) 面对面人际销售→形象与品牌销售→口碑销售。

5. 销售规划的必要性

实际的销售周期是指通过一次或多次的销售拜访，成功地完成一次销售所需要的时间，它取决于订单的大小、复杂性，以及销售人员的办事效率和影响力。对于每个销售拜访，有些核心部分是不可忽视的，必须在拜访前做好充分的规划。

(1) 销售内涵的规划

1) 介绍自己及自己的旅行社。

2) 感谢潜在客户花时间接受拜访。

3) 表达自己的热诚。通过握手、微笑以及开朗的表情，表达你的诚意。

4) 表现出自信、热心与得体。

5) 仪表是塑造正面形象的一个重要因素。整洁、得体的打扮是销售员的形象表征。

6) 拜访前做好准备工作，无所事事的感觉最令人焦虑不安。它不只让你心神不定，也浪费你的宝贵销售时间，不要有“看着办”的心态。

7) 利用开放式问题打开潜在客户的话匣子。

8) 了解潜在客户的业务内容。

9) 开始和潜在客户交谈时，不妨边谈话边观察他们的人格特质，是热心、直肠子、优柔寡断、内敛还是冷漠，并据以调整销售策略。

在销售周期的初期阶段，也许要拜访许多不同的部门，和许多人洽谈，才能找到关键人物。此外，中、高管理阶层，财务及营业部门主管，立场不一，需要协调沟通。因此，不能靠着一套推销术语打通所有关卡。必须让所有阶层的人对你的解决方法都感兴趣，争取到向所有阶层推销的权利。潜在客户会向他们所喜欢的销售员购买产品，必须抓住他们的注意力，激发他们的兴趣，而且建立和谐关系，赢得他们对你的信任和喜欢。

(2) 解决方案的吸引力的规划

1) 提案是否迎合潜在客户需求?

2) 提案是否符合潜在客户要求?

3) 提案是否能提高潜在客户的需求迫切性?

4) 提案是否能诱发潜在客户采取行动?

5) 要向潜在客户证明提案是他所能做的最佳旅游决策。

视解决方案或服务的复杂性，或许要作一次以上的说明。初步的旅游产品说明应该：

1) 对解决方案作概要说明。

2) 针对洽谈的特定对象，强调某一利益。

3) 说明解决方案迎合潜在客户需求及条件，并且叙述解决方案的结果及利益。

4) 询问“在我作最后的旅游产品说明时，是否能得到你完全的配合”。

销售的基本概念假设“旅游消费者及企业不会购买足够的贵公司旅游产品及服务”，在此一假设前提下，旅游产品及服务是被卖出去的，而不是被购买过去的。如果客户的满足被摆在敲定订单之下，则买卖双方之间可以建立起信赖的关系。过去旅行业者在客户资料处理上，浪费了无以计数的时间，但却挪出甚少时间来设定目标；努力了解客户，却未进一步做策略规划；花了时间收集资料，却从未拿来加以运用；或者针对客户做了策略规划，却未认识开发其中所存在的潜在机会。因此，策略从未反映出真正潜藏的机会。正如萧伯纳老年时向观众所说的：“我年轻时，计划每周排出两段时间，什么事也不做，只是静下来思考。我从未达成这个计划，但设法去做而已，已经让我名利双收。”

目标与目的之间是没有冲突存在的。目标表现理想中的一面，目的则比较实际，是准确描述，而且是可衡量的，可以通过在较短时限内能达到的成果来确认。经营环境瞬息万变，过去善于“销售”公司的行之有效的解决方法，现在却忽然发现已难以奏效，对大中型客户如果一直套用以前的销售老方法，就很难达到营业收入及盈余的目标。许多拜访大客户的销售员，不但缺乏规划方面的训练，而且缺乏向客户渗透进行长期策略研究的训练。

二、潜在客户的开发

客户是衣食父母，但在茫茫人海中，如何去找客户呢？哪些是潜在客户呢？其实客户需要去了解分析、去吸引、去创造，最后别忘了永续经营，也就是做好“顾客关系管理”。

1. 潜在客户的四大分类

（1）新的潜在客户。一位销售员不能说他已100%控制他所分管地区的客户，必定还有找寻新的潜在客户的余地。不管对方是何等人物，都有可能变成新客户，要不时在这一类客户身上下最大的工夫。

（2）旧客户。在每一家旅行社的计算机数据上，都有上千位的旧客户，应该常常吁请他们再度惠顾。在他们之中，也许有人怀着被公司忽视的感觉，也有对公司不怀好感的人。应该访问他们，调查从前的交易有何毛病，并改正过来，抓住重做交易的机会，这项工作与寻觅客户同样重要。

（3）失去新客户。在竞争中被同业抢过去的客户，也不能忽视。这是强而有力的潜在客户，应该把和他来往的事实记载在潜在客户的分类簿上，等待下次机会。

（4）现有客户。新行程的开发与新旅游商品将促使与现有客户之间的交易更显活泼。向现有客户销售的成功概率大增，也远比卖给新客户容易。

2. 潜在客户的资格

（1）客户是否具有一定的经济实力。

（2）客户是否有自主购买的能力。

（3）客户是否有潜在需求。

销售员最重要的工作就是把“潜在客户”这块原料加工成最佳的成品，即“最妥当的客户”。

3. 潜在客户的等级

为了节省宝贵的时间，实行有计划的高效率销售，必须把所发现的潜在客户按其购买希望的浓淡加以等级分类处理。首先确定分级的基准，即

（1）具有潜在客户资格的程度越完整越好。

（2）第一次接近至交易成立所需的访问次数越少越好。

（3）第一次接近至交易成立所需的时间越短越好。

可依据上述三项将潜在客户分类为A、B、C、D四个等级（见表7—5）。

编制日报时，把当天的所有访问对象悉数列入。但是，在填制潜在客户卡片时，仅记录希望较浓的客户即可。同时经常要根据希望的浓淡等级而加以明确的分类。给潜在客户分类之后，就能很容易地计划访问对象、访问顺序与路径等，又可使销售实绩趋于稳定，不至于发生很大的波动。销售者必须不断分析与尽力试试看有没有销售机会，发现了完全没有希望的潜在客户就应该加以剔除。正确甄选有希望的潜在客户，销售员就能够获得成功。

表 7—5 潜在客户的分类等级表

等级＼基准	具备潜在客户资格的程度	至交易成立可能需要的访问次数	至交易成立可能需要的日数
A (hot)	从任何角度来看都具备立刻购买的条件	每天至少访问一次	可能在一周内购买
B (warm)	虽不具备完整的资格但是有访问的价值	每周至少访问一次	可能在 20 天内购买
C (cool)	并不具备充分的资格，但是可以访问	每月至少访问一次	可能在 50 天内购买
D (cold)	希望不太大，不过也不要太灰心	每两个月至少访问一次	可能在 70 天内购买

4. 如何寻找潜在客户

潜在客户就是可能有意愿购买的客户。客户有了意愿以后，销售员必须以积极的行动去争取，否则潜在客户就永远也成不了真正的客户。一般说来，可以将潜在性的顾客区分为两大类：准客户，就是已经表现出购买意愿的人；流离客户，就是虽然现在抓不到客户的意愿，但是却想争取的对象。

不论哪一类的客户，都是销售员超越原先业绩的筹码。有了这样的共识以后，再进一步探讨：到底要掌握多少潜在客户才算合理？从发出广告单到亲自登门拜访，事先都必须评估所必须花费的成本。因此，到底要针对多少对象去努力，完全要看公司的财力、性质，以及个人的能力来衡量。但是千万别以为，用应付完现有客户剩余的时间来做这些事情就足够，开发新客户是一个耗时、耗神、需精心计划的大工程。

寻找潜在客户时，一个很重要的方面就是保持良好的心态。比较正确的心态是要随时挑战自己，突破现状，而不是抱着跑掉一个客户、再赶快找个新客户来弥补的心理做事。

（1）客户的形态。列出评估客户的原则，可供参考：

1）销售利润。

2）销售工作的成就感。

3）对等关系。

4）对卖方的期许。

5）更换旅行社的原因。

6）善意的询价。

7）客户的成长机会。

8）特殊的要求。

假如客户要求提出一些较特别的提案，这时候就必须考虑以下问题：这样的要求是否合理？他们值得这样投资吗？只要客户的要求尚属合理，适当收费也是应该的。选择大客户为合作的对象。原因有三个：第一是较有发展潜力，第二是利润较高，第三是较容易维持长远的合作关系。以上就是评估客户的原则。失去一位潜在客户，总比失去一位现有客户所造成的损失要少。事先做好评估工作，将可让自己拥有更愉快、获利更高的合作关系。

（2）寻找准客户的两项原则。寻找准客户时，必须掌握下列两项原则：

1）随时随地寻找准客户。

2）妥善运用所有的人脉。每一个人都有基本的人际关系，下列这些人际关系就是重要的人脉：亲戚、工作的关系、学校的关系、共同兴趣的朋友、住宅的关系、社团的关系、其他买卖关系。

（3）寻找准客户的技巧。寻找准客户，请参考下面五个技巧：

1）直接访问。直接访问，就是销售员挨家挨户直接拜访可能购买的消费者；或是打电话给陌生人以获得访问的机会；或是寄推销函给陌生人，再用电话追踪以获得拜访的机会。由于直接访问的对象都是毫无关系的陌生人，因此，取得订单的概率不大，可是对于人脉较差的新的销售者，却是寻找准客户的方法之一。由此可知，直接访问的首要条件就是肯吃苦、能耐劳与够勤快。

2）老客户的介绍。所有的销售好手都知道，老客户是寻找准客户最好的来源。开发新客户就像垦荒，费时费力，事倍功半；与老客户接触，好比在完善设施的农场上耕耘，驾轻就熟，事半功倍。老客户不但会重复购买，而且可能介绍许多准客户。老客户的一句话往往胜过销售者的十句话，威力无比。每一个老客户都有他的威力可及的数十人的关系网。假如他喜欢你、欣赏你，愿意介绍数十人成为准客户你将受益无穷。因此，销售者一定要设法使客户满意旅游产品，愿意再次光顾，并介绍准客户来。

3）各单位代表的协助。广结善缘，培养良好的人际关系，由“点”至“线”，进而推广至“面”，就是销售员的最佳“线民”，随时随地得知购买信息，只要发现准客户，立刻通知销售员，发挥最大的销售人脉与销售力。成交之后，可以付固定的佣金或非金钱上的酬谢，如免费参加旅游、赠送礼物等。

4）旅展。展示旅游产品是获得准客户的好方法。前来参观的消费者，大都是对旅游产品有兴趣者，也就是销售员所渴求的准客户。这时，如果能知道参观者的姓名与地址，那就是一份准客户的名单。一般人怕销售员纠缠与骚扰，大都不愿留下姓名与地址。因此，必须给这些准客户一个留下资料的好理由。

5）名册。利用各种名册以获取准客户的方法。这些名册包罗万象，如工商名录、企业指南、企业名人录、工厂名录、电话簿、社团会员名册等，同业工会名册、毕业纪念册、各种俱乐部名册，如圆山俱乐部、太平洋俱乐部、银行家俱乐部等，新公司的工商登记及监理所汽、机车登记等。

三、客户的管理

客户是旅行社重要的经营基础和生产资源，狭义的客户是指旅行社的客源，即旅游者。广义的客户是指与旅行社有经济和业务来往的供应商、其他服务机构和旅游者。旅游业是一个高关联度的产业，旅行社作为提供旅游产品的企业，它所提供的产品又必定受到其他部门或企业的影响，离开交通运输、餐饮、景区（点）、宾馆饭店，甚至气象预报等，旅行社的产品就什么都不是，旅行社也无法正常经营，有时候也戏称旅行社为“全求人”，从另一个角度也反映了旅行社的这一特性。因此，如何选择运输工具、选择哪些景区（点）组成线路、选择什么饭店合作等一系列的问题在旅行社经营中就显得十分重要。外联部承担着旅行社对外活动的重要职能，选择与谁合作共同完成旅游经营活动是其重要的业务工作，用广义客户的概念去进行市场开发、产品设计、市场营销、创新产品，可以使旅行社时时处处处于主动的位置，当然，科学的客户管理程序是保障实现这一目的的基础。

1. 建立客户档案

档案是旅行社经营的历史记录和经营管理资料的综合，客户档案是旅行社经营过程中与供应商、分销商、旅游者、其他相关部门或企业发生各种业务关系的历史记录。建立客户档案，就是本着科学、系统、延续、客观的原则，将与旅行社经营有密切联系的企业或个人的基本情况以及与旅行社所发生的业务关系情况，采用一定的方法记录并整理的过程。通过客户档案的建立，旅行社可以从中分析并选择稳定的合作伙伴，建立独特的合作模式，形成一定的企业族群。同时，通过建立客户档案，旅行社也可以从中分析出市场发展趋势和旅游者消费偏好的变化情况，从而及时、有效地调整经营策略，规避经营风险，降低经营成本。

（1）分门别类建立客户档案。与旅行社经营业务发生关系的客户有很多，如景区景点、宾馆酒店等是为旅行社提供产品基本要素的供应商，广告公司、新闻媒体则是对市场营销构成重要影响的传播途径，机关、企事业单位、社区甚至个人是重要的客源市场，不同类型的客户对旅行社经营起到不同的作用，对客户进行分类是建立客户档案的基础。可以按照供应商、分销商、传媒、消费者等来进行分类建立客户档案，也可以按照旅游产品生产的工艺流程建立上游企业、水平合作伙伴、下游企业或消费者建立客户档案。但不论采取哪种方式，准确界定合作性质和一户一册是基本原则。

（2）按照一定的顺序排列客户档案。随着经营的持续，与旅行社发生业务关系的企事业单位会越来越多，客户档案的规模也会越来越大，记录内容会越来越多，查阅起来会越来越有难度。这就要求在建立客户档案的初期充分预见到这一情况，按照一定的顺序科学排列客户档案，否则可能会形成客户档案混乱、查找困难的情况。可以采用客户名称字头的英文字母排列顺序，第一位字母相同则选择第二位进行排列，以此类推；也可以采用先分区，即根据客户类型先划分大类，再细分，即在大类内按照一定方式排列。不论采取哪种方式，在排列的同时建立一个快捷查寻的客户档案目录都是必要的。

（3）选择重要客户，建立 VIP 客户档案。与旅行社发生业务关系的企事业单位有很多，如果逐一建立客户档案，既费时费力，又给查阅带来很大的困难，而其中很多客户可能是一次性客户，为其建立客户档案意义不大又使得管理成本上升，因此选择重要客户建立客户档案是十分关键的。信誉度高、规模较大的供应商，具有丰富的旅游新产品宣传经验的传媒，有稳定支付能力热爱旅游的旅游者和企事业单位应该是客户档案中的主体。而信誉度不高或者虽然信誉度高但没有合作愿望的供应商、传媒和偶尔参加旅游活动的消费者就没有必要为其建立客户档案。同时，在客户档案中对客户也要区别对待，为那些对旅行社经营构成重大影响（一般以对经营利润的影响比例来确定，对年度经营利润影响达到 5%～15%的为一般重要客户、超过 15%的为重要客户）的客户，建立 VIP 客户档案，其档案要尽可能详细并及时更新，以确保与其合作的针对性和高效性。

2. 巩固客户关系

单纯建立客户档案对旅行社经营仅仅能够具有一定的参考作用，客户关系的巩固对旅行社的经营起到了更重要的作用。良好的客户关系是建立在真诚合作、及时沟通的基础上，通过程序化的巩固客户关系，不仅可以使客户档案保持不断更新的状态，而且可以使与客户之间的联系越来越紧密，甚至建立战略合作伙伴关系。

（1）及时回访客户。关系的巩固是建立在密切的联系和信息沟通的基础上，及时采取电话沟通、上门拜访、邀请座谈等形式与客户加强联系，可以有效巩固客户关系。当然，过于频繁的联系有时候也会影响客户正常的工作和生活，起到适得其反的作用。选择合适的时机和一定的频率是非常重要的，可以选择一些重大节日、每隔一至两个月与客户联系一次，上门拜访前一定要事先电话预约。

（2）通过邮寄印刷品保持客户关系。对于旅行社不断创新的旅游产品，客户不可能都会及时了解到，通过印刷新产品说明并在第一时间投递给客户，可以帮助客户了解产品情况，也可以使客户意识到旅行社时刻都在关注他。这种方法也是其他类型企业经常采用的一种巩固客户关系的方法。在邮寄印刷品时，客户单位名称与联系人或客户姓名、地址一定要书写准确；印刷品要印制精美，内容言简意赅，附有一定的优惠条件；一次投递的印刷品数量不宜太大。

（3）组织联谊会或答谢会巩固客户关系。在一定时间选择一些 VIP 客户组织联谊会或答谢会，或以旅行社为龙头、外联部工作人员为主要承办人员组织一些联谊活动，一方面可以联络感情，巩固客户关系；另一方面可以了解客户需求的变化，有针对性地及时调整产品。在组织联谊会或答谢会的过程中，要事先对客户进行认真分析，有针对性地制订活动内容，活动时间和场地要安排得当，活动方式要轻松、高雅、令人回味，可以采用冷餐会或鸡尾酒会＋文艺节目＋参与性趣味活动＋抽奖或赠送纪念品的形式。

（4）设立年度奖励积分强化客户关系。对在一年内为旅行社提供服务或购买旅行社产品达到一定金额的供应商和旅游者提供年度奖励，可以奖励在一定时间内免费享用一定数量的特色旅游产品，以此来强化客户关系。

3. 客户评估

随着旅行社业务的发展，与客户的关系也会随之发生变化和调整，与旅行社协调一致、共同发展的客户会被保留下来，其他客户可能会被重新选择继续保持还是终止客户关系。客户评估可以帮助旅行社客观分析客户情况，进而决定客户关系的发展方向。

首先，客户评估是建立在旅行社经营业务需要的基础上，评价客户对旅行社经营利润的影响程度。对旅行社经营业绩构成重要影响的客户无疑是要被重点关注的，与这些客户的合作关系如何是评估的主要内容。

其次，客户是否与旅行社经营发展的方向协调一致也应该是客户评估的内容之一，随着时间的推移，原来合作密切的供应商可能会由于其自身业务发展与旅行社发展方向不一致而使合作内容越来越少，甚至停止合作；旅游者也会因为消费偏好的转移而选择其他旅行社的旅游产品。对这些客户的评估可以帮助旅行社决定是否调整经营策略和产品方向，以便保持继续与之合作。当然，旅行社也会根据自身需要不断寻找和挖掘新的合作伙伴和消费者。对这些客户的评估可以让旅行社了解他们在旅行社经营中所处的地位如何，从而决定采取哪些措施更好地处理与他们的关系。

最后，客户评估必须有统一的标准，将评估内容设计成表格，采取项目打分法进行评估。尽量参考历史资料和客户档案，获得分析数据，避免由于个人偏好而决定与客户的关系发展方向上的错误，克服客户评估中的盲目性。同时，由专业人员集体进行客户评估，避免非专业人员或个人在评估中对数据资料和分析方法不熟悉造成的误差。

第五节　电话销售

一、电话销售的认识

电话销售是既经济又省时的销售方式，特别是可以突破地理上的限制，扩大销售的范围与对象。旅游销售员应对电话销售有正确的认识。

1. 定义

电话销售是指通过电话所做的有系统的共同沟通行为。在一个有系统的通话范围内，每次客户打电话给你或你打电话给客户，就是在做电话销售的工作。你可能无法看出你自己在销售上所占的分量，但你必然会影响旅游消费者对旅行社和旅游产品的观感，最后影响日后的销售工作成功与否。

2. 特性

（1）电话是立即的。旅游消费者可以立即从你这里得到反应，而且可以立即从旅游消费者那里得到回应，特别是旅游业是牵涉许多时效性工作，电话沟通既快速，又方便。

（2）电话是个人的。在电话中，一方可以回应另一方的情绪，形成两方沟通者的互动，形成彼此情感与意见的交流。

（3）电话是经济的。电话销售可以突破地理限制、时间限制，这些特性就是过去几年“电话销售”惊人增长的主要原因。因为“电话销售”可以不受地理区域的限制，特别是可以克服地理区域辽阔或地区偏远的限制，可以节省销售人员的时间与销售成本。电话销售既省时、省钱，又省人力，是旅行业所采用的最主要销售方式。

二、如何运用电话销售

通话的两大类行为是“收话”和“发话”。每个人都熟悉收话，如旅游消费者打电话来下个订单、投诉或取得资讯。收话已成为回应旅游消费者的主要渠道。当旅行社接到客户主动打来的电话时，电话销售员应该将之当作表现更积极、更主动的大好时机。当客户在决定下订单的过程中，电话销售员可以借着提供某种优待或以较一般零售的价格较多的折扣，促使客户迅速下最后决定。同样，当旅行社人员接到客户投诉的电话，他们应该借通话去化解矛盾，进而赢得客户的忠诚与信赖。电话销售员只是凭电话就可以进行旅游销售，将事情处理得令客户满意，甚至主动为公司宣传，这是电话销售员所应努力的目标。

如果电话销售成功，会很快促成更多的电话打进来，成为提供公司资讯的生意来源。打出去的电话自然也随之快速增加。它是一种积极主动的方法，可以直接接触客户，了解他们的需求，而不是等着客户主动打电话上门。这些特质在收话与发话的电话销售人员中也略有不同。收话时，也就是当电话铃响时，你移动身体去接电话，而在发话时，你必须自行安排，不断拿起听筒并拨号。其差别在一个是主动出击，另一个是被动服务。但是，无论是“接听电话”还是“拨出电话”，最重要的是不要忘记商机都在电话之中。以下是一个优秀电话销售员的基本特质。

1. 热忱与积极的态度，虽然对方看不到您。
2. 口齿清晰，速度适宜。
3. 谈话的内容与方式具有幽默感。
4. 善于感同身受，令旅游消费者感觉你和他站在同一边。
5. 对所服务的旅行社和旅游产品的信心与了解。
6. 试着学习与各阶层人士沟通的能力。

7. 倾听对方说话的能力。

8. 处理客户异议的能力。

9. 逻辑组织能力。

10. 依不同的旅游消费者提供不同的表达方式。

三、电话沟通与面谈的不同

“电话销售”需培养的能力有哪些？首先是对旅行社和旅游产品的信心、与各阶层人士沟通的能力、倾听的能力、处理反对意见的能力、组织能力、对旅游产品的了解等。除此之外，人与人面对面沟通时，主要由三个因素组成，即谈话内容、语调和肢体语言，其中肢体语言最常被使用。

1. 面对面沟通技巧

面对面沟通涉及肢体语言（70%）、谈话内容（7%）、语调（23%）。

与之相对照的是电话沟通，几乎完全相反，它不重视或者说无法重视肢体语言，因为双方维系联系的只是声音，所以更强调“语调”。

2. 电话沟通技巧

电话沟通涉及字汇（25%）、语调（75%）。

综合以上可以得知，电话沟通技巧应着重于语调的变化、字的清晰表达，由于无法以面对面沟通的肢体语言来弥补语言表达的不足，只能以语调来强化语言。知道这一点十分重要，因此，电话销售人员应加强电话沟通技巧的学习。

四、何时拨电话

这是非常重要的问题。把客户的名单依序放入分类的名片册里，每天早上上班后的第一件事，就是花将近半小时从头到尾翻弄着卡片，试着决定当日通话的对象。这不但浪费时间，而且意味着一些你不喜欢的客户，将永远被你疏忽掉。该打电话给谁？交叉的参考方式让销售人员可以很快又很容易找出客户资料。假如电话销售业务只是工作的一部分，务必挪出一些特定的时间整理、归纳电话簿，并持之以恒地使之系统化。

此外，另一个秘诀在“早”，可以是一天当中的一大早，或是一星期中的前面几天，或是一个月当中的前面几天。最好能提前，假如有不可预测的事发生时，就不会惊慌失措。早上第一件事通常可以做得最好，一大早，心情总是比较愉悦，头脑总是比较清醒，而且你的电话一般不会迷失在一天的混乱当中。假如不喜欢这样工作，早点打电话也会使你一天的心情愉快些，因为你已把电话的工作处理完毕。

一天最好打几次电话仍有较大争论，可以一大早联络上主管，但若非十万火急，还是等公司早上 9 点开始营业后再打。而下午 5 点以后也常是与主管谈话的好时机，因他们开会完毕，已有时间讨论生意。不要相信“不要在周五下午打电话”的说法。你确信周五下午客户不会在公司上班吗？事实上，这是一个打电话的理想时机，因为很少人会这么做。最适时机因对象而异，具体建议如下：

1. 家族主妇约为下午 3：00—4：00，避开午睡时间。

2. 上班族约为上午 10：30—11：30，于公事繁忙之后或午餐之前。

3. 一般公司中高层主管约为下午 4：00—6：00。

五、通话的目的

不论是打电话或接电话，你的目的是什么？它取决于你的工作角色。你的首要目标可能是：

1. 得到一个面谈的机会。

2. 完成一次成功的交易。

3. 收集特定的资料。

不论首要目标是什么，都应该有完善的计划。假如首要目标是完成一次成功的交易，计划应包括：（1）送出旅游相关资讯，然后追踪联络；（2）请对方提供另一个对旅游产品感兴趣的人，公司内外人选皆可；（3）收集公司的背景资料，如公司结构、政策和目标等；（4）谈论新旅游产品与旅游趋势；（5）提供特别的旅游优惠办法。

有时最后两项会将你又带回到最初的目标，至于通话时间多久，则决定于目的，目的达成与否决定通话长短与否，一旦达成目的即可挂电话，完全以业务需求为导向。一个电话该花多少时间，并没有标准答案。假如客户很高兴继续谈下去，时间稍长的电话仍算是符合业务所需。然而务必控制好通电话的时间，质与量应平衡一些，但也不可因追求量而忽视质。

六、回答来电原则

每一个人都有七情六欲，心情也有所起伏，但旅游销售员必须克服自己心理上的情绪不定，随时以最适宜的举止与语气回答来电，因为每一个电话都是“成本”，都是“商机”，不可不慎。

1. 在三次铃响内接电话

打电话会让人不愉快，当你拿着听筒，听着电话铃声响个不停，总会怀疑对方的公司是否已经倒闭，这是一件令人讨厌的事。或许是他们公司人手不足，或许是懒散成性，使你要找他们帮忙的兴致也消失殆尽。接电话同样如此，不要在第一声铃声就接电话，对于多数人而言，这样速度太快。他们还没有把口中的咖啡喝下，突然接到电话，时常结结巴巴地接不上话。第二声铃响或第三声铃响时接电话比较理想。接电话时应注意下列原则：

单元 7

（1）接起电话，先报自己的旅行社名称、单位名称以及自己的名字，如果有总机就不必再报旅行社名称。

（2）对方报名就立刻打招呼。

（3）如对方指名要别人听电话，就要很客气地说："请您稍等一下。"如果被指名接电话者，正在打另外一个电话就请对方稍候。如果时间拖了一会儿，请对方稍候。如果时间拖更久了，就说："等一会儿请他回电话，方便吗？"如果对方同意，就请对方留下电话号码。

（4）被指名接电话的人应该说："对不起，让你久等了，我是×××。"

（5）接电话时也要准备记录，所以应随时准备好纸笔。

（6）所听到的事或与客户谈话的重点，最好复述一次，确认之后并记下。

（7）如果代理别人接听电话，就说："我是×××，某某不在，我可以为您效劳吗？"

2. 用言辞上的寒暄作为开场

不论是"接听电话"还是"拨出电话"，都必须用言辞上的寒暄来问候客户或可能的潜在客户。在面对面沟通的情况下，每个人都把"握手"视为问候与信任的象征。在电话中，用什么来代替"握手"呢？简单地说声"早安"或"午安"，会增加交谈时的亲切感并能表示欢迎之意，应经常使用。在说出自己的名字时，你会在声音上表现出亲切感，客户则会认为一个人肯说出自己的名字，是一种负责任的态度，因此，把你看成值得信赖且可以仰赖的人。回答来电时，要注意以下几点：

（1）使用礼貌的问候语。

（2）说出旅行社或部门名称。

（3）说出自己的名字。

3. 尽快说出对方的名字

每一个人对自己的名字都有一份特殊的感情，而认识一个人的名字，就如同认识我们这个人。别人叫出我们的名字，可使我们觉得自己很重要，同理，称呼对方的名字可使对话亲热些，人与人之间的距离也可拉近不少。

4. 中辍电话不得超过 17 秒

人通常在 17 秒之后就很难控制自己的行为，会开始乱写、乱画、转笔、撕碎纸张等，并且不耐烦，甚至骂人。因此，要赶快回去接电话或者是回电话给他们。记得自己在等 17 秒时的感受，将心比心，就不会在电话中让对方等太久了。假如要对方在电话中等，要先征询对方是否愿意等，而且务必要等他们回答。

5. 使用正面的词语

如果在谈话中使用一些令人生气的字眼，就会破坏彼此的关系。回应中辍的电话，通常会使用负面的语言，以下即为典型的例子："抱歉，让您久等了"或"您还在等吗""谢谢您，让您久等了”三句话都很有礼貌，但第三句却比前面两种说法有着数十倍的正面意义，它引发的一般心理反应是：“不用客气，没关系。”彼此都有台阶下，感觉也好多了。

假如不知道如何回答，使用“了解”比“知道”好。不要回答“我不知道”，这听起来好像说话者专业能力不足、漠不关心。若说“我不是很了解，但我马上查……”听起来好像你打算去弄明白，而且是主动且积极想去帮忙解决或弄清楚，应避免使用轻视或推诿的字眼，如只是、可能、或许、不一定等模糊又不负责的说法；另一个重点是“没问题”的回答，或更糟的只用“我办事您放心”。而这些言辞风险太大，除非有200%的把握，否则千万不能说；“说到就要做到”，特别是订机位候补、送签证、办护照赶件、补件等。客户通常还是习惯负面的言辞，试着用“我乐意为您尽一切方法来处理，但……”来代替。

6. 掌握正确留言

最重要的是要准确无误地记下对方的名字、电话号码、公司名称、留言摘要与何时打来。谁是“代为留言者”也要记下来，如此，当有疑问时就可以立刻问清楚，不要太草率，更不要留的言让人看不懂、字迹难以辨认。在记下留言后的一个要点是“你有责任敦促被留言者回电”。

7. 转接时不可偷工减料

转接电话应该要有礼貌，而且要确定对方已接起才可以挂断电话。旅行社销售部门的员工大都有机会“专职转接总机”，必须轮值“代理总机”或在假日值班。因此，学习如何操作总机拨号设备，也是重点工作。同时要熟知各部门员工的名字，甚至是分机号码都要记下来。

单元 7

8. 善于利用每个机会

客户来电，就是一项“成本”，公司为此花了可观的广告费用，但是每一个电话，也是成交的机会。或许今天身体不适、心情不好、刚跟人吵架、今日您所买的股票跌停板等，但都不能影响接电话应有的礼仪，要善用每一个电话，因为那都是“成本”与“商机”。

9. 接听所有的电话

或许有的电话不是销售员的电话，但却是销售员的责任。不要不接电话，若是客户打电话进来却没有人接听，而造成业绩的衰退，就是销售员的错了。永远不可以说“我不负责这一块”“那不是我部门的事”。不论是不是你的电话，只要打到公司，就应去接。

10. 最后挂断电话

“咔嚓”一声很快挂断电话，所产生的尖锐且令人错愕的声音是非常糟糕的。我们不需要重重地挂断电话，而使他人耳朵有不愉快的感觉。试着最后挂电话，特别是对长辈、客户及领导更要如此。

七、通话技巧的改进

虽然在电话中肢体语言无法看得见，却仍有一些东西可以弥补这项损失，并改进通话技巧。

1. 微笑

不管你怎么做，总是要想些方法试试看。拿起话筒时，要将一切疲惫、挫折、愤怒、厌倦和悲痛置之脑后。让你的脸上布满笑容，用热忱把微笑散发出来，让电话线另一端的人也能感觉到你的热忱。

2. 放慢速度

在面对面交谈时，以每分钟约 130 个字的速度说话。但在电话中，需要将速度放慢到每分钟 100 字左右。为什么呢？在面对面的沟通里，谈话内容仅占 7%，因此假如我们什么话都听不到，并没有太大的关系。而在电话的沟通里，谈话的内容所占的比例升到了 30%。因此，务必让谈话内容简短有力，而且清楚明确地让对方听到，放慢说话速度可加强这种效果。

3. 深呼吸

4. 不要吃、喝或抽烟

5. 避免行话

不论从事何种行业，每一种行业都有自己的行话。行话是指在特定行业中所使用的专门用语。使用行话中最不好的习惯是使用代号代替旅游产品的名称。

6. 避免单调

在声音上加以修饰，看看你可以传送多少热忱到客户耳中。人们信任那些听起来对他们产品有信心的人，并向他们购买——那些人在提供资讯时，总是热忱且明确。语调与声音的高低变化，称为“语调变化”。语调的变化常忠实地表露出每个人内心的各种情感，如讽刺、轻视、喜爱、尊敬、兴趣盎然或漠不关心等。了解语调变化的重要性对电话技巧的改善有着莫大的帮助。除了在电话中容易出现单调无变化的说话方式外，假如一再重复叙述相同的资讯，而变得不耐烦时，也会出现单调乏味的缺点。

八、移动电话的使用

使用移动电话可以延长工作时间，具有即时性与方便性，或者你可能是一个销售员，必须在车上使用移动电话联系业务。虽然使用移动电话的人不断增加，但是，他们常常没有好好使用。告诉对方你打的是移动电话，这可达成几件事：他们将了解为什么通话的品质不良；假如电话突然中断，他们将明白发生了何事；为了替你和你公司省钱，他们会简短地通话。不要说：“我现在用的是移动电话，请长话短说。”可以说：“我现在用的是移动电话，假如电话突然中断，请勿见怪。”移动电话是为了节省时间而设计出来的。应花些时间了解电话的功能，以便发挥最大的效用。代码拨号系统可以节省不少时间，只需按一两个键，不用将整个电话号码拨出来。把主要客户的电话号码存起来，就不用再浪费时间在公事包内寻找客户的电话号码了。也应了解重要拨的功能，当频繁使用电话时，一再重按电话号码是一件浪费时间的事。以下几点建议将能使你更正确地使用移动电话：

1. 不要边开车边打电话

一边开车一边打电话，不仅自己危险，而且危害行车与用路人的安全。害人又害己，适宜且效果佳的“耳机”设备是销售员最基本的配备。

2. 适宜有礼貌的回话

有礼貌地告诉对方所打的电话为移动电话，请对方优先接听，但不可以此为借口，强迫对方第一时间先转接电话。

3. 善于利用电话的人性化功能

电话通信设备的日新月异、许多新的科技与功能日趋人性化、购买与熟悉电话通信设备的功能将为销售增添利器。

4. 在开会时请关掉移动电话

在开会之前，关掉移动电话。假如在磋商的重要时刻，移动电话“哔哔”作响，客户会很烦，而你也会显得很失礼。

5. 手边随时准备好纸和笔

随身带或在车内放上便条纸和笔，以便随时记录通话的要点。假如所有的书写工具都放在后座上的公事包内，要马上把资料记下来并不那么容易，而且容易遗忘部分资料。

九、如何处理反对意见

处理反对意见时，首先要确定对方反对的理由是真的——“它确实是客户真正的反对意见吗?”

- “那比我想得还贵好多。”
- “那太贵了，超出我的旅游预算。”
- “太贵了，我没有钱付。”
- “别家的旅游产品比较便宜。”
- “我不相信该旅游产品的价值。”
- “不要问我，我不是最后决定者。”

采用电话销售时，如遇客户有异议，基本处理原则与禁忌如下：

- 勿将反对意见个人化。
- 勿期待每次都销售成功。

- 永不放弃，努力再努力，务必不屈不挠。
- 务必介绍你公司的旅游产品。
- 务必认真练习电话技巧。
- 务必拥有正面的销售态度。
- 务必记住你的首要目标：使人感到愉快。

十、每日工作检视项目

天天检视反省自身，日日修正销售活动，时时培养销售技巧，如此销售目标可渐渐达成。

1. 可能的客户

（1）我对这家旅行同业或客户了解多少？

（2）我要从何处获取这方面的资讯？

（3）如何增进现有客户的关系？

（4）如何维持最有价值的客户？

2. 通话前

（1）我和谁谈话较适宜？

（2）他是有决策权的人吗？

（3）开场白需要事先准备吗？

（4）我需要事先知道什么？

（5）客户想要知道什么？

（6）我的旅行社所提供旅游产品的特色是什么？

（7）我的主要竞争对手是谁？

（8）是否需要事先准备好有关价格的资料？

（9）我的首要目标是什么？

（10）我退让的底线在哪里？

3. 检视客户

（1）检视过去往来记录。

（2）彼此交往的信赖度与忠诚度在哪里？

（3）检视一下：最后一次交团或交易情形是否令人满意？是否有仍未解决的事？

4. 通话结束

（1）是否遭遇客户反对意见？

（2）自省此次通话有何良好表现？

（3）检讨此次通话有何缺失？

（4）有何种值得记录下来作为销售会议讨论的内容？

(5) 通过此次通话，我对客户有了多少了解?
(6) 立刻将你获得的客户资料记载在客户资料档案中。
(7) 我是否能记得对方的名字?
(8) 我是否把自己的名字告知了对方?
(9) 我是否要求对方下订单?

5. 一天结束前

(1) 准备隔天电话销售资料。
(2) 清理留言及记事字条。
(3) 检视你的目标——明天需要额外增加几个电话吗?

6. 了解每个客户

(1) 个人财务状况。
(2) 经营生意的种类。
(3) 个人背景资料。
(4) 同业公司历史，特别是同业主要竞争对手的历史。
(5) 公司经营政策。
(6) 旅游交易条件或交团标准。

7. 了解你公司的旅游产品

(1) 每一种旅游产品最大的特色是什么?
(2) 每一种旅游产品优于其他公司类似产品的原因是什么?
(3) 本旅行社的旅游产品价格与其他旅行社类似产品价格的比较。
(4) 是否因鼓励大量交团而制定优惠措施?
(5) 本旅行社的旅游产品最常遭受的反对意见是什么?

8. 最常犯的错误

(1) 消极否定的态度。
(2) 喋喋不休，自己说个不停，不注意聆听客户所言。
(3) 不知如何结束对谈。
(4) 弄错谈话对象。
(5) 语气使用错误。
(6) 令人不愉快或有欺瞒的推销行为。

9. 打电话时应注意事项

(1) 选择时间，考虑对方是否方便。
(2) 决定谈话内容与顺序，记录要点。
(3) 对方发出声音之后，先报名，然后请问对方大名。
(4) 不要忘了打招呼：早安、午安、晚安或其他合乎时宜的称呼。

（5）抓住要点开始谈话。

（6）事先准备好资料，不要打电话给客户时，让对方等我们找资料，使对方因等待而深感不耐烦。

（7）谈完之后，要等对方挂断之后才挂断；如果对方也等着我们挂断，我们就轻轻地放下话筒。

第六节 销售技法十六法

一、不确定成交法

心理学有一个观点，“得不到的东西才是最好的”。所以，当客户在最后关头仍然表现出犹豫不决时，电话销售人员可以运用这种方法，让客户知道如果他不尽快决定的话，可能会失去这次机会。

“嗯，请稍等，让我查一查香港这个月的自由人位置，可能这个月的时间都安排满了，如果这样的话，我们就只能给您安排到下个月了。”

“每年春季都是我们海南线路销售的旺季，我不知道昨天还剩下的两个摊位是不是已经被预订完了。您稍等一下，我打个电话确认一下，稍后我给您电话。”

“我刚才给您推荐的这条蜜月线，是目前最畅销的旅游线路，几乎每天都有七八对情侣来我们这报名，而且快过情人节了，最近更火了，我先打个电话查询一下还有没有位置。”

二、典型故事成交法

通过讲一个和客户目前状况紧密相关的故事，在客户听完故事后，引导其去思考、权衡，从而最终达成交易。

例如：销售员小张接待一个会议客户——赵总，交涉价格时，客人觉得费用过高，尤其是对销售员所提供酒店的住宿和餐费的报价感觉偏高，希望调整酒店或旅行社让利。这时，销售员小张告诉客户：“前不久我同事也接了个会议客户，还是个刚刚成立的新公司，规模并不大，但第一次搞客户联谊会就把消费标准定得很高，那家公司刘总让我同事给安排了最好的会议酒店，并且包了酒店里最华丽的宴会厅来招待他们公司的客户，整场会预算就十几万，当时我同事都觉得花这么多钱搞公司的客户联谊会可能没什么必要，还建议刘总是不是再选择一下价位低一点的酒店，没想到刘总拒绝了，联谊会结束后不但刘总满意，他请的客户更满意，后来我同事听刘总讲，这次联谊会上，因为来了好多重量级的大客户，而且客户通过联谊会觉得刘总他们公司很有实力，在联谊会当晚就谈成了几笔上百万大生意，乐得刘总都合不拢嘴，一下子把半年的任务都完成了。赵总，其实我觉得你这次请的客户要真是像您说的都是大客户，我觉得多花点钱，给客户一个良好的感受，也给公司树立个好形象，还是挺有必要的，您说呢，赵总。”

典型故事成交法的关键在于自己平时在生活中要做一个有心人，处处留心，用心收集各类故事、新闻等。只有头脑里的材料丰富了，遇到相应情况时，才能做到灵感一闪、信手拈来。

三、对比成交法

鲁迅先生曾经打过一个比方。他说，如果有人建议在一个完好的房子墙壁上多开一扇窗户，来增加屋子里面的阳光，可能会有很多人反对。但当这个人站起来，先宣布将屋顶掀掉，再提出替代方案是在墙壁上开凿一个窗户时，大多数人就会很容易接受多开一扇窗户的建议。

这就是比较心理的作用。当人们把两件事物拿到一块比较时，它们之间经比较后的差别要比在比较前大，就好比先把手放到一杯冷水中，然后再把这只手放到一杯热水中，人会感觉到这杯热水比先前的一杯更热一样。

电话销售人员可以运用这种比较心理来促成。例如，当客户询问产品报价时，电话销售人员可以先给对方介绍一下同行业中报价较高的同类产品，然后再把自己的产品价格告知对方，同时也可以和自己公司同一产品不同的报价进行比较。

如当对方询问产品报价时，电话销售人员可以和对方说：“××经理，我们这次专列团收费标准是这样的：在本月 15 日之前，并同时有超过 5 人一起报名的，可以享受 8 折优惠，即每人只需 1 600 元。15 日之后报名的没有优惠，即每人 2 000 元。今天是 13 日，您现在就报名的话，还可以享受优惠。请问您这边是几位客人要报名？我马上就给您登记。”

四、引导成交法

使用方法：把签约前的资料准备好，发给客户，引导客户马上签约。

具体如下：

“丽丽女士，我现在把报价单传真过去，您只需要在上面签字、盖过章后，传真给我就可以了。”

“童女士，我们这里有一份合同的样本，我先发给您，看看有什么需要修改的，好吗?”

“马经理，为了使您尽快能拿到旅游签证，我今天就帮您下订单可以吗?”

单元 7

五、一相情愿成交法

使用方法：假设客户已经下订单，询问客户的后续服务。

具体如下：

“冯先生，关于细节方面的资料我同您确认一下，您的身份证号码是……您的详细地址是……”

“赵总，您看周日下午见个面，可以吗？”

“后天中午我带您去看看场地，顺便请您吃个饭。”

六、二选一成交法

使用方法：假设客户正要下订单，提供两种结果给客户选择。

具体如下：

“鲁先生，那您是想选择海南自由人呢，还是海南纯玩团呢？”

“马经理，您好！从希腊的航班时间安排来看，你们这个团最好安排在这个月的12—15日，或下个月的1—3日……您看哪个时间合适？”

“您希望我在明天上午还是明天下午去您公司签旅游合同呢？”

七、危机成交法

使用方法：讲一个与客户密切相关的故事，让客户产生危机感；重点阐明故事中发生的事情对客户及可能造成的不良影响；让客户明白如果不尽快做决定，会影响最终的效果。

具体如下：

“贺经理，像您单位这次这么多人出国考察，在境外没有个语言通的好翻译是不行的，我们去年一个客户在意大利开会，为省钱就没有请翻译，结果商务交流时很多专业词汇都没法翻译，最后效果太差，据说领导回国后向经办人主任大发雷霆呢……”

“何先生，这段时间正是每年的云南泼水节，我们这边的航班非常紧张，我建议您现在就确定下来，我这边好给您安排预留一个位置。”

八、以退为进成交法

使用方法：采用让步的方式，使客户做决定；让步时要从大到小，一步一步地让，大表示大的方面，小表示小的方面；让步时要改变附加条件；表示你每让一步都非常艰难。

具体如下：

"如果我把您原定的标间免费升级为观景套房，您今天可以下决定吗？"

"如果贵公司连续定三期会议的话，价格方面我们可以打九折。而如果只是定一期的话，价格就是我们所提供的报价，您看是定一期，还是定三期呢？"

"现在航班紧，价格还高，如果您这个团出发时间能推迟一周，我们可以优惠300元。"

九、替客户拿主意成交法

使用方法：找出客户对产品最关注的地方；为客户推荐一种最适合他的需求的产品。

具体如下：

"林先生，如果您是考虑到旅游舒适度的话，我觉得这条线路对您是最合适不过的了，您觉得呢？"

"李先生，根据您刚才提到的情况，我建议您先做一期会议，看看效果，如果您对这一次比较满意，再安排另外的会议也不迟，您说呢？"

十、最后的期限成交法

使用方法：告诉客户优惠期限是多久，告诉客户为什么优惠，分析优惠期内购买带来的好处，分析非优惠期内购买带来的损失。

具体如下：

"慧子女士，这是我们这个月活动的最后一天了，过了今天，价格就会上涨1/3，如果计划报名的话，必须马上做决定了。"

"陆总，这个月是因为庆祝公司成立十周年，所以才可以享受这么优惠的价格，下个月开始就会调到原来的价格，如果您现在报名就可以节约500元/人。"

十一、手续简单成交法

使用方法：告诉客户办理手续非常容易；介绍简单的办理手续，让客户尽快做决定。

具体如下：

"陈总，由于巴厘岛是办理落地签的，手续特别简单，您只需要把护照首页传真给我就可以了。"

"报名程序很简单，您只需在我们的网站上下载报名表，填好相关内容，直接发邮件给我们就可以了。"

十二、未来暗示成交法

使用方法：首先假设客户马上下订单，展望客户得到产品后的好处。

具体如下：

"王先生，这团按我给您的建议，在海南要是再安排一顿丰盛海鲜自助，您领导一定特满意。"

十三、先少量试用成交法

使用方法：从客户的利益出发，建议客户先订少量试用，如果通过试用觉得满意，以后可以多订一些。

具体如下：

"咱们是第一次接触，不是很了解，我们可以先帮您申请一下去海南的折扣机票，如果我们的价格很有优势，双方有了充分的信任感之后，您可以再考虑是不是让我们帮您安排订海南的度假酒店。"

"张先生，我建议您单位先让我们安排一个周边团试试，如果使用玩回来大家都很满意，我们再谈长期承接您单位员工旅游的事，您觉得呢？"

十四、借口竞争成交法

使用方法：借口部门之间或同事之间正在进行评比或竞赛；表达自己很在乎这份荣

誉，希望得到客户支持；用适度的优惠或折扣表示自己渴望成功真诚心态。

具体如下：

“张姐，我特想能做成您这个团，因为我们部门正在进行评比，我一年以来一直就是第一名，现在就差最后一个月了，我特想能服务好您的同时，也不丢掉这最后一个月的第一名，希望您能支持我一下，这样，我这个团的导游服务费给您全免了，你看行吗?”

十五、单品拆分成交法

使用方法：当客人觉得价格高、无法接受时，将整个产品进行拆分，让客户进行有选择性的购买；由于将客户后期有可能产生的费用进行了适度剥离，从直观上降低了报价。

具体如下：

“刘总，您看这样，这个团全含价是228元/人，但现在大家用餐这块众口难调，实际发生费用不好说，而且在景区游玩时大家用餐也不好统一集合，不如，餐费这块让大家自理或看实际情况在景区临时安排，这样一个人报价才180元/人，实惠很多。”

十六、挫败感成交法

使用方法：表达自己总是不能让客户对自己的产品满意，总是不能成交；希望从客户那里得到自己失败的原因，并赢得客户的同情和支持。

具体如下：

“赵姐，您是不是也觉得我挺失败的，总是不能给客户满意的产品。”

“张经理，我也觉得自己挺没用的，一个客户也谈不成，您说到底我错在哪儿了呢?该怎么做才能让客户对我满意呢?”

第8单元

旅游相关法律法规

单元提示

本单元介绍了《旅行社条例》《旅行社条例实施细则》《大陆居民赴台湾地区旅游管理办法》《大陆居民赴台湾地区旅游领队人员管理办法》等相关法律法规。

第一节　旅行社条例

2009年2月20日，国务院总理签署第550号国务院令，公布了国务院47次常务会议通过的《旅行社条例》。于2009年5月1日执行。1996年10月15日的《旅行社管理条例》同时废止。

旅行社条例

第一章　总　则

第一条　为了加强对旅行社的管理，保障旅游者和旅行社的合法权益，维护旅游市场秩序，促进旅游业的健康发展，制定本条例。

第二条　本条例适用于中华人民共和国境内旅行社的设立及经营活动。

本条例所称旅行社，是指从事招徕、组织、接待旅游者等活动，为旅游者提供相关旅游服务，开展国内旅游业务、入境旅游业务或者出境旅游业务的企业法人。

第三条　国务院旅游行政主管部门负责全国旅行社的监督管理工作。

县级以上地方人民政府管理旅游工作的部门按照职责负责本行政区域内旅行社的监督管理工作。

县级以上各级人民政府工商、价格、商务、外汇等有关部门，应当按照职责分工，依法对旅行社进行监督管理。

第四条　旅行社在经营活动中应当遵循自愿、平等、公平、诚信的原则，提高服务质量，维护旅游者的合法权益。

第五条　旅行社行业组织应当按照章程为旅行社提供服务，发挥协调和自律作用，引导旅行社合法、公平竞争和诚信经营。

第二章　旅行社的设立

第六条　申请设立旅行社，经营国内旅游业务和入境旅游业务的，应当具备下列条件：

（一）有固定的经营场所；

（二）有必要的营业设施；

（三）有不少于30万元的注册资本。

第七条　申请设立旅行社，经营国内旅游业务和入境旅游业务的，应当向所在地省、自治区、直辖市旅游行政管理部门或者其委托的设区的市级旅游行政管理部门提出申请，并提交符合本条例第六条规定的相关证明文件。受理申请的旅游行政管理部门应当自受理申请之日起 20 个工作日内作出许可或者不予许可的决定。予以许可的，向申请人颁发旅行社业务经营许可证，申请人持旅行社业务经营许可证向工商行政管理部门办理设立登记；不予许可的，书面通知申请人并说明理由。

第八条 旅行社取得经营许可满两年，且未因侵害旅游者合法权益受到行政机关罚款以上处罚的，可以申请经营出境旅游业务。

第九条 申请经营出境旅游业务的，应当向国务院旅游行政主管部门或者其委托的省、自治区、直辖市旅游行政管理部门提出申请，受理申请的旅游行政管理部门应当自受理申请之日起 20 个工作日内作出许可或者不予许可的决定。予以许可的，向申请人换发旅行社业务经营许可证，旅行社应当持换发的旅行社业务经营许可证到工商行政管理部门办理变更登记；不予许可的，书面通知申请人并说明理由。

第十条 旅行社设立分社的，应当持旅行社业务经营许可证副本向分社所在地的工商行政管理部门办理设立登记，并自设立登记之日起 3 个工作日内向分社所在地的旅游行政管理部门备案。

旅行社分社的设立不受地域限制。分社的经营范围不得超出设立分社的旅行社的经营范围。

第十一条 旅行社设立专门招徕旅游者、提供旅游咨询的服务网点（以下简称旅行社服务网点）应当依法向工商行政管理部门办理设立登记手续，并向所在地的旅游行政管理部门备案。

旅行社服务网点应当接受旅行社的统一管理，不得从事招徕、咨询以外的活动。

第十二条 旅行社变更名称、经营场所、法定代表人等登记事项或者终止经营的，应当到工商行政管理部门办理相应的变更登记或者注销登记，并在登记办理完毕之日起 10 个工作日内，向原许可的旅游行政管理部门备案，换领或者交回旅行社业务经营许可证。

第十三条 旅行社应当自取得旅行社业务经营许可证之日起 3 个工作日内，在国务院旅游行政主管部门指定的银行开设专门的质量保证金账户，存入质量保证金，或者向作出许可的旅游行政管理部门提交依法取得的担保额度不低于相应质量保证金数额的银行担保。

经营国内旅游业务和入境旅游业务的旅行社，应当存入质量保证金 20 万元；经营出境旅游业务的旅行社，应当增存质量保证金 120 万元。

质量保证金的利息属于旅行社所有。

第十四条 旅行社每设立一个经营国内旅游业务和入境旅游业务的分社，应当向其质量保证金账户增存 5 万元；每设立一个经营出境旅游业务的分社，应当向其质量保证金账户增存 30 万元。

第十五条 有下列情形之一的，旅游行政管理部门可以使用旅行社的质量保证金：

（一）旅行社违反旅游合同约定，侵害旅游者合法权益，经旅游行政管理部门查证属实的；

（二）旅行社因解散、破产或者其他原因造成旅游者预交旅游费用损失的。

第十六条 人民法院判决、裁定及其他生效法律文书认定旅行社损害旅游者合法权益，旅行社拒绝或者无力赔偿的，人民法院可以从旅行社的质量保证金账户上划拨赔偿款。

第十七条 旅行社自交纳或者补足质量保证金之日起三年内未因侵害旅游者合法权益受到行政机关罚款以上处罚的，旅游行政管理部门应当将旅行社质量保证金的交存数额降低 50%，并向社会公告。旅行社可凭省、自治区、直辖市旅游行政管理部门出具的凭证减少其质量保证金。

第十八条 旅行社在旅游行政管理部门使用质量保证金赔偿旅游者的损失，或者依法减少质量保证金后，因侵害旅游者合法权益受到行政机关罚款以上处罚的，应当在收到旅游行政管理部门补交质量保证金的通知之日起 5 个工作日内补足质量保证金。

第十九条 旅行社不再从事旅游业务的，凭旅游行政管理部门出具的凭证，向银行取回质量保证金。

第二十条 质量保证金存缴、使用的具体管理办法由国务院旅游行政主管部门和国务院财政部门会同有关部门另行制定。

第三章 外商投资旅行社

第二十一条 外商投资旅行社适用本章规定；本章没有规定的，适用本条例其他有关规定。

前款所称外商投资旅行社，包括中外合资经营旅行社、中外合作经营旅行社和外资旅行社。

第二十二条 设立外商投资旅行社，由投资者向国务院旅游行政主管部门提出申请，并提交符合本条例第六条规定条件的相关证明文件。国务院旅游行政主管部门应当自受理申请之日起 30 个工作日内审查完毕。同意设立的，出具外商投资旅行社业务许可审定意见书；不同意设立的，书面通知申请人并说明理由。

申请人持外商投资旅行社业务许可审定意见书、章程，合资、合作双方签订的合同向国务院商务主管部门提出设立外商投资企业的申请。国务院商务主管部门应当依照有关法律、法规的规定，作出批准或者不予批准的决定。予以批准的，颁发外商投资企业批准证书，并通知申请人向国务院旅游行政主管部门领取旅行社业务经营许可证，申请人持旅行社业务经营许可证和外商投资企业批准证书向工商行政管理部门办理设立登记；不予批准的，书面通知申请人并说明理由。

第二十三条 外商投资旅行社不得经营中国内地居民出国旅游业务以及赴香港特别行政区、澳门特别行政区和台湾地区旅游的业务，但是国务院决定或者我国签署的自由贸易协定和内地与香港、澳门关于建立更紧密经贸关系的安排另有规定的除外。

第四章 旅行社经营

第二十四条 旅行社向旅游者提供的旅游服务信息必须真实可靠，不得作虚假宣传。

第二十五条 经营出境旅游业务的旅行社不得组织旅游者到国务院旅游行政主管部门公布的中国公民出境旅游目的地之外的国家和地区旅游。

第二十六条 旅行社为旅游者安排或者介绍的旅游活动不得含有违反有关法律、法规规定的内容。

第二十七条 旅行社不得以低于旅游成本的报价招徕旅游者。未经旅游者同意，旅行社不得在旅游合同约定之外提供其他有偿服务。

第二十八条 旅行社为旅游者提供服务，应当与旅游者签订旅游合同并载明下列事项：

（一）旅行社的名称及其经营范围、地址、联系电话和旅行社业务经营许可证编号；

（二）旅行社经办人的姓名、联系电话；

（三）签约地点和日期；

（四）旅游行程的出发地、途经地和目的地；

（五）旅游行程中交通、住宿、餐饮服务安排及其标准；

（六）旅行社统一安排的游览项目的具体内容及时间；

（七）旅游者自由活动的时间和次数；

（八）旅游者应当交纳的旅游费用及交纳方式；

（九）旅行社安排的购物次数、停留时间及购物场所的名称；

（十）需要旅游者另行付费的游览项目及价格；

（十一）解除或者变更合同的条件和提前通知的期限；

（十二）违反合同的纠纷解决机制及应当承担的责任；

（十三）旅游服务监督、投诉电话；

（十四）双方协商一致的其他内容。

第二十九条 旅行社在与旅游者签订旅游合同时，应当对旅游合同的具体内容作出真实、准确、完整的说明。

旅行社和旅游者签订的旅游合同约定不明确或者对格式条款的理解发生争议的，应当按照通常理解予以解释；对格式条款有两种以上解释的，应当作出有利于旅游者的解释；格式条款和非格式条款不一致的，应当采用非格式条款。

第三十条　旅行社组织中国内地居民出境旅游的，应当为旅游团队安排领队全程陪同。

第三十一条　旅行社为接待旅游者委派的导游人员或者为组织旅游者出境旅游委派的领队人员，应当持有国家规定的导游证、领队证。

第三十二条　旅行社聘用导游人员、领队人员应当依法签订劳动合同，并向其支付不低于当地最低工资标准的报酬。

第三十三条　旅行社及其委派的导游人员和领队人员不得有下列行为：

（一）拒绝履行旅游合同约定的义务；

（二）非因不可抗力改变旅游合同安排的行程；

（三）欺骗、胁迫旅游者购物或者参加需要另行付费的游览项目。

第三十四条　旅行社不得要求导游人员和领队人员接待不支付接待和服务费用或者支付的费用低于接待和服务成本的旅游团队，不得要求导游人员和领队人员承担接待旅游团队的相关费用。

第三十五条　旅行社违反旅游合同约定，造成旅游者合法权益受到损害的，应当采取必要的补救措施，并及时报告旅游行政管理部门。

第三十六条　旅行社需要对旅游业务作出委托的，应当委托给具有相应资质的旅行社，征得旅游者的同意，并与接受委托的旅行社就接待旅游者的事宜签订委托合同，确定接待旅游者的各项服务安排及其标准，约定双方的权利、义务。

第三十七条　旅行社将旅游业务委托给其他旅行社的，应当向接受委托的旅行社支付不低于接待和服务成本的费用；接受委托的旅行社不得接待不支付或者不足额支付接待和服务费用的旅游团队。

接受委托的旅行社违约，造成旅游者合法权益受到损害的，作出委托的旅行社应当承担相应的赔偿责任。作出委托的旅行社赔偿后，可以向接受委托的旅行社追偿。

接受委托的旅行社故意或者重大过失造成旅游者合法权益损害的，应当承担连带责任。

第三十八条　旅行社应当投保旅行社责任险。旅行社责任险的具体方案由国务院旅游行政主管部门会同国务院保险监督管理机构另行制定。

第三十九条　旅行社对可能危及旅游者人身、财产安全的事项，应当向旅游者作出真实的说明和明确的警示，并采取防止危害发生的必要措施。

发生危及旅游者人身安全的情形的，旅行社及其委派的导游人员、领队人员应当采取必要的处置措施并及时报告旅游行政管理部门；在境外发生的，还应当及时报告中华人民共和国驻该国使领馆、相关驻外机构、当地警方。

第四十条 旅游者在境外滞留不归的，旅行社委派的领队人员应当及时向旅行社和中华人民共和国驻该国使领馆、相关驻外机构报告。旅行社接到报告后应当及时向旅游行政管理部门和公安机关报告，并协助提供非法滞留者的信息。

旅行社接待入境旅游发生旅游者非法滞留我国境内的，应当及时向旅游行政管理部门、公安机关和外事部门报告，并协助提供非法滞留者的信息。

第五章 监督检查

第四十一条 旅游、工商、价格、商务、外汇等有关部门应当依法加强对旅行社的监督管理，发现违法行为，应当及时予以处理。

第四十二条 旅游、工商、价格等行政管理部门应当及时向社会公告监督检查的情况。公告的内容包括旅行社业务经营许可证的颁发、变更、吊销、注销情况，旅行社的违法经营行为以及旅行社的诚信记录、旅游者投诉信息等。

第四十三条 旅行社损害旅游者合法权益的，旅游者可以向旅游行政管理部门、工商行政管理部门、价格主管部门、商务主管部门或者外汇管理部门投诉，接到投诉的部门应当按照其职责权限及时调查处理，并将调查处理的有关情况告知旅游者。

第四十四条 旅行社及其分社应当接受旅游行政管理部门对其旅游合同、服务质量、旅游安全、财务账簿等情况的监督检查，并按照国家有关规定向旅游行政管理部门报送经营和财务信息等统计资料。

第四十五条 旅游、工商、价格、商务、外汇等有关部门工作人员不得接受旅行社的任何馈赠，不得参加由旅行社支付费用的购物活动或者游览项目，不得通过旅行社为自己、亲友或者其他个人、组织牟取私利。

第六章 法律责任

第四十六条 违反本条例的规定，有下列情形之一的，由旅游行政管理部门或者工商行政管理部门责令改正，没收违法所得，违法所得10万元以上的，并处违法所得1倍以上5倍以下的罚款；违法所得不足10万元或者没有违法所得的，并处10万元以上50万元以下的罚款：

（一）未取得相应的旅行社业务经营许可，经营国内旅游业务、入境旅游业务、出境旅游业务的；

（二）分社的经营范围超出设立分社的旅行社的经营范围的；

（三）旅行社服务网点从事招徕、咨询以外的活动的。

第四十七条 旅行社转让、出租、出借旅行社业务经营许可证的，由旅游行政管理部门责令停业整顿1个月至3个月，并没收违法所得；情节严重的，吊销旅行社业务经营许可证。受让或者租借旅行社业务经营许可证的，由旅游行政管理部门或者工商行政管理部门责令停止非法经营，没收违法所得，并处10万元以上50万元以下的罚款。

第四十八条 违反本条例的规定，旅行社未在规定期限内向其质量保证金账户存入、增存、补足质量保证金或者提交相应的银行担保的，由旅游行政管理部门责令改正；拒不改正的，吊销旅行社业务经营许可证。

第四十九条 违反本条例的规定，旅行社不投保旅行社责任险的，由旅游行政管理部门责令改正；拒不改正的，吊销旅行社业务经营许可证。

第五十条 违反本条例的规定，旅行社有下列情形之一的，由旅游行政管理部门责令改正；拒不改正的，处1万元以下的罚款：

（一）变更名称、经营场所、法定代表人等登记事项或者终止经营，未在规定期限内向原许可的旅游行政管理部门备案，换领或者交回旅行社业务经营许可证的；

（二）设立分社未在规定期限内向分社所在地旅游行政管理部门备案的；

（三）不按照国家有关规定向旅游行政管理部门报送经营和财务信息等统计资料的。

第五十一条 违反本条例的规定，外商投资旅行社经营中国内地居民出国旅游业务以及赴香港特别行政区、澳门特别行政区和台湾地区旅游业务，或者经营出境旅游业务的旅行社组织旅游者到国务院旅游行政主管部门公布的中国公民出境旅游目的地之外的国家和地区旅游的，由旅游行政管理部门责令改正，没收违法所得，违法所得10万元以上的，并处违法所得1倍以上5倍以下的罚款；违法所得不足10万元或者没有违法所得的，并处10万元以上50万元以下的罚款；情节严重的，吊销旅行社业务经营许可证。

第五十二条 违反本条例的规定，旅行社为旅游者安排或者介绍的旅游活动含有违反有关法律、法规规定的内容的，由旅游行政管理部门责令改正，没收违法所得，并处2万元以上10万元以下的罚款；情节严重的，吊销旅行社业务经营许可证。

第五十三条 违反本条例的规定，旅行社向旅游者提供的旅游服务信息含有虚假内容或者作虚假宣传的，由工商行政管理部门依法给予处罚。

违反本条例的规定，旅行社以低于旅游成本的报价招徕旅游者的，由价格主管部门依法给予处罚。

第五十四条 违反本条例的规定，旅行社未经旅游者同意在旅游合同约定之外提供其他有偿服务的，由旅游行政管理部门责令改正，处1万元以上5万元以下的罚款。

第五十五条 违反本条例的规定，旅行社有下列情形之一的，由旅游行政管理部门责令改正，处2万元以上10万元以下的罚款；情节严重的，责令停业整顿1个月至3个月：

（一）未与旅游者签订旅游合同；

（二）与旅游者签订的旅游合同未载明本条例第二十八条规定的事项；

（三）未取得旅游者同意，将旅游业务委托给其他旅行社；

（四）将旅游业务委托给不具有相应资质的旅行社；

（五）未与接受委托的旅行社就接待旅游者的事宜签订委托合同。

第五十六条 违反本条例的规定，旅行社组织中国内地居民出境旅游，不为旅游团队安排领队全程陪同的，由旅游行政管理部门责令改正，处1万元以上5万元以下的罚款；拒不改正的，责令停业整顿1个月至3个月。

第五十七条 违反本条例的规定，旅行社委派的导游人员和领队人员未持有国家规定的导游证或者领队证的，由旅游行政管理部门责令改正，对旅行社处2万元以上10万元以下的罚款。

第五十八条 违反本条例的规定，旅行社不向其聘用的导游人员、领队人员支付报酬，或者所支付的报酬低于当地最低工资标准的，按照《中华人民共和国劳动合同法》的有关规定处理。

第五十九条 违反本条例的规定，有下列情形之一的，对旅行社，由旅游行政管理部门或者工商行政管理部门责令改正，处10万元以上50万元以下的罚款；对导游人员、领队人员，由旅游行政管理部门责令改正，处1万元以上5万元以下的罚款；情节严重的，吊销旅行社业务经营许可证、导游证或者领队证：

（一）拒不履行旅游合同约定的义务的；

（二）非因不可抗力改变旅游合同安排的行程的；

（三）欺骗、胁迫旅游者购物或者参加需要另行付费的游览项目的。

第六十条 违反本条例的规定，旅行社要求导游人员和领队人员接待不支付接待和服务费用、支付的费用低于接待和服务成本的旅游团队，或者要求导游人员和领队人员承担接待旅游团队的相关费用的，由旅游行政管理部门责令改正，处2万元以上10万元以下的罚款。

第六十一条 旅行社违反旅游合同约定，造成旅游者合法权益受到损害，不采取必要的补救措施的，由旅游行政管理部门或者工商行政管理部门责令改正，处1万元以上5万元以下的罚款；情节严重的，由旅游行政管理部门吊销旅行社业务经营许可证。

第六十二条 违反本条例的规定，有下列情形之一的，由旅游行政管理部门责令改正，停业整顿1个月至3个月；情节严重的，吊销旅行社业务经营许可证：

（一）旅行社不向接受委托的旅行社支付接待和服务费用的；

（二）旅行社向接受委托的旅行社支付的费用低于接待和服务成本的；

（三）接受委托的旅行社接待不支付或者不足额支付接待和服务费用的旅游团队的。

第六十三条 违反本条例的规定，旅行社及其委派的导游人员、领队人员有下列情形之一的，由旅游行政管理部门责令改正，对旅行社处 2 万元以上 10 万元以下的罚款；对导游人员、领队人员处 4 000 元以上 2 万元以下的罚款；情节严重的，责令旅行社停业整顿 1 个月至 3 个月，或者吊销旅行社业务经营许可证、导游证、领队证：

（一）发生危及旅游者人身安全的情形，未采取必要的处置措施并及时报告的；

（二）旅行社组织出境旅游的旅游者非法滞留境外，旅行社未及时报告并协助提供非法滞留者信息的；

（三）旅行社接待入境旅游的旅游者非法滞留境内，旅行社未及时报告并协助提供非法滞留者信息的。

第六十四条 因妨害国（边）境管理受到刑事处罚的，在刑罚执行完毕之日起五年内不得从事旅行社业务经营活动；旅行社被吊销旅行社业务经营许可的，其主要负责人在旅行社业务经营许可被吊销之日起五年内不得担任任何旅行社的主要负责人。

第六十五条 旅行社违反本条例的规定，损害旅游者合法权益的，应当承担相应的民事责任；构成犯罪的，依法追究刑事责任。

第六十六条 违反本条例的规定，旅游行政管理部门或者其他有关部门及其工作人员有下列情形之一的，对直接负责的主管人员和其他直接责任人员依法给予处分：

（一）发现违法行为不及时予以处理的；

（二）未及时公告对旅行社的监督检查情况的；

（三）未及时处理旅游者投诉并将调查处理的有关情况告知旅游者的；

（四）接受旅行社的馈赠的；

（五）参加由旅行社支付费用的购物活动或者游览项目的；

（六）通过旅行社为自己、亲友或者其他个人、组织牟取私利的。

第七章　附　　则

第六十七条 香港特别行政区、澳门特别行政区和台湾地区的投资者在内地投资设立的旅行社，参照适用本条例。

第六十八条 本条例自 2009 年 5 月 1 日起施行。1996 年 10 月 15 日国务院发布的《旅行社管理条例》同时废止。

第二节　旅行社条例实施细则

国家旅游局《旅行社条例实施细则》于 2009 年 4 月 2 日经国家旅游局局长办公会议审议通过，自 2009 年 5 月 3 日起施行。

旅行社条例实施细则

第一章　总　　则

第一条　根据《旅行社条例》(以下简称《条例》)，制定本实施细则。

第二条　《条例》第二条所称招徕、组织、接待旅游者提供的相关旅游服务，主要包括：

(一) 安排交通服务；

(二) 安排住宿服务；

(三) 安排餐饮服务；

(四) 安排观光游览、休闲度假等服务；

(五) 导游、领队服务；

(六) 旅游咨询、旅游活动设计服务。

旅行社还可以接受委托，提供下列旅游服务：

(一) 接受旅游者的委托，代订交通客票、代订住宿和代办出境、入境、签证手续等；

(二) 接受机关、事业单位和社会团体的委托，为其差旅、考察、会议、展览等公务活动，代办交通、住宿、餐饮、会务等事务；

(三) 接受企业委托，为其各类商务活动、奖励旅游等，代办交通、住宿、餐饮、会务、观光游览、休闲度假等事务；

(四) 其他旅游服务。

前款所列出境、签证手续等服务，应当由具备出境旅游业务经营权的旅行社代办。

第三条　《条例》第二条所称国内旅游业务，是指旅行社招徕、组织和接待中国内地居民在境内旅游的业务。

《条例》第二条所称入境旅游业务，是指旅行社招徕、组织、接待外国旅游者来我国旅游，香港特别行政区、澳门特别行政区旅游者来内地旅游，台湾地区居民来大陆旅游，以及招徕、组织、接待在中国内地的外国人，在内地的香港特别行政区、澳门特别行政区居民和在大陆的台湾地区居民在境内旅游的业务。

《条例》第二条所称出境旅游业务，是指旅行社招徕、组织、接待中国内地居民出国旅游，赴香港特别行政区、澳门特别行政区和台湾地区旅游，以及招徕、组织、接待在中国内地的外国人、在内地的香港特别行政区、澳门特别行政区居民和在大陆的台湾地区居民出境旅游的业务。

第四条 对旅行社及其分支机构的监督管理，县级以上旅游行政管理部门应当按照《条例》、本细则的规定和职责，实行分级管理和属地管理。

第五条 鼓励旅行社实行服务质量等级制度；鼓励旅行社向专业化、网络化、品牌化发展。

第二章 旅行社的设立与变更

第六条 《条例》第六条第（一）项规定的经营场所应当符合下列要求：

（一）申请者拥有产权的营业用房，或者申请者租用的、租期不少于1年的营业用房；

（二）营业用房应当满足申请者业务经营的需要。

第七条 《条例》第六条第（二）项规定营业设施应当至少包括下列设施、设备：

（一）2部以上的直线固定电话；

（二）传真机、复印机；

（三）具备与旅游行政管理部门及其他旅游经营者联网条件的计算机。

第八条 申请设立旅行社，应当向省、自治区、直辖市旅游行政管理部门（简称省级旅游行政管理部门，下同）提交下列文件：

（一）设立申请书。内容包括申请设立的旅行社的中英文名称及英文缩写，设立地址，企业形式、出资人、出资额和出资方式，申请人、受理申请部门的全称、申请书名称和申请的时间；

（二）法定代表人履历表及身份证明；

（三）企业章程；

（四）依法设立的验资机构出具的验资证明；

（五）经营场所的证明；

（六）营业设施、设备的证明或者说明；

（七）工商行政管理部门出具的《企业名称预先核准通知书》。

省级旅游行政管理部门可以委托设区的市（含州、盟，下同）级旅游行政管理部门，受理当事人的申请并作出许可或者不予许可的决定。

第九条 受理申请的旅游行政管理部门可以对申请人的经营场所、营业设施、设备进行现场检查，或者委托下级旅游行政管理部门检查。

第十条 旅行社申请出境旅游业务的，应当向国务院旅游行政主管部门提交原许可的旅游行政管理部门出具的，证明其经营旅行社业务满两年、且连续两年未因侵害旅游者合法权益受到行政机关罚款以上处罚的文件。

旅行社取得出境旅游经营业务许可的，由国务院旅游行政主管部门换发旅行社业务经营许可证。旅行社持旅行社业务经营许可证向工商行政管理部门办理经营范围变更登记。

国务院旅游行政主管部门可以委托省级旅游行政管理部门受理旅行社经营出境旅游业务的申请，并作出许可或者不予许可的决定。

旅行社申请经营边境旅游业务的，适用《边境旅游暂行管理办法》的规定。

旅行社申请经营赴台湾地区旅游业务的，适用《大陆居民赴台湾地区旅游管理办法》的规定。

第十一条 旅行社因业务经营需要，可以向原许可的旅游行政管理部门申请核发旅行社业务经营许可证副本。

旅行社业务经营许可证及副本，由国务院旅游行政主管部门制定统一样式，国务院旅游行政主管部门和省级旅游行政管理部门分别印制。

旅行社业务经营许可证及副本损毁或者遗失的，旅行社应当向原许可的旅游行政管理部门申请换发或者补发。

申请补发旅行社业务经营许可证及副本的，旅行社应当通过本省、自治区、直辖市范围内公开发行的报刊，或者省级以上旅游行政管理部门网站，刊登损毁或者遗失作废声明。

单元 8

第十二条 旅行社名称、经营场所、出资人、法定代表人等登记事项变更的，应当在办理变更登记后，持已变更的《企业法人营业执照》向原许可的旅游行政管理部门备案。

旅行社终止经营的，应当在办理注销手续后，持工商行政管理部门出具的注销文件，向原许可的旅游行政管理部门备案。

外商投资旅行社的，适用《条例》第三章的规定。未经批准，旅行社不得引进外商投资。

第十三条 国务院旅游行政主管部门指定的作为旅行社存入质量保证金的商业银行，应当提交具有下列内容的书面承诺：

（一）同意与存入质量保证金的旅行社签订符合本实施细则第十五条规定的协议；

（二）当县级以上旅游行政管理部门或者人民法院依据《条例》规定，划拨质量保证金后 3 个工作日内，将划拨情况及其数额，通知旅行社所在地的省级旅游行政管理部门，并提供县级以上旅游行政管理部门出具的划拨文件或者人民法院生效法律文书的复印件；

（三）非因《条例》规定的情形，出现质量保证金减少时，承担补足义务。

旅行社应当在国务院旅游行政主管部门指定银行的范围内，选择存入质量保证金的银行。

第十四条 旅行社在银行存入质量保证金的，应当设立独立账户，存期由旅行社确定，但不得少于1年。账户存期届满，旅行社应当及时办理续存手续。

第十五条 旅行社存入、续存、增存质量保证金后7个工作日内，应当向作出许可的旅游行政管理部门提交存入、续存、增存质量保证金的证明文件，以及旅行社与银行达成的使用质量保证金的协议。

前款协议应当包括下列内容：

（一）旅行社与银行双方同意依照《条例》规定使用质量保证金；

（二）旅行社与银行双方承诺，除依照县级以上旅游行政管理部门出具的划拨质量保证金，或者省级以上旅游行政管理部门出具的降低、退还质量保证金的文件，以及人民法院作出的认定旅行社损害旅游者合法权益的生效法律文书外，任何单位和个人不得动用质量保证金。

第十六条 旅行社符合《条例》第十七条降低质量保证金数额规定条件的，原许可的旅游行政管理部门应当根据旅行社的要求，在10个工作日内向其出具降低质量保证金数额的文件。

第十七条 旅行社按照《条例》第十八条规定补足质量保证金后7个工作日内，应当向原许可的旅游行政管理部门提交补足的证明文件。

第三章 旅行社的分支机构

第十八条 旅行社分社（简称分社，下同）及旅行社服务网点（简称服务网点，下同），不具有法人资格，以设立分社、服务网点的旅行社（简称设立社，下同）的名义从事《条例》规定的经营活动，其经营活动的责任和后果，由设立社承担。

第十九条 设立社向分社所在地工商行政管理部门办理分社设立登记后，应当持下列文件向分社所在地与工商登记同级的旅游行政管理部门备案：

（一）设立社的旅行社业务经营许可证副本和企业法人营业执照副本；

（二）分社的《营业执照》；

（三）分社经理的履历表和身份证明；

（四）增存质量保证金的证明文件。

没有同级的旅游行政管理部门的，向上一级旅游行政管理部门备案。

第二十条 分社的经营场所、营业设施、设备，应当符合《条例》第六条第（一）项、第（二）项及本实施细则第六条、第七条规定的要求。

分社的名称中应当包含设立社名称、分社所在地地名和“分社”或者“分公司”字样。

第二十一条 服务网点是指旅行社设立的，为旅行社招徕旅游者，并以旅行社的名义与旅游者签订旅游合同的门市部等机构。

设立社设立服务网点的区域范围，应当在设立社所在地的设区的市的行政区划内。

设立社不得在前款规定的区域范围外，设立服务网点。

第二十二条 服务网点应当设在方便旅游者认识和出入的公众场所。服务网点的名称、标牌应当包括设立社名称、服务网点所在地地名等，不得含有使消费者误解为是旅行社或者分社的内容，也不得作易使消费者误解的简称。服务网点应当在设立社的经营范围内，招徕旅游者、提供旅游咨询服务。

第二十三条 设立社向服务网点所在地工商行政管理部门办理服务网点设立登记后，应当在3个工作日内，持下列文件向服务网点所在地与工商登记同级的旅游行政管理部门备案：

（一）设立社的旅行社业务经营许可证副本和企业法人营业执照副本；

（二）服务网点的《营业执照》；

（三）服务网点经理的履历表和身份证明。

没有同级的旅游行政管理部门的，向上一级旅游行政管理部门备案。

第二十四条 分社、服务网点备案后，受理备案的旅游行政管理部门应当向旅行社颁发《旅行社分社备案登记证明》或者《旅行社服务网点备案登记证明》。

第二十五条 设立社应当与分社、服务网点的员工，订立劳动合同。

设立社应当加强对分社和服务网点的管理，对分社实行统一的人事、财务、招徕、接待制度规范，对服务网点实行统一管理、统一财务、统一招徕和统一咨询服务规范。

第四章 旅行社经营规范

第二十六条 旅行社及其分社、服务网点，应当将《旅行社业务经营许可证》、《旅行社分社备案登记证明》或者《旅行社服务网点备案登记证明》，与营业执照一起，悬挂在经营场所的显要位置。

第二十七条 旅行社业务经营许可证不得转让、出租或者出借。

旅行社的下列行为属于转让、出租或者出借旅行社业务经营许可证的行为：

（一）除招徕旅游者和符合本实施细则第三十四条第一款规定的接待旅游者的情形外，准许或者默许其他企业、团体或者个人，以自己的名义从事旅行社业务经营活动的；

（二）准许其他企业、团体或者个人，以部门或者个人承包、挂靠的形式经营旅行社业务的。

第二十八条 旅行社设立的办事处、代表处或者联络处等办事机构，不得从事旅行社业务经营活动。

第二十九条 旅行社以互联网形式经营旅行社业务的，除符合法律、法规规定外，其网站首页应当载明旅行社的名称、法定代表人、许可证编号和业务经营范围，以及原许可的旅游行政管理部门的投诉电话。

第三十条 《条例》第二十六条规定的旅行社不得安排的活动，主要包括：

（一）含有损害国家利益和民族尊严内容的；

（二）含有民族、种族、宗教歧视内容的；

（三）含有淫秽、赌博、涉毒内容的；

（四）其他含有违反法律、法规规定内容的。

第三十一条 《条例》第三十四条所规定的旅行社不得要求导游人员和领队人员承担接待旅游团队的相关费用，主要包括：

（一）垫付旅游接待费用；

（二）为接待旅游团队向旅行社支付费用；

（三）其他不合理费用。

第三十二条 旅行社招徕、组织、接待旅游者，其选择的交通、住宿、餐饮、景区等企业，应当符合具有合法经营资格和接待服务能力的要求。

第三十三条 在签订旅游合同时，旅行社不得要求旅游者必须参加旅行社安排的购物活动或者需要旅游者另行付费的旅游项目。

同一旅游团队中，旅行社不得由于下列因素，提出与其他旅游者不同的合同事项：

（一）旅游者拒绝参加旅行社安排的购物活动或者需要旅游者另行付费的旅游项目的；

（二）旅游者存在的年龄或者职业上的差异。但旅行社提供了与其他旅游者相比更多的服务，或者旅游者主动要求的除外。

第三十四条 旅行社需要将在旅游目的地接待旅游者的业务作出委托的，应当按照《条例》第三十六条的规定，委托给旅游目的地的旅行社并签订委托接待合同。

旅行社对接待旅游者的业务作出委托的，应当按照《条例》第三十六条的规定，将旅游目的地接受委托的旅行社的名称、地址、联系人和联系电话，告知旅游者。

第三十五条 旅游行程开始前，当发生约定的解除旅游合同的情形时，经征得旅游者的同意，旅行社可以将旅游者推荐给其他旅行社组织、接待，并由旅游者与被推荐的旅行社签订旅游合同。

未经旅游者同意的，旅行社不得将旅游者转交给其他旅行社组织、接待。

第三十六条 旅行社及其委派的导游人员和领队人员的下列行为，属于擅自改变旅游合同安排行程：

（一）减少游览项目或者缩短游览时间的；

（二）增加或者变更旅游项目的；

（三）增加购物次数或者延长购物时间的；

（四）其他擅自改变旅游合同安排的行为。

第三十七条 在旅游行程中，当发生不可抗力、危及旅游者人身、财产安全，或者非旅行社责任造成的意外情形，旅行社不得不调整或者变更旅游合同约定的行程安排时，应当在事前向旅游者作出说明；确因客观情况无法在事前说明的，应当在事后作出说明。

第三十八条 在旅游行程中，旅游者有权拒绝参加旅行社在旅游合同之外安排的购物活动或者需要旅游者另行付费的旅游项目。

旅行社及其委派的导游人员和领队人员不得因旅游者拒绝参加旅行社安排的购物活动或者需要旅游者另行付费的旅游项目等情形，以任何借口、理由，拒绝继续履行合同、提供服务，或者以拒绝继续履行合同、提供服务相威胁。

第三十九条 旅行社及其委派的导游人员、领队人员，应当对其提供的服务可能危及旅游者人身、财物安全的事项，向旅游者作出真实的说明和明确的警示。

在旅游行程中的自由活动时间，旅游者应当选择自己能够控制风险的活动项目，并在自己能够控制风险的范围内活动。

第四十条 为减少自然灾害等意外风险给旅游者带来的损害，旅行社在招徕、接待旅游者时，可以提示旅游者购买旅游意外保险。

鼓励旅行社依法取得保险代理资格，并接受保险公司的委托，为旅游者提供购买人身意外伤害保险的服务。

第四十一条 发生出境旅游者非法滞留境外或者入境旅游者非法滞留境内的，旅行社应当立即向所在地县级以上旅游行政管理部门、公安机关和外事部门报告。

第四十二条 在旅游行程中，旅行社及其委派的导游人员、领队人员应当提示旅游者遵守文明旅游公约和礼仪。

第四十三条 旅行社及其委派的导游人员、领队人员在经营、服务中享有下列权利：

（一）要求旅游者如实提供旅游所必需的个人信息，按时提交相关证明文件；

（二）要求旅游者遵守旅游合同约定的旅游行程安排，妥善保管随身物品；

（三）出现突发公共事件或者其他危急情形，以及旅行社因违反旅游合同约定采取补救措施时，要求旅游者配合处理防止扩大损失，以将损失降低到最低程度；

（四）拒绝旅游者提出的超出旅游合同约定的不合理要求；

（五）制止旅游者违背旅游目的地的法律、风俗习惯的言行。

第四十四条 旅行社应当妥善保存《条例》规定的招徕、组织、接待旅游者的各类合同及相关文件、资料，以备县级以上旅游行政管理部门核查。

前款所称的合同及文件、资料的保存期，应当不少于两年。

旅行社不得向其他经营者或者个人，泄露旅游者因签订旅游合同提供的个人信息；超过保存期限的旅游者个人信息资料，应当妥善销毁。

第五章　监督检查

第四十五条　根据《条例》和本实施细则规定，受理旅行社申请或者备案的旅游行政管理部门，可以要求申请人或者旅行社，对申请设立旅行社、办理《条例》规定的备案时提交的证明文件、材料的原件，提供复印件并盖章确认，交由旅游行政管理部门留存。

第四十六条　县级以上旅游行政管理部门对旅行社及其分支机构实施监督检查时，可以进入其经营场所，查阅招徕、组织、接待旅游者的各类合同、相关文件、资料，以及财务账簿、交易记录和业务单据等材料，旅行社及其分支机构应当给予配合。

县级以上旅游行政管理部门对旅行社及其分支机构监督检查时，应当由两名以上持有旅游行政执法证件的执法人员进行。

不符合前款规定要求的，旅行社及其分支机构有权拒绝检查。

第四十七条　旅行社应当按年度将下列经营和财务信息等统计资料，在次年3月底前，报送原许可的旅游行政管理部门：

（一）旅行社的基本情况，包括企业形式、出资人、员工人数、部门设置、分支机构、网络体系等；

（二）旅行社的经营情况，包括营业收入、利税等；

（三）旅行社组织接待情况，包括国内旅游、入境旅游、出境旅游的组织、接待人数等；

（四）旅行社安全、质量、信誉情况，包括投保旅行社责任保险、认证认可和奖惩等。

对前款资料中涉及旅行社商业秘密的内容，旅游行政管理部门应当予以保密。

第四十八条　《条例》第十七条、第四十二条规定的各项公告，县级以上旅游行政管理部门应当通过本部门或者上级旅游行政管理部门的政府网站向社会发布。

质量保证金存缴数额降低、旅行社业务经营许可证的颁发、变更和注销的，国务院旅游行政主管部门或者省级旅游行政管理部门应当在作出许可决定或者备案后20个工作日内向社会公告。

旅行社违法经营或者被吊销旅行社业务经营许可证的，由作出行政处罚决定的旅游行政管理部门，在处罚生效后10个工作日内向社会公告。

旅游者对旅行社的投诉信息，由处理投诉的旅游行政管理部门每季度向社会公告。

第四十九条 因下列情形之一，给旅游者的合法权益造成损害的，旅游者有权向县级以上旅游行政管理部门投诉：

（一）旅行社违反《条例》和本实施细则规定的；

（二）旅行社提供的服务，未达到旅游合同约定的服务标准或者档次的；

（三）旅行社破产或者其他原因造成旅游者预交旅游费用损失的。

划拨旅行社质量保证金的决定，应当由旅行社或者其分社所在地处理旅游者投诉的县级以上旅游行政管理部门作出。

第五十条 县级以上旅游行政管理部门，可以在其法定权限内，委托符合法定条件的同级旅游质监执法机构实施监督检查。

第六章　法律责任

第五十一条 违反本实施细则第十二条第三款、第二十三条、第二十六条的规定，擅自引进外商投资、设立服务网点未在规定期限内备案，或者旅行社及其分社、服务网点未悬挂旅行社业务经营许可证、备案登记证明的，由县级以上旅游行政管理部门责令改正，可以处1万元以下的罚款。

第五十二条 违反本实施细则第二十二条第三款、第二十八条的规定，服务网点超出设立社经营范围招徕旅游者、提供旅游咨询服务，或者旅行社的办事处、联络处、代表处等从事旅行社业务经营活动的，由县级以上旅游行政管理部门依照《条例》第四十六条的规定处罚。

第五十三条 违反本实施细则第三十二条的规定，旅行社为接待旅游者选择的交通、住宿、餐饮、景区等企业，不具有合法经营资格或者接待服务能力的，由县级以上旅游行政管理部门责令改正，没收违法所得，处违法所得3倍以下但最高不超过3万元的罚款，没有违法所得的，处1万元以下的罚款。

第五十四条 违反本实施细则第三十三条的规定，要求旅游者必须参加旅行社安排的购物活动、需要旅游者另行付费的旅游项目，或者对同一旅游团队的旅游者提出与其他旅游者不同合同事项的，由县级以上旅游行政管理部门责令改正，处1万元以下的罚款。

第五十五条 违反本实施细则第三十四条第二款的规定，旅行社未将旅游目的地接待旅行社的情况告知旅游者的，由县级以上旅游行政管理部门依照《条例》第五十五条的规定处罚。

第五十六条 违反本实施细则第三十五条第二款的规定，旅行社未经旅游者的同意，将旅游者转交给其他旅行社组织、接待的，由县级以上旅游行政管理部门依照《条例》第五十五条的规定处罚。

第五十七条 违反本实施细则第三十八条第二款的规定，旅行社及其导游人员和领队人员拒绝继续履行合同、提供服务，或者以拒绝继续履行合同、提供服务相威胁的，由县级以上旅游行政管理部门依照《条例》第五十九条的规定处罚。

第五十八条 违反本实施细则第四十四条的规定，未妥善保存各类旅游合同及相关文件、资料，保存期不够两年，或者泄露旅游者个人信息的，由县级以上旅游行政管理部门责令改正，没收违法所得，处违法所得 3 倍以下但最高不超过 3 万元的罚款；没有违法所得的，处 1 万元以下的罚款。

第五十九条 吊销旅行社业务经营许可证的行政处罚，由原许可的省级以上旅游行政管理部门作出。

对旅行社作出停业整顿行政处罚的，旅行社在停业整顿期间，不得招徕旅游者、签订旅游合同；停业整顿期间，不影响已签订的旅游合同的履行。

第七章 附 则

第六十条 本实施细则由国务院旅游行政主管部门负责解释。

第六十一条 本实施细则自 2009 年 5 月 3 日起施行。2001 年 12 月 27 日国家旅游局公布的《旅行社管理条例实施细则》同时废止。

第三节 大陆居民赴台湾地区旅游管理办法

国家旅游局、公安部、国务院台湾事务办公室于 2006 年 4 月 16 日颁布《大陆居民赴台湾地区旅游管理办法》。

大陆居民赴台湾地区旅游管理办法

第一条 为规范大陆居民赴台湾地区旅游，依据《中国公民往来台湾地区管理办法》和《旅行社管理条例》，特制定本办法。

第二条 大陆居民赴台湾地区旅游（以下简称赴台旅游），须由指定经营大陆居民赴台旅游业务的旅行社（以下简称组团社）组织，以团队形式整团往返。参游人员在台湾期间须集体活动。

第三条 组团社由国家旅游局会同有关部门，从已批准的特许经营出境旅游业务的旅行社范围内指定，由海峡两岸旅游交流协会公布。除被指定的组团社外，任何单位和个人不得经营大陆居民赴台旅游业务。

第四条 台湾地区接待大陆居民赴台旅游的旅行社（以下简称接待社），经大陆有关部门会同国家旅游局确认后，由海峡两岸旅游交流协会公布。

第五条 大陆居民赴台旅游实行配额管理。配额由国家旅游局会同有关部门确认后，下达给组团社。

第六条 组团社在开展组织大陆居民赴台旅游业务前，须与接待社签订合同、建立合作关系。

第七条 组团社须为每个团队选派领队。领队经培训、考核合格后，由地方旅游局向国家旅游局申领赴台旅游领队证。组团社须要求接待社派人全程陪同。

第八条 组团社须要求接待社不得引导和组织参游人员参与涉及赌博、色情、毒品等内容的活动。

第九条 组团社须要求接待社严格按照合同规定的团队日程安排活动；未经双方旅行社及参游人员同意，不得变更日程。

第十条 大陆居民须持有效《大陆居民往来台湾通行证》（以下简称《通行证》）及旅游签注（签注字头为L，以下简称签注）赴台旅游。

第十一条 大陆居民赴台旅游须向指定的组团社报名，并向其户口所在地公安机关出入境管理部门申请办理《通行证》及签注。

第十二条 赴台旅游团须凭《大陆居民赴台湾地区旅游团名单表》，从大陆对外开放口岸整团出入境。

第十三条 旅游团出境前已确定分团入境大陆的，组团社应事先向有关出入境边防检查总站或省级公安边防部门备案。

旅游团成员因紧急情况不能随团入境大陆或不能按期返回大陆的，组团社应及时向有关出入境边防检查总站或省级公安边防部门报告。

第十四条 参游人员应按期返回，不得非法滞留。当发生参游人员非法滞留时，组团社须及时向公安机关及旅游行政主管部门报告，并协助做好有关滞留者的遣返和审查工作。

第十五条 违反本办法之规定的旅行社，旅游行政主管部门将根据《旅行社管理条例》予以处罚。对组团单位和参游人员违反国家其他有关法律、法规的，由有关部门依法予以处理。

第十六条 本办法由国家旅游局、公安部、国务院台湾事务办公室负责解释。

第十七条 本办法自发布之日起施行。

第四节 大陆居民赴台湾地区旅游领队人员管理办法

海峡两岸旅游交流协会于 2008 年 6 月 21 日公告《大陆居民赴台湾地区旅游领队人员管理办法》。

大陆居民赴台湾地区旅游领队人员管理办法

第一条 根据《大陆居民赴台湾地区旅游管理办法》的有关规定，制定本办法。

第二条 申领赴台湾地区旅游（以下简称赴台旅游）领队证的人员（以下简称领队人员）应当符合下列条件：

（一）爱祖国，遵纪守法，掌握对台政策；

（二）已与经指定经营赴台旅游业务的旅行社（以下简称组团社）签订了正式劳动合同；

（三）已取得导游证。

第三条 大陆居民赴台旅游领队证（以下简称领队证）由组团社向所在地的省、自治区、直辖市旅游行政部门申领，并提交申请《赴台旅游领队证人员登记表》；省、自治区、直辖市旅游行政部门应当对申领人员进行资格审查、业务培训和考核。

业务培训和考核内容包括：相关法规政策教育；思想道德教育；台湾地区的基本情况；领队人员的义务与职责；领队人员业务等。

经考核合格的领队人员，由省、自治区、直辖市旅游行政部门向海峡两岸旅游交流协会（以下简称海旅会）申请办理领队证。

第四条 领队证由海旅会统一样式并制作，由组团社所在的省、自治区、直辖市旅游行政部门发放。

第五条 组团社所在的省、自治区、直辖市旅游行政部门及组团社，应定期对已经领取领队证的人员加强相关法规政策培训，并建立相应的管理制度和责任制度，认真贯彻执行。

第六条 领队人员应当履行下列职责并遵守下列规定：

（一）遵守《大陆居民赴台湾地区旅游管理办法》的相关规定，维护大陆赴台旅游者（以下简称旅游者）的合法权益；

（二）协同接待社实施旅游行程计划，协助处理旅游行程中的突发事件及其他问题；

（三）对旅游过程中，可能危及旅游者人身、财物等方面的安全问题，应及时向旅游者作出明确告知，或提出劝导，并相机采取有效措施防止事故的发生；如遇到特殊问题，应及时向组团社报告；对旅游者不文明的言行举止，应予以提醒和劝阻；

（四）不得诱导和组织旅游者参与涉及色情、赌博、毒品等内容和有损两岸关系的活动，也不得为旅游者参与上述活动提供便利条件；

（五）不得与接待社、导游及为旅游者提供商品或者服务的其他经营者串通欺骗、胁迫旅游者消费，不得向接待社、导游及其他为旅游者提供商品或者服务的经营者索要回扣、提成或者收受其财物。

第七条 违反本办法规定的，参照《出境旅游领队人员管理办法》的有关规定进行处罚。

第八条 对赴台旅游领队人员的其他管理事项，参照《出境旅游领队人员管理办法》办理。

第九条 本办法自发布之日起实行。

第十条 本办法由海旅会负责解释。

第十一条 本办法在实施过程中，海旅会将根据赴台旅游的实际运行情况的变化，适时予以修订。

第五节 大陆居民赴台湾地区旅游注意事项

为保障大陆赴台湾（以下简称赴台）旅游者和经营者的合法权益，维护赴台旅游市场秩序，保证赴台旅游“规范、有序、安全、健康”的发展，依据《旅行社管理条例》和《大陆居民赴台湾地区旅游管理办法》的规定，制订本注意事项。

一、经营大陆居民赴台旅游组团社注意事项

1. 经营大陆居民赴台旅游业务的旅行社（以下简称组团社），应当选择备案于海峡两岸旅游交流协会（以下简称海旅会）的台湾地区接待大陆居民赴台旅游旅行社（以下简称接待社）签订合同并向海旅会备案。不得与未备案于海旅会的台湾地区旅行社签订合同，并经营大陆居民赴台旅游业务。

2. 组团社应当与接待社约定，按照合同安排完成旅游行程。不得安排涉及赌博、色情、毒品等内容和有损两岸关系的旅游活动。接待社违反合同约定的，组团社及其领队须及时予以纠正。

3. 组团社不得以“赴台旅游”名义组织大陆居民赴台从事经济、文化、卫生、科技、教育、宗教、学术等领域的两岸交流活动及国际性活动。接待社在行程中擅自安排

相关交流活动的，组团社和领队应责其纠正。

4. 组团社应当与大陆赴台旅游者（以下简称旅游者）订立旅游合同。合同应包括旅游起止时间、行程路线、价格、食宿标准、交通工具、旅行保险及违约责任等内容。旅游合同由旅游者和组团社各持一份。组团社应当遵守合同约定，不得擅自改变行程、减少旅游项目，不得强迫或者变相强迫旅游者参加非合同约定的付费项目。

5. 组团社应当向旅游者提供真实可靠的赴台旅游服务信息，不得做虚假宣传和虚假广告；不得以低于成本的价格进行不正当竞争，扰乱赴台旅游市场秩序。

6. 组团社应当认真开好赴台旅游团队的行前说明会，向旅游者介绍台湾地区的基本情况、相关规定、风俗习惯、文明旅游的有关要求和注意事项。

7. 组团社的领队人员须取得由海旅会颁发的“大陆居民赴台旅游领队证”后方可上岗。组团社在开展赴台旅游业务中，应组织领队人员参加培训，并建立相应的管理制度和责任制度。

8. 组团社应建立应对突发事件的应急机制，切实加强赴台旅游团队的安全管理工作。在团队出发前，对涉及人身、财物等方面的安全问题，应当向旅游者作出明确告知；在旅游过程中，如出现可能危及旅游者生命、财产安全的情况，应当事先向旅游者提出劝导，并相机采取有效措施，严格防止事故的发生。如遇突发事件，应立即启动应急机制，以将损害降至最低。

9. 团队在台旅游期间，组团社应当保持与领队的畅通联系。团队在台遇到特殊情况，如因病、因伤及其他自然灾害等不可抗拒的突发事件时，领队人员应当及时向组团社报告。组团社应当迅速报告省级旅游行政部门和有关部门，同时提出妥善的处理意见和建议。

10. 如发生旅游者在台滞留不归，领队人员应当及时向组团社报告，组团社应当及时向省级旅游行政部门和有关部门报告，省级旅游行政部门应当及时报告海旅会。海旅会和有关部门处理有关事项时，组团社应提供协助。

11. 组团社应当建立赴台旅游总结制度，不断提高赴台旅游组织能力、服务能力、预判能力、应急能力。

二、大陆居民赴台旅游注意事项

1. 大陆居民赴台旅游应当向由海旅会会同有关部门指定的经营赴台旅游的组团社咨询报名，不得向非指定的旅行社和单位报名及参加其组织的赴台旅游活动。

2. 大陆居民赴台旅游应当持《大陆居民往来台湾通行证》和旅游签注，参团旅游，整团往返。

3. 大陆居民赴台旅游随身携带的行李物品，必须按照《中华人民共和国海关对进出境旅客行李物品的监管办法》及有关规定办理通关手续。

4. 大陆居民赴台旅游应当妥善保管个人旅行证件，并将证件复印备份，可将复印件连同证件照片与证件原件分别存放。一旦发生遗失或被盗抢等意外，应当立即报告领队并同时报警、报知台湾海峡两岸观光旅游协会（以下简称台旅会）。

5. 大陆居民赴台旅游期间，应当遵守台湾地区的相关规定，尊重当地的风俗习惯，服从领队人员的统一管理，随团活动，不得擅自脱团，不得滞留不归。自由活动时，应向领队人员说明去向，并征得领队人员的同意；回程时，因不可抗力或其他特殊原因需分团入境的，应当及时向领队报告。

6. 大陆居民赴台旅游应当规范个人行为，不得参加有损两岸关系的活动，不得参加涉及赌博、色情、毒品等内容的活动。

7. 大陆居民赴台旅游期间应当做到个人举止文明，衣着和言谈得体。

8. 大陆居民赴台旅游应当提高自我保护意识。遇到自然灾害和其他突发事件时，要冷静处理，听从现场指挥，尽快撤离危险地区，及时与领队人员取得联系，并与当地或大陆有关部门联系，寻求营救保护。如遇到突发疾病时，应当及时采取就近就医等相关措施；如遇到交通或其他事故时，应采取自救和互救措施，并保护好事故现场，迅速报告领队和当地警方；如遇到人身、财产安全等意外情况时，应当及时报警。

9. 因组团社或其委托的接待社违反合同约定，擅自改变行程、减少旅游项目，强迫或者变相强迫旅游者参加非合同约定付费项目，使旅游者合法权益受到损害的，旅游者有权向组团社要求赔偿。

10. 对组团社、领队或接待社诱导和组织旅游者参与涉及赌博、色情、毒品等内容和有损两岸关系的活动，旅游者应当向海旅会和有关部门举报。

11. 本注意事项自发布之日起施行。

12. 本注意事项由海旅会负责解释。在实施过程中，海旅会将根据赴台旅游的实际运行情况的变化，适时予以修订。